**초월적 관념론 체계**

Copyright © 전대호 2008

## 초월적 관념론 체계

프리드리히 셸링 지음 | 전대호 옮김

1판 1쇄 찍음 2008년 4월 14일
1판 1쇄 펴냄 2008년 4월 21일

펴낸곳 | 이제이북스 펴낸이 | 전응주 편집 | 박선화 · 이선영 마케팅 | 신현부
출판등록일 | 2001년 6월 26일 등록번호 | 제10-2178호
주소 | 121-840 서울 마포구 서교동 395-200호 대표 전화 | 333-7126 팩시밀리 | 333-3675
E-mail: ejbooks@korea.com

ISBN 89-5644-099-6

# 초월적 관념론 체계

프리드리히 셸링 지음 | 전대호 옮김

일러두기

1. 번역에 사용한 원서는 다음과 같다.

   Friedrich Schelling, *System des transzendentalen Idealismus*, Horst D. Brandt, Peter Müller(eds.), Hamburg:Meiner, 1992.

2. † 표시가 있는 줄의 좌 또는 우 여백의 숫자는 원서의 쪽수를, 〔 〕의 숫자는 1800년 초판본의 쪽수를 가리킨다.

3. 본문의 각주는 모두 원서의 주를 옮긴 것이며, 옮긴이의 주는 1), 2), 3) 등으로 번호를 매기고 주석에 그 내용을 싣는다.

4. 원서에서 강조한 부분은 밑줄로 표시한다.

5. 본문에서 소괄호(( ))로 처리한 내용은 원서를 그대로 반영한 것이고, 대괄호(〔 〕)는 옮긴이가 삽입한 내용을 가리킨다.

6. 이 책에 쓰인 '놈' 과 '나' 에 대해서는 각각 주석 2)와 4)를 참조하라.

† 
| 서문

평범한 일상뿐 아니라 학문의 대부분을 지배하는 관점을 완전히 바꾸고 심지어 뒤집어 놓은 체계가, 더구나 그 체계의 원리들이 매우 엄밀하게 증명되었음에도 불구하고, 그 증명들의 명백함을 제대로 통찰하거나 운영할 능력이 있는 사람들에게조차 지속적인 논쟁의 대상이라면, 그 이유는 오로지 산만한 상상력이 그 변화한 관점을 가지고서 풍요로운 경험 전체에서 끌어낸, 판단을 흔들고 흐리는 수많은 개별 문제들로부터 벗어날 수 있는 추상 능력의 부족에 있을 것이다. 그 증명들의 힘을 부정할 수 없고 또한 그 원리들을 대신할 확실하고 명백한 어떤 것을 제시할 수 없으면서도, 사람들은 거기에서 우선 나온다고 보는 어마어마한 듯한 귀결들을 두려워하며, 그 원리들이 적용 단계에서 반드시 맞닥뜨릴 모든 난점들을 해결할 수 있는가에 대하여 회의적이다. 하지만 우리가 정당하게 요구할 수 있듯이, 철학 탐구에 참여하는 사람이라면 누구나 어떤 추상이라도 할 수 있어야 하고 그 원리들을 최고의 일반성 수준에서 파악할 줄 알아야 한다. 최고의 일반성에서 개별은 완전히 사라지며, 또한 그 일반성이 최고인 한, 모든 가능한 과제들에 대한 해결이 그 안에 미리 들어 있을 것이 틀림없다. 그러므로 체계를 처음 세울 때는 개별로 내려가는 모든 탐구를 멀리하고 첫 번째로 필요한 원리들을 순수하게 정화하여 모든 의심의 여지를 없애는 것이 당연하다. 그러나 모든 각각의 체계가 지닌 진리성을 판정하는 가장

확실한 시금석은, 그 체계가 예전에 풀 수 없었던 문제들을 쉽게 풀 뿐 아니라 이제껏 생각되지 않았던 전혀 새로운 문제들을 불러일으키고, 진리로 여겨진 것들을 일반적으로 뒤흔들어 새로운 종류의 진리를 발생시키는가에 있다.† 실제로 이것은 바로 초월적 관념론의 고유한 특징이다. 일단 인정되기만 하면 필연적으로 초월적 관념론은 모든 앎이 말하자면 처음부터 발생하게 만들고, 오래 전부터 완성된 진리로 통한 것을 새롭게 시험하여 설령 그것이 시험을 통과하더라도 그것에서 전혀 새로운 형식과 모양이 나오게 만든다.

그러므로 이 책의 목적은 초월적 관념론을 그것의 현실이어야 마땅한 모습으로 확장하는 일, 다시 말해 앎 전체의 체계로 확장하는 일, 그리하여 그 체계를, 단지 일반성에서만 아니라 실행 자체를 통해, 그 체계의 원리들을 앎의 주요 대상들과 관련한 모든 가능한 문제들에까지 넓힘을 통해, 증명하는 일이다. 이미 과거에 제기되었으나 풀리지 않은 문제이건 그 체계 자체에 의해 비로소 가능해져 새롭게 발생한 문제이건 상관없이 모든 가능한 문제들을 아울러서 말이다. 따라서 이 글은, 철학적 사안들에 대하여 감히 판단을 내리는 사람들의 대부분이 떠올리거나 거론하지 않은 질문들과 대상들을 건드리지 않을 수 없다. 그런 사람들은 아직도 체계의 초석에 매달리면서 그 너머로 나아가지 못하는 자들이다. 그들은 모든 앎의 첫 원리들에 요구되는 것이 무엇인지 파악할 능력조차 원천적으로 없어서 그러는지, 선입견 때문에 그러는지, 또는 무언가 다른 이유가 있어서 그러는지, 아무튼 그러하다. 또한 그런 사람들은, 물론 이 탐구는 당연히 최초의 근본문장들Grundsätze까지 거슬러 올라가지만, 이 글에서 기대할 것이 거의 없다. 왜냐하면 최초의 탐구들과 관련해서는 학문론의 창시자[피히테]나 필자의 글에서 이미 오래 전에 이야기된 것만 이 글에 나올 수 있기 때문이다. 다만 몇 가지 논점과 관련하여 서술이 과거보다 더 명확해졌을 수 있겠으나, 적어도 원래의 의미 결함을 나중에 보충할 수는 없는 일이다.† 다른 한편, 필자가 관념론을 온전한 크기로 확장하여 기술한다는 목적을 이루기 위해 채택한 수단은 다음과 같다. 필자는 철학의 모든 부문들을 단일한 연속성 안에서 제시했고, 철학 전체를 그 진면목대로, 계속되는 자기의식의 역사 Geschichte des Selbstbewußtseins[1])로 제시했다. 경험에 침전된 것은 그 역사에게 다만 유적이나 자료의 구실을 할 따름이다. 이 역사를 정확하고 완전하게 기술하려 할 때 주요 관건은 그 역사의 개별 시대Epoche들과 그 시대들 속의 개별 단계Moment들을 정확히 구분할 뿐 아니라 순서대로 제시하는 것이다. 이때 어떤 필수적인 중간항도 빠지지 않았다는 점을 시대와 단계를 발견할 때 쓴 방법 자체를 통해 확신할 수 있어야 한다. 또한 주요 관건은 [역사 속의] 어떤 시기도 동요할 수 없도록 전체에 내적인 연관성을 부여하여 그 연관성이 앞으로의 모든 작업에 말하자면 불변의 틀이자 토대가 되게 만드는 것이다. 그 연관성은 다름 아니라 내가 최고 역량Potenz의 의식으로 상승할 때까지 거치는 직관들의 서열Stufenfolge이다. 그 연관성을 기술하는 일에 특별한 노력을 기울이도록 필자를 이끈 주된 동기는 필자가 오래 전에 발견한 자연과 이성적인 놈das Intelligente의 평행성이었다. 그 평행성은 초월철학도 자연철학도 혼자서는 완전히 기술할 수 없고 오직 그 두 학문이 함께할 때만 완전히 기술할 수 있다. 바로 그렇기 때문에 초월철학과 자연철학은 영원히 맞선 두 학문일 수밖에 없고 결코 하나가 될 수 없다. 그러므로 그 두 학문이 이론적 관점에서 완전히 동등한 실재성을 가진다는 것 — 필자는 지금껏 그렇다고 주장하기만 했다 — 에 대한 설득력 있는 증명은 초월철학에서, 특히 이 책에 담긴 초월철학 서술에서 추구해야 한다. 따라서 이 책은 자연철학에 대한 필자의 글들과 필연적으로 짝을 이룬다고 보아야 할 것이다. 왜냐하면 이 책에서 다음과 같은 것들이 명백해지기 때문이다. 나 속에 있는 직관의 역량들은 어느 한계까지 자연에서도 찾아낼 수 있고, 그 한계는 이론철학과 실천철학 사이의 경계이다.† 그러므로 단지 이론적으로 보면 객관과 주관 가운데 어느 것을 첫 번째로 두는가는 중요치 않다. 그런데 주관에 대해서는 오직 (이론적 고찰에서는 목소리를 낼 수 없는) 실천철학만 판결할 수 있으므로, 관념론은 순수하게 이론적인 토대를 갖지 않는다. 따라서 우리가 이론적 명증함만 인정한다면, 관념론은 토대와 증명이 모두 철저히 이론적인 자연과학에게 가능한 명증함을 결코 가질 수 없다. 이와 같은 설명을 들으면, 자연철학에 익숙한 독자들은 필자가 이 학문을 초월철학에 맞세우고 초월철학으로부터 완전히 분리한 것에 사태 자체에 매우 깊숙이 놓인 근거가 있다는 결론을 내리게 될 것이다. 만약 우리의 모든 과제가 자연을 설명하는 데 있었다면, 우리는 결코 관념론으로 이끌리지 않았을 것이다.

다른 한편 이 책에서 이루어진, 자연의 주요 대상들 — 무릇 물질과 그것의 일반적 기능들, 유기체 등 — 의 연역과 관련하여 언급할 것은, 그 연역이 비록 관념론적이지만 (많은 사람들은 관념론적이라는 말과 목적론적이라는 말을 동의어로 보지만) 목적론적인 도출은 아니라는 점이다. 목적론적 도출은 다른 체계에서와 마찬가지로 관념론에서도 만족스러운 도출일 수 없다. 왜냐하면 예컨대 이런저런 규정을 가진 물질이 존재하는 것이, 또는 이성Intelligenz이 외부 세계에 대한 자신의 행위가 유기체를 통해 매개된다고 직관하는 것이 자유나 실천적 목적들을 위하여 필수적임을 설령 내가 증명한다 하더라도, 여전히 나는 어떻게 어떤 메커니즘을 통하여 이성이 자유와 실천적 목적들을 위하여 필수적인 바로 그것을 직관하느냐고 물을 수 있다. 오히려 관념론자가 특정 외부 사물의 현존재Dasein에 대하여 행하는 모든 증명은 직관의 근원적 메커니즘 자체에 입각하여, 곧 대상의 현실적 구성을 통하여 이루어져야 한다.† 한낱 목적론적 증명은 관념론적이라 하더라도 진정한 앎을 한 걸음도 더 나아가게 하지 못할 것이다. 잘 알려져 있듯이 객체에 대한 목적론적 설명은 내게 그것의 현실적 기원에 대하여 전혀 아무것도 알려 줄 수 없으니까 말이다.

실천철학의 진리들은 초월적 관념론 체계에서 중간항으로서만 등장할 수 있다. 사실 실천철학 중에서 그 체계에 적절히 속하는 것은 실천철학 속의 객관이며, 그 객관은 가장 일반적으로 볼 때 역사이다. 역사는 관념론체계에서 첫 번째 객관 즉 자연과 마찬가지로 초월적으로 연역될 필요가 있다. 또한 역사의 연역은, 우리가 행위주관과 행위객관 사이 조화의 최후 근거로 보아야 하는 놈은 절대적으로 동일한 놈das absolut Identische으로 생각되어야 한다는 증명으로 이어진다.2) 하지만 그 절대적으로 동일한 놈을 실체나 인격으로 표상하는 것은 단지 추상물로 두는 것보다 조금도 더 나을 게 없다. 사람들이 관념론에 대하여 절대적으로 동일한 놈을 추상물로 놔둔다는 비난을 한 것은, 관념론을 아주 심하게 오해했기 때문이다.

목적론의 근본문장들에 대하여 언급할 것은 이러하다. 의심의 여지없이 독자는 그 근본문장들이 메커니즘과 합목적성의 자연 즉 공존을 개념적으로 설명할 유일한 길을 보여준다는 것을 스스로 깨달을 것이다. 끝으로 전체를 마무리하는 예술철학에 대해서 언급할 말은 이것이다. 필자는 예술철학에 특별한 관심이 있는 사람들에게 다음과 같이 양해를 구한다. 예술철학 탐구는 그 자체로 무한하지만, 이 책에서 예술철학 탐구 전체는 다만 철학체계와 관련하여 행해지므로 그 거대한 대상의 수많은 측면들은 일단 시야에서 배제될 수밖에 없었다.

마지막으로 밝힐 것은 이것이다. 이 책의 부수적 목적은 초월적 관념론을 가능한 한 널리 읽고 이해할 수 있게 서술하는 것이었다.† 필자는 필자가 선택한 방법을 통하여 이미 그 목적을 어느 정도 이루었다고 믿는다. 두 번의 공개적인 체계 강의에서 얻은 경험이 필자에게 그런 믿음을 심어 주었다.

이 서문은 비록 짧지만 필자와 똑같은 지점에 서서 필자와 함께 똑같은 과제들의 해결을 위해 일하는 사람들이 이 책에 어느 정도 관심을 갖게 만들고, 가르침과 안내에 목마른 사람들을 초대하고, 다른 한편으로 그 과제들을 의식하지도 못하고 가르침과 안내를 솔직히 요구하지도 않는 사람들을 일단 겁먹게 하기에 충분할 것이다. 그렇다면 이 서문은 모든 목적을 달성한 것이다.

1800년 3월 말, 예나에서.

| 차례

서문   5
도입문   12

1부  초월적 관념론의 원리                                          25

2부  초월적 관념론의 일반 연역                                     51

3부  초월적 관념론의 근본문장들에 따른 이론철학체계              65

4부  초월적 관념론의 근본문장들에 따른 실천철학체계              215

5부  초월적 관념론의 근본문장들에 따른 목적론의 주요문장들     297

6부  철학의 일반적 기관에 대한 연역, 혹은 초월적 관념론의
     근본문장들에 따른 예술철학의 주요문장들                    305

주석   330
옮긴이의 말   337
어휘풀이   345
찾아보기   355

† 

| 도입문

## § 1. 초월철학[3]의 개념

1. 모든 앎은 객관과 주관의 일치에서 비롯된다. 왜냐하면 사람은 참된 것만 <u>아는데</u>, 참은 일반적으로 표상과 표상의 대상 사이의 일치로 정립되기 때문이다.

2. 우리는 우리의 앎 속에서 단지 객관인 놈을 모두 총칭하여 <u>자연</u>이라 할 수 있다. 반면에 모든 <u>주관</u>의 총체는 <u>나</u>[4] 또는 <u>이성</u>이라고 한다. 이 두 개념은 서로 맞선다. 근원적으로 이성은 단지 표상하는 놈으로, 자연은 단지 표상될 수 있는 놈으로, 이성은 의식 있는 놈으로, 자연은 의식 없는 놈으로 생각된다. 그런데 모든 각각의 앎에는 그 둘(의식 있는 놈과 그 자체로 의식 없는 놈)의 상호 합치Zusammentreffen가 필수적이다. 그러므로 과제는 이 합치를 설명하는 것이다.

3. 내가 알 때, 앎 자체 속에서 객관과 주관은 어느 것이 우선하는지 말할 수 없게 통일되어 있다vereinigt. 거기에는 첫 번째 것도 두 번째 것도 없고, 둘은 동시적이며 <u>하나</u>이다. —[5]내가 이 동일성을 <u>설명</u>하려면, 나는 그 동일성을 이미 <u>거두었어</u>아aufheben[6] 한다. 내게는 앎을 이루는 그 두 요소 외에 달리 (설명 원리로) 주어진 것이 없으므로, 나는 그 동일성을 설명하기 위하여 반드시 하나를 다른 것 앞에 두고 하나에서 <u>출발하여</u> 다른 것에 도달해야 한다. 내가 둘 중 <u>어느 것</u>에서 출발할지는 과제에 의해 정해지지 않는다.

4. 따라서 오로지 두 가지 경우만 가능하다.

a) 먼저 객관을 첫 번째 것으로 만들고, 어떻게 그 객관과 일치하는 주관이 거기에 덧붙는가 하고 물을 수 있다.

주관의 개념은 객관의 개념에 들어 있지 않으며, 오히려 그 두 개념은 서로를 배제한다.† 그러므로 주관은 객관에 덧붙어어hinzukommen 한다. — 자연의 개념에는 자연을 표상하는 이성적인 놈이 존재한다는 것이 들어 있지 않다. 자연은 자연을 표상하는 놈이 없어도 존재할 것처럼 보인다. 그러므로 과제를 이렇게 표현할 수도 있다. 어떻게 자연에 이성적인 놈이 덧붙는가? 달리 말한다면, 어떻게 자연은 표상되기에 이르는가?

이 과제는 자연 또는 객관을 첫 번째 것으로 삼는다. 그러므로 이는 의심의 여지없이 자연과학Naturwissenschaft의 과제이다. 실제로 자연과학이 — 그러는 줄 모르는 채로 — 그 과제에 최소한 접근한다는 사실을 여기에서 간략하게만 설명하겠다.

만일 모든 앎이 말하자면 두 개의 극을 갖고, 그 두 극이 서로를 전제하고 요구한다면, 그 두 극은 모든 학문에서 상대방을 추구해야 한다. 그러므로 필연적으로 두 개의 근본학문이 있어야 하고, 한 극에서 출발하면서 다른 극으로 이끌리지 않는 것은 불가능해야 한다. 따라서 모든 자연과학의 필연적 경향은 자연에서부터 이성을 향하여 가는 것이다. 자연현상에 이론을 집어넣으려는 노력의 기반에 있는 것은 바로 이 경향뿐이다. — 자연과학의 최고 완성은 모든 자연법칙들을 직관과 생각의 법칙들로 완전히 정신화하는 것이다. 현상(물질적인 놈)은 완전히 사라지고 법칙(형식적인 놈)만 남아야 한다. 그러므로 자연 자체에서 법칙성이 더 많이 솟아나오면 나올수록, 껍질은 더 많이 사라지고, 현상 자체는 더 정신적이게 되고 결국 완전히 그친다. 광학 현상은 빛에 의해 선들이 그어지는 기하학일 따름이고, 빛도 이미 그 물질성이 어정쩡하다. 자기磁氣 현상에서 벌써 모든 물질적 흔적이 사라지며, 자연과학자들조차 단박에[7] 정신적인 작용으로 파악할 수밖에 없다고 믿었던 중력 현상에서는 오로지 중력법칙만 남는다. 거대한 차원에서 중력의 실현은 천체운동의 메커니즘이다. ― 완성된 자연이론은 자연 전체가 이성 속으로 해소되게 만드는 이론일 것이다.†

죽어 있고 의식 없는 자연산물들은 실패로 돌아간 자연의 자기반성 시도일 뿐이지만, 이른바 죽어 있는 자연은 미성숙한 이성이고 따라서 자연의 현상들에서 이미 이성적인 특징이 아직 의식 없이 번뜩인다. 자연은 자기 자신에게 객체가 되는 최고의 목표에 최고 최후의 반성을 통하여 비로소 도달한다. 그 반성은 다름 아니라 인간, 또는 더 일반적으로 우리가 이성이라고 부르는 놈이다. 이성을 통하여 비로소 자연은 완전히 자기에게로 회귀하며, 우리 속에서 인식되는 이성적이고 의식적인 놈과 자연이 근원적으로 동일하다는 것이 그 회귀를 통해 드러난다.

이 정도면 자연과학이 자연을 이성적이게 만드는 필연적 경향을 가졌다는 것을 증명하기에 충분할 것이다. 바로 이 경향을 통하여 자연과학은 철학의 필연적 근본학문의 하나인 자연철학이 된다.*

b) 또는 주관을 첫 번째 것으로 만들고, 다음을 과제로 삼을 수 있다. 어떻게 주관과 일치하는 객관이 덧붙는가?

모든 앎이 주관과 객관의 일치에서 비롯된다면 (1), 이 일치를 설명하는 과제는 의심의 여지없이 모든 앎에게 최고 과제이며, 일반적으로 인정하듯이 철학이 모든 학문 가운데 최고이며 최상위라면, 의심의 여지없이 <u>철학의 주요 과제</u>이다.

그러나 이 과제는 단지 무릇 그 합치에 대한 설명을 요구할 뿐, 설명의

---

* 자연철학의 개념과 필연적 경향성에 대한 더 나아간 설명을 위해서는 필자의 글인 〈자연철학체계 구상Entwurf eines Systems der Natur-Philosophie〉과 그 〈도입문〉, 그리고 《사변적 물리학을 위한 저널》 1권에 들어 있는 〈설명〉을 참조하라.

출발점에 대해서는, 무엇을 첫 번째 것으로 삼고 무엇을 두 번째 것으로 삼아야 할지에 대해서는 전혀 규정하지 않는다. – 또 그 두 닺선 항들은 서로에게 필수적이므로, 어디에서 출발하든지 [설명]작업의 결과는 동일해야 한다. †

객관을 첫 번째 것으로 삼고 거기에서 주관을 도출하는 일은 방금 설명했듯이 <u>자연철학</u>의 과제이다.

그러므로 <u>초월철학</u>이 존재한다면, 초월철학에게는 그 반대 방향만, <u>첫 번째이자 절대적인 것으로서 주관에서 출발하여 거기에서 객관이 발생하게 하는</u> 방향만 남는다. 요컨대 가능한 두 가지 철학의 방향은 자연철학과 초월철학에 분배되고, 만일 모든 철학이 자연에서부터 이성을, <u>또는 그게 아니라면</u> 이성에서부터 자연을 만드는 것을 추구해야 한다면, 이성에서부터 자연을 만드는 과제를 지닌 초월철학은 철학의 <u>또 다른 필연적 근본학문이다.</u>

## § 2. 귀결들

지금까지 우리는 초월철학의 개념을 연역했을 뿐 아니라, 또한 동시에 독자에게 철학체계 전체를 소개했다. 전체 철학체계는 두 개의 근본학문으로 완성되며, 그 근본학문들은 원리와 방향에서 서로 맞서며 서로를 추구하고 보충한다. 여기에서 세워야 하고, 도출된 개념에 따라 우선 더 정확히 특징지어야 할 것은 전체 철학체계가 아니라 다만 그것의 근본학문 하나이다.*

1. 초월철학에게 주관이 첫 번째 것이요 모든 실재성의 유일한 근거요 다른 모든 것의 유일한 설명원리라면(§1), 초월철학은 필연적으로 객관의 실재

---

\* 초월철학을 보충하는 학문으로서 자연철학의 필연성은 초월철학체계의 완성을 통해 비로소 의식된다. 그다음에야 오직 자연철학만 충족시킬 수 있는 것들을 초월철학에게 요구하기를 그치게 된다.

성에 대한 일반적 의심에서 출발한다.

객관만을 향하는 자연철학자는 무엇보다 앎에 주관이 섞이는 것을 막으려 하는 반면, † 초월철학자는 무엇보다 앎의 순수 주관적 원리에 객관이 섞이는 것을 막으려 한다. 그렇게 객관을 배제하는 방편은 절대적 회의주의이다. 절반의 회의주의는 보통 사람들의 선입견들만 겨냥할 뿐 결코 근본을 바라보지 않는 반면, 철저한 회의주의는 개별 선입견들이 아니라 근본선입견을 향한 철저한 회의주의이다. 다른 모든 선입견들은 그 근본선입견과 함께 저절로 발생할 수밖에 없다. 사람에게 주입된 인위적인 선입견들 외에 가르침이나 인위를 통해서가 아니라 자연 자체를 통해 사람 안에 놓인 훨씬 더 근원적인 선입견들이 존재한다. 철학자를 제외한 모든 사람들은 모든 앎의 원리들 대신에 그 근원적 선입견들을 타당하게 여기며, 한낱 독자사상가Selbstdenker는 그것들을 심지어 모든 진리의 시금석으로 여긴다.

다른 모든 선입견들의 원천인 단 하나의 근본선입견은 다름 아니라 "우리 바깥에 사물이 존재한다" 는 것이다. 이 참으로 여김Fürwahrhalten은 어떤 근거나 추론에서 비롯되지 않음에도 불구하고 (이 믿음에 대한, 시험을 통과할 수 있는 증명은 단 하나도 없다) 어떤 반증으로도 근절되지 않는다. ("당신이 자연을 쇠스랑으로 모두 걷어내 버린다고 해도, 여전히 자연은 다시 돌아올 것이다." naturam furca expellas, tamen usque redibit). 그렇기 때문에 이 참으로 여김은 단박 확실성을 주장한다. 그런데 이 참으로 여김은 우리와 완전히 구별되고 심지어 맞선 놈과 관계하며, 우리는 그런 놈이 어떻게 단박 의식에 들어오는지 전혀 모르므로, 선입견으로 판정할 수밖에 없다. 물론 이것은 선천적이고 근원적인 선입견이지만, 그렇다고 해도 결국 선입견일 뿐이다.

본성상 단박에 확실할 수 없는 문장이 맹목적으로 근거 없이 단박에 확실한 문장으로 받아들여지는 모순을 초월철학자는 그 문장이 지금껏 우리가 통찰하지 못한 은밀한 방식으로, 단박에 확실한 어떤 것과 연관된 정도가 아니라 동일하다는 전제를 통해서만 해결할 수 있다. 그리고 이 동일성을 드러내는 것이 초월철학의 고유한 일일 것이다.

2. 그런데 보통의 이성 사용에서조차도 단박에 확실한 것은 "내가 있다"라는 문장밖에 없다.† 이 문장은 단박 의식 밖에서는 의미를 잃으며 모든 진리들 가운데 가장 개별적이고, 어떤 다른 것이 확실하려면 그것보다 먼저 받아들여져야 하는 절대적 선입견이다. 그러므로 "우리 바깥에 사물이 있다"라는 문장은 초월철학자가 보기에 오로지 "내가 있다"라는 문장과 동일함을 통해서만 확실하고, 그 확실성 역시 두 번째 문장의 확실성과 동등할 것이다. 14 [9-11]

따라서 초월적 앎은 보통의 앎과 두 가지 점에서 다를 것이다.

첫째, 초월적 앎에게 외부 사물의 존재에 대한 확신은 한낱 선입견이며, 초월적 앎은 그 근거들을 찾기 위해 그 선입견을 벗어난다. (초월철학자의 일은 사물자체의 존재를 증명하는 것일 수 없다. 오히려 외부 대상들을 현실적인 놈들로 받아들이는 게 자연적이고 필연적인 선입견이라는 증명만이 초월철학자의 일이다.)

둘째, 초월적 앎은 보통의 의식에서 서로 융합하는 "내가 있다"와 "내 바깥에 사물이 있다"를 분리한다(하나를 다른 하나 앞에 놓는다). 이는 그 두 문장의 동일성을 증명하고, 보통의 의식에서 겨우 느껴지는 단박 관련 Zusammenhang을 실제로 드러내기 위해서다. 이 분리 행위를 통하여 (그 행위가 완벽하다면) 철학자는 초월적 고찰 방식을 채택한다. 초월적 고찰 방식은 전혀 자연적이지 않으며 오히려 인위적이다.

3. 초월철학자에게는 오로지 주관만 근원적 실재성을 갖는다. 그렇다면 초월철학자는 앎 속의 주관만 단박에 객체로 만들 것이다. 그에게 객관은 간접적으로만 객체가 될 것이며, 보통의 앎에서 앎 자체(알기 행위)가 객체 너머로 사라지는 것과 달리, 초월적 앎에서는 거꾸로 객체로서의 객체가 알기 행위 너머로 사라질 것이다. 요컨대 초월적 앎은 앎에 대한 앎, 순수하게 주관적인 한

에서의 앎에 대한 앎이다.

그러므로 예컨대 직관에서 보통의 의식에 도달하는 것은 객관뿐이며, 직관하기 자체는 대상 속에서 사라진다. 반면에 초월적 고찰방식은 도리어 직관되는 놈을 오직 직관하기 행위를 거쳐서만 바라본다.† — 따라서 보통의 생각은 개념이 지배하는 메커니즘이지만 그 안에서 개념이 개념으로서 구별되지 않는 반면, 초월적 생각은 그 메커니즘을 중단하고 개념을 행위로서 의식함으로써 개념으로서의 개념으로 상승한다. 보통의 행위에서 행위하기 자체는 행위의 객체 너머로 잊혀진다. 철학하기 또한 하나의 행위하기이다. 그러나 단지 행위하기인 것만이 아니라, 또한 동시에 끊임없이 자기직관하기 Selbstanschauen다.

그러므로 초월적 고찰방식의 본성은 다른 모든 생각이나 앎이나 행위에서 의식을 빠져나가는 절대적으로 비객관적인 놈까지 의식 안으로 가져와 객관화하는 것이어야 한다. 간단히 말해서, 주관의 끊임없는 자기객체되기 Sich-selbst-Objekt-Werden여야 한다.

마찬가지로 초월적 솜씨는 행위하기와 생각하기의 이중성 속에서 시종일관 자신을 유지하는 솜씨일 것이다.

### § 3. 초월철학의 잠정적 구분

이 구분은 잠정적이다. 왜냐하면 이 구분의 원리들은 학문 자체에서 비로소 도출될 수 있기 때문이다.

학문의 개념으로 다시 돌아가자.

초월철학은 앎 속의 주관을 지배적인 놈 혹은 첫 번째 놈으로 받아들인다는 전제 하에 앎이 어떻게 가능한지 설명해야 한다.

그러므로 초월철학이 객체로 삼는 것은 앎의 한 부분이나 특수한 대상이 아니라 앎 자체 그리고 무릇 앎 Wissen überhaupt이다.

그런데 모든 앎은 특정한 근원적 믿음들, 또는 근원적 선입견들로 환원된다. 초월철학은 이 개별 믿음들을 하나의 근원적 믿음으로 되돌려야 한다. 다른 모든 믿음들의 원천인 그 하나의 믿음은 이 철학의 첫 번째 원리로 표현되고, 그런 원리를 찾는 과제는 다름 아니라 절대로 확실한 놈das Absolut-Gewisse을 찾는 과제이다. † 다른 모든 확실성은 절대로 확실한 놈을 통해 매개된다. 16 [13-15]

초월철학의 구분은 초월철학이 타당하다고 주장하는 근원적 믿음들을 통해 정해진다. 그 믿음들은 우선 보통의 지성에서 찾아야 한다. 보통의 관점에 서면, 다음의 믿음들이 인간 지성에 깊이 박혀 있는 것을 알 수 있다.

a) 사물들의 세계가 우리와는 독립적으로 우리 바깥에 존재할 뿐 아니라, 우리의 표상들이 사물들과 일치한다는 것은 사물에 있는 것과 우리가 사물에 관하여 표상하는 것이 다르지 않다는 뜻이다. 우리의 객관적 표상이 강제성을 갖는 것은, 사물들이 불변적으로 규정되어 있고 그 규정을 통하여 우리의 표상들도 매개적으로 규정되기 때문이라고 설명할 수 있다. 이 첫 번째이자 가장 근원적인 믿음에 의해 철학의 첫 번째 과제가 정해진다. 그것은 어떻게 표상이 표상에 완전히 독립적으로 존재하는 대상과 절대적으로 일치할 수 있는지 설명하는 일이다. 모든 경험의 가능성은, 사물들이 우리가 그것들에 관하여 표상하는 대로 그러하다는 전제, 정말로 우리가 있는 그대로의 사물들을 인식한다는 전제에서 비롯되므로 (이 같은 존재와 현상의 절대적 동일성 가정이 없으면, 경험은 도대체 무엇일 것이며, 예컨대 물리학은 어디에 도달할 수 있겠는가?) 이 과제를 해결하는 일은 경험의 가능성을 탐구해야 하는 이론철학과 동일하다.

b) 이에 못지않게 근원적인 두 번째 믿음은 표상들이 필연성 없이 자유를 통해 우리 속에서 발생하여 생각의 세계로부터 현실 세계로 넘어가고 객관적 실재성을 획득할 수 있다는 것이다.

이 믿음은 첫 번째 믿음과 맞선다. 첫 번째 믿음에 따르면, 대상들은 불변적으로 규정되어 있고, 그 대상들을 통하여 우리의 표상들이 규정된다. 반면에 두 번째 믿음에 따르면, 대상들은 <u>가변적</u>이며, 더구나 우리 안에 있는 표상들이 원인으로 작용하여 가변적이다. 첫 번째 믿음에 따르면 현실 세계로부터 표상 세계로 넘어감이 일어난다. † 다시 말해 표상이 객관에 의해 규정된다. 반면에 두 번째 믿음에 따르면, 표상 세계로부터 현실 세계로 넘어감이 일어난다. 즉, 객관이 우리 속의 (자유롭게 기획된) 표상에 의해 규정된다.

이 두 번째 믿음에 의해 다음과 같은 두 번째 문제가 정해진다. 어떻게 한낱 생각된 것에 의해 객관이 그 생각된 것과 완전히 일치하도록 변할 수 있을까?

그런데 모든 자유로운 행위의 가능성은 이 두 번째 믿음을 전제하므로, 이 과제의 해결은 <u>실천철학</u>의 일이다.

c) 그러나 이 두 문제를 함께 놓고 보면, 모순이 눈에 띈다. b)는 생각(관념적인 놈das Ideelle)이 감각세계를 지배할 것을 요구한다. 그러나 (a에 따라서) 표상이 이미 그 기원에 있어서 객관의 노예에 불과하다면, 어떻게 그런 지배를 생각할 수 있겠는가? 거꾸로 (a에 따라서) 현실 세계가 우리와는 완전히 독립적인 어떤 것이고 우리의 표상은 (표상의 원본인) 그것에 자신을 맞춰야 한다면, 어떻게 (b에 따라서) 현실 세계가 다시금 우리 안에 있는 표상들에 자신을 맞출 수 있다는 것인지 이해할 수 없다. 한 마디로 말해서, 우리의 실천적 확신은 이론적 확신 너머로, 이론적 확신은 실천적 확신 너머로 사라진다. 우리의 인식에 진리가 있는 동시에 우리의 의지에 실재성이 있는 것은 불가능하다.

어떤 철학이든 그것이 철학이라면 이 모순을 해결해야 한다. 그리고 이 문제의 해결, 다시 말해 "표상이 대상에 자신을 맞추는 것과 동시에 대상이 표상에 자신을 맞추는 것을 어떻게 생각할 수 있는가?" 라는 질문에 대답하는 것은 초월철학의 <u>첫 번째</u> 과제는 아니지만 <u>최고</u> 과제이다.

쉽게 깨달을 수 있듯이 이 문제는 이론철학에서도 실천철학에서도 해결될 수 없고, 그 둘을 결합하는 중간항Mittelglied인 더 높은 철학에서 해결될 수

있다. 그 철학은 이론철학도 아니고 실천철학도 아니며, 오히려 동시에 그 둘 다이다. †

18 [16-18]

어떻게 객관세계가 자신을 우리 속 표상들에 맞춤과 동시에 우리 속 표상들이 자신을 객관세계에 맞추는가는, 그 두 세계 즉 관념적ideell 세계와 실재적reell 세계 사이에 미리 정해진 조화〔예정조화〕가 없다면, 이해할 길이 없다. 그런데 그 미리 정해진 조화 역시, 객관세계를 생산한 활동성Tätigkeit이 의지하기에서 표출되는 활동성과 근원적으로 동일하지 않다면, 생각할 수 없다.

그런데 주지하다시피 의지하기에서 표출되는 것은 생산적 활동성이다. 모든 자유로운 행위는 생산적이다. 단, 의식적으로 생산적이다. 이때 위의 두 활동성〔객관 생산 활동성과 의지하기 활동성〕은 원리에서만 하나이어야 하므로, 만일 동일한 활동성이 자유로운 행위에서 의식적으로 생산적이고 세계 생산에서 무의식적으로 생산적이라고 가정하면, 방금 언급한 미리 정해진 조화는 현실적이고, 문제가 된 모순은 해결된다.

이 모든 것이 정말로 그러하다면, 세계를 생산하는 활동성과 의지하기에서 표출되는 활동성의 근원적 동일성은 첫 번째 활동성의 산물들에서 드러날 것이며, 그 산물들은 의식적인 동시에 무의식적인 활동성의 산물로 나타나야 할 것이다.

자연은 전체로서나 개별 산물들에서나 의식적으로 만든 작품으로 나타남과 동시에 맹목적 메커니즘의 산물로도 나타나야 한다. 자연은 합목적적으로 설명할 수 없이 합목적적이다. 그러므로 자연목적들의 철학, 곧 목적론은 이론철학과 실천철학의 통합 지점이다.

d) 지금까지는 자연을 산출한 무의식적 활동성과 의지하기에서 표출되는 의식적 활동성의 동일성이 그저 상정되기만 했을 뿐이고, 저 활동성〔자연 산출 활동성〕의 원리가 자연에 귀속하는지 아니면 우리에게 귀속하는지 판정되지 않았다.

그런데 앎의 체계는 자신의 원리로 회귀할 때 비로소 완성된 것으로 간주할 수 있다.† ― 그러므로 초월철학은 저 동일성〔자연 산출 활동성과 의지하기 활동성의 동일성〕― 초월철학의 문제 전체에 대한 최고 해결 ― 을 자신의 원리(나) 안에서 증명할 수 있을 때 비로소 완성될 것이다.

따라서 의식적인 동시에 무의식적인 활동성이 주관 안에서, 의식 안에서 드러나는 것이 요청된다.

그런 활동성은 오로지 미적인ästhetische 활동성이며, 모든 각각의 예술품은 그런 활동성의 산물로 파악할 수밖에 없다. 그러므로 예술의 이념적ideal 세계와 객체들의 실재적 세계는 동일한 활동성의 산물이다. 두 활동성(의식적 활동성과 무의식적 활동성)의 의식 없는 합치는 현실 세계를 산출하고, 의식 있는 합치는 미적 세계를 산출한다.

객관세계는 단지 근원적인, 아직 무의식적인 정신의 시Poesie이다. 철학의 일반적 기관Organon ―또한 철학 전체의 절정― 은 예술철학이다.

## §4. 초월철학의 기관

1. 초월적 고찰의 유일한 직접적 객체는 주관이다(§2). 따라서 이런 유형의 철학하기에서 유일한 기관은 내감이고, 그 객체는 수학의 객체처럼 외적 직관의 객체가 될 수조차 없다. 물론 수학의 객체도 철학의 객체와 마찬가지로 앎 바깥에 존재하지 않는다. 수학의 존립 전체는 직관에서 비롯되고, 따라서 수학 역시 직관 속에서만 존재한다. 그러나 이 직관은 외적 직관이다. 더구나 수학자는 결코 직관(구성하기) 자체를 다루지 않으며, 다만 구성된 것을 다룬다. 또 그 구성된 것은 외적으로 펼쳐 놓을 수 있다. 반면에 철학자는 오로지 구성 활동 자체에 주목하는데, 그 활동은 절대적으로 내적인 활동이다.

2. 더 나아가 초월철학자의 객체는 자유롭게 생산된 한에서만 존재한다.

† — 그 생산에 대해서는, 이를테면 수학적 도형을 외적으로 그려 놓고 보라고 요구할 때처럼, 그 생산을 내적으로 직관하라고 요구할 수 없다. 그럼에도 불구하고 철학적 개념의 실재성은 온전히 내감에서 비롯된다. 수학적 도형의 존재가 외감에서 비롯되는 것과 마찬가지로 말이다. 이 철학의 객체 전체는 다름 아니라 이성의 특정 법칙들에 따른 행위이다. 이 행위는 오직 자기의 단박 내적 직관을 통해 파악해야 하고, 내적 직관은 다시 오로지 생산을 통해서만 가능하다. 하지만 아직 부족하다. 철학하기에서 사람은 객체일 뿐 아니라 또한 동시에 항상 고찰의 주체이다. 그러므로 철학을 이해하려면 두 가지 조건이 필요하다. 첫째, 사람은 끊임없이 내적으로 활동해야 한다, 즉 이성의 근원적인 행위들을 끊임없이 생산해야 한다. 둘째, 사람은 그 생산을 끊임없이 반성해야 한다. 한마디로 사람은 항상 직관되는 놈(생산하는 놈)인 동시에 직관하는 놈이어야 한다.

    3. 이 끊임없는 생산과 직관의 이중성을 통하여 다른 수단으로는 반성될 수 없는 놈이 객체가 된다. — 여기에서는 증명할 수 없지만 나중에 증명할 텐데, 이 절대적으로 무의식적인 비객관의 반성됨은 오로지 상상력의 미적 활동을 통해서만 가능하다. 하지만 이미 증명된 바에 의거해도, 모든 철학이 생산적이라는 점만큼은 명백하다. 요컨대 철학은 예술과 마찬가지로 생산 능력에서 비롯되며, 둘의 차이는 생산력이 향하는 방향의 차이일 뿐이다. 예술에서 생산은 무의식적인 놈das Unbewußte을 산물을 통해 반성하기 위하여 밖을 향하는 반면, 철학적 생산은 내면을 이성적 직관으로 반성하기 위하여 단박에 안을 향한다. 따라서 이런 유형의 철학이 가진 고유한 의미는 미적 의미이고, 바로 그렇기 때문에 예술철학은 철학의 참된 기관이다(§ 3). †

    보통의 현실을 벗어나는 길은 두 가지 뿐이다. 하나는 우리를 이념적 ideal 세계로 데려가는 시이며, 다른 하나는 우리 앞에서 현실 세계가 완전히 사라지게 만드는 철학이다. — 왜 철학을 위한 감각이 시를 위한 감각보다 더 널리 퍼져 있어야 한다는 것인지, 특히 기억 작업 때문인지(기억 작업보다 더 단박에 생산력을 죽이는 것은 없다) 혹은 죽어 있으며 모든 상상력을 없애는 사변 때문인지 몰라도 아무튼 미적 기관을 완전히 상실한 사람들 사이에 철학을 위한 감각이 더 널리 퍼져 있어야 한다는 것인지 필자는 모르겠다.

4. 상투적인 진리감각Wahrheitssinn에서 나온 뻔한 말들, 위 결론들에 대한 완전한 무관심에서 나온 뻔한 말들에 마음을 쓸 필요는 없다. 비록 가장 확실한 믿음(우리 바깥에 사물이 있다는 믿음)을 요구하는 자에게 어떤 다른 믿음이 신성할 수 있을까 하는 물음은 던지더라도 말이다. ─ 오히려 우리는 보통의 지성이 요구하는 것들을 다시 한 번 살펴볼 수 있다.

보통의 지성이 철학에게 요구하는 바는, 모든 각각의 탐구 대상이 요구하는 바와 마찬가지로, 다만 자신이 완전히 설명되는 것뿐이다.

관건은 보통의 지성이 참이라고 여기는 그것이 참임을 증명하는 일이 아니라, 단지 상식의 착각들이 불가피함을 들춰내는 일이다. 객관세계는 단지 자기의식(나)을 가능케 하는 필수적 한정들Einschränkungen 중 하나라는 것을 들춰내는 것으로 족하다. 이 관점으로부터 다시 보통의 지성이 가진 관점이 필연적이라는 것이 도출된다면, 보통의 지성은 만족한다.

이를 위해서는, 우리 정신 활동의 내적 기계장치를 열고 표상하기의 필연적 메커니즘을 밝힐 뿐 아니라, 단지 우리의 직관 속에서 실재성을 갖는 놈이 우리 본성의 어떤 특징 때문에 우리에게는 우리 바깥에 있는 놈으로 반성되는지도 지적해야 한다.

자연과학이 자연법칙들을 이성의 법칙들로 정신화함으로써 실재론에서 관념론을 산출하듯이, 혹은 물질적인 것das Materielle에 형식적인 것das Formelle을 † 덧붙이듯이(§1), 초월철학은 이성의 법칙들을 자연법칙들로 물질화함으로써, 혹은 형식적인 것에 물질적인 것을 덧붙임으로써, 관념론에서 실재론을 산출한다.

# 1부
## 초월적 관념론의 원리

## | 1장
앎의 최고원리의 필연성과 성질Beschaffenheit

    1. [초월철학자는] 우리의 앎에 아무튼 실재성이 있다고 전제하면서 이렇게 묻는다. 그 실재성의 조건들은 무엇일까? 우리의 앎에 정말로 실재성이 있는지 여부는 이제 도출할 그 조건들이 나중에 정말로 증명되는가에 달려 있을 것이다.

    모든 앎이 객관과 주관의 일치에서 비롯된다면(도입문 §1), 우리의 앎 전체는, 단박에 참이 아니며 자신의 실재성을 다른 놈에게서 빌린 문장들로 이루어진다.

    그저 주관이 주관과 일치하는 것으로는 진정한 앎이 정초되지 않는다. 또 반대로, 진정한 앎은 맞선 놈들의 합치를 전제하며, 그 합치는 매개된 것일 수밖에 없다.

    그러므로 무언가 일반적으로 매개하는 놈이 우리의 앎에 있어야 하고, 그놈은 앎의 유일한 근거이다.

    2. [초월철학자는] 우리의 앎에 체계가 있다고, 즉 우리의 앎이 내적으로 일관되며 스스로 자신을 지탱하는 전체라고 전제한다. 회의주의자는 첫 번째 전제와 마찬가지로 이 전제도 부정한다. 그 두 전제들은 오로지 실행을 통해서 증명할 수 있다. 하지만 우리의 앎, 더 나아가 우리의 본성 전체가 자기모순적

일 수도 있지 않을까? 요컨대 우리의 앎이 근원적으로 전체이고 그 개요가 철학체계라는 것은 단지 <u>전제</u>이고, 그런 전체의 조건에 대한 물음 역시 잠정적이다.†

24 [25-27]

모든 각각의 참된 체계(예컨대 세계구조의 체계)는 그 존립 근거를 <u>자기 안에</u> 가져야 하므로, 만일 앎의 체계가 있다면 그것의 원리는 <u>앎의 내부에</u> 있어야 한다.

3. <u>그 원리는 단 하나일 수밖에 없다.</u> 왜냐하면 모든 진리는 절대적으로 동등하기 때문이다. 개연성에는 정도 차이가 있을 수 있겠지만, 진리에는 정도가 없다. 참된 것은 동등하게 참되다. 그런데 앎의 문장들이 자신의 진리성을 다양한 원리들(매개항들)로부터 빌린다면, 앎의 모든 문장들의 진리는 절대적으로 동등할 수 없다. 그러므로 모든 앎에 오로지 <u>하나의</u> (매개하는) 원리가 있어야 한다.

4. 그 원리는 매개적 또는 간접적으로 모든 각각의 학문의 원리이지만, 단박에 직접적으로는 오직 <u>모든 앎에 대한 학문</u>인 초월철학의 원리이다.

그러므로 <u>앎에 대한</u> 학문, 다시 말해 주관을 첫 번째이자 최고의 것으로 삼는 학문을 세우는 과제는 우리를 단박에 모든 앎의 최고원리로 이끈다.

그런 절대적 최고원리에 대한 모든 반발은 이미 초월철학의 개념을 통해 제거되었다. 모든 반발은 오로지 이 학문의 첫 번째 과제가 제한적이라는 점을 간과한 데서 나온다. 이 학문은 처음부터 모든 객관을 도외시하고 오직 주관만 주목한다.

[초월철학자는] 존재의 절대원리를 이야기하는 것이 결코 아니다. 그런 원리에 대해서는 방금 언급한 모든 반발들이 타당할 것이다. 초월철학이 논하는 것은 <u>앎의</u> 절대원리다.

그런데 다음은 명백하다. 만일 앎의 절대적 한계가 없다면, — 우리가 의식하지 못하더라도 앎 속에서 우리를 속박하고 묶는 <u>어떤 놈</u>, 모든 앎의 <u>원리</u>이기 때문에 우리가 알기 행위를 할 때 우리에게 객체가 되지조차 않는 어떤 놈이 존재하지 않는다면, 무릇 앎은 불가능하고 심지어 개별적인 앎도 불가능할 것이다.

초월철학자는 우리의 앎 바깥에 어떤 최후 근거가 있을까 하고 묻는 게 아니라 이렇게 묻는다. 우리의 앎 속에서 우리가 벗어날 수 없는 최후의 것은 무엇일까? — † 초월철학자는 앎의 내부에서 앎의 원리를 찾는다(그러므로 그 원리는 알려질 수 있는 어떤 것이다).

앎의 최고원리가 있다는 주장은 존재의 절대원리가 있다는 주장처럼 긍정적이지 않고 부정적이며 한정하는 주장이다. 이 주장에 담긴 내용은 다만, 모든 앎의 시초인 최후의 것이 있고 그 너머에는 앎이 없다는 것뿐이다.

초월철학자는 (도입문 §1) 항상 주관만을 객체로 삼으므로, 다만 무언가 첫 번째 앎이 주관적으로 즉 우리에게 있다고만 주장한다. 우리를 도외시했을 때, 그 첫 번째 앎 저편에 도대체 무언가 있는지에 대해 그는 일단 아무 고민도 하지 않는다. 그 질문은 나중에 대답되어야 한다.

그런데 우리에게 그 첫 번째 앎은 의심의 여지없이 우리 자신에 대한 앎, 즉 자기의식이다. 관념론자가 이 앎을 철학의 원리로 삼는다면, 이는 그의 과제 전체의 제한성Beschränktheit에 걸맞다. 그의 과제는 앎의 주관 외에 그 어떤 것도 객체로 삼지 않으니까 말이다. 우리가 보기에 자기의식이 거기에 모든 것이 연결되어 있는 확고한 지점이라는 것은 증명이 필요 없다. 그러나 이 자기의식이 더 높은 존재의(아마 더 높은 의식의, 또 이 더 높은 의식도 더욱더 높은 의식의 … 그렇게 무한히) 변용에 불과할 수 있다는 것, 한마디로 자기의식도 설명 가능한 놈일 수 있다는 것, 우리가 알 수 없는 어떤 것에 입각하여 설명할 수 있는 놈일 수 있다는 것(우리 앎의 종합 전체는 자기의식을 통해 비로소 이룩되므로 우리는 그 어떤 것을 알 수 없다)은 초월철학자로서 우리에게 관심사가 아니다. 왜냐하면 자기의식은 우리에게 일종의 존재가 아니라 일종의 앎이며, 게

다가 우리에게 있는 최고이자 최후의 앎이기 때문이다.

더 나아가 증명할 수 있고 부분적으로 이미 (도입문 §1) 증명되었듯이, 설령 자의적으로 객관을 첫 번째 것으로 놓는다 해도 결코 자기의식을 벗어날 수 없다. 그렇게 하면 설명할 때 근거에서 나온 놈das Begründete으로부터 근거로 무한히 역행하거나,† 다시금 자기 자신의 원인이며 결과(주관이며 객관)인 절대자Absolutes를 정립함으로써 무한 역행의 열께열을 자의적으로 끊어야 한다. 그런데 이는 근원적으로 오로지 자기의식을 통해서만 가능하므로, 그렇게 하는 것은 다시금 자기의식을 첫 번째 것으로 정립하는 것과 같다. 이런 일은 자연과학에서 일어난다. 존재는 초월철학에게 근원적이지 않은 것과 마찬가지로 자연과학에게도 근원적이지 않다(〈자연철학체계 구상〉 5쪽 참조). 자연과학은 실재성을 오로지 자기 자신의 원인이며 결과인 절대자에, 우리가 자연이라고 부르는 주관과 객관의 절대적 동일성에 부여한다. 그리고 그 동일성은 그것의 최고 역량에서 다름 아니라 자기의식이다.

존재를 근원으로 삼는 독단론의 설명은 무한히 역행할 수밖에 없다. 왜냐하면 독단론의 설명이 따라가는 원인과 결과의 열은 원인인 동시에 결과인 어떤 것을 통해서만 끝날 수 있을 텐데, 그렇게 되면 독단론은 자연과학으로 바뀔 테고, 또 자연과학은 완성되면서 초월적 관념론의 원리로 회귀할 터이기 때문이다(일관된 독단론은 스피노자주의뿐이다. 그러나 실재적인 체계로서 스피노자주의는 오직 자연과학으로만 존속할 수 있고, 자연과학의 최종 결과는 다시 초월철학의 원리가 된다).

결론적으로 다음이 명백하다. 자기의식은 우리 앞의 무한히 확장된 지평 전체를 둘러싸며, 어느 방향으로든 최고의 앎으로 머문다. 하지만 현재의 목적을 위해서는 이 같은 거시적인 생각이 필요치 않다. 지금 필요한 것은 다만 우리의 첫 번째 과제가 가진 의미에 대한 반성이다. 의심할 여지없이 누구나 다음의 생각을 이해하고 전적으로 수긍할 것이다.

일단 할 일은, 나의 앎 자체에 체계를 들여오고, 모든 개별 앎을 규정하는 그 무엇을 앎 자체의 내부에서 찾는 것이다. — 그런데 의심할 바 없이 나의 앎에서 모든 것을 규정하는 그 무엇은 나 자신에 대한 앎이다. — 나는 내 앎을 그 자체 안에서 정초하려 하므로, 그 첫 번째 앎(자기의식)의 최종 근거를 묻지 않는다.† 그런 근거는, 만일 있다면, 필연적으로 앎 바깥에 있어야 한다. 자기의식은 앎의 체계 전체 안에서 빛을 발하는 초점이지만, 앞으로만 빛을 발할 뿐, 뒤로는 발하지 않는다. 설령 자기의식이 그로부터 독립적인 (당연히 어떤 철학도 파악할 수 없는) 어떤 존재의 변용임을 인정하더라도, 자기의식은 지금 내게 존재의 일종이 아니라 앎의 일종이고, 여기에서 나는 자기의식을 그렇게 앎의 일종으로서만 고찰한다. 내 과제의 제한성은 나를 무한히 뒤로 끌어 앎의 범위 안에 가둔다. 그 제한성 때문에 자기의식은 내게 자립적인 놈이 되고 절대적 원리가 된다. 그러나 그것은 모든 존재의 원리가 아니라 모든 앎의 원리다. (나의 앎뿐만 아니라) 모든 앎이 거기에서 출발해야 하니까 말이다. — 무릇 앎, 특히 이 첫 번째 앎이 앎에 의존하지 않는 존재에 의존한다는 것은 아직 어떤 독단론자에 의해서도 증명되지 않았다. 현재로서는 모든 존재가 단지 앎의 변용이라는 것도 모든 앎이 존재의 변용이라는 주장 못지않게 가능하다. 필연적인 놈은 존재이고 앎은 단지 존재에 딸린 놈Akzidens일 수도 있고, 그 반대일 수도 있겠지만, 아무튼 우리의 학문에서 앎은, 우리가 앎을 자기 안에 정초된 대로 다시 말해 한낱 주관적인 한에서 고찰하기 때문에, 자립적이게 된다.

27 [30-32]

앎이 절대적으로 자립적인지 여부는, 앎 자체에서 도출할 수 없는 어떤 것을 생각할 수 있는지 여부가 학문 자체를 통해 결정될 때까지 미결정으로 남아도 좋다.

독단론자가 초월철학의 과제 자체에, 또는 그 과제의 규정에 반발하는 것은, 나[초월철학자]가 나의 과제를 자의적으로 확장할 수는 없어도 완전히 자의적으로 제한할 수는 있기 때문에 벌써 불가능하다. 나는 나의 과제를, 앎 바

끝에 있는 앎의 최후 근거처럼 나의 앎의 영역에 결코 들어올 수 없는 것에까지 자의적으로 확장할 수 없다. 〔하지만 나의 과제를 자의적으로 제한할 수는 있다.〕 유일하게 가능한 반발은, 그렇게 규정된 과제는 철학의 과제가 아니고 그 해결은 철학이 아니라는 것뿐이다. †

그러나 철학이 무엇인가는 아직까지 완전히 대답되지 않은 질문이고, 그 대답은 오로지 철학 자체에서 나올 수밖에 없다. 위 과제의 해결이 철학이라는 대답은 오로지 실행 자체를 통하여, 이 과제와 함께 예로부터 철학에서 해결하려 했던 모든 문제들을 해결함을 통하여 제시할 수밖에 없다.

그러나 우리는 다음과 같은 주장을, 그 반대 주장을 하는 독단론자와 동등한 권리로 할 수 있다. 사람들이 지금껏 철학이라고 이해해 온 그것은 오직 앎에 대한 학문으로서만 가능하며 존재가 아니라 앎을 객체로 삼는다. 따라서 철학의 원리는 존재의 원리가 아니라 앎의 원리일 수밖에 없다. 앎에서부터 존재에 도달할 수 있는가? 다만 우리의 학문을 위하여 일단 자립적이라고 간주한 앎으로부터 모든 객관을 도출하고 그럼으로써 앎을 절대적 자립성으로 격상시킬 수 있는가? 우리가 이 과제를, 우리와 반대로 존재를 자립적인 놈으로 간주하고 거기에서 앎을 산출하려는 독단론자보다 더 확실하게 해결할 수 있는가는 나중의 결과가 판정해야 한다.

5. 우리 학문의 첫 번째 과제를 통하여, 즉 (활동인 한에서의) 앎 자체로부터 앎 속의 (활동이 아니라 존재요 존립인) 객관으로의 이행을 발견할 수 있는지 실험하는 과제를 통하여 이미 앎은 자립적인 놈으로 정립되었다. 실험에 앞서 이 과제 자체에 시비를 걸 수는 없다.

그러므로 이 과제를 통하여, 앎이 자기 안에 절대적 원리를 가지며 그 앎 내부에 있는 원리는 또한 학문으로서 초월철학의 원리라는 것도 정립되었다.

그런데 모든 각각의 학문은 문장들이 특정 형식 하에서 이룬 전체이다. 따라서 저 원리를 통해 학문 체계 전체가 정초되려면, 그 원리는 학문의 내용뿐 아니라 형식도 규정해야 한다.

일반적으로 사람들은 이른바 체계적 형식이 철학의 고유한 형식이라고 여긴다. 이 형식을 도출하지 않고 전제하는 것은 학문에 대한 학문을 이미 전제하는 다른 학문들에서는 허용할 수 있는 일이다.† 그러나 그런 형식의 가능성 자체를 객체로 삼는 초월철학에서는 그것을 허용할 수 없다.

학문적 형식은 도대체 무엇이고, 그 형식의 근원은 무엇일까? 이 질문은 다른 모든 학문들을 위하여 학문론Wissenschaftslehre이 대답해야 한다. ― 그러나 학문론 자체도 이미 학문이다. 따라서 학문론의 학문론이 필요할 듯한데, 이것 역시 학문일 테고, 이런 식으로 무한히 거슬러 올라간다. ― 그러므로 이런 질문이 제기된다. 해결할 길이 없어 보이는 이 순환Zirkel을 어떻게 설명할 수 있을까?

학문에게 불가피한 이 순환은, 만일 이 순환이 앎 자체에(학문의 객체에) 근원적으로 깃들어 있지 않다면, 다시 말해 앎의 근원적 내용이 근원적 형식을 또한 반대로 앎의 근원적 형식이 앎의 근원적 내용을 전제하고 이 둘이 서로의 조건이지 않다면, 설명할 길이 없다. ― 따라서 이성 자체 안에서 다음과 같은 한 지점이 발견되어야 할 것이다. 거기에서 가장 근원적이며 하나이며 분할할 수 없는 앎[알기] 활동을 통하여 내용과 형식이 동시에 발생하는 그런 지점이 발견되어야 할 것이다. 그 지점을 발견하는 과제는 모든 앎의 원리를 발견하는 과제와 동일할 것이다.

요컨대 철학의 원리는, 그 안에서 내용이 형식을 또 반대로 형식이 내용을 조건으로 삼으며 하나가 다른 하나를 전제하는 게 아니라 둘이 상호적으로 서로를 전제하는 그런 원리여야 한다. ― 철학의 첫 번째 원리에 반대하여 예컨대 다음과 같은 식의 반론이 있었다. 철학의 원리는 하나의 근본문장Grundsatz으로 표현되어야 하는데, 그 근본문장은 의심의 여지없이 단지 형식적일 수 없고 내용이 있어야 할 것이다. 그런데 모든 문장은 내용이 어떠하든 상관없이 논리학의 법칙들 아래에 놓인다. 그러므로 모든 각각의 내용 있는 근본문장은 더 높은 근본문장들, 즉 논리학의 근본문장들을 전제한다. — 이 논증은 거꾸로 되었다는 것 외에는 결함이 없다. 임의의 형식적 문장, 예컨대 'A=A'를 최고 문장으로 생각한다고 해 보자. 이 문장에서 논리적인 것은 한낱 A와 A 사이의 동일성의 형식이다. 그런데 A 자체는 어디에서 왔을까? † 만일 A가 있다면, A는 자기와 같다. 하지만 도대체 A는 어디에서 왔을까? 의심할 여지없이 이 질문은 그 문장 자체에 의거해서 대답할 수 없고 더 높은 문장들에 의거해서만 대답할 수 있다. 'A=A'라는 분석은 A라는 종합을 전제한다. 그러므로 내용 있는 원리를 전제하지 않고 형식적 원리를 생각하는 것도, 형식적 원리를 전제하지 않고 내용 있는 원리를 생각하는 것도 명백히 불가능하다.

모든 형식이 내용을, 모든 내용이 형식을 전제하는 순환으로부터 벗어나는 길은, 그 안에서 형식이 내용을 통하여 또 내용이 형식을 통하여 정해지고 가능하게 되는 그런 문장을 발견하는 것뿐이다.

그러므로 위 반론이 지닌 첫 번째 그릇된 전제는 논리학의 근본문장들이 <u>무제약적인</u>unbedingt 문장, 다시 말해 더 높은 문장들에서 도출할 수 없는 문장이라는 것이다. 그러나 논리적 근본문장들은 다만 우리가 다른 문장들에서 단지 형식인 것을 새삼 문장의 내용으로 삼음을 통해 우리에게 발생한다. 따라서 논리학은 오직 특정 문장들로부터의 추상을 통해 발생할 수 있다. 그러므로 논리학이 <u>학문적</u> 방식으로 발생한다면, 오직 앎의 <u>최고 근본문장들</u>로부터의 추상을 통해 발생할 수밖에 없다. 또한 역으로 앎의 최고 근본문장들은 근본문장들이기 때문에 <u>이미</u> 논리적 형식을 전제한다. 따라서 앎의 최고 근본문장들은, 그 안에서 형식과 내용 <u>양자가</u> 서로를 조건으로 삼고 야기하는 그런 문장이어야 한다.

그런데 이 [논리학을 발생시키는] 추상은 앎의 최고 근본문장들이 세워지기 전에, 학문론 자체가 마련되기 전에 먼저 이루어질 수 없다. 이 새로운 순환, 즉 학문론은 논리학을 정초해야 하고 또한 동시에 논리학의 법칙들에 따라 마련되어야 한다는 순환은 앞에서 지적한 순환과 동일하게 설명된다. 앎의 최고 근본문장들에서 형식과 내용은 서로를 조건으로 삼으므로, 앎에 대한 학문은 학문적 형식의 법칙이자 가장 완벽한 실현Ausübung이어야 하고 형식과 내용 양면에서 절대적으로 자율적이어야 한다. †

## | 2장
### 원리의 연역

우리가 이야기하는 최고원리의 연역은 그 원리를 무언가 더 높은 원리로부터 도출한다는 의미일 수 없다. 그 원리의 내용을 증명한다는 의미일 수는 더더욱 없다. 증명은 오로지 이 원리의 지위에 대한 증명만 가능하다. 다시 말해 이 원리가 최고원리이며 최고원리에 귀속하는 모든 특징들을 지녔다는 증명만 가능하다.

이 연역은 매우 다양한 방식으로 이루어질 수 있다. 우리는 가장 쉬우면서 또한 원리의 참된 의미를 가장 단박에 보여 주는 방식을 선택할 것이다.

1. 아무튼 앎이 가능하다는 것 — 이런 혹은 저런 특정한 앎이 아니라 하여간 어떤 앎이, 최소한 무지에 대한 앎이 가능하다는 것은 심지어 회의주의자도 인정한다. 우리가 무언가를 안다면, 그 앎은 제약되었든지 아니면 무제약적이다. 제약된 앎이라면, 우리가 그것을 아는 것은 오직 그 앎이 어떤 무제약적인 앎과 연관되기 때문이다. 그러므로 우리는 어떤 경우에건 무제약적 앎에 도달한다. (더 높은 것에 의거하여 아는 게 아닌 어떤 앎이 우리에게 있어야 한다는 점은 이미 앞 장에서 증명되었다.)

문제는 다만 우리가 무제약적으로 아는 것이 무엇이냐이다.

2. 내가 어떤 것을 아는데 그 앎이 오로지 주관에 의해서 제약되고 객관에 의해서는 제약되지 않는다면, 나는 그것을 무제약적으로 아는 것이다. 그런데 사람들은 오직 동어반복문장에서 발설되는 앎만 오로지 주관에 의해 제약된다고 주장한다. 판단 'A=A'에서 주어 A의 내용은 완전히 도외시된다. A가 과연 실재성을 가졌는지 여부는 이 앎과 아무 상관이 없다. 따라서 그렇게 주어의 실재성을 완전히 도외시한다면, A는 단지 우리 안에 정립된 한에서, 우리에 의해 표상된 한에서 고찰된다. 이 표상이 우리 바깥의 무언가와 일치하는지 여부는 질문되지 않는다. A가 정말로 존재하는 어떤 놈인지 혹은 한갓 상상된 놈인지 혹은 심지어 불가능한 놈인지와 아무 상관없이 위 문장은 명백하고 확실하다. 왜냐하면 그 문장은 단지, 내가 A를 생각할 때 나는 다름 아니라 A를 생각한다는 것만 말하기 때문이다. † 요컨대 이 문장 속의 앎은 단지 나의 생각(주관)을 통해 제약된다. 따라서 그 앎은 무제약적이다.

3. 그러나 모든 앎에서는 객관이 주관과 합치한다고 생각된다. 그런데 문장 'A=A'에는 그런 합치가 없다. 그러므로 모든 근원적인 앎은 생각의 동일성을 벗어나며, 문장 'A=A' 자신도 그런 앎을 전제해야 한다. 내가 A를 생각하고 난 후에는, 나는 그것을 당연히 A로 생각한다. 하지만 [애당초] 나는 어째서 A를 생각하게 되는 것일까? 그것이[A가] 자유롭게 구성된 개념이라면, 그 개념은 앎을 정초하지 못한다. 반면에 그것이 필연성의 느낌을 동반하고 발생한 개념이라면, 그것은 객관적 실재성을 가져야 한다.

문장에서 주어와 술어가 단지 생각의 동일성을 통해서가 아니라 생각과 별종인 놈, 생각과 다른 놈을 통해 매개된다면, 그런 모든 문장은 종합 문장이라고 한다. 그렇다면 우리의 모든 앎은 오로지 종합 문장들로 이루어지며, 오직 종합 문장들 속에만 현실적인 앎, 다시 말해 객체를 자기 바깥에 가진 앎이 있다.

4. 그런데 종합 문장은 무제약적이지 않다. 자기 자신을 통해 확실하지

않다. 왜냐하면 오로지 동일성 문장 또는 분석 문장만 그렇기 때문이다(2.〔참조〕). 그러므로 종합 문장에 (따라서 우리의 앎 전체에) 확실성이 있으려면, 종합 문장은 무제약적으로 확실한 놈, 즉 무릇 생각의 동일성으로 환원되어야 하는데, 이는 자기모순이다.

  5. 이 모순은 오로지, 거기에서 동일한 것과 종합적인 것이 하나인 그런 지점을, 다시 말해 동일성 문장임으로써 또한 동시에 종합 문장이고 종합 문장임으로써 또한 동시에 동일성 문장인 그런 문장을 발견함으로써만 해결할 수 있을 것이다.

  어떻게 우리가 그 안에서 완전히 별종인 객관과 주관이 합치하는 그런 문장(그런 합치는 모든 각각의 종합 판단 'A=B'에서 일어난다. 여기에서 술어 곧 개념은 항상 주관을, 주어는 객관을 표현한다.)에 대하여 확실성에 도달할 수 있는가는 다음의 조건들이 충족되지 않으면 파악할 수 없다.

  a) 절대적으로 참인 놈이 없다면, 〔어떻게 종합 문장이 확실성을 갖는가를〕 파악할 수 없다. 왜냐하면 만일 우리 앞에 원리로부터 원리로의 무한 역행이 있다면, 우리는 강제의 느낌(문장의 확실성)에 도달하기 위하여 최소한 무의식적으로 그 무한 열을 다 거슬러 올라야 할 텐데, 이는 명백히 부조리하다. † 33 [41-42] 그 열이 정말로 무한하다면, 그것을 완전히 거슬러 오를 길은 없다. 만일 그 열이 무한하지 않다면, 무언가 절대적으로 참인 놈이 있다는 것이다. 만일 그런 놈이 있다면, 우리의 앎 전체와 그 속에 있는 모든 각각의 개별 진리는 그 절대적 확실성과 엮여있어야 한다. 이 관련〔엮여 있음〕에 대한 불명확한 느낌은 우리가 어떤 문장을 참으로 여길 때 동반되는 강제의 느낌을 산출한다. 철학은 저 관련과 그것의 주요 중간항들을 보여 줌으로써 그 불명확한 느낌을 명확한 개념들로 풀어내야 한다.

  b) 절대적으로 참인 놈은 동일성에 대한 앎일 수밖에 없다. 그런데 모든 참된 앎은 종합적 앎이므로, 절대적으로 참인 놈은 동일성 앎이면서 또한 동시

에 필연적으로 종합적 앎이다. 그러므로 절대적으로 참인 놈이 있다면, 어떤 지점도 있어야 하고, 그 지점에서 동일성 앎으로부터 단박에 종합적 앎이 나오고 종합적 앎으로부터 단박에 동일성 앎이 나와야 한다.

     6. 그런 지점을 찾는 과제를 해결할 수 있으려면, 의심할 바 없이 동일성 문장과 종합 문장의 맞섬을 더 깊이 파고들어야 한다.

     모든 각각의 문장에서는 두 개념이 비교된다. 두 개념은 동일하게 혹은 동일하지 않게 정립된다. 그런데 동일성 문장에서는 단지 생각이 자기 자신과 비교된다. 반면에 종합 문장은 한낱 생각을 벗어난다. 다시 말해 내가 종합 문장의 주어를 생각할 때, 나는 술어를 함께 생각하지 않는다. 술어는 주어에 덧붙는다. 그러므로 여기에서 대상은 단지 대상에 대한 생각을 통해 규정되지 않고, 실재적으로reell 고찰된다. 실재적이라 함은 단지 생각으로 만들어 낼 수 없음을 의미하니까 말이다.

     이렇게 동일성 문장은 개념을 개념하고만 비교하는 문장이고 종합 문장은 개념을 개념과 별개인 대상과 비교하는 문장이라면, 우리의 과제는, 동일성 앎이 동시에 종합적 앎인 그런 지점을 찾기, 다시 말해 객체와 그것의 개념, 대상과 그것의 표상이 근원적으로 단적으로 아무 매개 없이 하나인 지점을 찾기이다. †

     이 과제는 모든 앎의 원리를 찾는 과제와 동일하다. 이를 다음과 같이 더 간략하게 말할 수 있다. 어떻게 표상과 대상이 일치할 수 있는가는, 만일 앎 자체 속에 그 둘이 근원적으로 하나인 지점이 없다면, 다시 말해 존재하기와 표상하기의 완벽한 동일성이 성립하는 지점이 없다면, 단적으로 설명이 불가능하다.

     7. 그런데 표상은 주관이요 존재는 객관이므로, 우리의 과제를 가장 정확하게 규정하면, 주체와 객체가 매개 없이 하나인 지점을 찾기이다.

     8. 이렇게 우리의 과제를 점점 더 정확하게 한정해 놓고 보니, 이제 그 과제는 해결된 것이나 다름없다. 주체와 객체의 매개 없는 동일성은 오직 표상되

는 놈이 또한 동시에 표상하는 놈인 지점, 직관되는 놈이 또한 직관하는 놈인 지점에서만 존재할 수 있다. 그런데 표상되는 놈과 표상하는 놈의 동일성은 오로지 자기의식에만 있다. 결론적으로 우리가 찾는 지점은 자기의식에서 발견되었다.

| 설명

    1. 이제 우리가 동일성 근본문장 A=A를 되돌아보면, 거기에서 우리의 원리를 단박에 도출할 수 있었다는 것을 알 수 있다. 앞에서 주장되었듯이, 모든 각각의 동일성 문장에서는 생각이 자기 자신과 비교되는데, 이 비교는 의심의 여지없이 생각하기Denkakt를 통해 일어난다. 그러그로 문장 A=A는 자기 자신에게 단박에 객체가 되는 생각하기를 전제한다. 그런데 그렇게 자기 자신에게 객체가 되는 생각하기는 오직 자기의식에만 있다. 어떻게 한낱 논리학의 문장에 불과한 문장에서 무언가 실재적인 것을 끄집어낼 수 있는가는 당연히 통찰할 수 없지만, 어떻게 그 문장에서 생각하기에 대한 반성을 통해 무언가 실재적인 것을 발견할 수 있는가는, 예컨대 판단의 논리적 기능으로부터 범주를, 모든 각각의 동일성 문장으로부터 자기의식 활동을 발견할 수 있는가는 충분히 통찰할 수 있을 것이다. †        35 [44-46]

    2. 자기의식에서 생각의 주체와 객체가 하나라는 것은 모든 사람 각자에게 오로지 자기의식 활동 자체를 통해서만 명확해질 수 있다. 이때 각자는 이 활동을 함과 동시에 이 활동 속에서 다시 자신을 반성해야 한다. ― 자기의식은 활동Akt이고, 그 활동을 통해 생각하는 놈das Denkende은 단박에 객체로 되고 그 역도 마찬가지다[객체는 생각하는 놈으로 된다]. 이 활동이, 그리고 오직 이 활동만이 자기의식이다. ― 이 활동은 절대적으르 자유로운 행위Handlung이며, 사람을 이 행위로 이끌 수는 있지만 이 행위를 강요할 수는 없다. 이 활동 속에서 자신을 직관하는 솜씨, 자신을 생각되는 놈과 생각하는 놈으로 구분하고 다

시 그 구분 속에서 자신을 동일한 놈으로 인정하는anerkennen 솜씨는 앞으로의 논의에서 끊임없이 전제될 것이다.

3. 자기의식은 활동이다. 그런데 우리는 모든 각각의 활동을 통해 무언가를 이룬다. 모든 각각의 생각은 활동이며, 모든 각각의 규정된 생각은 규정된 활동이다. 그런 규정된 생각을 통해 이루어지는 것은 규정된 개념이다. 개념은 다름 아니라 생각하기 활동 자체이며, 이 활동을 도외시하면 아무것도 아니다. 마찬가지로 자기의식 활동을 통해서도 어떤 개념이 발생해야 하고, 그 개념은 다름 아니라 나 개념이다. 나는 자기의식을 통해 나에게 객체가 되고, 그럼으로써 나에게 나 개념이 발생한다. 거꾸로 나 개념은 오로지 자기객체되기 개념이다.

4. 나 개념은 자기의식 활동을 통해 이루어진다. 그러므로 나는 이 활동 외에 아무것도 아니고, 나의 실재성 전체는 오로지 이 활동에서 비롯되며, 나 자체가 다름 아니라 이 활동이다. 그러므로 나는 오로지 활동으로서만 표상될 수 있고, 그 외에는 아무것도 아니다.

외부 대상이 그것의 개념과 같은지, 이 경우에도〔외부 대상의 경우에도〕 개념과 객체가 하나인지는 따져 보고 대답해야 할 질문이지만, 나 개념, 즉 생각하기 자체를 자기의 객체로 삼는 활동과 나 자체(객체)가 절대적으로 하나라는 점은 증명할 필요가 없다. 왜냐하면 나는 명백히 이 활동 외에 아무것도 아니고, 오로지 이 활동 속에만 있기 때문이다. †

요컨대 우리가 찾으려 했지만 다른 어디에서도 만나지 못한, 생각과 객체의 동일성, 현상과 존재의 동일성이 여기에 있다. 나는 생각이 자신에게 객체가 되는 활동 이전에는 전혀 없다. 따라서 나 자체는 다름 아니라 자기에게 객체가 되는 생각이며, 따라서 이 생각 외에 전혀 아무것도 아니다. 많은 사람들이 나에서 성립하는 이 같은 생각되기와 발생하기의 동일성을 포착하지 못하는 이유는 오로지, 그들이 자기의식 활동을 자유롭게 실행하지 못하기 때문이고, 또한 그 활동 속에서 발생하는 놈을 그 활동 속에서 반성하지 못하기 때문이다.

― 첫 번째 이유와 관련해서 지적할 점은, 우리가 활동으로서의 자기의식을 한낱 경험적 의식과 잘 구별한다는 것이다. 우리가 암묵적으로 의식이라고 부르는 놈은 다만 객체에 대한 표상들에 붙어서 지속하는 어떤 놈, 표상들의 교체 속에서 동일성을 유지하는 어떤 놈, 따라서 나가 나 자신을 의식하되 단지 표상하는 놈으로만 의식할 때의 의식, 경험적인 유형의 의식이다. ― 반면에 여기서 논의되는 활동은 나가 나를 이런 저런 규정과 함께 의식하는 게 아니라 근원적으로 의식하는 활동이다. 이 의식은 앞의 의식과 달리 순수 의식, 또는 진정한 의미의 자기의식이라고 한다.

이 두 의식 유형[자기의식과 경험적 의식]의 발생을 다음과 같이 더 설명할 수 있다. 표상들의 자의적이지 않은 잇따름에 몰두하고 있노라면, 그 표상들은 아무리 다양하더라도 동일한 주체에 속한 것처럼 보인다. 나가 그 표상들을 가진 주체의 동일성을 반성하면, 나에게 "나는 생각한다"라는 문장이 발생한다. 이 "나는 생각한다"는 모든 표상들에 동반되며 표상들 사이에서 의식의 연속성을 보장한다. ― 반면에 자기를 근원적으로 의식하기 의하여 모든 표상하기로부터 벗어나면, "나는 생각한다"라는 문장이 아니라 ― "나는 있다"라는 문장이 발생한다. 이 두 번째 문장은 의심할 바 없이 더 높은 문장이다. "나는 생각한다"라는 문장에는 이미 나의 규정 혹은 겪음Affektion이 표현되어있다. 반면에 "나는 있다"라는 문장은 현실적인 술어를 갖지 않고 따라서 무한한 가능 술어들에 대한 긍정이기 때문에 무한한 문장이다. †

5. 나는 나의 생각과 별개가 아니다. 나의 생각은 나 자신과 절대적으로 하나이다. 그러므로 나는 생각 외에 도무지 아무것도 아니며, 따라서 사물도 사태도 아니고 무한히 계속 비객관das Nicht-Objektive이다 이를 다음과 같이 이해할 수 있다. 나는 물론 객체이지만, 오직 자기에게만 객체이다. 그러므로 나는 근원적으로 객체들의 세계 속에 있지 않고, 나가 나를 객체로 삼음으로써 비로소 객체가 되며, 어떤 외적인 놈에게 객체가 되는 게 아니라 항상 자기 자신에

게 객체가 된다. —

나가 아닌 모든 것은 근원적으로 객체이며, 따라서 자기에게 객체가 아니라 자기 외부의 직관하는 놈에게 객체이다. 근원적 객관은 항상 인식되는 놈일 뿐, 결코 인식하는 놈이 아니다. 그러나 나는 오로지 나의 자기인식을 통해서만 인식되는 놈이 된다. — 물질을 자기가 없는 놈이라고 부르는 이유는, 물질이 내면을 갖지 않으며 외적인 직관에만 파악되는 놈이기 때문이다.

6. 나가 사물도 사태도 아니라면, 나에 붙는 술어에 대하여 묻는 것은 불가능하다. 나는 "사물이 아니다" 외에 다른 술어를 갖지 않는다. 나의 특성은 "자기의식이다"라는 술어 외에 다른 술어를 갖지 않는다는 데 있다.

다른 측면들에서 출발해도 위와 똑같은 결론을 도출할 수 있다.

앎의 최고원리인 놈은 자신의 인식근거를 더 높은 원리에 둘 수 없다. 그러므로 그놈의 존재원리와 인식원리는 우리에게 하나이어야 하고 하나로 통합되어야 한다.

그러므로 이 무제약적인 놈[앎의 최고원리]은 사물에서 찾을 수 없다. 왜냐하면 객체인 놈은 근원적으로 앎의 객체인 반면, 모든 앎의 원리인 놈은 근원적으로 또는 그 자체로 앎의 객체인 게 전혀 아니라 오직 특별한 자유의 활동을 통해서만 앎의 객체가 될 수 있기 때문이다.

요컨대 무제약적인 놈은 객체들의 세계 어디에서도 찾을 수 없다(그러므로 초월철학에게 그렇듯이 심지어 자연과학에게도 순수 객관, 즉 물질은 근원적인 놈이 아니며 거의 허울Schein과 다름없다). †

무제약이라 함은 결코 사물이, 사태가 될 수 없음을 뜻한다. 그러므로 철학의 첫 번째 문제는, 결코 사물로 생각될 수 없는 놈을 찾기라고 표현할 수도 있다. 그런데 그런 놈은 오로지 나뿐이며, 거꾸로 나는 그 자체로 비객관인 놈이다.

7. 나가 단적으로 객체가 — 사물이 아니라면, 도대체 어떻게 나에 대한

앎이 가능한지, 혹은 우리가 나에 대하여 어떤 유형의 앎을 가졌는지 설명하기 어려워 보인다.

나는 모든 앎의 원리이고, 바로 그렇기 때문에 순수한 활동, 순수한 "하기Tun", 앎에서 단적으로 비객관이어야 하는 놈이다. 따라서 내가 앎의 객체가 되려면, 보통의 앎과 전혀 다른 유형의 앎을 통해 객체가 되어야 한다. 그 앎은 다음과 같아야 한다.

a) 절대적으로 자유로운 앎이어야 한다. 왜냐하면 다른 모든 앎은 자유롭지 않기 때문이다. 따라서 그 앎은 증명과 추론을 통해, 통틀어 개념들의 매개를 통해 도달할 수 없는 앎, 따라서 한마디로 직관이어야 한다.

b) 앎의 객체가 앎에 독립적이지 않은 그런 앎, 따라서 앎인 동시에 객체의 생산인 앎 − 자유롭게 생산하는 직관, 그 안에서 생산하는 놈과 생산되는 놈이 하나이며 같은 직관이어야 한다.

이런 직관은, 대상의 생산으로 나타나지 않으며 따라서 직관하기 자체가 직관되는 놈과 별개인 감각적 직관과 대비하여, 이성적 직관intellektuelle Anschauung이라고 한다.

그런 직관은 곧 나이다. 왜냐하면 나 자체(객체)는 나의 자기 자신에 대한 앎을 통해 비로소 발생하기 때문이다. (객체로서) 나는 다름 아니라 자기에 대한 앎이므로, 나는 오로지 나가 자기를 앎을 통하여 발생한다. 요컨대 나 자체는 앎인 동시에 자기 자신을 (객체로서) 생산하는 그런 앎이다.

이성적 직관은 모든 초월적 생각의 기관이다. 왜냐하면 초월적 생각은, 다른 식으로는 객체가 아닌 자기 자신을 자유를 통해 객체로 만드는 것을 목표로 하기 때문이다. † 초월적 생각은 객체를 생산하기와 직관하기가 절대적으로 하나가 되도록 특정한 정신 행위들을 생산함과 동시에 직관하는 능력을 전제하는데, 이 능력이 바로 이성적 직관의 능력이다.

그러므로 이성적 직관은 초월철학하기에 늘 동반되어야 한다. 초월철학하기를 이해할 수 없다는 모든 입장은 초월철학하기의 고유한 난해성에서 비롯되는 게 아니라 초월철학하기를 파악할 기관의 결여에서 비롯된다. 이성적 직관이 없으면, 철학하기 자체는 생각을 담고 떠받칠 바탕Substrat을 확보하지 못한다. 이성적 직관은 초월적 생각에서 객관세계를 대신하며, 말하자면 사변Spekulation이 날아오를 수 있도록 떠받친다. <u>나 자체는 나가 자기를 앎을 통하여 존재하는</u> 객체이다. 즉, 나는 끊임없는 이성적 직관하기이다. 그런데 초월철학의 유일한 객체는 자기를 생산하는 이 직관하기이므로, 초월철학에게 이성적 직관은 기하학에게 공간과 같다. 공간 직관 없이는 기하학을 전혀 이해할 수 없다. 왜냐하면 기하학의 모든 구성들은 공간 직관을 한정하는 다양한 방식일 따름이기 때문이다. 이와 마찬가지로 이성적 직관 없이는 어떤 철학도 이해할 수 없다. 왜냐하면 철학의 모든 개념들은 <u>자기를 객체로 삼은 생산</u> 곧 이성적 직관에 대한 다양한 한정일 따름이기 때문이다(〈철학 저널Philosophisches Journal〉에 실린 피히테의 〈학문론 입문Einleitung in die Wissenschaftslehre〉 참조).

이 직관이 무언가 불가해한 것으로 이해된 이유 — 특별한 의미로 이해되고, 소수의 사람들만 위에 제시한 의미로 이해한 이유에 대해서는, 일부 사람들은 그 의미를 파악할 능력이 정말로 없다고 말할 수밖에 없다. 하지만 이는 전혀 놀라운 일이 아니다. 그들은 이에 못지않게 그 실재성을 의심할 수 없는 다른 몇몇 의미도 파악할 능력이 없으니까 말이다.

8. 나는 다름 아니라 <u>자기에게 객체가 되는 생산하기</u>, 즉 이성적 직관하기이다. 그런데 이 이성적 직관은 절대적으로 자유로운 행위이다.† 그러므로 이 직관은 보여 줄demonstrieren 수 없고 다만 요구할 수 있다. 그런데 나는 바로 이 직관일 따름이다. 따라서 철학의 원리로서 나는 그 자체로 다만 <u>요청되는</u> postuliert 놈이다. —

라인홀트Carl Leonhard Reinhold가 철학의 학문적 정초를 목표로 삼은 이래 철학이 출발점으로 삼을 첫 번째 근본문장에 대하여 많은 논의가 이루어졌다. 사람들은 암묵적으로 그 근본문장을 그 속에 철학 전체가 감겨 있는 명제로 이해했다. 그러나 쉽게 알 수 있듯이, 초월철학은 주관에서, 즉 특별한 자유 활동을 통해서만 객관으로 될 수 있는 놈에서 출발한다는 이유만으로도 명제를 출발점으로 삼을 수 없다. 명제는 현존재Dasein를 향하는 문장인 반면, 초월철학은 현존재가 아니라 자유로운 행위에서 출발하며, 그런 행위는 오직 요청될 수만 있다. 경험적이지 않은 모든 학문은 이미 첫 번째 원리를 통해 모든 경험론을 배제해야 한다. 다시 말해 객체를 이미 있는 것으로 전제하는 대신에 산출해야 한다. 예컨대 기하학이 그렇게 한다. 기하학은 정리들이 아니라 공리들에서 출발한다. 기하학에서 근원적 구성은 요청되고, 근원적 구성을 산출하는 일은 학생 자신에게 맡겨짐으로써, 학생은 처음부터 자기구성으로 인도된다. ─ 초월철학도 마찬가지다. 초월적 생각 방식을 이미 가져오지 않았다면, 그런 생각 방식을 불가해하게 여길 수밖에 없다. 그러므로 처음부터 자유를 통해 초월적 생각 방식으로 전향하는 것이 필수적이며, 그 전향은 원리를 발생시키는 자유로운 활동을 통해 일어난다. 초월철학이 무릇 자신의 객체를 전제하지 않는다면, 첫 번째 객체인 원리는 더더욱 전제할 수 없다. 초월철학은 첫 번째 객체를 자유롭게 구성할 놈으로 요청할 수만 있고, 〔초월철학의〕 원리가 초월철학 자신의 구성〔구성하기〕인 것처럼 초월철학의 나머지 모든 개념들도 그러하다. 초월철학이라는 학문 전체는 오로지 자신의 자유로운 구성들과만 관계한다. † 41 [54-55]

    철학의 원리가 요청Postulat이라면, 그 요청의 객체는 내감에게 가장 근원적인 구성일 것이다. 즉, 이런저런 특수한 방식으로 규정된 한에서의 나가 아니라 자기생산으로서 무릇 나일 것이다. 그런데 이 근원적 구성을 통하여 또한 이 근원적 구성 속에서, 규정된 놈이 생겨난다. 모든 각각의 규정된 정신 활동을 통해 규정된 놈이 생겨나듯이 말이다. 하지만 그 산물은 그 구성 외에 전혀 아무것도 아니고, 오로지 구성됨으로써만 존재하고, 구성을 도외시하면 기하학자의 직선과 마찬가지로 존재하지 않는다. ─ 기하학자의 직선도 현존하는 놈

Existierendes이 아니다. 왜냐하면 칠판에 그은 직선은 직선 자체가 아니고, 오직 직선 자체에 대한 근원적 직관에 입각해서만 직선으로 인식되기 때문이다.

그러므로 나는 무엇인가는 직선은 무엇인가와 마찬가지로 보여 줄 수 없다. 다만 나를 발생시키는 행위를 서술할 수만 있다. — 만약 직선을 보여 줄 수 있다면, 직선을 요청할 필요가 없을 것이다. 초월철학에서 근원적으로 직관되어야 하며 거기에서 그 학문의 다른 모든 구성들이 비로소 발생하는 생산의 초월적 직선도 마찬가지다.

나는 무엇인가는 오로지 나를 생산함으로써만 경험할 수 있다. 왜냐하면 오직 나에서만 존재와 생산의 동일성이 근원적이기 때문이다(《새로운 철학 저널》10권의 철학 문헌에 대한 일반적 개관 참조).

9. 근원적인 이성적 직관 활동을 통해 발생하는 것을 하나의 근본문장으로 표현할 수 있다. 그 문장을 철학의 첫 번째 근본문장이라고 부를 수 있다. 그런데 이성적 직관을 통해 우리에게 발생하는 것은 자기의 산물인 한에서, 생산하는 놈인 동시에 생산되는 놈인 한에서의 나이다. 생산하는 놈인 한에서 나와 생산되는 놈으로서 나 사이의 동일성은 문장 '나=나'로 표현된다. 이 문장은 맞선entgegengesetzt 놈들을 동일하게 정립하므로 동일성 문장이 전혀 아니라 종합 문장이다. †

그러므로 문장 'A=A'는 문장 '나=나'를 통하여 종합 문장으로 탈바꿈했고, 우리는 동일성 앎이 단박에 종합적 앎에서, 또 종합적 앎이 단박에 동일성 앎에서 나오는 지점을 발견했다. 그런데 그 지점은(1장 참조) 모든 앎의 원리다. 따라서 문장 '나=나'는 모든 앎의 원리를 표현해야 한다. 왜냐하면 바로 이 문장은 동일성 문장인 동시에 종합 문장일 수 있는 유일한 문장이기 때문이다.

우리는 문장 'A=A'에 대한 반성만으로도 그 지점에 도달할 수 있었다. 문장 'A=A'는 비록 동일성 문장으로 보이지만, 만일 한 A가 다른 A에 맞선다면 충분히 종합적 의미도 가질 수 있다. 그러므로 동일성 속의 근원적 이중성을, 또한 그 역을 표현하는 개념을 A 대신에 집어넣을 수 있을 것이다.

그런 개념은 자기에게 맞서는 동시에 자기와 같은 객체의 개념이다. 그런데 그런 객체는 오직 자기의 원인인 동시에 결과인 놈, 생산하는 놈인 동시에 산물인 놈, 주관인 동시에 객관인 놈뿐이다. — 그러므로 이중성 속의 근원적 동일성, 또한 그 역의 개념은 오로지 주체–객체Subjekt-Objekt의 개념이며, 주체–객체는 근원적으로 자기의식에서만 등장한다. —

자연과학은 생산적인 동시에 생산되는 놈으로서 자연으로부터 자의적으로 출발하여, 그 개념으로부터 개별을 끌어낸다. 그 동일성은 오직 단박 자기의식에서, 초월철학자가 처음부터 자의적으로가 아니라 자유를 통하여 채택하는 자기객체되기의 최고 역량에서만 앎의 단박 객체이며, 자연에 있는 근원적 이중성도 궁극적으로 자연을 이성으로 간주함으로써만 설명할 수 있다.

10. 문장 '나=나'는 앎의 원리에 대한 두 번째 요구도 충족시킨다. 그 문장은 앎의 형식과 내용을 동시에 정초한다. 왜냐하면 최고의 형식적 근본문장 'A=A'는 문장 '나=나'로 표현된 활동을 통해서만 가능하기 때문이다. — † 즉, 자기에게 객체가 되며 자기와 동일한 생각하기 활동을 통해서만 말이다. 그러므로 문장 '나=나'가 동일성 근본문장에 종속되기는커녕, 오히려 동일성 근본문장이 '나=나'를 통해 제약된다. 만약 '나 아님=나'라면, 'A 아님=A'일 수 있을 것이다. 왜냐하면 'A=A'에서 정립된 같음은 단지 판단하는 주체와, 그 안에 A가 객체로서 정립된 그놈 사이의 같음, 다시 말해 주체로서 나와 객체로서 나의 같음을 표현하기 때문이다.

## | 일반 주석

1. 지금까지의 연역을 통해 해결된 모순은 다음과 같다. 앎에 대한 학문은 객관에서 출발할 수 없다. 왜냐하면 그 학문은 객관의 실재성에 대한 보편적

의심에서 시작하기 때문이다. 그러므로 그 학문에게 무제약적으로 확실한 놈은 오직 절대적 비객관이어야 하고, 그놈은 또한 (유일하게 무제약적으로 확실한) 동일성 문장들의 비객관성을 증명해야 한다. — 그런데 이 근원적 비객관에서 어떻게 객관이 발생하는가는, 그 비객관이 나가 아니라면, 다시 말해 자기에게 객체가 되는 원리가 아니라면 파악할 수 없을 것이다. — 오로지 근원적으로 객체가 아닌 놈만이 자기를 객체로 만들고, 그럼으로써 객체가 될 수 있다. 나의 의식에 들어오는 모든 객관은 나 자신 속에 있는 저 근원적 이중성에서 비롯되어 나에게 펼쳐지며, 오로지 그 이중성 속의 <u>근원적</u> 동일성만이 모든 종합적 앎에 통일과 관련을 제공한다.

 2. 이 철학의 언어 사용에 관하여 몇 가지 언급할 필요가 있을 것 같다.

  칸트는 그의 인간학에서, 아이가 자기를 나로 칭하기 시작하자마자 아이에게 새로운 세계가 열리는 듯하다는 점을 특이하게 여긴다. 하지만 실제로 그것은 매우 자연스러운 일이다. 아이에게 열리는 것은 이성적인 세계이다. 왜냐하면 자기에게 나라고 말할 수 있는 놈은 바로 그렇게 함으로써 객관세계 위로 상승하며 낯선 직관을 벗어나 자기 고유의 직관으로 들어서기 때문이다. — †의심할 바 없이 철학은, 모든 이성적임Intellektualität을 자기 안에 포괄하는 개념이며 거기에서 모든 이성적임이 전개되는 개념인 그런 개념〔나〕에서 출발해야 한다.

  이로부터 나 개념에는 단지 <u>개체성</u>Individualität의 표현 이상의 무언가가 있다는 점, 그 무언가는 <u>무릇 자기의식</u> 활동이라는 점, 물론 그 활동과 동시에 개체성 의식이 등장해야 하지만 그 활동 자체는 개체적인 것을 아무것도 포함하지 않는다는 점을 알아챌 수 있다. 지금까지 논의된 것은 오로지 <u>무릇 자기의식</u> 활동으로서 나이며, 모든 개체성은 그 활동으로부터 비로소 도출되어야 한다.

  원리로서의 나에서는 개체가 생각되지 않는 것과 마찬가지로 경험적인 (경험적 의식에 들어오는) 나도 생각되지 않는다. 순수 의식은 다양한 방식으로 규정되고 한정되어 경험적 의식이 된다. 따라서 그 두 의식은 단지 차단 Schranke을 통해서만 다르다. 경험적 의식에 있는 차단을 거두면, 여기서 논하는 절대적인 나를 얻을 수 있다. 순수 자기의식은 모든 시간 바깥에 있으며 모든 시간을 비로소 구성하는 활동이다. 반면에 경험적 의식은 오직 시간과 표상들의 잇따름 속에서 자신을 산출한다.

나는 사물자체인가 아니면 현상인가라는 질문 — 이 질문은 그 자체로 부조리하다. 나는 도무지 사물이 아니다. 사물자체도 아니고 현상도 아니다.

이에 맞서 사람들이 제시하는 딜레마는 어컨대 이것이다. 모든 것은 어떤 것etwas이거나 아니면 무nichts이거나 둘 중 하나다. 이런 딜레마는 어떤 것 개념의 이중 의미에서 비롯된다. 어떤 것이 단지 상상된 놈에 맞선 실재적인 놈을 뜻한다면, 나는 모든 실재성의 원리이므로 당연히 실재적인 어떤 것이어야 한다. 그러나 나는 모든 실재성의 원리이기 때문에 단지 도출된 실재성만 가진 놈이 실재적인 것과 똑같은 의미에서 실재적일 수 없다는 점 또한 분명하다. 사람들이 유일하게 참된 실재성으로 여기는 실재성, 곧 사물의 실재성은 단지 빌린 실재성이며 더 높은 실재성의 반영에 불과하다. — 그러므로 앞의 딜레마를 환히 밝혀 보면 다음에 다름 아니다. 모든 것은 사물이거나 아니면 무이거나 둘 중 하나이다. 이 문장이 거짓이라는 점은 금세 드러난다. 왜냐하면 사물 개념보다 더 높은 개념, 즉 행위 개념, 활동성 Tätigkeit개념이 존재하기 때문이다. †

이 개념은 틀림없이 사물 개념보다 더 높아야 한다. 왜냐하면 사물은 다만 활동성의 다양한 방식으로 제한된 변용으로 파악할 수 있기 때문이다. — 사물의 존재는 그저 머무름Ruhe이나 비활동성Untätigkeit이 아니다. 공간 채우기조차 어느 정도의 활동이고, 모든 각각의 사물은 공간을 채우는 특정 정도의 활동일 따름이다.

그런데 나에는 사물에 귀속하는 술어들이 하나도 귀속하지 않는다. 이로부터 나가 존재한다고 말할 수 없다는 역설이 해명된다. 나가 존재한다고 말할 수 없는 유일한 이유는 나가 존재 자체이기 때문이다. 우리가 나라고 부르는 영원한, 어떤 시간에도 매이지 않은 자기의식 활동은 모든 사물에 현존재를 주며, 따라서 자기를 떠받칠 다른 존재를 필요로 하지 않고 오히려 자기를 스스로 떠받치며, 객관적으로는 영원한 됨Werden으로 주관적으로는 무한한 생산하기 Produzieren로 나타난다.

  3. 체계 자체를 세우는 단계로 넘어가기 전에 어떻게 우리가 발견한 원리가 이론철학과 실천철학을 동시에 정초할 수 있는지 설명하는 것이 좋을 것 같다. 자명하게 알 수 있듯이, 그런 동시 정초는 원리가 갖춰야 할 필수적 특징이다.

  원리 자신이 이론적인 동시에 실천적이지 않다면, 그 원리가 이론철학의 원리인 동시에 실천철학의 원리인 것은 불가능하다. 그런데 이론적 원리는 명제이고 실천적 원리는 명령이므로, 명제와 명령 사이에 무언가가 있어야 할 것이다. 그 무언가는 요청Postulat이다. — 이 요청은 단지 요구이기 때문에 실천철학에 맞닿으며, 순수 이론적 구성을 요구하기 때문에 이론철학에 맞닿는다. — 요청이 어디에서 강제력을 빌리는가는, 요청이 실천적 요구의 친척이라는 점으로부터 설명된다. 이성적 직관은 요구하고 기대할 수 있는 어떤 것이다. 이성적 직관의 능력을 갖지 못한 사람조차도 최소한 그 능력을 가져야 마땅하다sollte.

  4. 지금까지 논의를 성실히 따라온 사람은 저절로 알겠지만, 이 철학의 처음이자 끝은 자유이다. † 자유는 절대로 보여 줄 수 없으며 오로지 자기 자신을 통해 자기를 증명한다. — 다른 모든 자유의 체계들을 위협하는 그것[존재]은 이 체계에서 자유로부터 도출된다. 이 체계에서 존재는 단지 거둬진 aufgehoben 자유이다. 존재를 첫 번째이자 최고의 것으로 삼는 체계에서 앎은 단지 근원적 존재의 복사본이어야 할 뿐 아니라, 모든 자유는 필연적 착각일 수밖에 없다. 왜냐하면 그런 체계는 그것의 운동이 자유의 겉보기 표출Äußerung인 그런 원리를 모르기 때문이다.

# 2부
# 초월적 관념론의 일반 연역 – 예비 고찰

†

　　1. 관념론은 우리의 첫 번째 근본문장에서 이미 표현되었다. 나는 나의 생각됨을 통해 단박에 있으므로 (나는 다름 아니라 자기생각이다) 문장 나=나는 문장 "나는 있다"와 같다. 반면에 문장 A=A는 다만 다음을 의미한다. 만일 A가 정립되었다면, A는 자기 자신과 같게 정립되었다. 과연 정립되어 있는가라는 질문은 나에 대해서는 전혀 불가능하다. 이때 문장 "나는 있다"가 모든 철학의 원리라면, 이 문장의 실재성과 같은 실재성 외에 다른 실재성은 있을 수 없다. 그런데 이 문장은 내가 나 바깥의 어떤 놈에 더하여 있다고 말하는 게 아니라 다만 내가 나 자신에 대하여〔나 자신에게〕있다고 말한다. 그러므로 모든 존재하는 것도 오로지 나에 대하여 존재할 수 있고, 다른 실재성은 결코 있을 수 없다.

　　2. 그러므로 앎의 일반적 관념성에 대한 가장 일반적인 증명은 학문론에서 문장 "나는 있다"로부터 직접 추론을 통해 이루어진 그 증명이다. 그러나 다른 증명도 가능하다. 그것은 사실적faktisch 증명이며, 초월적 관념론 체계 자체에서 앎의 체계 전체를 정말로 "나는 있다"라는 원리에서 도출함으로써 이루어진다. 여기에서 다루는 것은 학문론이 아니라 초월적 관념론의 근본문장들에 따른 앎 자체의 체계이므로, 우리는 학문론에 관하여 단지 일반적 결론들만 제

시하고서, 학문론을 통해 규정된 논점들로부터 우리의 체계 연역을 시작할 것이다.

    3. 만일 이론철학과 실천철학의 구분이 학문론을 통해 비로소 연역되어야 하는 게 아니라면, 우리는 곧장 이론철학과 실천철학을 세우는 작업으로 넘어갈 수 있을 것이다. 그런데 학문론은 본성상 이론적이거나 실천적이지 않고, 오히려 이론적인 동시에 실천적이다. 그러므로 우리는 우선 이론철학과 실천철학의 필연적 맞섬Gegensatz을 † (그 둘이 서로를 전제하며 하나는 다른 하나 없이 불가능하다는 것을) 학문론이 증명한 것처럼, 증명해야 한다. 그다음에 이론철학체계와 실천철학체계의 일반 원리들을 거론할 수 있을 것이다. —

    모든 앎이 나에서 도출되어야 한다는 것, 그리고 앎의 실재성에 다른 근거는 없다는 것에 대한 증명은, 대체 어떻게 앎의 체계 전체가 (예컨대 그 모든 규정들을 지닌 객관세계, 역사 등이) 나를 통해 정립되는가 하는 질문에 대답하지 못한다. 세계가 오직 표상 속에만 존립한다는 것은 가장 고집스러운 독단론자에게도 보여 줄 수 있다. 그러나 완전한 확신은, 세계가 정신 활동의 내적 원리로부터 발생하는 메커니즘을 완벽하게 보여줄 때 도달된다. 어떻게 그 모든 규정들을 지닌 객관세계가 어떤 외적인 겪음Affektion도 없이 순수 자기의식에서 발생하는지 보고서도 여전히 자기의식에 대하여 독립적인 세계가 필요하다고 여길 사람은 아마 아무도 없을 것이다. 대략적으로 말해서, 라이프니츠의 예정조화를 오해한 사람들이 그런 생각을 품지만 말이다.\*

    그러나 그 메커니즘 자체를 도출하기에 앞서, 이런 질문을 던져 보자. 어

---

\* 오해된 라이프니츠의 예정조화설에 따르면, 모든 각각의 개별 모나드가 자신으로부터 세계를 생산하는 것은 맞지만, 또한 동시에 세계는 표상에 대하여 독립적으로도 존재한다. 그러나 라이프니츠 자신에 따르면, 세계는 실재적인 한에서 또다시 오직 모나드들로만 구성된다. 즉, 모든 실재성은 궁극적으로 오직 표상능력에서 비롯된다.

떻게 우리는 그런 메커니즘이 있다고 여기게 된 것일까? 우리는 이 도출에서 나를 완전히 맹목적인 활동성으로 간주한다. 우리는 나가 근원적으로 단지 활동성이라는 것을 안다. 그러나 어떻게 우리는 나를 맹목적 활동성으로 정립하게 된 것일까? 맹목적이라는 규정은 활동성의 개념에 덧붙어야 한다. 우리의 이론적 앎에 있는 강제의 느낌에 호소하면서, 나는 근원적으로 단지 활동성이므로 그 강제됨은 오직 맹목적 (기계적mechanische) 활동성으로 파악해야 한다고 추론하는 것은 사실Faktum에 호소하는 것으로서 우리의 학문에서는 허용되지 않는다. 오히려 그 강제됨의 현존재는 나의 본성 자체로부터 연역되어야 한다.† 더구나 그 강제됨의 이유에 대한 질문은 구속된 활동성과 <u>하나</u>이면서 근원적으로 자유로운 활동성을 전제한다. 그리고 근원적으로 자유로운 활동성은 구속된 활동성과 실제로 하나이다. 자유는 모든 것을 더받치는 유일한 원리이며, 우리는 객관세계에서 우리 바깥에 존립하는 것을 보는 게 아니라 우리 자신의 자유로운 활동성의 내적 제한성만을 본다. 존재는 단지 억제된 자유의 표현이다. 요컨대 앎에서 구속되어 있는 것은 우리의 자유로운 활동성이다. 그런데 다시금 만일 제한되지 않은 활동성이 또한 동시에 우리 안에 없다면, 우리는 제한된 활동성의 개념을 갖지 못할 것이다. 이처럼 자유롭지만 제한된 활동성과 제한 불가능한 활동성이 동일한 주체 안에 반드시 공존한다는 것 — 이 공존은 아무튼 있다면 <u>필연적으로</u> 있어야 한다. 이 필연성을 연역하는 일은 이론적인 동시에 실천적인 <u>더 높은</u> 철학의 몫이다.

따라서 철학체계가 이론철학과 실천철학으로 나뉜다면, 나는 근원적으로 이미 나의 개념에 의거하여 (자유로움에도 불구하고) 제한된 활동성이라면 또한 동시에 제한되지 않은 활동성이어야 하며, 그 역도 마찬가지라는 것이 <u>일반적으로</u> 증명되어야 한다. 이 증명은 이론철학과 실천철학 자체보다 먼저 이루어져야 한다.

나 안에 두 활동성이 필연적으로 공존한다는 증명은 또한 초월적 관념론

일반에 대한 증명이다. 이 점은 그 증명 자체에 의해 명백해질 것이다.

  초월적 관념론에 대한 일반적 증명은 오로지 앞에서 도출된 다음의 문장을 출발점으로 삼아 이루어진다. <u>자기의식 활동을 통하여 나는 자기에게 객체가 된다.</u>

  이 문장에서 곧바로 아래의 두 문장을 알아낼 수 있다.

  1. 나는 오로지 <u>자기에게</u> 객체이며, 따라서 어떤 외적인 놈에게도 객체가 아니다. 외부로부터 나에 가해지는 작용을 설정한다면, 나는 어떤 외적인 놈에게 <u>객체</u>이어야 할 것이다. 그러나 나는 모든 외적인 놈에게 아무것도 아니다. 그러므로 어떤 외적인 놈도 나<u>로서의</u> 나에 작용을 가할 수 없다. †

  2. 나는 객체가 <u>된다</u>. 다시 말해서 나는 근원적으로는 객체가 아니다. 우리는 이 문장에 의거하여 다음의 추론을 전개한다.

  a) 나가 근원적으로 객체가 아니라면, 나는 객체에 맞선 놈이다. 그런데 모든 객관은 머무는 놈, 고정된 놈, 다만 행위의 객체일 뿐 스스로 어떤 행위도 할 수 없는 놈이다. 따라서 나는 근원적으로 <u>다만</u> 활동성이다. — 더 나아가 객체 개념에서는 <u>제한된</u>begrenzt 놈 혹은 <u>한정된</u>beschränkt 놈의 개념이 생각된다. 모든 객관은 객체가 됨을 통하여 유한하게 된다. 그러므로 나는 근원적으로 (자기의식을 통해 정립된 객관성의 저편에서) 무한하다 — 나는 <u>무한한 활동성</u>이다.

  b) 나가 근원적으로 무한한 활동성이라면, 나는 또한 모든 실재성의 근거Grund이며 — 총체Inbegriff이다. 만일 실재성의 근거가 나 바깥에 있다면, 나의 무한한 활동성은 근원적으로 한정될 테니까 말이다.

  c) 이 근원적으로 무한한 활동성(모든 실재성의 총체)이 자기에게 객체가 된다는 것, 다시 말해 유한하게 되고 제한된다는 것은 자기의식의 조건이다. 이때 제기되는 질문은, 어떻게 이 조건을 생각할 수 있는가이다. 나는 근원적으로 무한으로 가는 <u>순수한 생산</u>이며, 이것만으로는 결코 <u>산물</u>에 도달하지 않는다. 따라서 나는 자기에게 발생하기 위하여 (자기의식에서처럼 생산하는 놈일

뿐 아니라 생산되는 놈이기 위하여) 자기의 생산에 한계를 설정해야 한다.

　　d) 그러나 나는 무언가를 자기에 맞세우지 않는 한, 자기의 생산을 제한할 수 없다.

　　증명. 나는 생산하기로서의 자기를 제한함으로써 자기에게 무언가가 된다. 즉, 나는 자기를 정립한다. 그런데 모든 정립은 규정된 정립이다. 또 모든 규정은 절대적 무규정자를 전제한다(예컨대 모든 각각의 기하학 도형은 무한 공간을 전제한다). 따라서 모든 각각의 규정은 절대적 실재성에 대한 거둠, 즉 부정이다.

　　그런데 긍정적인 놈에 대한 부정은 단지 결여를 통해서는 불가능하고, 오로지 실재적인 맞세움을 통해서만 가능하다(예컨대 $1 + 0 = 1, 1 - 1 = 0$).†

　　그러므로 정립 개념 안에서 맞세움Entgegensetzen도 필연적으로 생각되고, 따라서 자기정립 행위 안에서 나에 맞선 어떤 놈을 정립하는 행위도 생각된다. 바로 그렇기 때문에 자기정립 행위는 분석적인 동시에 종합적이다.

　　그러나 그 근원적으로 나에 맞세워진 놈은 오로지 자기정립 행위를 통하여 발생하고, 이 행위를 도외시하면 전혀 아무것도 아니다.

　　나는 완전히 닫힌 세계, 모나드, 자기 바깥으로 나갈 수 없으며 아무것도 외부에서 들어올 수 없는 모나드이다. 그러므로 근원적인 자기정립 행위를 통하여 또한 동시에 어떤 놈이 맞서게 정립되지 않는다면, 어떤 맞세워진 놈(객관)도 모나드 안으로 들어오지 않을 것이다.

　　따라서 그 맞세워진 놈(나 아닌 놈Nicht-Ich)은 나가 자기에게 유한해지는 행위의 설명근거일 수 없다. 독단론자는 나의 유한성을 객관을 통한 한정으로부터 단박에 설명한다. 그러나 관념론자는 자신의 원리에 따라 그 설명을 뒤집어야 한다. 독단론자의 설명은 호언장담한 바를 성취하지 못한다. 독단론자가 전제하듯이, 나와 객관이 말하자면 근원적으로 실재적으로 갈라진다면, 나는 근원적으로 무한하지 않을 것이다. 그러나 실제로 나는 자기의식 활동을 통해 비로소 유한하게 된다. 그런데 자기의식은 오로지 활동으로서만 파악할 수 있으므로, 수동성에 대한 설명만으로는 설명될 수 없다. 객관이 나에게 유한하게 됨을 통하여 비로소 발생한다는 점, 나는 자기의식 활동을 통해 비로소 객관성에게 자기를 연다는 점, 나와 객체가 양의 크기와 음의 크기처럼 서로 맞서게 정립된다는 점, 따라서 객체에는 나에서 거둬진 실재성만 귀속할 수 있다는 점을 간과하고서 독단론자는 나의 제한됨을, 객체의 제한됨을 설명하듯이 설명한다. 즉, 독자적으로 고찰한 제한됨 그 자체 Begrenztheit an und für sich[8]를 설명하지만, 그 제한됨에 대한 앎은 설명하지 못한다. 그러나 나로서의 나는 오로지 자기를 제한된 놈으로 직관함을 통해서만 제한된다. 왜냐하면 나는 오로지 자기에게 무엇인 바 그대로 그 무엇이기 때문이다. 독단론자의 설명은 제한됨을 설명하는 데까지는 충분하지만, 그 제한됨 안에서 자기직관하기까지 설명하는 데는 부족하다. † 나는 나이기를 그치지 않으면서 제한되어야 한다. 다시 말해 나 외부에서 직관하는 놈에게〔놈이 보기에〕 제한되는 게 아니라 자기에게〔자기가 보기에〕 제한되어야 한다. 이때 나를 제한된 놈으로 보는 또 다른 나는 무엇일까? 의심의 여지없이 제한되지 않은 나이다. 그러므로 나는 제한되지 않았음을 그치지 않으면서 제한되어야 한다. 이것을 어떻게 생각할 수 있을까?

나가 제한될 뿐 아니라 자기를 제한되는 놈으로 직관해야 한다는 것, 또는 제한되면서 동시에 제한되지 않는다는 것은 나가 스스로 자기를 제한되는 놈으로 정립함을 통해서만, 제한을 스스로 산출함을 통해서만 가능하다. 나는 제한을 스스로 산출한다. 다시 말해 나는 절대적 활동성으로서의 자기를 거둔다. 즉, 나는 자기를 통째로 거둔다. 그러나 이것은, 철학이 첫 번째 원리들에서부터 자기모순이 아니려면, 해결해야 할 모순이다.

e) 나의 근원적으로 무한한 활동성이 자기를 제한한다는 것, 즉 (자기의식에서) 유한한 활동성으로 탈바꿈한다는 것은 오로지 나로서의 나가 제한되

는 한에서만 제한되지 않을 수 있고, 거꾸로 제한되지 않은 한에서만 제한될 수 있다는 것이 증명될 때만 이해할 수 있다.

f) 이 문장에는 아래의 두 문장이 들어 있다.

A. 나는 제한됨으로써만 나로서 제한되지 않는다.
이런 사태를 어떻게 생각할 수 있을까?

α) 나가 무엇이라면, 오로지 자기에게만 그 무엇이다. 그러므로 나가 무한하다는 것은 나가 자기에게[자기가 보기에] 무한하다는 뜻이다. 나는 무한한데 자기에게는 무한하지 않다고 한번 가정해 보자. 그러면 물론 무한한 놈이 있겠지만, 그 무한한 놈은 나가 아닐 것이다. (이 말을 직관적으로 이해하기 위해 무한 공간을 떠올릴 수 있다. 무한 공간은 무한하지만 나가 아니며, 이를테면 풀어헤쳐진 나, 반성 없는 나를 나타낸다.)

β) 나가 자기에게 무한하다는 것은 나가 나의 자기직관에게[자기직관이 보기에] 무한하다는 뜻이다. 그러나 나는 자기를 직관함으로써 유한하게 된다. 이 모순은 오직 나가 이 유한성 속에서 무한하게 됨으로써, 즉 나가 자기를 무한한 됨unednliches Werden으로 직관함으로써만 해결될 수 있다. †

γ) 그러나 됨은 제한을 조건으로 놓지 않으면 생각할 수 없다. 무한한 생산하는 활동성이 저항 없이 자기를 펼친다고 생각해 보라. 그러면 그 활동성은 무한한 속도로 생산할 것이고, 그 산물은 됨이 아니라 존재이다. 따라서 모든 됨의 조건은 제한Begrenzung 혹은 차단Schranke이다.

δ) 그런데 나는 됨이어야 할 뿐 아니라 무한한 됨이어야 한다. 됨이기 위하여 나는 제한되어야 한다. 또 나가 무한한 됨이기 위하여, 차단은 거둬져야 한다. 만일 생산하는 활동성이 산물 너머로 (차단 너머로) 나아가지 않는다면, 산물은 생산적이지 않다, 즉 됨이 아니다. 그러나 생산이 어떤 특정 지점에서 완결된다면, 따라서 차단이 거둬진다면 (차단은 차단 너머로 나아가는 활동성

에 맞섬으로써만 있다), 그 생산 활동은 무한하지 않다. 그러므로 차단은 거둬져야 하고 또한 동시에 거둬지지 않아야 한다. 됨이 <u>무한하기</u> 위하여 <u>거둬져야</u> 하고, 됨이 끝나지 않기 위하여, 됨이 됨이기 위하여 거둬지지 않아야 한다.

ε) 이 모순은 오직 차단의 <u>무한 확장</u>unendliche Erweiterung이라는 중간개념을 통해서만 해결될 수 있다. 차단은 모든 각각의 특정 지점에서 거둬지지만, 절대적으로 거둬지지 않고 다만 무한히 밀려난다.

<u>그러므로 (무한히 확장되는) 제한성을 조건으로 놓아야만 나로서의 나는 무한할 수 있다.</u>

요컨대 이 무한한 놈의 제한성은 그 놈이 <u>나임</u>을 통해, 즉 그 놈이 단지 무한한 놈일 뿐 아니라 또한 동시에 나, 곧 자기에게 무한한 놈임을 통해 단박에 정립된다.

B. 나는 오로지 제한되지 않음을 통하여 제한된다.

나의 가담 없이 나에게 한계가 설정된다고 가정해 보자. 그 한계는 임의의 점 C에 놓일 것이다. 이때 만일 나의 활동성이 그 점까지 미치지 못하거나 정확히 그 점까지만 미친다면, 그 점은 나에게 한계가 아니다.† 또 나의 활동성이 점 C까지만 미친다고 생각하려 할 때도, 나가 근원적으로 규정 없이 멀리, 즉 무한히 활동적이라고 간주하지 않을 수 없다. 따라서 점 C는 오로지 나가 그 너머로 나가려함을 통해서만 나에게 존재한다. 그런데 그 점 너머에는 무한이 있다. 왜냐하면 나와 무한 사이에는 오로지 그 점만 있기 때문이다. 그러므로 나 자신의 무한 추구das unendliche Streben는 나의 제한됨의 조건이다. 요컨대 나의 무제한성은 나의 제한성의 조건이다.

g) 문장 A와 B로부터 다음과 같이 추론할 수 있다.

α) 우리는 나의 제한성을 나의 무제한성의 조건으로서만 연역할 수 있었

다. 그런데 차단은 오로지 무한으로 확장됨을 통하여 무제한성의 조건이다. 그러나 나는 차단에 행위를 가하지 않는 한 차단을 확장할 수 없고, 차단이 그 행위에 대하여 독립적으로 존재하지 않는 한, 그 행위를 할 수 없다. 그러므로 차단은 오로지 차단에 맞선 나의 싸움Ankämpfen을 통하여 실재적이게 된다. 만일 나가 차단에 맞서 활동하지 않는다면, 차단은 나에게 차단이 아닐 것이다. 다시 말해 (차단은 단지 부정적인 놈이므로 — 나와 관련해서만 설정 가능한 놈이므로) 차단은 아예 존재하지 않을 것이다.

차단에 맞선 활동성은 B의 증명에 따라 다름 아니라 나의 근원적으로 무한으로 나아가는 활동성, 즉 오로지 자기의식 저편의 나단 지닌 활동성이다.

β) 그러나 이 근원적으로 무한한 활동성은 어떻게 차단이 실재적이게 reell 되는가는 설명하지만 어떻게 또한 관념적이게 ideell 되는가는 설명하지 못한다. 다시 말해 나의 무릇 제한됨은 잘 설명하지만, 그 제한성에 대한 나의 앎, 즉 나가 나에게 제한됨은 설명하지 못한다.

γ) 그런데 차단은 실재적인 동시에 관념적이어야 한다. 실재적, 즉 나에 대하여 독립적이어야 한다. 그렇지 않다면 나는 현실적으로 제한되지 않을 테니까 말이다. 또한 관념적, 즉 나에 의존적이어야 한다. 그렇지 않다면 나는 자기를 스스로 정립하고 제한된 놈으로서 직관하지 못할 테니까 말이다.† 이 두 주장, 즉 차단은 실재적이라는 주장과 차단은 단지 관념적이라는 주장은 자기의식에서 연역할 수 있다. 자기의식은 나가 자기어 대하여〔자기가 보기에〕제한된다고 말한다. 나가 제한되려면, 차단은 제한된 활동성으로부터 독립적이어야 하고, 나가 자기에게 제한되려면, 차단은 나에 의존적이어야 한다. 그러므로 이 두 주장의 모순은 오직 자기의식 자체에 있는 맞섬을 통해서만 해결할 수 있다. 차단이 나에 의존적이라는 말은, 나 속에 제한된 활동성(차단은 이 활동성에 대하여 독립적이어야 한다) 외에 또 다른 활동성이 있다는 뜻이다. 다시 말해 무한으로 나아가는 활동성(이 활동성만이 실재적으로 제한될 수 있으므로, 우리

는 그것을 실재적 활동성으로 부르겠다) 외에 또 다른 활동성(이를 관념적 활동성이라 부르겠다)이 나 속에 있어야 한다. 차단은 무한으로 나아가는, 혹은(바로 이 무한 활동성이 자기의식에서 제한되어야 하므로) 객관적인 활동성에게 실재적이고, 그에 맞선 비객관적이며 제한 불가능한 활동성에게 관념적이다. 이제 이 [제한 불가능한 관념적] 활동성을 더 자세히 규정해야 한다.

δ) 지금 우리에게 주어진 자기의식의 요소들은 방금 언급한 두 활동성뿐이다. 우리는 그 두 활동성 중 하나를 일단 나의 제한성에 대한 설명에 필수적이므로 단지 요청한다. 그 두 번째 관념적 혹은 비객관적 활동성은, 그것을 통해 객관적 활동성의 제한됨과 그 제한됨에 대한 앎이 동시에 주어지는 그런 활동성이어야 한다. 그런데 관념적 활동성은 나로서 나의 제한성을 설명하기 위해 근원적으로 오직 객관적 활동성을 <u>직관하는</u> (주관적) 활동성으로 정립되었으므로, 객관적 활동성에게는 <u>직관되는</u> 것과 <u>제한되는</u> 것이 동일해야 한다. 이는 나의 근본특성으로부터 설명할 수 있다. 객관적 활동성이 나의 활동성이려면, 그것은 제한되는 동시에 제한되는 놈으로서 직관되어야 한다. 왜냐하면 <u>바로 이 같은 직관됨과 존재의 동일성에 나의 본성이 있기</u> 때문이다. 실재적 활동성은 제한됨을 통하여 또한 직관되어야 하고, 직관됨을 통하여 또한 제한되어야 한다. 이 둘은 절대적으로 <u>하나</u>이어야 한다. †

ε) <u>두 활동성</u>, 즉 관념적 활동성과 실재적 활동성은 <u>서로를 전제한다</u>. 근원적으로 무한으로 나아가지만 자기의식을 위하여 제한되어야 하는 실재적 활동성은 관념적 활동성이 없으면 아무것도 아니다. 실재적 활동성은 관념적 활동성이 보기에 그 자신의 제한성 속에서 무한하다( f)의 β)에 따라서)[9]. 거꾸로 관념적 활동성은, 직관되고 제한되고 따라서 실재적이게 될 활동성이 없으면 아무것도 아니다.

이처럼 두 활동성은 자기의식을 위하여 서로를 전제한다. 이 상호 전제로부터 나의 메커니즘 전체를 도출할 수 있을 것이다.

ζ) 그 두 활동성이 서로를 전제하는 것과 마찬가지로, 관념론과 실재론도 서로를 전제한다. 단지 관념적 활동성만 반성하면, 관념론, 즉 차단은 다만 나에 의해 설정된다는 주장이 생겨난다. 반대로 단지 실재적 활동성만 반성하면, 실재론, 즉 차단은 나에 독립적이라는 주장이 생겨난다. 그러나 두 활동성을 동시에 반성하면, 세 번째 입장이 생겨나는데, 그것을 관념–실재론Ideal-Realismus으로 부를 수 있다. 또는 그것은 우리가 이제껏 초월적 관념론이라 부른 입장이다.

η) 이론철학에서는 차단의 관념성이(또는 근원적으로 오직 자유 행위에게만 존재하는 제한성이 어떻게 앎에게 제한성이 되는지가) 설명된다. 반면에 실천철학은 차단의 실재성(또는 근원적으로 단지 주관적인 제한성이 어떻게 객관적이게 되는지)을 설명해야 한다. 그러므로 이론철학은 관념론이요 실천철학은 실재론이고, 오직 그 둘의 종합만이 완성된 초월적 관념론 체계이다.

관념론과 실재론이 서로를 전제하듯이, 이론철학과 실천철학도 그러하다. 우리가 지금 체계를 세우기 위해 분리해야 하는 것들은 나 자체 속에서 결합되어 있으며 하나이다.

# 3부
# 초월적 관념론의 근본문장들에 따른 이론철학 체계

† 

## | 예비 고찰

　1. 우리의 출발점인 자기의식은 <u>절대적 활동</u>이며, 이 한 번의 활동과 함께 나 자체와 나의 모든 규정들뿐 아니라, 앞 장에서 충분히 설명했듯이, 나에 대하여 정립된 다른 모든 것들도 정립된다. 따라서 이론철학에서 우리의 첫 임무는 이 절대적 활동의 연역이다.

　그런데 이 활동의 내용 전체를 발견하려면, 그 활동을 풀어헤쳐 여러 개별 활동들로 말하자면 쪼갤 필요가 있다. 그 개별 활동들은 <u>하나의</u> 절대적 종합을 위해 <u>거치는 중간항들</u>Mittelglieder이 될 것이다.

　그 모든 개별 활동들을 출발점으로 삼아 우리는, 그것들 전부를 포괄하는 하나의 절대적 종합을 통해 동시에 그리고 단 한 번에 정립된 놈이 우리 눈앞에서 <u>순차적으로</u> 발생하게 만들 것이다.

　이 연역의 구체적인 과정은 다음과 같다.

　자기의식 활동은 철저하게 관념적인 동시에 철저하게 실재적이다. 그 활동을 통하여, 실재적으로 정립된 것은 단박에 또한 관념적으로, 관념적으로 정립된 것은 단박에 또한 실재적으로 정립된다. 자기의식 활동에서 관념적으로 정립됨과 실재적으로 정립됨은 이처럼 철저히 동일하다. 그러나 철학에서 이 동일성은 순차적인 발생 과정으로 표상될 수밖에 없다. 다음과 같이 말이다.

　　　　우리가 출발점으로 삼는 개념은 나 개념, 즉 주체-객체 개념이다. 우리는 절대적 자유를 통하여 그 개념으로 상승한다. 그런데 우리 철학자들이 보기에는, 자기의식 활동을 통하여 무언가가 객체로서 나 안에 정립된다. 하지만 그 무언가가 아직 주체로서 나 안에 정립되지는 않는다.(반면에 나 자신이 보기에는, 동일한 활동 속에서, 실재적으로 정립된 것은 또한 관념적으로 정립된다.)

　　　† 그러므로 우리의 탐구는 우리가 보기에 객체로서 나 안에 정립된 것이 또한 우리가 보기에 주체로서 나 안에 정립될 때까지 계속되어야 할 것이다. 다시 말해 우리가 보기에 우리 객체의 의식이 우리의 의식과 일치할 때까지, 즉 우리가 보기에 나 자체가 우리의 출발점에 도달할 때까지 계속되어야 할 것이다.

　　　　이 과정은 우리의 객체와 우리의 과제 때문에 필연적이다. 왜냐하면 절대적인 자기의식 활동에서 절대적으로 통일된 것(주체와 객체)은 철학하기를 위하여, 즉 그 통일이 우리 눈앞에서 발생하게 만들기 위하여, 끊임없이 분리되어야 하기 때문이다.

　　　2. 따라서 우리의 탐구는 두 부분으로 나뉜다. 먼저 우리는 자기의식 활동 속에 들어 있는 절대적 종합을 도출할 것이고, 그다음에 그 종합의 중간항들을 찾아야 할 것이다.


## | 1장
자기의식 활동 속에 들어 있는 절대적 종합을 연역함

　　　1. 우리는 위에서[61쪽 γ)] 증명된 문장을, 즉 차단은 관념적인 동시에 실재적이어야 한다는 것을 출발점으로 삼는다. 이 문장이 옳다면, 관념적인 놈

과 실재적인 놈의 근원적 통일은 오직 절대적 활동 속에서만 생각할 수 있으므로, 차단은 하나의 활동을 통해 정립되어야 하고, 그 활동은 관념적인 동시에 실재적이어야 한다.

    2. 그런데 그런 활동은 자기의식뿐이다. 따라서 모든 제한성은 자기의식을 통해 비로소 정립되고 자기의식과 함께 주어져야 한다.

    a) 근원적인 자기의식 활동은 관념적인 동시에 실재적이다. 자기의식은 그 원리에서 단지 관념적이지만, 자기의식을 통해 우리에게 생겨나는 것은 단지 실재적인 나이다. 자기직관 활동을 통해 나는 단박에 또한 제한된다. 직관됨과 존재는 동일하다. †

    b) 차단은 오로지 자기의식을 통하여 정립되므로, 자기의식을 통하여 얻은 실재성만을 가진다. 더 높은 놈은 자기의식 활동이고, 제한됨은 도출된 놈이다. 그러나 독단론자에게는 제한됨이 첫 번째이고 자기의식이 두 번째이다. 이는 생각할 수 없다[부조리하다]. 왜냐하면 자기의식은 활동이고, 차단은 나의 차단이기 위하여 나에 의존하는 동시에 나에 독립적이어야 하기 때문이다. 이는 오직 다음과 같을 때만 생각[이해]할 수 있다(나중에 나올 2장 참조). 다시 말해, 나가 서로 맞선 두 활동성을, 즉 제한되는 활동성(차단은 이 활동성에 대하여 독립적이다)과 제한하며 따라서 제한 불가능한 활동성을 모두 가진 행위일 때만 생각할 수 있다.

    3. 자기의식은 바로 그런 행위이다. 자기의식의 저편에서 나는 한낱 객관성이다. 이 한낱 객관(객관은 주관 없이 불가능하므로, 이 한낱 객관은 근원적으로 비객관이다)만이 유일하게 그 자체로 an sich 있다. 주관성은 자기의식을 통해 비로소 덧붙는다. 저 근원적으로 한낱 객관이며 의식 속에 제한된 활동성에, 제한하며 따라서 객체가 될 수 없는 활동성이 맞선다. ─ 의식에 들어옴과 제한됨은 동일하다. 나 속에 있는 것 중에서 제한된 놈간이 의식에 들어온다. 제한하는 활동성은 모든 의식 바깥에 놓인다. 왜냐하면 그 활동성은 모든 제한

됨의 원인이기 때문이다. 그 제한성은 나에 대하여 독립적으로 보일 수밖에 없다. 왜냐하면 나는 오직 나의 제한됨만을 바라볼 수 있고, 그 제한됨을 정립하는 활동성은 결코 바라볼 수 없기 때문이다.

4. 이처럼 제한하는 활동성과 제한되는 활동성의 구분을 전제한다면, 우리가 나라고 부르는 활동성은 <u>제한하는 활동성도 아니고 제한되는 활동성도 아니다</u>. 왜냐하면 나는 오로지 자기의식 속에 있는데, 고립시켜 생각한 제한하는 활동성이나 제한되는 활동성을 통해서는 우리에게 자기의식의 나가 발생하지 않기 때문이다.

a) <u>제한하는</u> 활동성은 의식에 들어오지 않으며 객체가 되지 않는다. 따라서 그것은 순수 주체의 활동성이다. 그러나 자기의식의 나는 순수 주체가 아니라 주체인 동시에 객체이다. †

b) <u>제한되는</u> 활동성은 다만 객체가 되는 활동성, 자기의식 속의 <u>단지</u> 객관이다. 그러나 자기의식의 나는 순수 주체도 순수 객체도 아니고, 오히려 동시에 그 둘 다이다.

요컨대 제한하는 활동성이나 제한되는 활동성 하나만을 통해서는 자기의식에 도달할 수 없다. 따라서 자기의식의 나를 발생시키는 것은 그 두 활동성으로 구성된 제3의 활동성이다.

5. 제한되는 활동성과 제한하는 활동성 사이에서 떠돌며schweben 비로소 나를 발생시키는 그 세 번째 활동성은 (나의 생산과 나의 존재는 하나이므로) 다름 아니라 <u>자기의식의 나 자신</u>이다.

<u>그러므로 나는 그 자체로 구성된 활동성이고, 자기의식은 그 자체로 종합적 활동이다.</u>

6. 이 세 번째 종합적 활동성을 더 자세히 규정하려면, 먼저 그것의 구성 요소인 두 맞선 활동성들의 싸움을 더 자세히 규정해야 한다.

a) 그 싸움은 근원적으로 주체의 측면에서 맞선 게 아니라 <u>방향</u>의 측면

에서 맞선 활동성들의 싸움이다. 왜냐하면 그 두 활동성은 동일한 나의 활동성들이기 때문이다. 두 방향의 기원은 이러하다. ― 나는 무한을 생산하는 경향을 가졌다. 이 방향은 밖으로 나가는 (중심에서 멀어지는) 방향으로 생각되어야 한다. 그러나 그 방향이 그렇게 구별되려면, 중심인 나를 향해 안으로 되돌아오는 활동성이 있어야 한다. 밖으로 나가는 활동성, 본성상 무한한 활동성은 나 속의 객관이며, 나로 회귀하는 활동성은 다름 아니라 그 무한 속에서 자신을 직관하려는 추구Streben[노력]이다. 이 행위[추구 행위]를 통해 나 속에서 내면과 외부가 분리되고, 이 분리와 함께 나 속에 싸움이 정립된다. 그 싸움은 오로지 자기의식의 필연성에 의거해서만 설명할 수 있다. 왜 나가 근원적으로 자기를 의식해야 하는가를 더 설명할 길은 없다. 왜냐하면 나는 다름 아니라 자기의식이기 때문이다. 그런데 맞선 방향들의 싸움은 바로 그 자기의식 안에서 필연적이다.

자기의식의 나는 그 맞선 방향들로 나아간다. 자기의식의 나는 오로지 이 싸움 속에서 존립한다. 또는 오히려 자기의식의 나 자체가 이러한 맞선 방향들의 싸움이다.† 나가 자기를 의식하는 것이 확실한 만큼 확실하게 그 싸움은 발생하고 유지되어야 한다. 그 싸움은 어떻게 유지될까?

대립된 두 방향은 서로를 거둔다. 서로를 없앤다. 따라서 싸움은 지속되지 못할 것처럼 보인다. 그렇다면 절대적 비활동성이 발생할 것이다. 왜냐하면 나는 자기와 같아지려는 노력 외에 아무것도 아니므로, 나를 활동으로 이끄는 유일한 규정은 나 자체 속의 지속적 모순이기 때문이다. 그런데 모든 모순은 그 자체로 또한 자기에게an und für sich¹⁰ 자기를 없앤다. 어떤 모순도 이를테면 모순을 유지하거나 생각하려는 노력을 통하지 않고서는 존립할 수 없다. 이 제3자[모순을 생각하려는 노력]를 통하여 일종의 동일성이, 맞선 두 항의 상호관련이 모순 안으로 들어간다.

나의 본질에 있는 근원적 모순은 나 자체를 거둬야만 거둘 수 있으며, 또한 그 자체로 자기에게 존속할 수 없다. 그 모순은 오로지 존속의 필연성을 통해서만, 즉 그 모순을 유지하고 그럼으로써 그 모순 안에 동일성을 집어넣으려는 노력, 그 모순에서 귀결되는 그러한 노력을 통해서만 존속할 것이다.

— 지금까지의 논의만으로도 이런 결론을 얻을 수 있다. 자기의식 속에서 표출된 동일성은 근원적 동일성이 아니라 산출되고 매개된 동일성이다. 근원적인 것은 나 속의 맞선 방향들의 싸움이며, 동일성은 거기에서 귀결된다. 물론 우리는 근원적으로 동일성만 의식하지만, 자기의식의 조건들을 탐구한 결과 드러난 바로는, 그 동일성은 매개된 종합적 동일성일 수밖에 없다.

우리가 의식하는 최고의 것은 주체와 객체의 동일성이지만, 이 동일성은 그 자체로는 불가능하다. 이 동일성은 오로지 제3의 매개자를 통해서만 최고의 것일 수 있다. 그런데 자기의식은 방향의 이중성이므로, 그 매개자는 <u>맞선 방향들 사이에서 떠도는 활동성</u>이어야 한다. †

b) 지금까지 우리는 두 활동성의 맞선 방향만을 고찰했다. 이제 더 살펴볼 것은, 그 둘이 똑같이 무한한가 여부이다. 그런데 한 활동성이나 다른 활동성을 유한하게 정립할 근거가 자기의식 이전에는 없으므로, 그 두 활동성의 싸움(두 활동성이 싸운다는 것은 방금 보여 주었다) 역시 <u>무한할</u> 것이다. 그러므로 이 싸움은 단일한 행위에서가 아니라 <u>행위들의 무한 열에서만</u> 통일될 수 있을 것이다. 그런데 우리는 자기의식의 동일성(방금 말한 싸움의 통일)을 <u>단일한</u> 자기의식 행위 속에서 생각하므로, 그 <u>단일한</u> 행위 속에는 무한한 행위들이 들어 있어야 한다. 다시 말해 그 단일한 행위는 <u>절대적 종합</u>이어야 하고, 나에게 모든 것이 오로지 나의 행위를 통해 정립된다면, 나에게 정립된 모든 것을 정립하는 종합이어야 한다.

어떻게 나가 이 절대적 행위로 이끌리는가, 혹은 어떻게 무한한 행위들이 하나의 절대적 행위 속에 압축될 수 있는가는 아래처럼 이해할 수밖에 없다.

나 속에는 근원적으로 맞선 놈들이, 즉 주체와 객체가 있다. 그 둘은 <u>서로를 거두지만, 하나는 다른 하나 없이 불가능하다.</u> 주체는 오직 객체에 맞서 자신을 주장하고, 객체는 오직 주체에 맞서 자신을 주장한다. 즉, 둘 중 어느 놈도 다른 놈을 없애지 않으면 실재적이게 될 수 없다. 그러나 하나가 다른 하나를 없애는 일은 결코 일어날 수 없다. 왜냐하면 각각은 오로지 다른 놈에 맞서서 자신이기 때문이다. 그러므로 둘은 통일되어야 한다. 하나는 다른 하나를 없앨 수 없지만, 그렇다고 둘이 함께 존립할 수도 없으니까 말이다. 따라서 이 싸움은 두 요소 사이의 싸움이라기보다, 한편으로 무한히 맞선 놈들을 통일할 능력이 없음과 다른 한편으로 자기의식의 동일성이 거둬지지 않으려면 그 통일을 이뤄야 한다는 필연성 사이의 싸움이다. 바로 이렇게 주체와 객체가 절대적으로 맞선다는 점이 무한한 행위들을 <u>하나의</u> 절대적 행의에 압축시킬 필연성을 나에게 부여한다.† 만일 나 속에 맞섬이 없다면, 나 속에는 도통 운동이 없을 것이다. 생산도 없고, 따라서 산물도 없을 것이다. 만일 그 맞섬이 절대적 맞섬이 아니라면, 통일하는 활동성도 절대적이지 않을 것이고, 필연적이지 않고 자의적일 것이다.

    7. 이제껏 연역한, 절대적 반정립〔맞세움〕으로부터 절대적 종합으로의 전진은 다음과 같이 매우 형식적으로 표현할 수도 있다. 우리가 객관적 나(정립)를 절대적 <u>실재</u>로 표상한다면, 그에 맞선 놈은 절대적 <u>부정</u>이어야 할 것이다. 그러나 절대적 실재는 바로 절대적이기 때문에 실재가 아니고, 따라서 맞선 둘〔절대적 실재와 절대적 부정〕은 맞섬 속에서 단지 관념적이다. 나가 실재적이려면, 즉 자기에게 객체가 되려면, 나 속의 실재성이 거둬져야 한다, 즉 나는 절대적 실재이기를 그쳐야 한다. 다른 한편, 나에 맞선 놈도 실재적이게 되려면 절대적 부정이기를 그쳐야 한다. 이 둘이 다 실재적이게 되려면, 그것들은 말하자면 실재성을 나눠 가져야 한다. 그러나 이 같은 주관과 객관의 실재성 나눠갖기는 그 둘 사이에서 떠도는 나의 활동성을 통하지 않으면 불가능하고, 이 제3의 활동성은 다시금 앞의 맞선 둘이 나의 활동성들이 아니라면 불가능하다.

    요컨대 이처럼 정립에서 반정립으로, 또 거기에서 종합으로 나아가는 움직임은 정신의 메커니즘에 근원적으로 정초되어 있다. 그리고 단지 형식적인 formell 한에서(예컨대 학문적 방법에서) 그 메커니즘은 초월철학이 세우는 위의 근원적이고 실질적인materiell 메커니즘에서 추상된다.

| 2장
절대적 종합의 중간항들을 연역함

| 예비 고찰

　　　　지금까지의 논의를 통하여 우리는 이 연역에 필요한 다음의 자료들을 얻었다.†

　　1. 자기의식은 절대적 활동이며, 그 활동을 통하여 나에게 모든 것이 정립된다.

　　　　이 활동은 철학자가 요청하는 자유롭게 산출된 활동, 즉 근원적 활동의 더 높은 역량이 아니라, 근원적 활동이다. 이 근원적 활동은 모든 제한됨과 의식됨의 조건이기 때문에 그 자신은 의식에 들어오지 않는다. 이제 무엇보다 먼저 제기되는 질문은 이것이다. 그 활동은 어떤 종류의 활동인가? 자의적인 활동인가, 아니면 비자의적인unwillkürlich 활동인가? 그 활동은 자의적이라고 할 수도 없고 비자의적이라고 할 수도 없다. 왜냐하면 이 개념들〔자의적임, 비자의적임〕은 설명 가능한 것들의 영역에서만 유효하기 때문이다. 자의적이거나 비자의적인 행위는 이미 제한성(의식됨)을 전제한다. 반면에 모든 제한됨의 원인이며 어떤 다른 행위에 의거해서도 설명할 수 없는 그런 행위는 절대적으로 자유로워야 한다. 그런데 절대적 자유는 절대적 필연과 동일하다. 예컨대 우리가 신의 행위를 생각할 수 있다고 가정하고 말한다면, 신의 행위는 절대적으로 자유로워야 할 것이며, 이 절대적 자유는 또한 동시에 절대적 필연일 것이다. 왜냐하면 신 안에서는 신의 본성의 내적 필연성으로부터 나오지 않은 법칙과 행위를 생각할 수 없기 때문이다. 자기의식의 근원적 활동은 그런 활동이다. 그 활동은 나 외에 어떤 것에 의해서도 규정되지 않으므로 절대적으로 자유롭고, 나의 본성의 내적 필연성으로부터 나오므로 절대적으로 필연적이다.

이제 이런 질문이 생겨난다. 철학자는 무엇을 통하여 그 근원적 활동을 확신하는가, 또는 그 활동에 대해 아는가? 당연히 단박에 아는 게 아니라 추론을 통해서만 안다. 그러니까 나는 내가 매순간 오직 그런 활동을 통하여 나에게 발생하는 것을 철학을 통하여 발견하며, 따라서 내가 근원적으로 오직 그런 활동을 통해서 발생했을 수밖에 없다고 추론한다. 나는 객관세계에 대한 의식이 내 의식의 매 단계Moment에 얽혀 있음을 발견하고, 따라서 모종의 객관이 이미 근원적으로 자기의식의 종합에 함께 참여했다가 전개된 자기의식으로부터 다시 나오는 것이 틀림없다고 추론한다. †

65 [94-95]

그러나 설령 철학자가 그 활동을 활동으로서 확신한다 하더라도, 그 활동의 특정 내용은 어떻게 확신할까? 의심의 여지없이 그 활동에 대한 <u>자유로운 모방</u>freie Nachahmung을 통해서이다. 모든 철학은 자유로운 모방에서 시작한다. 그렇다면 철학자는 그 이차적이고 자의적인 [모방] 활동이 근원적이며 <u>절대적으로 자유로운</u> 활동과 동일하다는 것을 어떻게 알까? 자기의식을 통하여 비로소 모든 제한이 발생하고 따라서 시간도 발생한다면, 그 근원적 활동은 시간 속에 있을 수 없다. 그래서 이성존재Vernunftwesen 그 자체는 시작되었다고 말할 수도 없고 모든 때에 항상 존재했다고 말할 수도 없다. 나로서 나는 절대적으로 영원하다, 즉 모든 시간의 바깥에 있다. 반면에 위의 이차적 활동은 필연적으로 특정 시점에 일어난다. 그렇다면 철학자는 이 시간 열에 속한 활동이 모든 시간 바깥에서 모든 시간을 비로소 구성하는 활동과 일치한다는 것을 어떻게 알까? — 일단 시간 속에 놓인 나는 표상에서 표상으로의 끊임없는 이행이다. 그러나 그 나는 이 [표상들의] 열을 반성을 통해 끊을 수 있고, 모든 철학하기는 그렇게 표상들의 잇따름을 절대적으로 끊는 것에서 시작한다. 과거에 비자의적이었던 잇따름은 그 단절의 순간부터 자의적이게 된다. 하지만 철학자는, 그렇게 중단을 통해 자신의 표상들의 열로 들어온 활동이 그 열 전체를 출발시킨 근원적인 활동과 동일하다는 것을 어떻게 알까?

나가 오로지 스스로의 행위를 통하여 발생한다는 것을 이해하는 사람은, 시간열 속에서 자의적으로 나를 발생시키는 행위를 통하여 나에게 발생하는 놈은 근원적으로 모든 시간의 저편에서 나를 발생시키는 행위를 통하여 나에게 발생하는 놈과 다르지 않음을 이해할 것이다. 더 나아가 근원적인 자기의식 활동은 항상 지속된다. 나의 표상들의 열 전체는 그 하나의 종합의 전개일 따름이니까 말이다. 따라서 나는 나에게 근원적으로 발생하는 것과 똑같이 매순간 나에게 발생할 수 있다. 나가 무언가라면, 나는 오로지 나의 행위를 통하여 그 무언가이다(왜냐하면 나는 절대적으로 자유롭기 때문이다). 그런데 그 특정 행위를 통하여 나에게 발생하는 것은 항상 나일 따름이다. † 그러므로 나는 근원적으로도 그와 똑같은 행위를 통하여 나가 발생한다는 결론을 내려야 한다. —

지금까지의 언급과 관련하여 다음과 같은 일반적 반성을 할 수 있다. 철학의 첫 번째 구성이 근원적인 구성의 모방이라면, 철학의 모든 구성들은 단지 그런 모방들일 것이다. 나가 절대적 종합의 근원적 전개에 몰입해 begriffen 있는 한에서는, 단 하나의 행위 열만, 근원적이고 필연적인 행위들의 열만 존재한다. 반면에 나가 이 전개를 중단하고 나를 자발적으로 그 전개의 출발점으로 되돌리면, 나에게 새로운 열이 발생한다. 첫 번째 열에서 필연적이었던 것은 이 새로운 열에서 자유롭다. 전자는 원본이고, 후자는 복사본 또는 모방이다. 만일 이 두 번째 열에 더도 덜도 아니라 첫 번째 열에 있는 것만 있다면, 모방은 완벽하며, 참되고 완벽한 철학이 발생한다. 그 반대의 경우에는 거짓되고 불완전한 철학이 발생한다.

그러므로 무릇 철학은 다름 아니라 근원적인 행위 열(단일한 자기의식 활동은 그 열로 자신을 전개한다)에 대한 자유로운 모방, 자유로운 반복이다. 첫 번째 열(근원적 행위 열)은 두 번째 열(모방된 열)과 비교하여 실재적이고, 두 번째 열은 첫 번째 열과 비교하여 관념적이다. 두 번째 열에 자의Willkür가 섞여 드는 것은 불가피해 보인다. 왜냐하면 이 열은 자유롭게 시작되고 진행되기 때문이다. 그러나 이 자의는 형식적인 측면에 머물러야 하고 행위의 내용을 규정해서는 안 된다.

철학은 의식의 근원적 발생을 객체로 삼으므로, 위의 두 열을 가진 유일한 학문이다. 다른 모든 학문에는 오직 하나의 열만 존재한다. 철학적 재능이란, 근원적 행위 열을 자유롭게 반복하는 능력에만 있는 것이 아니라, 그보다 더 중요하게는, 그 자유로운 반복 속에서 저 행위들의 근원적 필연성을 의식하는 능력에 있다.

2. 자기의식(나)은 절대적으로 맞선 활동성들의 싸움이다. 우리는 그 활동성들 중 하나인 근원적으로 무한으로 나아가는 활동성을 <u>실재적이고 객관적이고 제한 가능한</u> 활동성으로 부르고, 그 무한에서 자기를 직관하려는 경향인 다른 하나의 활동성을 <u>관념적이고 주관적이고 제한 불가능한</u> 활동성으로 부를 것이다.†

3. <u>이 두 활동성은 근원적으로 똑같이 무한하게 정립된다</u>. 그런데 제한 가능한 활동성을 유한하게 정립할 근거는 관념적 (첫 번째 [제한 가능한] 활동성을 반성하는) 활동성을 통하여 이미 주어졌다. 그러므로 이제부터 어떻게 관념적 활동성이 제한될 수 있는지 도출해야 한다. 우리가 출발점으로 삼은 자기의식 활동이 일단 우리에게 설명해 주는 것은, 어떻게 객관적 활동성이 제한되는가 뿐이다. 또 관념적 활동성은 객관적 활동성의 제한됨의 근거로 정립되었으므로, 근원적으로 제한되지 않은 놈으로(따라서 <u>제한 가능한 놈으로</u>) 정립된 것이 아니라 단적으로 <u>제한 불가능한 놈으로</u> 정립되었다. 객관적 활동성은 근

원적으로 제한되지 않았지만 바로 그렇기 때문에 제한 가능한 활동성으로서 물질Materie의 측면에서 자유롭지만 형식Form의 측면에서 한정되는 반면, 관념적 활동성은 근원적으로 제한 불가능한 활동성으로서 만일 제한된다면 물질의 측면에서 자유롭지 않고 형식의 측면에서만 자유로울 것이다. 이러한 관념적 활동성의 제한 불가능성에서 이론철학의 모든 구성이 비롯된다. 실천철학에서는 사정이 거꾸로이겠지만 말이다.

4. (2.와 3.에 따라서) 자기의식 속에는 무한한 싸움이 있다. 그러므로 우리가 출발점으로 삼은 단일한 절대적 활동[자기의식 활동] 속에는 무한한 행위들이 통일되고 압축되어 있다. 그 행위들을 모두 살펴보는 것은 무한한 과제이다(언젠가 그 과제가 완전히 해결된다면, 객관세계의 모든 관계와 가장 작은 것에 이르기까지 자연의 모든 규정들이 우리에게 드러날 것이다). 따라서 철학은 다만, 자기의식의 역사에서 말하자면 새 시대를 여는 행위들만 짚어내고 상호관계에 따라 나열할 수 있다.(예컨대 감각Empfindung은 나의 행위인데, 만일 감각의 모든 중간항들을 설명할 수 있다면, 자연 속의 모든 질들Qualitäten을 연역할 수 있을 것이다. 그러나 이는 불가능하다.)

그러므로 철학은 자기의식의 역사이다. 그 역사는 여러 시대를 가지며, 자기의식의 단일한 절대적 종합은 그 시대들을 거쳐 순차적으로 구성된다. †

5. 이 역사에서 전진 원리는 제약 불가능하다고 전제된 관념적 활동성이다. 이론철학의 과제는 차단의 관념성을 설명하는 것인데, 이는 이제껏 제한 불가능하다고 상정된 관념적 활동성이 어떻게 제한될 수 있는지 설명하는 것과 같다.[11]

## 첫 번째 시대: 근원적 감각에서 생산적 직관까지

A. 과제: 어떻게 나가 자기를 제한되는 놈으로 직관하게 되는지 설명하라.

**해결**

1. 자기의식의 맞선 활동성들이 제3의 활동성에서 서로 스며듦으로써 그 두 활동성의 연합ein Gemeinschaftliches이 발생한다.

이 연합은 어떤 특징들을 가질까? 그것은 서로 맞선 무한한 활동성들의 산물이므로 필연적으로 유한하다. 그것은 활동성들의 싸움이지만 운동으로 생각된 싸움이 아니라 고정된 싸움이다. 그것은 서로 맞선 방향들을 통일하는데, 서로 맞선 방향들의 통일은 머무름Ruhe이다. 하지만 그것은 실재적인 놈이어야 한다. 왜냐하면 종합 이전에 단지 관념적이었던 대립항들이 종합을 통해 실재적이게 되어야 하니까 말이다. 따라서 그것은 활동성들이 서로 만나 없어짐으로 생각되면 안 되고, 대신에 활동성들이 서로를 제한하여 이룬 균형 Gleichgewicht으로 생각되어야 한다. 그 균형의 지속은 두 활동성의 지속적 경쟁을 조건으로 삼는다.

― 그러므로 그 [서로 맞선 무한한 활동성들의] 산물은 실재적인 비활동 또는 비활동적인 실재로 특징지을 수 있을 것이다. 그런데 활동적이지 않으면서 실재적인 것은 단지 재료Stoff, 단지 상상력의 산물이다. 그런 재료는 형식 없이는 결코 존재하지 않으며, 여기에서도 다만 탐구의 중간항으로만 등장한다. ― 물질Materie 산출(창조)의 이해불가능성은 벌써 여기에서 이 설명을 통하여 재료의 측면에서도 사라진다.† 모든 재료는 서로 맞선 활동성들이 이룬 균형의 표현일 뿐이다. 그 활동성들은 서로를 활동성의 한낱 바탕Substrat으로 환원한다(지렛대를 생각해 보라. 양팔에 놓인 두 무게는 오직 받침점에만 작용한다.

따라서 그 점은 무게들의 활동성의 공동 바탕이다.) — 더 나아가 그 바탕은 자유로운 생산을 통해 자의적으로 발생하는 게 아니라 완전히 비자의적으로 제3의 활동성을 거쳐 발생한다. 그 제3의 활동성은 자기의식의 동일성만큼이나 필연적이다.

  이 세 번째 연합은, 만일 지속한다면, <u>단지</u> 객체가 아니라 주체인 동시에 객체인 <u>나 자체의 구성</u>일 것이다. — 근원적 자기의식 활동에서 나는 자기에게 단지 객체가 되려 하지만, 그러려면 어쩔 수 없이 (관찰자가 보기에) 이중적인 놈이 되어야 한다. 이 맞섬은 주체와 객체로 이루어진 연합 구성에서 거둬져야 한다. 만일 나가 이 구성에서 자기를 직관한다면, 나는 자기에게 더 이상 그저 객체로서 객체가 되는 게 아니라 주체인 동시에 객체로서(완전한 나로서) 객체가 될 것이다.

  2. 그러나 그 연합은 지속되지 않는다.

  a) 관념적 활동성은 저 싸움 속에 함께 몰입해 있다. 그러므로 관념적 활동성도 함께 <u>제한되어야</u> 한다. 두 활동성들은 서로를 통하여 한정되어야만 서로 관계하고 서로 스며들어 연합을 형성할 수 있다. 왜냐하면 관념적 활동성은 상대방을 없애기만(박탈하기만) 하는 활동성이 아니라 상대방에 실제로-맞세워진reell-entgegengesetzt 혹은 상대방을 부정하는 활동성이기 때문이다. 관념적 활동성은 (우리가 현시점에서 아는 바로는) 상대방과 마찬가지로 긍정적이며 다만 반대 의미에서 긍정적이다. 따라서 상대방과 마찬가지로 한정될 수 있다.

  b) 그러나 관념적 활동성은 단적으로 제한 불가능한 놈으로 정립되었으므로 현실적으로 제한될 수는 없다. 또 연합의 지속은 두 활동성들의 경쟁을 조건으로 삼으므로(1. 참조), 연합은 지속될 수 없다.

  — 만일 나가 이 첫 번째 구성에 머문다면, 혹은 이 연합이 정말로 지속될 수 있다면, 나는 생명 없는 자연일 것이다.† 나는 감각도 직관도 갖지 못할 것이다. 자연이 죽어 있는 물질에서 출발하여 감각능력에 이르기까지 자신을

형성하는 것을 자연과학에서(자연과학에서 나는 처음부터 자기를 창조하는 자연일 뿐이다) 설명하려면, 자연과학에서도 맞선 두 놈들이 처음으로 거둬져 이룬 산물은 지속될 수 없어야 한다. —

3. 방금 (1.에서) 말했듯이, 만일 나가 저 연합에서 자기를 직관한다면, 나는 (주체이자 객체로서) 자기에 대한 완전한 직관을 가질 것이다. 그러나 이는 불가능하다. 왜냐하면 직관하는 활동성 자체가 그 구성 속에 함께 몰입해 있기 때문이다. 그런데 나는 무한한 자기직관의 경향이므로, 쉽게 알 수 있듯이, 직관하는 활동성은 그 구성 속에 몰입하여 머물 수 없다. 따라서 두 활동성들의 스며듦 이후에 실재적 활동성만 제한된 채 남고, 관념적 활동성은 단적으로 제한되지 않은 채 남을 것이다.

4. 따라서 실재적 활동성은 [위에서] 도출된 메커니즘을 통해 제한된다. 그러나 그 제한됨은 아직 나 자신에게[나 자신이 보기에] 있지 않다. 이론철학의 방법에 따라서, (관찰자가 보기에) 실재적 나에 정립된 것을 관념적 나의 입장에서도 도출하기 위하여 [우리의] 탐구 전체는 다음의 질문에 매달린다. 어떻게 실재적 나는 관념적 나에게도[관념적 나가 보기에도] 제한될 수 있을까? 따라서 과제는, 어떻게 나가 자신을 제한되는 놈으로 직관하게 되는가를 설명하는 것이다.

a) 지금 제한된 실재적 활동성은 나의 활동성으로 정립되어야 한다. 즉, 제한된 실재적 활동성과 나 사이의 동일성의 근거가 밝혀져야 한다. 그러나 또한 동시에 이 활동성은 나에 귀속되므로 나와 구분되어야 하고, 따라서 이 활동성과 나의 구분 근거도 밝혀져야 한다.

우리가 여기에서 나라고 부르는 것은 단지 관념적 활동성이다. 그러므로 관련 근거와 구분 근거는 언급한 두 활동성[실재적 활동성과 관념적 활동성] 가운데 하나에서 찾아야 한다. 그런데 관련 및 구분 근거는 항상 관련된 놈das Bezogene에 놓이고 관념적 활동성은 여기에서 관련짓는beziehende 활동성이기

71 [104-106] 도 하므로, 관련 및 구분 근거는 실재적 활동성에서 찾아야 한다. †

두 활동성의 구분 근거는 실재적 활동성에 정립된 한계Grenze이다. 왜냐하면 관념적 활동성은 단적으로 제한 불가능한 활동성이고, 실재적 활동성은 제한되는 활동성이기 때문이다. 마찬가지로 두 활동성의 관련 근거 역시 실재적 활동성에서 찾아야 한다. 다시 말해 실재적 활동성에 무언가 관념적인 놈이 들어 있어야 한다. 이 상황을 어떻게 생각할 수 있을까? 두 활동성은 단지 한계를 통하여 구분 가능하다. 왜냐하면 두 활동성의 맞선 방향들도 오직 한계를 통하여 구분 가능하기 때문이다. 한계가 정립되지 않으면, 나 속에 단지 동일성만 있다. 그 동일성 속에서는 아무것도 구분되지 않는다. 한계가 정립되면, 나 속에 두 활동성이 있다. 제한하는 활동성과 제한되는 활동성, 주관적 활동성과 객관적 활동성이 있다. 그러므로 두 활동성은 적어도 한 가지 공통점을 갖는데, 그것은 그것들이 둘 다 근원적으로는 단적으로 비객관이라는 점이다. 다시 말해서 우리는 아직 관념적 활동성의 다른 특징들을 모르므로, 두 활동성은 똑같이 관념적이다.

b) 그렇다면 다음과 같이 추론할 수 있다.

이제껏 제한되지 않은 관념적 활동성은, 실재적 활동성 속에서 자기에게 객체가 되려는 나의 무한한 경향이다. 실재적 활동성 속에 있는 관념적인 놈(실재적 활동성을 나의 활동성으로 만드는 놈) 덕분에, 실재적 활동성은 관념적 활동성과 관련될 수 있고, 나는 실재적 활동성 속에서 자기를 직관할 수 있다(이것이 나의 첫 번째 자기객체되기이다).

그러나 나는 실재적 활동성을 나 자신과 동일한 놈으로 직관함과 동시에, 그 활동성 속에서 그 활동성을 비관념적인 활동성으로 만드는 부정적인 놈 das Negative 을 나 자신에게 낯선 무언가로 발견할 수밖에 없다. 두 활동성을 나의 활동성으로 만드는 긍정적인 놈das Positive은 두 활동성 모두가 가지고 있다. 반면에 부정적인 놈은 오직 실재적 활동성에만 속한다. 직관하는 나가 객관에서 긍정적인 놈을 인식하는 한에서, 직관하는 놈과 직관되는 놈은 하나이다. 반면에 직관하는 나가 객관에서 부정적인 놈을 발견하는 한에서, 발견하는 놈과 발견되는 놈은 더 이상 하나가 아니다. 발견하는 놈은 단적으로 제한 불가능하고 제한되지 않은 놈이고, 발견되는 놈은 제한되는 놈이다.

〔이렇게 되면〕 한계 자체는 도외시할 수 있는 놈으로, 정립되거나 되지 않을 수 있는 놈으로, 우연적인 놈으로 보인다. † 반면에 실재적 활동성 속의 72 [106-108] 긍정적인 놈은 도외시할 수 없는 놈으로 보인다. 바로 그렇기 때문에 한계는 발견된 놈으로서만, 나에게 낯선 놈으로서만, 나의 본성에 맞선 놈으로서만 나타날 수 있다.

나는 모든 정립setzen의 절대적 근거이다. 따라서 어떤 것이 나에 맞서게 정립되었다는 것은, 나를 통하여 정립되지 않은 어떤 것이 정립되었다는 뜻이다. 따라서 직관하는 나는 직관되는 나에서 직관하는 나를 통하여 정립되지 않은 어떤 것(제한성)을 발견해야 한다.

— 여기에서 처음으로, 철학자의 관점과 철학자의 객체의 관점 사이의 차이가 매우 뚜렷하게 드러난다. 철학하는 우리는 객관의 제한됨의 유일한 근거가 직관하는 놈 또는 주관에 있다는 것을 안다. 그러나 직관하는 나 자신은 이를 모르며, 이제 분명해졌듯이 알 수도 없다. 직관하기와 제한하기는 근원적으로 하나이다. 그러나 나는 직관하면서 동시에 자기를 직관하는 놈으로 직관할 수 없고, 따라서 제한하는 놈으로 직관할 수도 없다. 그러므로 객관에서 오직 자기 자신을 찾는 직관하는 놈이 거기에서 부정적인 놈을 자기를 통하여 정립되지 않은 놈으로서 발견하는 것은 필연적이다. 철학자 역시 (독단론자처럼) 사정이 이러하다고 주장한다면, 그 이유는 철학자가 끊임없이 자신의 객체와 합체하고koaleszieren 그와 동일한 관점에 서기 때문이다. —

부정적인 놈은 나를 통하여 정립되지 않은 놈으로서 발견되며, 바로 그렇기 때문에 다만 발견될 수만 있는 놈이다(나중에는 이놈이 단지 경험적인 놈

das bloß Empirische으로 바뀔 것이다).

나가 제한됨을 나 자신을 통하여 정립된 것으로서 발견하지 않는다는 말은, 나가 제한됨을 나에 맞선 놈 즉 나 아닌 놈Nicht-Ich을 통해 정립된 것으로서 발견한다는 말이다. 그러므로 나는 자기를 제한되는 놈으로서 직관하면서 그 제한됨을 나 아닌 놈의 건드림Affektion으로 볼 수밖에 없다.

이 관점에 머무는 철학자는 감각이 사물자체의 건드림에서 비롯된다고 설명할 수밖에 없다.(지금까지 도출한, 제한성 속에서 자기직관하기가 통상적으로 말하는 감각하기Empfinden와 다르지 않다는 점은 자명하다). † 그러나 감각을 통해서는 규정성만 표상되므로, 그 철학자는 그 건드림으로부터 규정성만 설명할 것이다. 그 철학자는 나가 표상할 때 단지 받아들인다고, 단지 수용성이라고 주장할 수 없다. 왜냐하면 표상에 자발성이 섞여 있고, 심지어 (표상된 대로의) 사물에서도 나의 활동성의 흔적이 두드러지게 나타나기 때문이다. 그러므로 앞서 말한 작용[건드림]은 우리가 표상한 대로의 사물이 아니라 표상에 독립적으로 있는 대로의 사물에서 나올 것이다. 따라서 표상에서 자발성에 해당하는 것은 나에 속하고, 수용성에 해당하는 것은 사물자체에 속한다고 간주될 것이다. 마찬가지로 객체에서 긍정적인 놈은 나의 산물로, 부정적인 놈(딸린 놈 das Akzidentelle)은 나 아닌 놈의 산물로 간주될 것이다.

나가 자기를 자기에 맞선 어떤 것을 통해 제한되는 놈으로 발견한다는 것은 감각하기의 메커니즘 자체로부터 도출되었다. 이로부터 귀결되는 것 중 하나는, 모든 딸린 놈(제한성에 속하는 모든 것)은 구성 불가능한 것으로, 나로서는 설명할 수 없는 것으로 우리에게 보일 수밖에 없는 반면, 사물에서 긍정적인 놈은 나의 구성으로 파악된다는 점이다. 그러나 나(우리의 객체)가 자기를 맞선 놈을 통하여 제한되는 놈으로 발견한다는 문장은, 나가 그 맞선 놈을 오직 자기 안에서 발견한다는 문장을 통하여 제한된다.

나 속에 나에 절대적으로 맞선 놈이 있다는 주장은 아니다. 지금 주장된 것은 오히려 나가 자기 안에서 어떤 것을 자기에 절대적으로 맞선 놈으로 발견한다는 것이다. 그러니까 맞선 놈이 나 속에 있다는 말은, 그놈이 나에 절대적으로 맞선다는 뜻이다. 반면에 나가 어떤 것을 자기에 갖선 놈으로 발견한다는 말은 그것이 오로지 나의 발견하기 및 그 발견하기의 유형과 관련하여 나에 맞선다는 뜻이다. 지금 주장된 것은 후자이다.

발견하는 놈은 자기를 직관하려는 무한한 경향이며, 그 경향 속에서 나는 순수 관념적이고 절대적으로 제한 불가능하다. 그 속에서 발견되는 놈은 순수한 나가 아니라 건드려진affiziert 나이다. 따라서 발견하는 놈과 그 속에서 발견되는 놈은 서로 맞선다. † 발견되는 놈 안에 있는 것은 발견하는 놈에게 낯선 74 [109-111] 것이지만, 발견하는 놈이 발견하는 놈인 한에서만 낯선 것이다.

더 자세히 설명하면 이러하다. 무한한 자기직관 경향으로서 나는 직관되는 놈으로서 자기 안에서, 혹은 달리 말하자면 (이 활동에서 직관하는 놈과 직관되는 놈은 다르지 않으므로) 자기 안에서 자기에게 낯선 어떤 것을 발견한다. 그렇다면 이 발견하기에서 발견되는 것(혹은 감각되는 것)은 도대체 무엇일까? 그 감각되는 것은 다시금 단지 나 자신이다. 모든 감각되는 놈은 단박에 지금 있는 놈Gegenwärtiges, 단적으로 단박인 놈이다. 이 점은 이미 감각하기의 개념에서 알 수 있다. 그러나 나는 맞선 놈을 발견하며, 그 맞선 놈은 오로지 나 자신 속에 있다. 그런데 나 속에는 활동성만 있다. 따라서 나에 맞선 놈은 다름 아니라 활동성의 부정일 수밖에 없다. 그러므로 나가 자신 속에서 맞선 놈을 발견한다는 말은 나가 자신 속에서 거둬진 활동성을 발견한다는 뜻이다. ― 요컨대 감각할 때 우리는 결코 객체를 감각하지 않는다. 어떤 감각도 우리에게 객체의 개념을 주지 않는다. 감각은 개념(행위)에 단적으로 맞선 놈, 즉 활동성의 부정이다. 이 부정으로부터 그 원인인 객체에 도달하는 추론은 훨씬 더 나중에 일어나며, 그 추론의 근거들 역시 나 속에서 발견된다.

이처럼 나가 항상 자기의 거둬진 활동성만을 감각한다면, 감각되는 놈은 나와 별개인 놈Verschiedenes이 아니다. 나는 오로지 자기 자신만 감각한다. 이 점은 보통의 철학적 언어 사용에서 감각되는 놈을 한낱 주관적인 놈으로 부르는 데서 이미 표현되어 왔다.

### 보충

1. 이 연역에 따르면, 감각의 <u>가능성</u>은 다음에서 비롯된다.

a) 두 활동성의 균형이 흐트러지는 것에서 비롯된다. 그러므로 나는 감각할 때 자기를 주체-객체로서가 아니라 <u>단순한</u> 제한되는 객체로서만 직관할 수 있다. † 요컨대 감각은 제한성 속에서의 자기직관일 뿐이다.

b) 자기를 실재적 나 속에서 직관하려는 관념적 나의 무한한 경향에서 비롯된다. 이 자기직관은 관념적 활동성(지금 [두 활동성의 균형이 흐트러진 다음에] 나는 관념적 활동성일 뿐이다)과 실재적 활동성이 공유한 놈, 즉 실재적 활동성 속의 긍정적인 놈을 거치지 [매개자로 삼지] 않으면 불가능하다. 따라서 그 반대 [감각하기]는 실재적 활동성 속의 부정적인 놈을 거쳐 일어날 것이다. 나는 그 부정적인 놈을 자신 속에서 <u>발견할</u> 수만 있을 것이다. 다시 말해서 감각할 수만 있을 것이다.

2. 감각의 <u>실재성</u>은 나가 감각되는 놈을 자기를 통하여 정립되는 놈으로 직관하지 않는 데서 비롯된다. 감각되는 놈은 나가 그놈을 자기를 통하여 정립되지 않은 놈으로 직관하는 한에서만 <u>감각되는 놈</u>이다. 따라서 부정적인 놈이 나를 통하여 정립된다는 점을 우리는 물론 알 수 있지만, 우리의 객체인 나는 <u>알 수 없다</u>. 그 이유는 매우 자연스럽다. 그 이유는 나의 직관됨과 제한됨은 동일하다는 데 있다. 나는 자기를 (주관적으로) 직관함을 통하여 (객관적으로) 제한된다. 그런데 나는 자기를 객관적으로 직관함과 동시에 직관하는 놈으로서 직관할 수 없다. 따라서 자기를 제한하는 놈으로서 직관할 수도 없다. 이 불가

능성에서, 즉 근원적 자기의식 활동에서 자기에게 객체가 됨과 동시에 자기를 자기에게 객체가 되는 놈으로서 직관하기의 불가능성에서 모든 감각의 실재성이 비롯된다.

그러므로 제한됨이 나에게 절대적으로 낯선 것이라는, 오직 나 아닌 놈의 건드림을 통해서만 설명될 수 있다는 착각은 단지 나가 제한되는 놈으로 되는 활동과 나가 자기를 제한되는 놈으로서 직관하는 활동이 서로 별개이기 때문에 발생한다. 이 두 활동은 물론 시간적으로 별개이지 않지만(우리가 순차적으로 표상하는 모든 것은 나 속에서 동시적이다) 유형이 별개이다.

나가 자기를 제한하는 활동은 다름 아니라 자기의식 활동이다. 외부에서 온 건드림이 표상이나 앎으로 바뀐다는 것은 단적으로 이해할 수 없는 일이다. 우리는 이 이유만으로도 자기의식 활동을 모든 저 한됨의 설명 근거로 삼아야 한다. 객체가 다른 객체에 작용하듯이 나에 작용한다고 가정한다 하더라도, 그런 건드림은 항상 어떤 동종적인 것〔객관적인 것〕만을, 즉 객관적 규정됨만을 산출할 수 있다.† 왜냐하면 인과법칙은 오직 동종적인 사물들(동일한 세계의 사물들) 사이에서만 유효하고, 한 세계에서 다른 세계로 미치지 않기 때문이다. 따라서 근원적인 존재가 어떻게 앎으로 탈바꿈하는가는 표상 자체도 일종의 존재라는 것이 증명되어야만 이해할 수 있을 텐데, 그것은 유물론Materialismus의 설명이다. 만일 유물론 체계가 스스로 호언장담한 바를 정말로 성취한다면, 철학자는 당연히 그 체계를 바라마지 않을 것이다. 그러나 현재까지의 유물론에서 보듯이, 유물론은 전혀 이해할 수 없는 체계이며, 이해할 수 있게 되면 초월적 관념론과 사실상 다르지 않다. ─ 생각을 물질적 현상으로 설명하는 것은 오로지 물질 자체를 유령으로 만들 때만, 물질 자체를 이성의 한낱 변용으로 만들고 이성에 생각과 물질을 두 기능으로 부여할 때만 가능하다. 따라서 유물론은 근원적인 것으로서 이성적인 놈으로 스스로 되이끌린다. 당연한 얘기지만, 앎에서 출발하여 존재를 앎의 작용으로 설명하는 것도 마찬가지로 불가능하다.

76 [112-114]

존재와 앎이 나 속에서처럼 근원적으로 하나가 아니라면, 존재와 앎 사이에는 도대체 어떤 인과관계도 불가능하며, 그 둘은 결코 합치할 수 없다. 존재(물질)를 생산적인 놈으로 고찰하면 앎이고, 앎을 산물로 고찰하면 존재이다. 만일 앎이 도대체 생산적이라면, 앎은 부분적으로가 아니라 철두철미하게 생산적이어야 한다. 아무것도 외부에서 앎 속으로 들어올 수 없다. 왜냐하면 존재하는 모든 것은 앎과 동일하고, 앎 바깥에는 아무것도 없기 때문이다. 만일 표상의 한 요소가 나 속에 있다면, 나머지 한 요소도 나 속에 있어야 한다. 왜냐하면 그 두 요소는 객체에서 분리 불가능하기 때문이다. 예컨대 오직 재료만 사물에 속한다고 가정해 보자. 그러면 이 재료는 나에 도달하기 전에는, 적어도 재료가 사물에서 표상으로 이행할 때는, 형식이 없어야 할 텐데, 의심의 여지없이 이는 생각할 수 없다[불가능하다].

그런데 근원적 제한성이 나 자신을 통하여 정립된다면, 어째서 나는 그 제한성을 감각하게 되는 것일까? 다시 말해 어째서 나에 맞선 것으로 간주하게 되는 것일까? 인식의 실재성 전체는 감각에 달려 있으므로, 감각을 설명하지 못하는 철학은 그 이유만으로도 이미 실패한 철학이다. † 의심의 여지없이 모든 인식의 진리는 인식에 동반되는 강제의 느낌에서 비롯되니까 말이다. 존재(객관성)는 항상 직관하는 활동성이나 생산하는 활동성의 제한됨을 표현할 뿐이다. 이 공간 부분에 정육면체가 있다는 말은 다름 아니라 이 공간 부분에서 나의 직관은 오직 정육면체의 형태로만 활동할 수 있다는 뜻이다. 요컨대 모든 인식의 실재성의 근거는 직관에 독립적인 제한성의 근거이다. 이 근거를 거두는aufheben 체계는 독단적인 초월적 관념론일 것이다. 초월적 관념론에 대한 반론은 부분적으로, 왜 반박이 필요한지도 모르겠고 어떤 인간도 생각한 적이 없는 그런 종류의 초월적 관념론에 대해서만 힘을 발휘하는 근거들에 의지한다. 감각은 외부에서 온 인상으로 설명할 수 없으며, 표상 속에는 사물자체에 속한 것이 아무것도 (표상에 딸린 놈도) 없고, 나에 그런 인상이 가해진다 해도 그로부터는 이성적인 것을 생각할 수 없다고 주장하는 관념론이 독단적 관념론이라면, 우리의 관념론은 확실히 독단적 관념론이다. 그러나 앎의 실재성을 거두는 관념론은 오로지 근원적 제한성이 자유롭게 의식적으로 산출되도록 만드는 관념론뿐일 것이다. 반면에 초월적 관념론은 실재론자가 요구하는 것에 조금도 뒤지지 않을 만큼 우리를 근원적 제한성으로부터 자유롭지 않게 만든다. 초월적 관념론의 주장은 다만, 나는 결코 사물자체나 (사물자체 따위는 이 단계에 아직 존재하지 않으므로) 사물에서 나로 넘어오는 어떤 것을 감각하지 않으며 오히려 단박에 오직 자기 자신을, 자신의 거듭된 활동성을 감각한다는 것이다. 초월적 관념론은 왜 그럼에도 불구하고 우리가 다만 관념적 활동성을 통해 정립된 그 제한성을 나에게 전적으로 낯선 것으로 직관하는지 설명하기를 게을리 하지 않는다.

    그 설명을 제공하는 것은 다음의 문장이다. 나가 <u>객관적으로</u> 제한되는 활동은 나가 <u>자기에게</u> 제한되는 활동과 별개이다. 자기의식 활동은 객관적 활동성의 제한됨만 설명한다. 그러나 관념적인 한에서 나는 무한한 자기재생산 (<u>자기를 무한히 재생산하는 힘</u>vis sui reproductiva in infinitum)이다. † 관념적 활동성은 근원적 한계에 맞닥뜨리면서도 아무 제한성을 모른다. 따라서 나는 근원적 한계를 통하여 자기를 다만 제한되는 놈으로 <u>발견한다</u>. 나가 이 행위에서 자기를 제한되는 놈으로 발견하는 이유는 현재의 행위에 있을 수 없다. 그 이유는 <u>과거의</u> 행위에 있다. 따라서 현재의 행위에서 나는 <u>자기의 기여 없이</u> 제한된다. 그리고 이렇게 나가 자기를 자기의 기여 없이 제한되는 놈으로 발견하는 것이 감각의 요체요 모든 앎의 실재성의 조건이다. 이때 감각의 메커니즘은 제한성이 우리를 통해 산출되는 것이 아니라 우리에 독립적인 것으로 우리에게 나타나도록 만든다. 그 메커니즘에서 모든 제한성을 정립하는 활동은 모든 의식의 조건이므로 의식에 들어오지 않는다.

    3. <u>모든 제한성은 오로지 자기의식 활동을 통하여 우리에게 발생한다.</u>

이 문장을 좀 더 설명할 필요가 있다. 왜냐하면 의심할 바 없이 이 문장은 이 논의에서 가장 어렵기 때문이다.

자기를 의식하는 것이 근원적으로 필연적이라는 점, 자기에게로 돌아가는 것이 근원적으로 필연적이라는 점은 이미 제한성이다. 그러나 이 제한성은 전적이며 완전한 제한성이다.

모든 각각의 개별 표상에 대하여 하나의 새로운 제한성이 발생하는 것은 아니다. 제한성은 자기의식에 들어 있는 종합과 함께 한 번에 다 정립된다. 이는 근원적 제한성이며, 나는 끊임없이 그 안에 머물고 결코 밖으로 나오지 않는다. 그 근원적 제한성은 개별 표상들에서 다만 다양한 방식으로 자기를 펼친다.

사람들이 이 논의를 어렵게 여기는 이유는 대체로 근원적 제한성과 도출된 제한성을 구분하지 못하기 때문이다.

우리가 모든 이성존재Vernunftwesen와 공유한 근원적 제한성은 우리가 아무튼 유한하다는 점에 있다. 그 제한성 때문에 우리는 다른 이성존재들로부터는 분리되지 않지만 무한으로부터 분리된다. 그러나 모든 제한성은 필연적으로 규정된 제한성이다. 제한성이 발생하면서 규정된 제한성bestimmte Begrenztheit이 발생하지 않는다는 것은 생각할 수 없다. 따라서 규정된 제한성은 동일한 활동을 통하여 무릇 제한성Begrenztheit überhaupt과 함께 발생해야 한다.† 자기의식 활동은 <u>단일한</u> 절대적 종합이며, 의식의 모든 조건들은 이 <u>단일한</u> 활동을 통하여 동시에 발생한다. 그러므로 무릇 제한성과 마찬가지로 의식의 조건인 규정된 제한성도 자기의식 활동을 통하여 동시에 발생한다.

나가 아무튼 제한된다는 것은 자기에게 객체가 되려는 나의 무한한 경향으로부터 단박에 귀결된다. 따라서 무릇 제한성은 설명 가능하다. 그러나 무릇 제한성은 규정된 제한성을 전적으로 자유롭게 놔둔다. 그럼에도 두 제한성은 동일한 활동을 통해 발생한다. 규정된 제한성은 무릇 제한성을 통해 규정될 수 없다는 점과 그럼에도 규정된 제한성은 무릇 제한성과 <u>동시에 한</u> 활동을 통해 발생한다는 점을 한꺼번에 고려하면, 규정된 제한성은 철학이 파악할 수도 설명할 수도 없는 놈이 된다. 나가 아무튼 제한된다는 것 굳지않게 확실하게 나는 규정된 방식으로 제한되어야 한다. 그리고 이 규정성은 무한으로 나아가야 하며, 이 무한으로 나아가는 규정성은 나의 개체성 전체이다. 그러므로 설명할 수 없는 것은 나가 규정된 방식으로 제한된다는 점이 아니라 이 제한됨의 [특정] 방식이다. 예컨대 나가 이성Intelligenz의 어떤 규정된 서열Ordnung에 속한다는 것은 일반적으로 잘 도출되지만, 나가 이 [특정] 서열 속한다는 것은 정확히 도출되지 않으며, 나가 이 서열에서 어떤 규정된 위치를 차지한다는 것은 일반적으로 잘 도출되지만, 나가 정확히 이 위치를 차지한다는 것은 도출되지 않는다. 마찬가지로 아무튼 우리의 표상 체계가 필연적으로 있다는 것은 도출되지만, 우리가 이 규정된 표상 범위Sphäre에 한정되어있다는 것은 도출되지 않는다. 물론 규정된 제한성을 이미 전제한다면, 그로부터 개별 표상들의 제한성을 도출할 수 있다. 이 경우에 규정된 제한성은 단지 모든 개별 표상들의 제한성을 총괄한 것일 테고 따라서 개별 표상들의 제한성으로부터 다시 도출할 수 있을 것이다. 예컨대 우리가 우주의 이 규정된 부분과 그 속의 이 규정된 천체가 우리의 외적 직관의 단박 범위라고 전제하고 나면, 이 규정된 제한성 안에서 이 규정된 직관들이 필연적이라는 것을 잘 도출할 수 있다.† 왜냐하면 우리는 우리의 태양계 전체를 비교할 수 있을 테고, 따라서 왜 우리의 지구가 다른 물질들이 아니라 정확히 이 물질들로 이루어졌는지, 왜 지구는 정확히 이 현상들을 나타내는지 의심의 여지없이 도출할 수 있을 것이며, 따라서 이 직관 범위를 전제하고 나면, 왜 우리 직관들의 열에 바로 이 직관들만 등장하는지 의심의 여지없이 도출할 수 있을 것이기 때문이다. 우리가 우리 의식의 전체적 종합을 통하여 일단 이 범위 안에 놓이고 나면, 그 범위 안에서는 그 범위에 필연적이지 않거나 모순되는 것이 등장할 수 없을 것이다. 이는 우리 정신의 근원적 귀결Konsequenz에서 잇따르는 결론이다. 그 근원적 귀결은, 우리에게 지금 당장 등장하는 모든 각각의 현상이 이 규정된 제한성을 전제할 정도로 거대하며, 또한 그 현상이 등장하지 않는다면 우리의 표상체계 전체가 내적으로 모순될 정도로 필연적이다.

B. 과제: 어떻게 나가 자기를 감각하는 놈으로 직관하는지 설명하라.

**설명**

나는 감각하면서 자기를 근원적으로 제한되는 놈으로 직관한다. 이 직관하기는 활동이지만, 나는 직관함과 동시에 자기를 직관하는 놈으로 직관할 수 없다. 따라서 이 행위를 할 때는〔감각할 때는〕어떤 활동성도 의식되지 않는다. 그래서 감각하기와 관련해서는 늘 행위의 개념이 아니라 겪음Leiden의 개념이 생각된다. 현 단계Moment에서 나는 자기에게 단지 감각되는 놈이다. 왜냐하면 도대체 감각되는 유일한 것은 나의 실재적이며 한정된eingeschränkt 활동성이기 때문이다. 바로 그 활동성이 나에게 객체로 된다. 또 나는 감각하는 놈이지만, 철학하는 우리에게만 그렇고 나 자신에게는 그렇지 않다. 따라서 감각하기와 동시에 정립되는 맞섬(나와 사물자체의 맞섬)은 나 자신에게 정립되는 게 아니라 우리가 보기에 나 속에 정립된다.

이제부터 자기의식의 이 단계를 근원적 감각의 단계로 부를 것이다. †
이 단계에서 나는 자기를 근원적 제한성 속에서 직관하며, 이 직관을 의식하지 못한다. 다시 말해 이 직관 자체는 나에게 객체가 되지 않는다. 나는 감각되는 놈 속에 완전히 고정되며 말하자면 상실된다.

그러므로 과제를 더 정확히 규정하면 이러하다. 이제껏 단지 감각되는 놈이었던 나가 어떻게 감각하는 동시에 감각되는 놈이 되는가?

근원적 자기의식 활동으로부터는 오직 제한됨만 연역될 수 있었다. 나가 자기에게[자기가 보기에] 제한되려면, 나는 자기를 제한되는 놈으로 직관해야 했다. 제한되지 않는 나와 제한되는 나 사이의 매개자인 이 직관은 감각 활동이었지만, 위에서 설명한 이유로 의식에는 그 활동 중에서 단지 수동성의 흔적만 남는다. 그러므로 그 감각하기라는 활동 자체가 다시 객체로 되어야 하고, 어떻게 그 활동도 의식에 들어오는지 설명되어야 한다. 쉽게 예상할 수 있듯이, 우리는 이 과제를 새로운 활동을 통해서만 해결할 수 있다.

이는 종합적 방법의 행보에 전적으로 걸맞다. — 맞선 두 항 A와 B(주체와 객체)는 행위 x를 통하여 통일되지만, x는 새로운 맞섬인 C와 D(감각하는 놈과 감각되는 놈)이다. 따라서 x 자체가 다시 객체로 된다. x는 오로지 새로운 행위 z를 통해서만 설명할 수 있고, 아마 z는 다시 맞섬을 품고 있을 것이다. 이런 식으로 계속 진행될 것이다.

**해결1**

나는 자기 안에서 자기에 맞선 놈을 발견할 때, 즉 나는 오직 활동성이므로 자기 안에서 활동성의 실재적 부정을, 건드려짐을 발견할 때, 감각한다. 그러나 자기가 보기에 감각하는 놈이 되기 위하여 (관념적) 나는 이제껏 단지 실재적인 나에 있던 저 수동성을 자기 안에 정립해야 한다. 의심의 여지없이 이 정립은 활동성을 통해서만 일어날 수 있다. †        82 [123-125]

이 대목에서 우리는 예로부터 경험론이 해명하지 못하면서 우회하기만 하던 지점에 도달했다. 외부에서 온 인상은 나에게 단지 감각의 수동성만 설명한다. 더 나아가더라도 기껏해야 마치 충격을 받은 탄성체가 다른 탄성체를 되밀어내는 것이나 거울이 들어온 빛을 반사시키는 것과 대충 유사한, 작용한 객체에 대한 나의 반작용을 설명한다. 그러나 외부로부터의 인상은 또 다른 반작용인, 나가 자기에게로 돌아감을, 어떻게 나가 외부에서 온 인상을 나로서의 자기, 직관하는 놈으로서의 자기와 관련짓는지를 설명하지 못한다. 〔나가 아닌〕 객체는 결코 자기에게로 돌아가지 않으며 인상을 자기와 관련짓지 않는다. 바로 그렇기 때문에 객체는 감각이 없다.

요컨대 나는 아무튼 활동해야만 자기에게 감각하는 놈일 수 있다. 이때 활동하는 나는 제한되는 놈일 수 없고 제한 불가능한 놈일 수만 있다. 그러나 이 관념적 나는 오로지 현재 제한되는 객관적 활동성에 맞선 한에서만, 즉 한계 너머로 나가는 한에서만 제한되지 않는다. 누구나 모든 각각의 감각하기에서 일어나는 일을 반성하면 알 수 있겠지만, 모든 각각의 감각하기에는 인상에 대하여 알지만 인상에 독립적이며 인상 너머로 나가는 놈이 있어야 한다. 심지어 인상이 객체에서 유래한다는 판단조차도 인상에 묶이지 않고 인상 저편의 무언가로 향하는 활동성을 전제하니까 말이다. 그러므로 만일 나 속에 한계 너머로 나가는 활동성이 없다면, 나는 감각하는 놈이 아니다. 그 활동성의 도움으로 나는 자기에게 감각하는 놈이기 위하여 자기(관념적 나) 속에 낯선 놈을 받아들여야 한다. 그런데 그 낯선 놈은 다시 나 속에 있다. 그것은 나의 거둬진 활동성이다. 이제 나중을 위하여 이 두 활동성의 관계를 더 정확히 규정해야 한다. 제한되지 않는 활동성은, 실재적 활동성을 포함해서 나의 모든 각각의 활동성이 그러하듯, 근원적으로 관념적이지만, 오직 한계 너머로 나가는 한에서만 실재적 활동성에 맞선다. 제한되는 활동성은, 그것이 제한된다는 것이 반성되는 한에서 실재적이지만, 그것이 원리적으로 관념적 활동성과 같다는 것이 반성되는 한에서 관념적이다. 요컨대 제한되는 활동성은 어떻게 고찰되느냐에 따라서 실재적이거나 관념적이다. † 더 나아가 관념적 활동성은 오직 실재적 활동성에 맞선 한에서만 관념적인 놈으로 구분되고, 그 역도 마찬가지로 명백하다. 이는 아주 간단한 실험들을 통해 확인할 수 있다. 예컨대 허구적 객체는 판정의 기반에 놓인 실재적 객체에 맞서야만 허구적인 놈으로, 또 반대로 실재적 객체는 허구적 객체에 맞선 한에서만 실재적인 놈으로 구분할 수 있다. 이를 전제하면,

다음의 추론들을 할 수 있다.

1. 나가 자기에게[자기가 보기에] 감각하는 놈이어야 한다는 말은, 나가 맞선 놈을 활동적으로[능동적으로] 자기 속에 받아들여야 한다는 뜻이다. 그런데 이 맞선 놈은 다름 아니라 한계 또는 억제점Hemmungspunkt이며, 그 억제점은 오직 실재적 활동성에 놓인다. 그런데 실재적 활동성은 한계를 통해서만 관념적 활동성과 구분할 수 있다. 따라서 나가 맞선 놈을 자기 것으로 삼아야 한다는 말은, 나가 그 맞선 놈을 나의 관념적 활동성 속에 받아들여야 한다는 뜻이다. 그런데 이는 한계가 관념적 활동성 속에 놓여야만 가능하고, 더구나 이 일은 나 자신의 활동성을 통해 일어나야 한다. 이제 점점 더 분명해지듯이, 이론철학 전체는 어떻게 차단이 관념적이게 되는가, 또는 어떻게 관념적 (직관하는) 활동성이 제한되는가 하는 문제만 해결하면 된다. [맨 처음에 우리는] 우선 (과제 A에 대한 해결2. 참조) 관념적 활동성과 실재적 활동성 사이의 균형이 흐트러진 상태에서 복구되어야 한다는 점을 알아야 했다. 이 점은 나가 나라는 것만큼 확실하다. 우리 앞에 놓인 유일한 과제는 어떻게 그 균형이 복구되는가 하는 질문에 답하는 것이다. ― 그런데 한계Grenze는 실재적 활동성의 경계선Linie에 놓인다. 거꾸로 말해서 한계가 놓인 자리는 실재적 활동성이다. 더 나아가 관념적 활동성과 실재적 활동성은 근원적으로는 즉 한계를 도외시하면, 구분 불가능하다. 그 둘 사이의 분리점은 오직 한계뿐이다. 그러므로 활동성은 한계 너머에서만, 또는 한계 너머로 나가는 한에서만 관념적이다, 즉 관념적 활동성으로 구분할 수 있다.

따라서 한계가 관념적 활동성 속에 놓여야 한다는 말은 한계가 한계 너머에 놓여야 한다는 뜻이며, 이는 명백한 모순이다. 이 모순은 해결되어야 한다.

2. 관념적 나는 한계 거두기를 추구할 수도 있을 것이다. 이 경우에 관념적 나가 한계를 거둠으로써, 한계는 필연적으로 관념적 활동성의 경계선에 놓일 것이다.† 그러나 한계는 거둬지지 않아야 한다. 한계는 한계로서, 즉 거둬

지지 않은 채로 관념적 활동성 속에 받아들여져야 한다.

또는 관념적 나가 스스로 자신을 제한할 수도 있을 것이다. 즉 한계를 <u>산출할</u>hervorbringen 수도 있을 것이다. ─ 하지만 이 경우에도 설명해야 할 것은 설명되지 않을 것이다. 왜냐하면 이때 관념적 나 속에 정립된 한계는 실재적 나 속에 정립된 한계와 같지 않을 것이기 때문이다. 그 두 한계가 같아야 설명이 이루어질 텐데 말이다. 또 이제껏 순수하게 관념적이었던 나가 자기에게 객체가 되고 그럼으로써 제한된다고 가정한다 하더라도, 우리는 한 걸음도 전진하지 못하고 오히려 탐구의 출발점으로 되돌아올 것이다. 순수하게 관념적이었던 나가 처음으로 주관과 객관으로 분리되고 말하자면 쪼개지는 그 출발점으로 말이다.

그러므로 남는 것은 거두기와 산출하기 사이의 중간뿐이다. 그런 중간은 <u>규정하기</u>Bestimmen이다. 나가 규정할 것은 나에 독립적으로 거기에 있어야 한다. 그러나 나가 그것을 규정함으로써, 그것은 바로 그 규정하기를 통하여 다시 나에 의존적이게 된다. 더 나아가 나가 규정되지 않은 놈을 규정함으로써, 나는 규정되지 않은 놈으로서의 그놈을 거두고 그놈을 규정된 놈으로서 산출한다.

요컨대 관념적 활동성은 한계를 <u>규정해야</u> 할 것이다.

여기에서 곧바로 다음의 두 질문이 발생한다.

a) 관념적 활동성을 통하여 한계가 규정된다는 것은 도대체 무슨 말일까?

지금 한계와 관련하여 의식에 남은 것은 아무것도 없고, 단지 절대적 수동성의 흔적만 남아있다. 나는 감각 활동에서 자기를 의식하지 못하므로 남는 것은 결과뿐이다. 이 수동성은 이제껏 전혀 규정되지 않았다. 그러나 <u>무릇</u> 수동성은 무릇 규정성과 마찬가지로 생각할 수 없다[부조리하다]. 모든 수동성은 <u>규정된</u> 수동성이다. 수동성은 오직 활동성의 부정을 통하여 가능하므로 확실히 그러하다. 그러므로 수동성이 규정될 때 한계도 규정될 것이다.

방금 언급한 한낱 수동성은 감각의 한낱 재료, 순수한 감각되는 놈이다.

그 수동성은, 나가 그것에 규정된 범위Sphäre – (이 용어는 부적절하지만 그래도 허용한다면) 규정된 작용권Wirkungskreis을 부여하면, 규정될 것이다. 그렇다면 나는 다만 그 범위 안에서 수동적이고, 그 바깥에서 활동적[능동적]일 것이다. †

그러므로 규정하기 행위는 생산하기이며, 이 생산하기의 재료는 근원적 수동성일 것이다.

그런데 이제 두 번째 질문이 발생한다.

b) 이 생산하기를 도대체 어떻게 생각할 수 있을까?

나는 활동적이어야만 그 범위를 생산할 수 있는데, 다른 한편으로 그 생산을 통하여 스스로 제한되어야만 그 범위를 제한성의 범위로서 생산할 수 있다. – 나는 제한하는 놈인 한에서 활동적이지만, 제한성을 제한하는 놈인 한에서 그 자신이 제한되는 놈이 된다.

그러므로 저 생산하기 행위는 활동성과 수동성의 절대적 통일이다. 나는 이 행위에서 수동적이다. 왜냐하면 나는 제한성을 이미 전제해야만 제한성을 규정할 수 있기 때문이다. 그러나 거꾸로 (관념적) 나는 여기에서 오로지 제한성을 규정하려고 하는 한에서만 제한된다. 따라서 저 행위 속에 있는 활동성은 겪음을, 겪음은 활동성을 전제한다.

이렇게 한 행위 속에 수동성과 활동성이 통일되어 있는 것을 더 깊이 반성하기에 앞서, 만일 정말로 나 속에 그런 행위가 있다는 게 밝혀진다면, 우리가 그런 행위를 통하여 무엇을 얻을지 생각해 보자.

앞선 의식의 단계에서 나는 자기에게 단지 감각되는 놈이었지 감각하는 놈은 아니었다. 반면에 현재의 행위에서 나는 자기에게 감각하는 놈이 된다. 나는 제한되기 때문에 자기에게 무릇 객체가 된다. 하지만 나는 오로지 자기의 제한하기 속에서 제한되므로 활동적인 놈으로서 (감각하는 놈으로서) 객체가 된다.

요컨대 (관념적) 나는 자기에게 자기의 활동성 속에서 제한되는 놈으로서 객체가 된다.

여기에서 나는 오로지 활동적인 한에서만 제한된다. 경험론은 인상을 쉽게 설명한다. 왜냐하면 경험론은 나가 나로서 (즉 감각하는 놈으로서) 제한되려면 이미 활동적이어야 한다는 점을 완전히 무시하기 때문이다. ─ 또한 반대로 나는 여기에서 이미 제한된 한에서만 활동적이다. 감각이 의식과 결합된 한에서 감각에서 생각되는 것은 바로 이와 같은 활동성과 겪음의 상호 조건 삼기이다. †

그러나 여기에서 나는 자기에게 감각하는 놈이 되기 때문에, 바로 그렇기 때문에 아마도 감각되는 놈이기를 그칠 것이다. 앞선 행위에서 나가 감각되는 놈이었기 때문에 자기에게 감각하는 놈일 수 없었던 것처럼 말이다. 따라서 감각되는 놈으로서 나는 의식에서 밀려나고 그 자리에 무언가 나에 맞선 다른 놈이 들어올 것이다.

실제로도 그러하다. 여기에서 도출된 행위는 생산하기이다. 이 생산하기에서 관념적 나는 전적으로 자유롭다. 따라서 관념적 나가 이 범위를 생산하면서 제한되는 근거는 관념적 나 자신 속에 있을 수 없고 바깥에 있어야 한다. 그 범위는 나가 생산한 것이지만, 그 범위의 한계는 생산하는 한에서 나가 생산한 것이 아니다. 그리고 나는 현재의 의식 단계에서 단지 생산하는 놈이므로, 그 한계는 도무지 나의 산물이 아니다. 따라서 그 한계는 오직 나와 나에 맞선 놈, 즉 사물자체 사이의 한계이다. 요컨대 한계는 이제 나 속에도 나 바깥에도 없고, 오로지 나와 나에 맞선 놈이 접촉하는 연합지점Gemenschaftliche이다.

이리하여 이 〔생산하기〕 행위를 통하여 (단, 이 행위 자체가 가능하다는 것이 이해된다면) 나와 사물자체 사이의 맞섬이, 한 마디로 앞에서 오로지 철학자에게만 정립되었던 모든 것이 또한 나 자신에게도 연역되었다.

### 해결2

우리는 이제 이 모든 해명을 통하여 문제에 대한 위의 해결이 의심의 여지없이 옳다는 것을 알지만, 이 해결 자체는 아직 이해할 수 없다. 어쩌면 우리가 그 해결의 몇몇 중간항들을 아직 발견하지 못한 것일지도 모른다.

주지하다시피 그 해결을 통하여 밝혀진 바는 이러하다. 관념적 나는 이미 활동적이어야만 수동적이게 될 수 있다. 따라서 관념적 (직관하는) 나에 단지 인상이 가해진다는 것으로는 결코 감각을 설명할 수 없다.† 87 [132-133]

그러나 역시 위의 해결에서 밝혀진 바로는, 관념적 나는 이미 겪는 놈이어야만 규정된 방식으로 활동적일 수 있다. 간단히 말해서 저 [생산하기 혹은 규정하기] 행위 속에서 활동성과 수동성은 서로를 전제한다.

그런데 감각을 나 속에 완전히 정립하는 마지막 행위는 당연히 방금 설명한 대로이겠지만, 그 행위와 근원적인 감각하기 사이에 중간항들이 있음에 틀림없다. 우리는 저 행위를 다루면서 이미 예로부터 철학자들을 휘몰아 댄 해결할 수 없는 순환에 봉착했는데, 우리가 우리의 지금까지 행보를 충실히 유지하려면, 그 순환을 완전히 이해하기 위하여 그 순환이 우리 눈앞에서 비로소 발생하도록 만들어야 한다. 우리가 그 순환에 빠질 수밖에 없다는 점은 앞선 논의에서 물론 도출되었지만, 어째서 그럴 수밖에 없는지는 아직 도출되지 않았다. 그런 한에서 우리의 과제는 아직 전부 해결되지 않았다. 그 과제는 어떻게 근원적 한계가 관념적 나 속으로 이행하는가를 설명하는 것이었다. 그런데 명백하게 알 수 있듯이, 지금까지의 모든 논의는 그런 첫 번째 이행을 해명하지 않았다. 우리는 그 이행을 제한성 제한하기를 통해 설명했고, 그런 제한성 제한하기를 관념적 나에 귀속시켰다. ― 그러나 도대체 나는 어째서 수동성을 제한하게 되는 것일까? ― 우리도 시인했듯이, 이 활동성은 관념적 나 속의 겪음을 이미 전제하고, 거꾸로 이 겪음은 저 활동성을 전제한다. 우리는 이 순환이 발생하는 근거로 내려가야 한다. 그럼으로써만 우리의 과제에 대한 완전한 해결을 바랄 수 있다.

처음에 제기한 모순으로 돌아가자. 나가 무언가라면, 오로지 자기에게만 그 무언가다. 따라서 나는 오로지 자기에게만 관념적이다. 오로지 나가 자기를 관념적인 놈으로 정립하거나 또는 인정하는anerkennen 한에서만, 나는 관념적이다. 우리가 단지 나로부터 나오고 오직 나 속에 근거를 둔 무릇 활동성만 관념적 활동성으로 이해한다면, 나는 근원적으로 다름 아니라 관념적 활동성이다. 그러므로 나에 한계가 설정된다면, 그 한계는 당연히 나의 관념적 활동성에 설정된다. 그러나 제한된 관념적 활동성은 제한된 한에서 관념적 활동성으로 인정되지 않는다. 바로 제한되었다는 이유 때문에 그러하다.✝ 관념적 활동성으로 인정되는 것은 오직 한계 너머로 나가는 활동성인 한에서의 활동성뿐이다. 따라서 한계 너머로 나가는 이 활동성이 제한되어야 할 텐데, 이는 모순이다. 이 모순은 나가 감각하는 놈으로서(즉 주체로서) 객체가 되어야 한다는 요구에 이미 들어 있으며, 한계 너머로 나감과 제한됨이 관념적 나에게 동일하지 않다면, 혹은 나가 바로 관념적임을 통하여 실재적이게 되지 않는다면, 해결할 수 없다.

만약 그렇다고 가정한다면, 만약 나가 단지 한계 너머로 나감을 통하여 제한된다고 가정한다면, 나는 한계 너머로 나감으로써 여전히 관념적일 테고, 따라서 관념적인 놈으로서 혹은 나의 관념성 속에서 실재적이게 되고 제한될 것이다.

이런 일을 어떻게 생각할 수 있을까?

이 과제 역시 오로지 우리가 자기를 직관하려는 경향을 무한하게 정립함을 통해서만 해결할 수 있을 것이다. — 근원적 감각으로부터 나 속에 남는 것은 오직 한낱 한계로서의 한계뿐이다. 나가 감각할 때에도, 우리에게 나는 한계 너머로 나가는 한에서만 관념적이다. 그러나 나는 한계 너머로 나가는 자기의 활동성을 한계 안에 억제된 활동성 혹은 실재적 활동성에 맞서게 정립하지 않으면 자기를 관념적인 놈으로 (즉 감각하는 놈으로) 인정할 수 없다. 이 두 활동성은 상호 맞섬과 관련 속에서만 구분 가능하다. 그런데 그 상호 맞섬과 관련은 다시금 한계 안에 있음과 동시에 바깥에 있는 제3의 활동성을 통해서만 가능하다.

 이 <u>세 번째 관념적인 동시에</u> 실재적인 활동성은 의심의 여지없이 (해결 1.에서) 도출된 생산하는 활동성이다. 생산하는 활동성에서 활동성〔능동성〕과 수동성은 서로를 조건으로 삼아야 한다.

 이제 우리는 그 생산하는 활동성의 중간항들을 지적하고, 그 활동성 자체를 완전히 도출할 수 있다. ― 그 중간항들은 이러하다.

 1. 자기를 직관하려는 무한한 경향으로서 나는 이미 앞선 단계에서 감각하는 놈이었다. 다시 말해 자기를 제한되는 놈으로 직관하는 놈이었다.† 그런데 한계는 오직 두 개의 대립항 사이에만 있으므로, 나는 필연적으로 한계 <u>저편의</u> 무언가로 즉 한계 너머로 나감으로써만 자기를 제한되는 놈으로 직관할 수 있었다. 그렇게 한계 너머로 나가는 활동성은 우리에게는 이미 감각과 함께 정립되었지만, 나 자신에게도 정립되어야 하고, 오직 그런 한에서 나는 자기에게 <u>감각하는 놈으로서</u> 객체가 된다.

 2.〔요컨대〕지금까지 객관이었던 놈뿐 아니라 나 속의 주관도 객체가 되어야 한다. 이 일은 한계 너머로 나가는 활동성이 나에게 객체가 됨으로써 이루어진다. 그러나 나는 한계 너머로 나가는 활동성을 한계 너머로 나가지 않는 또 다른 활동성에 맞세우고 관련짓지 않는 한, 어떤 활동성도 한계 너머로 나가는 놈으로서 직관할 수 없다. 이처럼 관념적 활동성과 실재적 활동성에서, 한계 너머로 나가는 감각하는 활동성과 한계 안에 억제된 감각되는 활동성에서 자기를 직관하는 일은 한계 내부에 억제된 <u>동시에</u> 한계 너머로 나가는 세 번째 활동성, 관념적인 <u>동시에</u> 실재적인 세 번째 활동성을 통하지 않으면 불가능하다. 그리고 <u>이</u>〔세 번째〕활동성 안에서 나는 자기에게 감각하는 놈으로서 객체가 된다.

나는 감각하는 놈인 한에서 관념적이고 객체인 한에서 실재적이므로, 나를 감각하는 놈으로서 객체가 되게 만드는 활동성은 관념적인 동시에 실재적이어야 한다.

따라서 어떻게 나가 자기를 감각하는 놈으로서 직관하는가를 설명하는 문제는, 어떻게 나가 동일한 활동성에서 관념적인 동시에 실재적이게 되는가를 설명하는 문제로 표현할 수도 있었다. 이 관념적인 동시에 실재적인 활동성은 우리가 요청한 생산하는 활동성이며, 그 활동성 안에서 활동과 수동은 서로를 조건으로 삼는다. 그러므로 이 세 번째 활동성의 발생사Genesis는 우리가 나와 관련하여 봉착한 순환(해결1 참조)의 기원도 설명해 준다.

그 활동성의 발생사는 이러하다. 첫 번째 활동(자기의식 활동)에서는 나가 무릇 직관되며 그 직관됨을 통하여 제한된다. 두 번째 활동에서는 나가 무릇 직관되는 게 아니라 제한되는 놈으로서 규정적으로 직관되는데, 그렇게 제한되는 놈으로서 직관되려면 관념적 활동성이 한계를 넘어가야 한다. † 그리하여 나 속에 두 활동성의 맞섬이 발생하고, 그 두 활동성은 동일한 나의 활동성들로서 비자의적으로 세 번째 활동성 안에 통일된다. 그 세 번째 활동성 안에서는 건드려짐과 활동성의 상호 조건 삼기가 필연적이다. 다시 말해 그 활동성 안에서 나는 실재적인 한에서만 또한 동시에 관념적이고 그 역도 마찬가지다. 이 활동성을 통해 나는 자기에게 감각하는 놈으로서 객체가 된다.

3. 이 세 번째 활동성에서 나는 한계 너머로 나간 활동성과 억제된 활동성 사이에서 떠돈다. 이 두 활동성은 그러한 나의 떠돎을 통하여 상호관련을 얻고 맞선 놈들로 고정된다.

이제 질문은 다음과 같다.

a) 관념적 활동성은 무엇으로서 고정될까? 그 활동성은 아무튼 고정되는 한에서, 순수 활동성이기를 그친다. 그 활동성은 동일한 행위 속에서, 한계 내부에 억제된 활동성에 맞세워지고 따라서 고정되었으되 실재적 나에 맞선 활

동성으로서 파악된다. 그 활동성은 고정된 놈으로서 파악되는 한에서 관념적 바탕을 얻고, 실재적 나에 맞선 활동성으로서 파악되는 한에서 자기도 (오직 이 맞섬 안에서만) 실재적 활동성이 된다. 그 활동성은 실재적 나에 실재적으로 맞선 놈의 활동성이 된다. 그런데 실재적 나에 실재적으로 맞선 놈은 다름 아니라 <u>사물자체</u>이다.

따라서 한계를 넘어가서 객체가 된 관념적 활동성은 이제 그 진면목으로서는 의식에서 사라지고 사물자체로 탈바꿈한다.

쉽게 다음과 같은 언급을 할 수 있다. 위의 논의에 따르면, 근원적 제한성의 유일한 근거는 나의 직관하는 활동성 또는 관념적 활동성이다. 그런데 여기에서 바로 이 활동성이 나 자신에게 제한성의 근거로서 반영reflektiert되지만, 지금 나는 단지 실재적 나이므로 나의 활동성으로서 반영되는 게 아니라 나에 맞선 활동성으로서 반영된다. 요컨대 사물자체는 다름 아니라 한계 너머로 나간 관념적 활동성의 반영, 직관을 통하여 나에게 되비쳐진 반영이며 그런 한에서 역시 나의 산물이다.† 사물자체를 실재적인 놈으로 여기는 독단론자는 현 단계에서 나가 서있는 입장에 서 있다. 그에게 사물자체는 행위를 통해 발생하지만, 발생하는 놈은 남고 그놈을 발생시킨 행위는 남지 않는다. 따라서 나는 그 맞선 놈이 자기의 산물이라는 것을 근원적으로 모르며, 자기의식이 나를 중심으로 그린 마법의 원 안에 갇혀 있는 한, 그 무지에 머물 수밖에 없다. 오직 그 원을 깨치는 철학자만이 그 미망의 실상을 알 수 있다.

이로써 우리의 연역은, 나 자신이 보기에 우선 무언가가 나 바깥에 있다는 데까지 진척되었다. 현재의 행위에서 나는 우선 한계 저편의 무언가로 향하며, 지금 한계는 나와 나에 맞선 놈의 공통 접촉점일 따름이다. 근원적 감각하기에서는 한계만 등장한 반면, 여기에서는 한계 너머의 무언가가 등장하며, 나는 그 무언가를 통하여 한계를 설명한다. 따라서 곧 보게 되겠지만, 한계 역시 다른 의미를 획득하리라고 기대할 수 있다. 근원적 감각에서 나는 다만 감각되는 놈이었다. 이제 그 근원적 감각은, 그 안에서 나가 우선 자기에게 감각하는 놈이 되고 그럼으로써 감각되는 놈이기를 그치는 그런 직관으로 탈바꿈한다. 자기를 감각하는 놈으로 직관하는 나에게 감각되는 놈은 한계 너머로 나간 관념적 활동성(앞에서 등장했던 감각하는 활동성)이지만, 이제 그 활동성은 더 이상 나의 활동성으로서 직관되지 않는다. 실재적 활동성을 근원적으로 제한하는 놈은 나 자신이지만, 그 나는 사물자체로 탈바꿈해야만 제한하는 놈으로서 의식에 들어올 수 있다. 여기에서 연역된 제3의 활동성 안에서, 제한되는 놈과 제한하는 놈은 분리되는 동시에 통합된다.

이제 남은 질문은 다음과 같다.

b) 실재적 혹은 억제된 활동성은 이 [세 번째 생산하기] 행위 안에서 무엇이 될까?

92 [140-142]  관념적 활동성은 사물자체로 탈바꿈했다.† 따라서 실재적 활동성 역시 사물자체에 맞선 놈으로, 즉 나 자체Ich an sich로 탈바꿈할 것이다. 이제껏 늘 주체인 동시에 객체였던 나는 여기에서 처음으로 그 자체인 무언가가 된다. 나의 근원적 주관은 한계 너머로 옮겨져 사물자체로서 직관되고, 한계 안에는 나의 순수 객관만 남는다.

이제 우리의 연역은 나와 나에 맞선 놈이 철학자뿐 아니라 나 자신이 보기에도 분리되는 지점에 도달했다. 자기의식의 근원적 이중성은 이제 나와 사물자체에 고루 분배되었다. 이 시점에서 나의 행위를 분석하여 남은 것은 단지 수동성이 아니라, 실재적으로 맞선 두 놈이며, 그 두 놈에서 감각의 규정성이 비롯된다. 이로써 비로소 어떻게 나가 자기가 보기에 감각하는 놈이 되는지 설명하는 과제가 완전히 해결되었다. 이 과제는 이제껏 어떤 철학도 대답할 수 없었던 과제이다. 특히 경험론은 절대로 대답할 수 없는 과제이다. 다른 한편, 경험론자가 인상이 단지 수동적인 나에서 생각하는 활동적인 나로 이행하는 것을 설명하려 노력하지만 실패한다면, 관념론자도 경험론자와 마찬가지로 똑같은 난관에 봉착한다. 왜냐하면 수동성이 어디에서 비롯되었든 간에, 우리 바깥의 사물이 가한 인상에서 비롯되었든 아니면 정신 자체의 근원적 메커니즘에서 비롯되었든 간에, 수동성은 수동성이며, 따라서 설명해야 할 이행은 여전히 그대로 남기 때문이다. 이 난관을 해결하는 것은 생산적 직관의 경이로움이며, 생산적 직관 없이는 이 난관을 절대로 해결할 수 없다. 왜냐하면 다음이 명백하기 때문이다. 나는 자기를 자기에 맞선 놈으로서 직관해야만, 즉 제한하는 동시에 제한되는 활동성 안에서, 위에서 설명한 방식으로 발생하는 활동성과 수동성의 상호규정 안에서 직관해야만, 자기를 감각하는 놈으로 직관할 수 있다. 그러나 오직 철학자만 보는 나 속의 이 대립은 철학자의 객체인 나에게는 나 자신과 나 바깥의 무언가 사이의 대립으로 보인다.

   4. 실재적 활동성과 관념적 활동성 사이의 떠돎에서 나오는 산물은 한편으로 나 자체이고 다른 한편으로 사물자체이다.† 이 두 산물은 이제부터 도출할 직관의 요소들이다. 가장 먼저 던질 질문은 이것이다. 이 두 산물은 위에 도출된 행위를 통해 어떻게 규정되는가?

   a) 그 행위를 통하여 나가 순수 객관으로 규정된다는 것은 방금 증명되었다. 하지만 나가 그렇게 되는 것은 오직 사물자체와의 상호관계 안에서이다. 만약 제한하는 놈이 여전히 나 속에 있다면, 나는 오로지 자기에게 나타남을 통하여 존재할 텐데, 이는 현재의 입장까지만 도달한 독단론자의 요구와 다르니까 말이다. 독단론자는 나가 그 자체이기를, 말하자면 자기에 대하여 독립적이기를 요구한다. 그러므로 지금의 나는 오로지 자기에게 나타남을 통하여 존재하는 그런 나일 수 없다.

   — 지금 얘기되는 것은 이 행위 속에서 활동하는 나가 아니다. 그 활동하는 나는 자기의 제한성 안에서 관념적이고, 거꾸로 자기의 관념성 안에서 제한된다. 주체만도 아니고 객체만도 아니다. 왜냐하면 그 나는 전체적인 (완전한) 나를 포괄하기 때문이다. 다만 주체에 속한 것은 사물자체로, 객체에 속한 것은

나 자체로 나타날 뿐이다. —

　　　b) 사물은 처음에 단적으로 다만 나에 절대적으로 맞선 놈으로 규정된다. 그러나 나가 활동성으로 규정되므로, 사물도 나의 활동성에 맞선 활동성으로 규정될 수밖에 없다. 그런데 모든 맞섬은 규정된 맞섬이다. 그러므로 사물이 제한되지 않으면서 나에 맞세워지는 것은 불가능하다. 여기에서 나가 〔자신의〕 수동성을 다시 제한해야 한다는 말(해결1 참조)의 참뜻이 밝혀진다. 수동성은 그 조건인 사물이 제한됨을 통하여 제한된다. 우리는 애초에 무릇 제한성과 함께 제한성 속의 제한성이 발생하는 것을 보았다. 그러나 그 제한성 속의 제한성은 나와 사물자체의 대립과 함께 비로소 의식에 들어온다. 사물은 나에 맞선 활동성으로 규정되고, 따라서 무릇 제한성의 근거로, 그 자신 역시 제한된 활동성으로 규정되고, 따라서 규정된 제한성의 근거로 규정된다. 이때 사물은 무엇을 통하여 제한될까? 나를 제한한 것과 같은 한계를 통하여 제한된다. 나에 활동성이 있는 만큼 사물에 비활동성이 있고, 그 역도 마찬가지다. 나와 사물자체는 오로지 이 공통의 제한을 통하여 상호작용한다.† 동일한 한계가 나의 한계이며 또한 사물의 한계라는 점, 다시 말해 사물은 나가 제한된 만큼만 제한되고 나는 객체가 제한된 만큼만 제한된다는 점, 한마디로 현재의 행위에서 나 속의 활동성과 수동성의 상호규정을 보는 것은 오직 철학자뿐이다. 그러나 나중의 행위에서는 나도 그 상호작용을 볼 것이다. 하지만 예상할 수 있듯이, 전혀 다른 형태로 볼 것이다. 한계는 여전히 근원적으로 나 자신을 통하여 정립된 그 한계이지만, 지금 그 한계는 더 이상 단지 나의 한계로서가 아니라 또한 사물의 한계로서 나타난다. 사물은 나의 근원적 행위를 통하여 나 자신에서 거둬진 만큼의 실재성만 획득한다. 그러나 나가 자기에게 그렇게 보이듯이, 사물도 나에게 나의 기여 없이 제한된 놈으로 보인다. 반면에 이 결과를 다시 우리의 출발점과 연결하자면, 여기에서 관념적 활동성은 한계 너머로 나감을 통하여 단박에 제한되고, 그런 놈으로서 직관된다.

이제 저 [나의 근원적] 행위를 통하여

c) 한계가 어떻게 규정되는지 쉽게 추론할 수 있다. 한계는 나에게 한계인 동시에 사물에게 한계이므로, 한계의 근거는 나에도 사물에도 있을 수 없다. 만일 그 근거가 나에 놓인다면, 나의 활동성은 수동성을 통하여 제한되지 않을 테고, 만일 그 근거가 사물에 놓인다면 나의 수동성은 활동성을 통하여 제한되지 않을 테니까 말이다. 간단히 말해서 언급한 두 경우에 나의 근원적 행위는 나의 근원적 행위가 아닐 테니까 말이다. 이렇게 한계의 근거는 나에도 사물에도 없으므로, 도무지 어디에도 없다. 한계는 단적으로 있으니까 있고, 그러하니까 그러하다. 따라서 한계는 나와 관련해서나 사물과 관련해서나 단적으로 우연적인 한계로 보인다. 요컨대 나에게나 사물에게나 단적으로 우연적인 놈이 직관 속에서 한계이다. 더 자세한 규정이나 분석은 여기에서는 아직 불가능하고, 나중에야 비로소 이루어질 수 있다.

5. 나와 사물자체를 서로 맞선 놈들로 뒤에 남기는 떠돎은 지속될 수 없다. 왜냐하면 이 대상[떠돎]을 통해 나 자체에(둘 사이에서 떠도는 놈에) 모순이 정립되었기 때문이다. 그러나 나는 절대적 동일성이다. 따라서 나=나가 확실한 만큼 확실하게 제3의 활동성이 비자의적으로 또한 필연적으로 발생한다. 그 세 번째 활동성은 서로 맞선 두 놈을 정립하되 상대적인 균형을 이루도록 정립한다. †

95 [145-146]

나의 모든 활동성은 나 자신 속의 모순에서 나온다. 나는 절대적 동일성이므로, 나 속의 이중성 외에 다른 것을 활동성으로의 규정 근거로서 필요로 하지 않는다. 모든 정신적 활동성의 지속은 그 모순의 지속에, 즉 그 모순의 끊임없는 재발생에 달려 있다.

여기에서 모순은 나와 나 바깥의 무언가 사이의 맞섬으로 나타나지만, 사실 그 모순은 파생된 의미에서 관념적 활동성과 실재적 활동성 사이의 모순이다. 내가 근원적 제한성 속에서 자기를 직관하려면 (감각하려면) 나는 또한 동시에 제한성 너머로 나아가야 한다. 한정성, 필연성, 강제, 이 모든 것은 오로지 한정되지 않은 활동성과의 맞섬에서 느껴진다. 또한 허구적인 놈이 없으면 실재적인 놈도 없다. ─ 이미 감각과 함께 나 속에 모순이 정립된다. 나는 제한되었으며 또한 동시에 차단 너머로 나아간다.

이 모순은 거둬질 수 없지만, 또한 지속될 수도 없다. 따라서 이 모순은 세 번째 활동성을 통해 통일될 수밖에 없다.

이 세 번째 활동성은 일단 직관하는 활동성이다. 왜냐하면 여기에서 제한되는 놈으로 생각되는 것은 관념적 나이기 때문이다.

그러나 이 직관하기는 직관하기를 직관하기이다. 왜냐하면 감각하기를 직관하기이기 때문이다. ─ 감각하기는 이미 직관하기이다. 다만 첫 번째 역량〔등급〕[12]의 직관하기일 뿐이다.(그래서 모든 감각의 단순성과 감각에 대한 정의의 불가능성이 생긴다. 왜냐하면 모든 정의는 종합적이기 때문이다.) 따라서 지금 도출된 직관하기는 두 번째 역량의 직관하기, 다시 말해 생산적 직관하기이다. †

## C. 생산적 직관에 대한 이론

**| 예비 고찰**

데카르트는 물리학자로서 이렇게 말했다. "내게 물질과 운동을 다오. 그러면 나는 그것을 가지고서 너희에게 온 우주를 만들어 주겠다." 초월철학자는 이렇게 말한다. "내게 서로 맞선 두 활동성으로 된 본성〔자연〕Natur을 다오. 이때 한 활동성은 무한으로 나아가야 하고, 다른 활동성은 그 무한에서 자기를 직관하려 해야 한다. 그러면 나는 그것을 가지고서 너희에게 이성Intelligenz과 이성의 표상체계 전체를 발생시켜 주겠다." 다른 모든 학문은 이성을 완성물로서 전제하지만, 철학은 이성을 됨의 과정으로 고찰하며, 이성이 철학자의 눈앞에서 말하자면 발생하도록 만든다.

나는 이성과 이성의 모든 규정들을 떠받치는 근거[기반]일 뿐이다. 근원적 자기의식 활동이 설명해 주는 것은 단지 어떻게 나가 객관적 활동성의 측면에서, 즉 근원적인 추구에서 한정되는가 뿐이다. 근원적 자기의식 활동은 어떻게 나가 주관적 활동성에서, 즉 앎에서 한정되는가는 설명해주지 않는다. 근원적 한계를 관념적 활동성 속으로 옮겨 놓는 것은 생산적 직관이다. 생산적 직관은 나가 이성으로 나아가는 첫걸음이다.

우리는 나의 전체적 메커니즘으로부터 생산적 직관의 필연성을 체계적으로 연역했다. 그러나 그 필연성은 무릇 앎의 일반적 조건으로서 앎의 개념으로부터 단박에 도출할 수도 있다. 왜냐하면 모든 앎은 단박 인식으로부터 실재성을 빌려 오고, 단박 인식은 오로지 직관에서만 만날 수 있기 때문이다. 반면에 개념은 단지 실재의 그림자이며 재생산 능력인 지성Verstand을 통해 만들어진다. 이때 지성은 더 높은 능력을 전제하고, 그 더 높은 능력은 자기 바깥에 원본을 두지 않고 자기에게서 나온 근원적인 힘으로 생산한다. 따라서 부적절한 관념론, 즉 모든 앎을 허울Schein로 탈바꿈시키는 체계는, 우리 인식 속의 모든 단박을 거두는 관념론일 것이 틀림없다. 그런 관념론은 예컨대 표상에 대해 독립적인 원본들을 우리 바깥에 놓음으로써 우리 인식 속의 모든 단박을 거둔다. 반면에 사물의 기원을 정신의 활동성에서 찾되 관념적인 동시에 실재적인 활동성에서 찾는 체계는 가장 완전한 관념론이며 바로 그렇기 때문에 가장 완전한 실재론일 것이 틀림없다. † 다시 말해 완전한 실재론이 사물을 그 자체로 또한 단박에 인식하는 실재론이라면, 그런 실재론은 사물에서 오직 사물의 고유한 실재성, 사물 고유의 활동성을 통하여 한정된 실재성만 주목하는 그런 본성 안에서만 가능하다. 그런 본성은 사물 속에 사는 영혼inwchnende Seele der Dinge으로서 사물을 마치 자신의 단박 유기체Organismus인 것처럼 뚫고 들어갈 것이며, 거장이 자신의 작품을 가장 완전하게 인식하는 것과 마찬가지로 사물의 내적 메커니즘을 근원적으로 꿰뚫어 볼 것이다.

다른 한편, 우리의 직관에 충격Anstoß이나 누름Eindruck을 통하여 덧붙은 무언가가 있다는 가정에서 출발하여 감각적sinnlich 직관의 명증Evidenz을 설명하는 시도를 해볼 수도 있을 것이다. 그러나 무엇보다 먼저 지적할 것은, 표상하는 놈에 가해진 충격을 통해서는 <u>대상 자체</u>가 아니라 대상의 작용만 표상하는 놈 속으로 이행한다는 점이다. 그런데 직관에서는 단지 대상의 작용이 아니라 대상 자체가 단박에 현전한다gegenwärtig. 그렇다면 어떻게 인상〔누름〕에 대상이 덧붙는가를 예컨대 추론을 통해 설명하는 시도를 해볼 수도 있을 것이다. 그러나 그럴 수 있으려면, 직관 속에 추론이나 개념을 통한 거치기〔매개〕(예컨대 인과 개념을 통한 거치기)에 해당할 만한 것이 등장해야 할 테고, 직관할 때 우리 앞에 있는 것은 대상 자체가 아니라 한낱 삼단추론Syllogismus의 산물이어야 할 텐데, 이는 부조리하다. 혹은 대상이 감각에 덧붙음을, 외적인 충격Impuls을 통해 움직여지는 생산 능력을 가지고 설명할 수도 있을 것이다. 그러나 그렇게 하면, 누름의 출처인 외부 대상이 나 속으로 단박에 이행하는 것을 결코 설명할 수 없을 것이다. 왜냐하면 그런 설명이 가능하려면, 영혼을 완전히 소유하고 말하자면 관통할 수 있는 힘으로부터 누름이나 충격을 도출할 수밖에 없을 테니까 말이다. 그러므로 가장 일관된 독단론의 행보는 여전히, 외부 사물에 대한 표상의 기원을 신비로 처리하는 행보, 그 기원에 대해서는 더 이상의 설명을 아예 불가능하게 만드는 계시〔드러남〕Offenbarung 따위를 언급하거나, † 외부 객체의 누름에서 표상과 같은 매우 낯선 놈이 발생하는 불가사의한 일을 신성神性Gottheit(가장 일관된 독단론에 따르면 우리 인식의 유일한 단박 객체는 신성이다)처럼 불가능한 것도 가능케 하는 어떤 힘을 통하여 설명하는 행보이다.

철학과 같은 학문에서는 어떤 전제도 유효할 수 없다는 점, 오히려 그런 학문에서는 다른 곳에서 가장 평범하고 통상적으로 쓰이는 개념들이 가장 먼저 연역될 필요가 있다는 점을 독단론자들은 전혀 깨닫지 못한 것으로 보인다. 예컨대 외부에서 유래한 것과 내면에서 유래한 것의 구분은 의심의 여지없이 정당화와 설명을 필요로 한다. 그러나 그 구분을 설명함으로써 나는 그 분리가 <u>아직 없으며</u> 내면세계와 외부세계가 통합되어있는 의식 영역을 정립한다. 모든 것을 증명하고 도출하는 것을 법칙으로 삼는 철학은 말하자면 원하지 않아도 자신의 귀결만을 통하여 [일관적이기만 하다면] 명백히 관념론이 된다.

  위에서 언급한 외적인 작용의 유형과 방식을 서술하거나 설명한 독단론자는 아직 아무도 없다. 자그마치 앎의 실재성 전체를 좌우하는 이론이라면 반드시 그런 작업을 하리라고 기대하는 것이 마땅함에도 불구하고 말이다. 물질이 점진적으로 승화Sublimation하여 정신에 도달한다고 말하는 이론도 그런 결함을 지녔다고 보아야 할 것이다. 이 이론은 한 가지 점을 망각하는데, 그것은 정신이 영원한 섬이라는 점이다. 물질에서 출발하여 아무리 많은 우회로를 거친다 해도 도약이 없으면 그 섬에 도달할 수 없다.

  서술과 설명에 대한 요구에 맞서 절대적 파악불가능성을 구실로 삼는 전략은 오래 유지될 수 없다. 왜냐하면 저 메커니즘을 파악하려는 충동Trieb은 항상 다시 발생하기 때문이다. 또 모든 것을 증명한다고 자부하는 철학이 저 메커니즘을 정말로 발견했다고 주장한다면, 거기에 반발하려는 사람은 그 철학의 설명에서 파악불가능한 것을 찾아내야 할 것이다. 그러나 그 철학에서 파악불가능한 모든 것은 보통의 입장에서 볼 때만 생겨난다. 그리고 그 철학에서 모든 이해의 첫 번째 조건은 그 보통의 입장을 버리는 것이다.† 정신의 모든 활동 가운데 어디에도 무의식은 없고 의식 영역 외에 다른 영역은 없다고 여기는 사람은 어떻게 예술가가 자신의 작품 속에서 자기를 잃어버릴 수 있는지 이해할 수 없을 것이며 또한 마찬가지로 어떻게 이성이 자신의 산물 속에서 자기를 망각할 수 있는지 이해할 수 없을 것이다. 그런 사람에게는 오로지 보통의 도덕적 산출Hervorbringen만 존재하고 어디에도 필연성과 자유의 통일을 동반한 생산 Produzieren은 존재하지 않는다.

모든 생산적 직관은 영원한 모순에서 나오고, 그 모순은 오로지 자기동일성으로의 회귀를 추구하는 이성에게 끝없는 활동을 강제한다는 점, 또 그 모순은 산출하는 자연이 외견상 속박된 것과 마찬가지로 이성의 생산방식을 속박하고 구속한다는 점은 앞에서 이미 부분적으로 도출되었으며, [생산적] 직관에 대한 이론 전체를 통하여 더 분명하게 정립될 것이다.

직관이라는 단어가 지닌 문제 때문에 다음의 언급을 할 필요가 있다. 직관의 개념에는 절대로 어떤 감각적인 놈도 섞여서는 안 된다. 예컨대 오로지 보기Sehen만 직관하기라고 생각하면 안 된다. 물론 언어적으로는 보기만 직관하기와 어울리며, 이에 대해서 매우 깊은 근거를 댈 수 있지만 말이다. 어리석은 무리들은 광선光線을 통해 보기를 설명한다. 하지만 도대체 광선이 무엇인가? 광선 자체는 이미 보기이다. 더구나 광선은 근원적인 보기, 직관하기 자체이다.

생산적 직관에 대한 이론 전체는 이미 도출되고 증명된 다음의 문장을 출발점으로 삼는다. 한계 너머로 나간 활동성과 한계 안에 억제된 활동성이 서로 관련을 맺음으로써, 두 활동성은 서로 맞선 놈으로 고정된다. 한계 너머로 나간 활동성은 사물자체로, 한계 안에 억제된 활동성은 나 자체로 고정된다.

곧바로 이런 질문이 제기될 수 있다. 단적으로 제한 불가능한 놈으로 정립된 관념적 활동성이 도대체 어떻게 고정되고 따라서 또한 제한될 수 있는가? 대답은 이러하다. 그 활동성은 직관하는 활동성으로서 혹은 나의 활동성으로서 제한되는 게 아니다. 왜냐하면 그 활동성은 제한됨으로써 나의 활동성이기를 그치고 사물자체로 탈바꿈하기 때문이다. 이 직관하는 활동성은 이제 직관되는 놈이며 따라서 더 이상 직관하는 놈이 아니다. † 그런데 제한 불가능한 것은 오로지 직관하는 놈으로서의 직관하는 놈뿐이다.

그놈[사물자체로 탈바꿈하여 이제 직관되는 놈] 대신에 등장한 직관하는 활동성은 생산에 몰입한 활동성이며 바로 그렇기 때문에 또한 실재적 활동성이다. 이 활동성, 즉 생산에 속박된 관념적 활동성은 직관하는 활동성으로서 여전히 제한 불가능하다. 왜냐하면 그 활동성은 비록 생산적 직관 속에서 함께 제한되지만 단지 그 단계에서만 제한되기 때문이다. 반면에 실재적 활동성은 지속적으로 제한된다. 이제 예컨대 이성의 모든 생산은 제한 불가능한 관념적 활동성과 억제된 실재적 활동성 사이의 모순에서 비롯된다는 점이 증명된다면, 이성의 생산은 그 모순 자체와 똑같이 무한하게 될 것이며 또한 관념적 활동성이 생산 속에서 함께 제한되는 것과 동시에 생산에 전진 원리progressives Prinzip가 정립될 것이다. 모든 생산은 매 단계에서 유한한 생산이지만, 그 생산을 통해 생겨난 놈은 새로운 모순의 조건이 되고, 그 새로운 모순은 새로운 생산으로 이행할 것이다. 그리고 이런 과정은 의심의 여지없이 무한히 계속될 것이다.

    나 속에 모든 한계를 넘어가는 활동성이 없다면, 나는 결코 자기의 첫 번째 생산 바깥으로 나서지 않을 것이며 따라서 이를테면 나 바깥에서 직관하는 놈에게는[직관하는 놈이 보기에는] 생산하는 놈이면서 자신의 생산 속에 제한되겠지만 나 자신에게는 그렇지 않을 것이다. 나는 자기가 보기에 감각하는 놈이 되기 위하여 근원적으로 감각되는 놈 너머로 나아가야 한다. 이와 마찬가지로 나는 자기가 보기에 생산하는 놈이 되기 위해 모든 산물 너머로 나아가야 한다. 그러므로 우리는 생산적 직관에서도 감각에서와 똑같이 모순에 휘말릴 것이며, 생산적 직관도 감각에서의 단순한 직관과 마찬가지로 그 똑같은 모순을 통하여 우리가 보기에 한 등급[역량] 상승할 것이다.

    이 모순이 영원할 수밖에 없다는 점은 다음과 같이 아주 간단하게 증명할 수 있다.

    나 속에는 제한 불가능한 활동성이 있다. 그런데 이 활동성이 나로서의 나 속에 있으려면, 나가 그 활동성을 자기의 활동성으로 정립해야 한다. 그러나 나가 그 활동성을 자기의 활동성으로 직관하려면, 자기를 그 무한한 활동성의

101 [155-156] 주체 혹은 바탕으로 여기면서 그 활동성 자체로부터 구분해야 한다.† 그런데 바로 이렇게 함으로써 새로운 이중성, 유한과 무한 사이의 모순이 발생한다. 저 무한한 활동성의 주체로서 나는 역동적으로(잠재적으로potentia) 무한한 반면, 그 활동성 자체는 나의 활동성으로 정립됨으로써 유한해진다. 그러나 그 활동성은 유한해짐으로써 새롭게 한계 너머로 뻗어 나가고, 그렇게 뻗어 나감으로써 다시 제한된다. — 이 같은 제한과 뻗어 나감의 번갈이Wechsel는 무한히 계속된다.

이런 식으로 이성으로 격상한 나는 끊임없는 확장과 수축의 상태에 처하는데, 바로 이 상태가 형성Bilden과 생산의 상태이다. 따라서 저 번갈이를 일으키는 활동성은 생산하는 활동성으로 나타날 수밖에 없다.

### 1. 생산적 직관의 연역[13]

1. 우리는 우리의 객체가 서로 맞선 놈들 사이에서 떠도는 상태에 있는 것까지 보았다. 그 맞선 놈들은 그 자체로는 전혀 통일 불가능하며, 만일 그 놈들이 통일 가능하다면, 오로지 나의 통일 추구를 통해서만 통일 가능하다. 나는 그 맞선 놈들에게 존립과 상호관련을 제공하는 유일한 근거이다.

그 두 맞선 놈들은 오직 나의 행위를 통해 건드려지고, 그런 한에서 나의 산물이다. 사물자체도 그렇고 여기에서 처음으로 자신의 산물로 등장한 나도 그렇고, 둘 다 나의 산물이다. — 그러므로 그 둘을 산물로 지닌 나는 이성으로 격상한다. 사물자체가 나 바깥에 있다고, 다시 말해 두 맞선 놈들이 별개의 영역에 있다고 생각할 수도 있을 것이다. 그러나 그렇게 하면 그놈들의 통일은 단적으로 불가능해질 것이다. 그놈들은 그 자체로는 통일 불가능하니까 말이다. 따라서 그놈들을 통일하려면 그놈들을 통합하는 더 높은 무언가가 필요할 것이다. 이때 그 더 높은 무언가는 더 높은 역량의 나, 즉 이성으로 격상한 나이다.

이제부터의 논의는 항상 이성으로 격상한 나에 대한 것이다.† 자기 바깥에 사 102 [156-158]
물자체를 둔 나는 단지 객관적 혹은 실재적 나이며, 자기 안에 사물자체를 둔
나는 관념적인 동시에 실재적인 나, 즉 이성적인 나이다.

  2. 위에서 말한 두 맞선 놈들은 오직 나의 행위를 통해 함께 유지된다. 그
러나 나는 그 행위를 할 때 자기를 직관하지 못하며, 따라서 그 행위는 의식 속
에서 말하자면 가라앉고 오직 맞섬만 맞섬으로서 의식에 남는다. 그러나 그 맞
선 놈들을 떼어 놓고(맞서게 놓고) 바로 그럼으로써 통일하는 제3의 활동성이
없었다면, 맞섬은 맞섬으로서 의식에 남지 못했을 것이다(맞선 놈들은 서로를
없애 버렸을 것이다).

  그 맞섬이 그런 맞섬으로서 의식에 들어오는 것, 혹은 두 맞선 놈들이 절
대적으로 맞선 놈들로서 의식에 들어오는 것은 생산적 직관의 조건이다. 그러
나 이 사정을 설명하는 것은 어려운 일이다. 왜냐하면 저 맞섬을 비롯하여 나
속에 들어오는 모든 것은 나의 행위를 통해 들어오기 때문이다. 그런데 저 맞섬
이 나의 행위를 통해 정립된다면, 바로 그런 까닭에 저 맞섬은 절대적이기를 그
친다. 이 어려움은 오로지 다음과 같이 해결할 수 있다. 저 〔맞서게 놓는〕 행위
자체가 의식에서 사라져야 한다. 그러면 맞선 두 놈(나와 사물자체)이 그 자체
로는(자기를 통해서는) 통일 불가능하게 남을 테니까 말이다. 요컨대 저 근원적
행위에서 그 맞선 놈들은 오로지 나의 행위를 통해(그 자체를 통해서가 아니라)
함께 유지된다. 그 행위는 단지 그놈들이 의식에 들어오게 만드는 역할을 했고,
이 역할을 한 다음에는 의식에서 사라진다.

  저 맞섬이 그런 맞섬으로서 의식에 남는 것을 통하여 의식은 큰 터전Feld
을 얻는다. 왜냐하면 이제 그 맞섬을 통하여 의식의 동일성은 관찰자뿐 아니라
나 자신이 보기에도 단적으로 거둬지고, 따라서 나는 우리가 처음부터 취했던
관찰자의 입장에 도달하기 때문이다. 물론 이 입장에서 나는 많은 것들을 우리
가 본 것과 다르게 볼 수밖에 없다. 우리는 근원적으로 나를 맞선 활동성들의

103 [158-160] 싸움으로 보았다.† 그러나 나는 그 싸움을 모르는 채, 비자의적으로 또한 맹목적으로 그 싸움을 말하자면 공동의 구성 속에서 통일해야 했다. 나의 제한 불가능한 관념적 활동성은 그 구성에 함께 몰입했고, 따라서 그 구성으로부터 오직 실재적 활동성만 제한된 채 남을 수 있었다. 그러나 현 단계에서는, 저 싸움이 나 자신에게 객체가 되므로, 그 싸움은 자기를 직관하는 나가 보기에 나(객관적 활동성으로서)와 사물자체의 맞섬으로 탈바꿈했다. 따라서 이제 (나가 이성으로 승격함으로써, 혹은 저 싸움이 나에게 다시 객체가 됨으로써) 직관하는 활동성은 분쟁 바깥에 있고, 그러므로 이제 나 자신이 보기에 저 맞섬은 공동의 구성 속에서 거둬질 수 있게 된다. 여기에서 또한 왜 철학자에게는 전혀 그렇지 않음에도 불구하고 나 자신에게는 근원적인 맞섬이 나와 사물자체의 맞섬인지도 명백히 알 수 있다.

3. 그 자체로 통일 불가능한 놈들의 맞섬은 오로지 나가 그 맞섬을 그런 맞섬으로서 직관하는 한에서 나 속에 정립되며, 우리는 방금 그 직관을 도출했다. 그러나 지금까지는 그 직관의 한 부분만 고찰했다. 잘 생각해보면, 나는 본질적으로 근원적 동일성이기 때문에, 그 맞섬 안에서 다시 동일성을 산출하고 그럼으로써 나와 사물 사이의 상호관련맺음을 산출하지 않는다면, 그 맞섬을 직관할 수 없다. 그런데 그 맞섬에서 사물은 오직 활동성으로서만 등장한다. 물론 나에 맞선 활동성으로서이지만 말이다. 그 활동성은 나의 행위를 통해 고정되는 게 사실이지만, 활동성으로서 고정될 뿐이다. 따라서 지금까지 도출된 바로는, 사물은 여전히 활동적인 놈이며 아직 수동적이고 비활동적인 현상이 아니다. 우리가 수동적이고 비활동적인 놈에 도달하려면, 우리는 다시금 객체 자체에 맞섬을 집어넣고 따라서 균형을 집어넣어야 한다. 사물자체는 순수 관념적 활동성이며, 거기에서는 나의 실재적 활동성에 대한 맞섬 외에 아무것도 인식할 수 있는 게 없다. 사물과 마찬가지로 나도 단지 활동성이다.

이 맞선 활동성들은 각자 흩어질 수 없다. 왜냐하면 그 활동성들은 일찍

이 공통의 한계를 통하여 접촉점으로서 통일되었기 때문이다.† 그러나 또한 단박에 제3의 연합Gemeinschaftliches으로 환원되지 않으면 공존할 수도 없다. 그런 환원이 일어나야 비로소 활동성_으로서의_ 그것들은 거둬진다. 이때 그것들로부터 발생하는 제3의 것은 나일 수도 사물자체일 수도 없고, 오로지 이 둘 사이의 중간에 위치한 산물일 수밖에 없다. 따라서 이 산물은 사물자체로서, 혹은 활동적인 사물로서 직관에 등장하는 게 아니라 단지 그런 사물의 현상〔나타남〕Erscheinung으로서 등장할 것이다. 그러므로 사물은 우리 속의 겪음에 대한 원인이고 활동적인 한에서 직관의 단계Moment 저편Jenseits에 놓인다. 다시 말해 생산적 직관을 통해 의식에서 밀려난다. 생산적 직관은 사물과 나 사이에서 떠돌면서, 그 둘 사이의 중간에 위치하며 그 둘의 공동 표현Ausdruck인 어떤 것(이 어떤 것은 그 둘을 떼어 놓는다)을 산출한다.

　　이 제3의 것은 감각적 직관의 객체이다. 하지만 이 점을 나 자신은 보지 못하고 우리만 본다. 또 이 점은 우리에게도 아직 증명되지 않았으며, 이제부터 증명되어야 한다.

　　그 증명은 오로지 다음과 같을 수밖에 없다. 산물 안에는 생산하는 활동성 안에 있는 것만 있으며, 종합을 통해 들어간 것은 분석을 통해 다시 풀려나와야 한다. 따라서 그 산물에〔위의 제3의 것에〕저 두 활동성의 흔적이, 즉 나의 활동성과 사물의 활동성의 흔적이 나타나야 한다.

　　그 산물에 있는 저 두 활동성의 흔적이 무엇인지 알기 위하여 우리는 먼저 무엇을 통해 그 활동성들을 구분할 수 있는지 알아야 한다.

　　한 활동성은 나의 활동성이며 근원적으로는 즉 제한되기 이전에는(지금 나 자신에게 설명되어야 하는 것이 바로 이 제한됨이다) 무한하다. 다른 한편, 나에 맞선 활동성을 유한하게 정립할 근거도 없다. 오히려 나의 활동성이 무한한 게 확실한 만큼, 그에 맞선 사물의 활동성도 무한해야 한다.

　　그러나 서로 맞서며 서로의 바깥에 있는 두 활동성은, 만일 둘 다 긍정적 본성을 가졌다면, 결코 무한한 놈들로 생각될 수 없다. 똑같이 긍정적인 활동성들 사이에는 <u>상대적</u> 맞섬만, 즉 단지 방향의 맞섬만 가능하니까 말이다. †

— 예컨대 동일한 물체에 똑같은 두 힘 A와 A가 맞선 방향으로 작용한다고 해 보자. 그러면 일단 그 두 힘은 긍정적이어서 서로 결합하면 두 배의 힘이 생긴다. 따라서 그것들은 근원적으로 혹은 절대적으로 맞선 게 아니라 단지 그것들의 물체에 대한 관계를 통해서 맞선다. 이 관계에서 빠져나오면 그것들은 다시 긍정적이게 된다. 또한 두 힘 중 어느 것이 긍정적으로 또는 부정적으로 정립되는지는 전혀 중요치 않다. 궁극적으로 두 힘은 오로지 그것들의 서로 맞선 방향을 통해서만 구분 가능하다. —

그러므로 만일 나의 활동성과 사물의 활동성이 둘 다 긍정적이라면, 따라서 상대적으로만 맞선다면, 그 두 활동성 역시 오직 그것들의 방향을 통해서만 구분되어야 할 것이다. 그런데 그 두 활동성은 무한하게 정립되었고, 무한한 놈에는 방향이 단적으로 없다. 따라서 그 두 활동성은 더 높으면서 단지 상대적인 맞섬을 통하여 구분 가능해야 한다. 둘 중 한 활동성은 단지 상대적으로가 아니라 절대적으로 다른 활동성의 부정이어야 할 것이다. 어떻게 이런 일이 가능한지는 아직 증명되지 않았다. 다만 이러해야 한다고 주장할 뿐이다.

— 단지 상대적으로 맞선 위의 두 힘 대신에 한 힘=A와 다른 힘=−A를 놓는다면, −A는 근원적으로 부정적이고 A에 절대적으로 맞선다. 이 둘을 결합하면, 위에서처럼 두 배의 힘이 발생하지 않는다. 이 결합의 표현은 'A+(−A)=A−A'이다. 여담이지만 이로부터 왜 수학은 절대적 맞섬과 상대적 맞섬의 구분을 고려할 필요가 없는지 알 수 있다. 왜냐하면 계산에서는 상대적 맞섬을 표현하는 식 a−a와 절대적 맞섬을 표현하는 식 'a+(−a)'가 완전히 같은 뜻이기 때문이다. 그러나 나중에 명백히 드러나겠지만, 그렇기 때문에 더더욱 철학과 물리학에서는 이 구분이 중요하다. A와 −A는 단지 맞선 방향을 통해서 구분 가능한 게 아니다. 왜냐하면 그 둘 중 하나는 단지 이 관계 속에서

만 부정적인 게 아니라 절대적으로 또한 본성적으로 부정적이기 때문이다. — † 106 [163-165]

이를 지금 우리가 다루는 사례에 적용하면, 나 자체의 활동성은 긍정적이며 모든 긍정성의 근거이다. 왜냐하면 그것은 추구Streben로, 자기를 무한히 확장하기로 특징지어졌기 때문이다. 따라서 사물자체의 활동성은 절대적으로 또 본성에 따라 부정적이어야 할 것이다. 나 자체의 활동성이 무한을 채우려는 추구라면, 반대로 사물자체의 활동성은 다만 나 자체의 활동성을 한정하는 활동성으로 생각될 수밖에 없을 것이다. 사물자체의 활동성 자체는 그 자체로 자기에게 실재적이지 않을 것이며 오로지 다른 활동성에 맞섬을 통하여, 다른 활동성의 작용에 대한 끊임없는 한정을 통하여 자신의 실재성을 증명할 수밖에 없을 것이다.

또한 실제로 그러하다. 현재의 입장에서 우리에게 사물자체의 활동성으로 나타나는 것은 나가 자기에게로 돌아가는 관념적 활동성에 다름 아니며, 이 활동성은 오로지 다른 활동성에 대한 부정으로만 표상될 수 있다. 객관적 혹은 실재적 활동성은 자기에 대하여〔독자적으로〕 존립하며 직관하는 활동성이 없어도 존재하지만, 직관하는 혹은 한정하는 활동성은 직관될 혹은 한정될 활동성이 없으면 아무것도 아니다.

거꾸로, 두 활동성이 <u>절대적으로</u> 맞선다는 것으로부터 그것들이 <u>동일한 주체</u> 속에 정립되어야 한다는 것이 귀결된다. 오직 맞선 두 활동성이 동일한 주체의 활동성일 때만, 한 활동성이 다른 활동성에 절대적으로 맞설 수 있으니까 말이다.

— 예컨대 땅에서 나오는 힘 A를 통하여〔땅에 튕겨〕 공중으로 올라간 물체를 생각해 보자. 그 물체는 중력의 연속적인 작용 때문에 직선을 끊임없이 벗어나 땅으로 복귀할 것이다. 이 상황을 두 가지 방식으로 생각할 수 있다. 먼저 중력이 충돌을 통해 작용한다고 생각한다면, A와 그에 맞선 방향으로 향하는 중력의 추진력 B는 둘 다 긍정적 힘이며 단지 상대적으로만 맞선다. 따라서 A

와 B 둘 중에서 어느 것을 부정적인 힘으로 상정할 것인가는 완전히 자의적이다. 반대로 중력의 원인이 힘 A가 나오는 점 외에는 전혀 없다고 상정한다면, 두 힘 A와 B는 공동 원천을 가질 것이고, 그렇다면 그 원천에서 즉시 다음을 확인할 수 있다. † 두 힘 가운데 하나는 필연적으로 또한 근원적으로 부정적이며, 만일 긍정적인 힘인 A가 접촉할 때 작용한다면, 부정적인 힘은 멀리 떨어져서도 작용해야 한다. 첫 번째 경우는 단지 상대적인 맞섬의 예이고, 두 번째 경우는 절대적인 맞섬의 예이다. 두 경우 중 어느 것을 취하는가는 계산에서는 당연히 아무 상관이 없지만, 자연학Naturlehre에서는 그렇지 않다. —

그러므로 만일 위의 두 활동성이 동일한 주체(나)를 가진다면, 당연히 절대적으로 맞설 수밖에 없다. 또 거꾸로, 만일 두 활동성이 절대적으로 맞선다면, 그것들은 동일한 주체를 가진다.

다른 한편 두 활동성이 별개의 주체들에 분배되어 있을 수도 있고, 지금 우리가 논하는 예에서는 그게 맞는 것처럼 보일 수도 있을 것이다. 지금 한 활동성은 나의 활동성으로, 다른 활동성은 사물의 활동성으로 정립되었으므로, 나의 무한으로 가는 경향은 반대방향으로 향하는 (사물자체의) 활동성을 통하여 한정될 수 있을 것 같으니까 말이다. 그런데 그러려면 사물자체가 나 바깥에 있어야 한다. 그러나 사물자체는 다만 실재적 (실천적) 나 바깥에 있다. 두 활동성은 직관의 마법魔法을 통하여 통일되었고, 동일한 주체(이성) 속에 정립된 놈들로서 상대적으로가 아니라 절대적으로 맞선 활동성들이다.

4. 이제 직관의 조건인 맞선 활동성들이 더 정확히 규정되었고, 방향에 의존하지 않는 특징들이 그 활동성들에서 발견되었다. 둘 중 하나인 나의 활동성은 긍정적 본성에 의거하여 알 수 있고, 다른 하나는 오로지 긍정적 활동성을 제한하는 활동성으로 생각될 수 있다는 점에 의거하여 알 수 있다. 우리는 이제 이 규정들을 위에서 제기된 질문에 적용할 것이다.

두 활동성의 맞섬에서 유래하는 연합〔산물〕은 두 활동성의 흔적을 드러내야 한다. 또 우리는 두 활동성의 본성을 알고 있으므로, 그것들의 산물도 그 본성에 따라 특징지어져야 한다. †

108 [166-168]

그 산물은 맞선 활동성들의 산물이고, 오미 그런 까닭에 유한한 산물이어야 한다.

게다가 그 산물은 맞선 활동성들의 공동 산물이고, 따라서 한 활동성이 다른 활동성을 거둘 수 없으며, 두 활동성은 산물에서, 이를테면 동일한 활동성으로 등장하는 게 아니라, 있는 그대로, 즉 서로 균형을 이룬 <u>맞선</u> 활동성들로 등장해야 한다.

두 활동성이 균형을 이룬 한에서, 그 둘은 물론 활동성<u>이기를</u> 그치지 않지만 활동성<u>으로서 나타나지</u> 않을 것이다. — 다시 한 번 지렛대의 예를 상기해 보라. 지렛대가 균형을 유지하려면, 받침점으로부터 같은 거리만큼 떨어진 양 끝에 같은 무게가 놓여야 한다. 각각의 무게는 지렛대를 아래로 당기지만 효과는 발생하지 않는다(무게가 작용하지 않는 것처럼 보인다). 두 무게는 서로를 공동 효과로 한정한다. 직관에서도 사정이 이와 마찬가지다. 서로 균형을 이룬 활동성들은 활동성이기를 그치지 않는다. 균형은 두 활동성이 활동성으로서 맞선 한에서만 존재하니까 말이다. 다만 그 산물이 머무는 놈일 뿐이다. —

하지만 더 나아가 그 산물은 공동 산물이므로 거기에서 두 활동성의 흔적을 발견할 수 있어야 한다. 따라서 그 산물에서 맞선 두 활동성들이 구분될 것이다. 즉 단적으로 긍정적이며 무한으로 확장하는 경향을 가진 한 활동성과, 이에 절대적으로 맞선 놈으로서 절대적 유한을 향하고 바로 그렇기 때문에 긍정적 활동성을 제한하는 활동성으로서만 인식될 수 있는 다른 활동성이 구분될 것이다.

이 활동성들이 둘 다 무한할 수 있는 것은 오로지 그것들이 절대적으로 맞서기 때문이다. 그것들은 서로 맞선 의미에서단 무한하다. (보충설명을 위하여 수열의 무한성에서 서로 맞선 두 방향을 예로 들 수 있다. 우리는 유한한 양

=1을 무한히 증가시킬 수 있다. 그러면서 그 증가한 양에 대하여 항상 〔1을 그 제수로 나누면 그 양이 되는〕 제수를 발견할 수 있다. 그런데 그 양이 모든 차단을 넘어 증가했다면, 그 양은 1/0 즉 무한대이다. 다른 한편, 동일한 양을 무한히 나눔으로써 줄일 수도 있다.† 그런데 이때 제수가 모든 차단을 넘어 커졌다고 상정하면, 그 양은 1/∞ 즉 무한소이다.)

요컨대 한 활동성은, 만일 한정되지 않았다면, 긍정적 무한을 산출했을 테고, 다른 활동성은 같은 조건에서 부정적 무한을 산출했을 터이다.

따라서 공동 산물에서 두 활동성의 흔적이 발견되어야 한다. 이때 한 활동성은 차단이 없을 때 긍정적 무한을 산출할 것이고, 다른 활동성은 차단이 없을 때 부정적 무한을 산출할 것이다.

그러나 더 나아가 이 두 활동성은 <u>동일한 주체의</u> 활동성들일 때만 서로 <u>절대적으로</u> 맞설 수 있다. 따라서 그놈들은 그놈들의 <u>종합</u>인 제3의 활동성이 있어야만 동일한 산물 속에 통일되어 있을 수 있다. 그러므로 저 두 활동성의 흔적 외에 서로 맞선 그것들의 종합인 제3의 활동성의 흔적도 산물에 나타나야 한다.

이제 산물의 특성들이 완전히 도출되었으므로, 더 필요한 것은 우리가 물질이라고 부르는 놈이 이 특성들을 전부 가졌다는 것을 증명하는 일뿐이다.

### 2. 물질의 연역

1. 산물 속에서 균형을 이룬 두 활동성은 오직 고정되어 머무는 활동성으로서만, 즉 <u>힘</u>으로서만 나타날 수 있다.

그 힘들 중 하나는 본성상 긍정적이어서 만일 맞선 힘을 통하여 한정되지 않았다면 자기를 무한히 확장했을 것이다. ― 물질에 그런 무한 팽창력 Expansionskraft이 있다는 것에 대해서는 오직 초월적 증명만 이루어진다. 산물을 구성하는 두 활동성 중 하나가 본성상 무한으로 나아가는 것이 확실한 만큼 확실하게 산물의 한 요소는 무한 팽창력이어야 한다.

그런데 산물 속에 수축된 이 무한 팽창력은 혼자 내버려 두면 무한으로 확장할 것이다. † 그러므로 그 힘이 유한한 산물에 움츠러든 것은, 오로지 그에 맞선 부정적 억제적 힘을 통해서만 이해할 수 있다. 이 힘은 나의 제한하는 활동성에 대응하며, 무한 팽창력과 마찬가지로 공동 산물에서 확인되어야 한다.

110 [170-171]

그러므로 만일 나가 현 단계에서 자기의 구성을 반성할 수 있다면, 나는 그 구성을 서로 균형을 이룬 두 힘에서 비롯된 연합으로 볼 것이며, 그 힘들 중 하나는 독자적으로 있으면 무한대를 생산할 것인 반면, 다른 하나는 제한되지 않으면 산물을 무한소로 줄일 것이라는 점을 발견할 것이다. — 하지만 현 단계에서 나는 아직 반성하는 놈이 아니다.

2. 이제껏 우리는 두 활동성의 맞선 본성들과 그에 대응하는 힘들만 고찰했다. 그러나 그 힘들의 맞선 방향 역시 그 맞선 본성에 의존한다. 그러므로 우리는 이런 질문을 던질 수 있다. 어떻게 그 두 힘은 단지 방향을 통해서도 구분되는가? 이 질문은 우리를 산물에 대한 더 정확한 규정으로 이끌고 새로운 탐구로 가는 길을 열 것이다. 왜냐하면, 어떻게 동일한 점에서 발원하여 작용한다고 생각된 두 힘이 서로 맞선 방향으로 작용할 수 있는가 하는 질문은 의심의 여지없이 매우 중요하기 때문이다.

앞에서 두 활동성 중 하나는 근원적으로 긍정적 무한을 향해 나아간다고 상정되었다. 그런데 무한에는 방향이 없다. 왜냐하면 방향은 규정이요 규정은 부정이기 때문이다. 그러므로 긍정적 활동성은 산물에서 그 자체로 전혀 방향이 없는, 따라서 모든 방향으로 나아가는 활동성으로 나타나야 할 것이다. 그러나 다른 한편으로, 모든 방향으로 나아가는 그 활동성 역시 반성의 입장에서만 그런 활동성으로 구분될 것이라는 점도 지적해야 한다. 왜냐하면 생산의 단계에서 그 활동성은 그것의 방향과 도무지 구분되지 않으며, 어떻게 나 자신이 이 구분을 하는가를 설명하는 것은 또 다른 특수한 과제일 것이기 때문이다. 이제 질문은 이것이다. 긍정적 활동성에 맞선 활동성은 산물에서 어떤 방향을 통해 구분될까?† 일단 예상되는 것은, 긍정적 활동성이 <u>모든</u> 방향들을 자기 안에 통일하므로 그에 맞선 활동성은 한 방향만 가질 것이라는 점인데, 이는 엄밀하게 증명된다. — 방향의 개념 속에서는 팽창Expansivität의 개념도 생각된다. 팽창이 없으면 방향도 없다. 그런데 부정적 힘은 팽창력에 절대적으로 맞서므로, 모든 방향에 맞서 작용하는 힘으로 나타나야 하고, 따라서 만일 한정되지 않으면 산물에서 모든 방향에 대한 절대적 부정일 것이다. 그런데 모든 방향에 대한 부정은 절대적 한계, 한낱 점이다. 따라서 저 〔부정적〕 힘은 모든 팽창을 한낱 점으로 되돌리려 하는 힘으로 나타날 것이다. 그 점은 그 힘의 방향을 지시할 것이며, 그 힘은 그 점을 기준으로 삼을 때 오직 <u>하나의</u> 방향만 가질 것이다. 예컨대 팽창력이 공통의 중점 C에서 출발하여 모든 방향, 즉 CA, CB 등으로 작용한다면, 반대로 부정적 힘 또는 수축력은 그 모든 방향에서 출발하여 하나의 점 C로 거꾸로 작용할 것이다. — 하지만 긍정적 힘의 방향들에 대하여 언급했던 바는 이 방향에 대해서도 유효하다. 여기에서도 활동성과 방향은 절대적으로 하나이며, 나 자신은 그 둘을 구분하지 못한다.

긍정적 활동성과 부정적 활동성의 방향들이 그 활동성들 자체와 구분되지 않는 것과 마찬가지로, 그 방향들도 서로 구분되지 않는다. 나는 그 구분을 함으로써 비로소 공간으로서의 <u>공간</u>과 <u>시간</u>으로서의 시간을 구분하는데, 내가 어떻게 그 구분에 이르게 되는지는 나중에 탐구할 것이다.

3. 지금 두 힘〔긍정적 힘과 부정적 힘〕의 관계와 관련하여 우리에게 남은 가장 중요한 질문은 이것이다. 도대체 어떻게 동일한 주체 속에 방향이 맞선 활동성들이 통일되어 있을 수 있는가? 어떻게 <u>별개의</u> 점들에서 발원한 두 힘이 맞선 방향으로 작용할 수 있는지는 이해할 수 있다. 그러나 동일한 점에서 발원한 두 힘이 그럴 수 있다는 것은 쉽게 이해할 수 없다. 예컨대 긍정적 힘이 CA,

CB 등의 선들을 따라 작용한다면, 부정적 힘은 그에 맞선 방향으로, 즉 AC, BC 등의 방향으로 작용해야 할 것이다. † 이때 긍정적 힘이 A에서 제한되었다 112 [173-175] 고 하면, 부정적 힘은 점 A에 작용하기 위하여 먼저 C와 A 사이의 모든 중간점들을 거쳐야 할 텐데, 그렇다면 부정적 힘은 팽창력과 단적으로 구분 불가능할 것이다. 왜냐하면 [그 중간점들에서] 부정적 힘이 긍정적 힘과 동일한 방향으로 작용할 것이기 때문이다. 그러나 부정적 힘은 긍정적 힘에 맞선 방향으로 작용해야 한다. 따라서 방금 말한 바의 정반대가 옳을 것이다. 다시 말해 부정적 힘은 <u>단박에</u>, C와 A 사이의 개별 점들을 거치지 않고, 점 A에 작용하여 선 A[CA]를 제한할 것이다.

그러므로 팽창력은 연속적으로만 작용하는 반면, 수축력 혹은 지체력은 <u>단박에</u> 또는 <u>원격으로</u> 작용할 것이다.

따라서 두 힘의 관계는 이러할 것이다. 부정적 힘은 단박에 제한점에 작용하므로, 제한점들의 <u>안쪽에는</u> 오직 팽창력만 있는 반면, 그 점들 너머에서는 (동일한 점에서 발원함에도 불구하고) 팽창력에 맞선 방향으로 작용하는 수축력이 필연적으로 무한히 작용을 확장할 것이다.

왜냐하면 수축력은 <u>단박에</u> 작용하는 힘이고 그런 힘에게는 거리가 존재하지 않으므로, 수축력은 아무리 먼 곳이라 할지라도, 즉 무한까지 작용하는 힘으로 생각되어야 한다.

그러므로 두 힘의 관계는 이제 생산 저편에서 객관적 활동성과 주관적 활동성의 관계와 동일하다. — 한계 내부에 억제된 활동성과 한계 너머 무한으로 나아가는 활동성이 오직 생산적 직관의 요소들인 것과 마찬가지로, 공통 한계를 통해 나뉜 척력[팽창력]과 인력[수축력](척력은 한계점 내부에 억제되는 반면, 인력은 무한히 나아간다. 왜냐하면 인력이 척력과 공유한 한계는 인력에게 오로지 <u>척력과 관련해서만</u> 한계이기 때문이다)은 단지 물질의 구성을 위한 요소들이며, 구성하는 놈 자체가 아니다. †

113 [175-176]

구성하는 놈은 제3의 힘일 수밖에 없다. 그 제3의 힘은 위의 두 힘의 종합이어야 하며 직관에서 나의 종합적 활동성에 대응해야 한다. 우리는 앞에서 어떻게 동일한 주체 속에 두 활동성이 서로 절대적으로 맞선 놈들로 정립될 수 있는가를 오직 이 제3의 종합적 활동성 덕분에 이해할 수 있었다. 그러므로 객체에서 이 활동성에 대응하는 힘은 위의 단적으로 맞선 두 힘들을 동일한 주체 속에 정립하는 그런 힘일 것이다. 〔그런 힘은 중력이다.〕

— 칸트는 〈자연과학의 형이상학적 토대Metaphysische Anfangsgründe der Naturwissenschaft〉에서 인력을 관통하는 힘으로 칭하지만, 그 유일한 근거는 칸트가 인력을 이미 중력으로 (따라서 순수하지 않게) 고찰하는 것에 있다. 그래서 또한 그는 물질의 구성을 위해 단지 두 가지 힘만을 필요로 했다. 반면에 우리는 세 가지 힘을 필연적인 놈들로 연역했다. — 인력은 순수하게 즉 단지 구성의 요소로 생각하면 단박에 원격으로 작용하는 힘인 게 사실이지만 관통하는 힘은 아니다. 왜냐하면 아무것도 없는 곳에서는 아무것도 관통할 수 없기 때문이다. 인력은 중력 속에 수용됨으로써 비로소 관통하는 속성을 얻는다. 중력 자체는 인력과 동일하지 않다. 물론 인력은 필연적으로 중력에 들어 있어야 하지만 말이다. 또한 중력은 인력처럼 단순한 힘이 아니라, 우리의 연역에서 밝혀졌듯이 합성된 힘이다. —

중력, 곧 진정한 의미에서 생산적이고 창조적인 힘을 통하여 비로소 물질의 구성은 완성된다. 이제 우리에게 남은 일은 이 구성에서 주요 귀결들을 끌어내는 것뿐이다.

**귀결들**

초월적 탐구에 대하여 매우 정당하게 제기되는 한 가지 요구는 왜 물질은 필연적으로 3차원으로 펼쳐진 놈으로 직관되어야 하는지 설명하라는 것이다.† 우리가 아는 한, 이에 대한 설명은 이제껏 시도되지 않았다. 따라서 우리는 물질의 세 차원을 물질 구성에 들어가는 세 가지 근본 힘들로부터 단박에 연역하는 작업을 여기에 덧붙이는 것이 필연적이라고 여긴다.

위의 탐구에 따라 물질의 구성에서 다음의 세 단계를 구분해야 한다.

a) 첫 단계는, 맞선 두 힘이 동일한 점에 통일되어 있다고 생각되는 단계이다. 팽창력은 그 점에서 출발하여 모든 방향으로 작용할 수 있지만, 그 방향들은 오직 맞선 힘을 통하여 구분된다. 오직 그 맞선 힘이 한계점Grenzpunkt과 방향점Richtungspunkt을 준다. 그러나 이 방향들을 차원들과 혼동하지 말아야 한다. 왜냐하면 선은 어느 방향으로 그어졌든 간에 항상 한 개의 차원만, 즉 길이 차원만 갖기 때문이다. 부정적 힘은 그 자체로 방향이 없는 팽창력에 특정 방향을 준다. 그런데 앞에서 증명되었듯이, 부정적 힘은 매개적으로가 아니라 단박에 한계점에 작용한다. 따라서 부정적 힘이 두 힘의 공통 자리인 점 C에서 발원하여 단박에 선의 한계점(이 한계점은 일단 전혀 규정되지 않은 채 남을 수 있다)에 작용한다고 가정하면, 그 힘은 원격으로 작용하기 때문에 C에서부터 일정 거리까지는 부정적 힘과 관련한 그 어떤 것도 전혀 찾아볼 수 없고 오직 긍정적 힘만 지배할 것이다. 그러나 그 다음에는 〔C에서 점점 더 멀어지면〕 선 위의 어느 점 A에 도달할 것이고, 거기에서 두 힘들, 즉 긍정적 힘과 그에 맞선 방향으로 작용하는 부정적 힘은 서로 균형을 이룰 것이다. 따라서 그 점은 긍정적이지도 부정적이지도 않고 완전히 중립적일indifferent 것이다. 부정적 힘의 지배력은 그 점에서부터 증가하여 특정 점 B에서 으위에 도달할 것이며, 따라서 점 B에서는 부정적 힘만 지배적이고 그러므로 선은 거기에서 단적으로 제한될 것이다. 점 A는 두 힘의 공통 한계점인 반면, B는 선 전체의 한계점일 것이다.

† 방금 구성된 선에 있는 세 점, 즉 거기에서부터 A까지 오직 긍정적 힘만 지배하는 C와, 두 힘들의 균형점인 A, 그리고 오직 부정적 힘만 지배하는 곳인 B는 자석에서도 구분할 수 있는 점들이다.

그러므로 우리는 의도하지 않았지만, 물질의 첫 번째 차원인 길이와 함께 자기磁氣Magnetismus도 연역할 수 있고, 그로부터 여러 중요한 귀결들을 끌어낼 수 있지만, 이 책에서는 그 귀결들을 더 설명할 수 없다. 예컨대 이 연역에서 다음의 것들이 분명해졌다. 우리는 자기 현상에서 아직 구성의 첫 단계에 있는 물질, 즉 맞선 두 힘이 동일한 점에 통일되어 있는 단계의 물질을 본다. 따라서 자기는 개별 물질의 기능이 아니라 무릇 물질의 기능이며 따라서 물리학의 현실적인 범주이다. 위의 세 점들은 다른 물체들에서는 흐려졌지만, 자연은 우리를 위해 그 세 점을 자석에 보존해 놓았다. 그 점들은 다름 아니라 실재적인 길이의 구성에 속하는 놈들로서 선험적으로 도출된 점들이다. 따라서 자기는 길이의 일반적 구성자이다. 이런 귀결들 외에도 많은 것을 끌어낼 수 있지만, 나는 다만 이 연역이 자기의 물리학에 대해서도 알려 주는 점이 하나 있다는 것만 추가로 언급하겠다. 아마 실험을 통해서는 결코 알아낼 수 없었을 그 점은 자석에서 양극〔긍정적인 극〕(위의 점 C)이 두 힘들의 자리라는 것이다. 그럼에도 우리에게 −M〔음극, 부정적인 극〕이 맞선 점 B에만 나타나는 것은, 부정적 힘이 오직 원격으로 작용할 수 있기 때문에 필연적이다. 이것 하나만 전제하면, 자기선 위의 세 점은 필연적이다. 거꾸로 자기에서 이 세 점들의 존재는, 부정적 힘이 원격으로 작용하는 힘이라는 것을 증명하며, 또한 마찬가지로 우리가 선험적으로 구성한 선과 자석의 선이 완전히 일치하는 것은 우리의 연역 전체가 옳음을 증명한다.

b) 방금 구성한 선에서 점 B는 선 전체의 한계점이며, A는 두 힘의 공통 한계점이다. † 부정적 힘을 통해서는 하나의 한계만 정립된다. 그런데 제한성의 근거인 부정적 힘이 그 자체로 제한되면, 제한성의 제한성이 발생하고, 이 제한성의 제한성은 두 힘의 공통 한계인 점 A에 놓인다.

부정적 힘은 긍정적 힘과 마찬가지로 무한하므로, A에 놓인 한계는 긍정적 힘에게 그런 것과 마찬가지로 부정적 힘에게도 우연적일 것이다.

그런데 A가 두 힘에게 우연적이라면, 선 CAB를 A를 통해 분리된 두 개의 선 CA와 AB로 생각할 수도 있다.

이 단계에서, 맞선 두 힘은 완전히 나뉘었으며 한계를 통해 분리된 놈들로 표상된다. 이 단계는 물질 구성의 두 번째 단계이며, 자연에서 전기電氣를 통해 재현된다. 왜냐하면 만일 ABC가 자석을 나타내고 그 양극이 A, 음극이 C, 영점Nullpunkt이 B라면, 내가〔셸링이〕 보기에 전기의 도식은 그 한 물체를 AB와 BC로 나누고 그 각각이 두 힘들 중 하나만을 대변하는 것으로 표상함으로써 단박에 발생한다. 이 주장에 대한 엄밀한 증명은 이러하다.

맞선 두 힘이 동일한 점에 통일되어 있다고 생각하는 한, 위에서 구성한 선 외에 아무것도 발생할 수 없다. 왜냐하면 긍정적 힘의 방향은 부정적 힘을 통해 규정되는데, 긍정적 힘이 한계가 놓인 그 점으로만 나아갈 수 있게 규정되기 때문이다. 그러나 두 힘이 나뉘자마자 그 반대의 일이 일어날 것이다. 먼저 두 힘이 통일되어 있는 자리가 점 C라고 해 보자. 그 점을 멈춘 점으로 생각해 보자. 그러면 그 점을 둘러싼 무수한 점들이 있을 테고, 만일 그 점이 단지 기계적으로mechanisch라도 운동 가능하다면, 그 점은 그 무수한 점들로 움직일 수 있을 것이다. 그런데 그 점에는 모든 방향으로 동시에 나아갈 수 있는 힘, 즉 근원적으로 방향이 없는 힘, 즉 모든 방향을 가질 수 있는 팽창력이 있다. 그러므로 이 힘은 동시에 그 모든 방향으로 나아가면서도 개별 선들 각각을 따라 변함없이 그 방향으로만 나아갈 수 있을 것이다. † 단, 이 힘이 부정적 힘과 분리되지 않은 한에서 말이다. 그러므로 이 힘〔팽창력〕은 모든 방향으로 오직 순수한 길이의 차원에서만 작용할 것이다. 그러나 두 힘이 완전히 나뉘자마자 그 반대의 일이 일어날 것이다. 즉 점 C가 움직이면 (예컨대 CA 방향으로 움직인다고 하자) 벌써 그다음 자리에서 C는 다시 무수한 점들에 둘러싸이고 그 모든 점들로 나아갈 수 있다. 이제 팽창력은 모든 방향으로 확장하는 스스로의 경향에 전적으로 맡겨지고 따라서 선 CA 위의 임의의 점에서부터 다시 모든 방향으로 선들을 뻗을 것이고, 그 선들은 선 CA와 일정한 각을 이뤄 길이의 차원에 폭의 차원을 추가할 것이다. 그런데 이는 아직 멈춘 점으로 상정된 점 C가 나머지 방향으로 뻗는 모든 선들에 대해서도 마찬가지이므로, 그 선들 중 어느 것도 이제 순수한 길이를 나타내지 않을 것이다.

이 구성 단계는 자연에서 전기를 통해 재현되는데, 이 점은 전기가 자기처럼 단지 길이 방향으로 작용하고 길이를 추구하고 길이에 의해 인도되지 않고, 전달된 물체에서 표면 전체로 퍼짐으로써 자기의 순수한 길이에 폭의 차원을 추가하는 것에서 드러난다. 그러나 전기도 자기와 마찬가지로 깊이 방향으로는 작용하지 않고 주지하다시피 단지 길이와 폭만을 추구한다.

c) 지금 완전히 분리된 두 힘이 근원적으로 동일한 점의 힘들인 것이 분명한 만큼 분명하게 그 양분Entzweiung을 통하여 두 힘에서 다시 통일을 향한 추구가 발생해야 한다. 그러나 이는 오로지 그 두 맞선 힘들을 싸잡아 서로 관통시키는 제3의 힘을 통해서만 가능하다. 이 같은 제3의 힘을 통한 상호 관통은 산물에 처음으로 비관통성을 주고, 이 속성과 함께 처음의 두 차원에 세 번째 차원, 즉 두께를 추가한다. 이로써 물질의 구성은 비로소 완성된다.

구성의 첫 단계에서 두 힘은 한 주체에 통일되어 있음에도 불구하고 분리되어 있었다. 위에서 구성한 선 CAB에서 C에서 A까지는 오직 긍정적 힘만 있고 A에서 B까지는 오직 부정적 힘만 있는 것처럼 말이다.† 두 번째 단계에서 그 힘들은 심지어 별개의 주체들에 분배된다. 세 번째 단계에서 두 힘은 공통 산물로 통일되며, 그 산물 속에서는 모든 점에 두 힘이 한꺼번에 있게 된다. 그러니까 이제 산물 전체가 중립적이게 된다.

이 세 번째 구성 단계는 자연에서 화학적 과정을 통해 나타난다. 화학적 과정에 있는 두 물체를 통해서는 오직 두 힘의 근원적 맞섬만 재현되는데, 이는 그 물체들이 서로 관통하는 것을 통하여 명백해진다. 그런 상호 관통은 오직 힘들에 대해서만 생각될 수 있다. 그런데도 두 물체를 통해 근원적 맞섬이 재현되는 것은 각각의 물체에서 두 힘 중 하나가 절대적 우위를 얻지 않는다면 생각할 수 없다.

맞선 두 힘은 제3의 힘 속에서 서로 관통하여 산물 전체의 모든 각각의 점에 인력과 척력이 한꺼번에 있게 된다. 그 제3의 힘을 통하여 처음의 두 차원에 세 번째 차원이 비로소 추가되듯이, 화학적 과정은 처음의 두 과정을 보충한다. 이때 첫 번째 과정은 길이만 추구하고 두 번째 과정은 길이와 폭만 추구하는 반면, 마침내 화학적 과정은 세 차원으로 한꺼번에 작용하며, 그렇기 때문에 화학적 과정에서만 현실적인 관통이 가능하다.

물질의 구성이 이 세 단계를 거친다면, 그 단계들이 개별 자연물체들에서도 어느 정도 구분될 것이라고 선험적으로 예상할 수 있다. 심지어 그 단계들 중 하나가 특별히 두드러지거나 희미해야 하는 자리도 선험적으로 규정할 수 있다. 예컨대 첫 번째 단계는 매우 단단한 물체들에서만 식별 가능하고 흐르는 물체들에서는 전혀 인식되지 않아야 한다. 이 점은 자연물체들을 예컨대 유체와 강체로 구분하고 그것들의 지위를 정하는 원리가 된다.†

산물로 이행하는 무릇 과정을 뜻하는 화학적 과정의 특수한 표현이 아니라 일반적 표현을 찾으려 한다면, 무엇보다도 다음을 명심해야 할 것이다. 이제껏 도출한 근본문장들에 따르면 무릇 실재적 산물의 조건은 힘들의 삼중성 Triplizität이며, 따라서 무엇보다도 그 같은 힘들의 삼중성을 그 안에서 인식할 수 있는 그런 과정을 자연에서 선험적으로 찾아야 한다. 그런 과정은 갈바니즘 Galvanismus이다. 이 과정은 개별 과정이 아니라 산물로 이행하는 모든 과정에 대한 일반적 표현이다.

### 첫 번째 시대에 대한 일반 주석

탐구가 진행되는 동안 다음을 깨닫지 못한 독자는 아마 아무도 없을 것이다.

자기의식의 첫 번째 시대에서는 세 가지 활동이 구분되고, 그 활동들은 물질의 세 힘들과 물질 구성의 세 단계들에서 재발견할 수 있다. 그 세 구성 단계들은 우리에게 물질의 세 차원을 주고, 그 세 차원은 역동적dynamisch 과정의 세 수준Stufe을 준다. 이제 매우 자연스럽게 드는 생각은, 이 다양한 형태들에서 항상 오직 하나의 동일한 삼중성이 반복된다는 것이다. 이 생각을 발전시키고 단지 추측된 연관을 완전히 통찰하기 위하여 나의 세 활동과 물질 구성의 세 단계를 비교하는 일이 유익할 것이다.

초월철학이란 다름 아니라 나의 끊임없는 역량올리기Potenzieren이며, 초월철학의 방법 전체는 나를 자기직관의 한 수준에서 다른 수준으로 이끌어 결국 나가 자기의식의 자유롭고 의식 있는 활동에 들어 있는 모든 규정들을 갖추고 정립되도록 만드는 것이다.

이성의 역사 전체의 출발점인 첫 번째 활동은 자유롭지 않고 아직 무의식적인 자기의식 활동이다. † 철학자가 처음부터 요청하는 활동〔자기의식 활동〕이 의식 없는 활동으로 생각되면, 그것은 우리의 객체인 나의 첫 번째 활동이다.

이 활동에서 나는 물론 우리에게는 주체인 동시에 객체이지만 자기 자신에게는 그렇지 않다. 〔여기에서〕 나는 물질 구성에서 포착된 그 지점, 그러니까 거기에서 두 활동성 즉 근원적으로 제한되지 않은 활동성과 제한하는 활동성이 아직 통일되어 있는 그런 지점에 해당한다.

이 활동의 결과 역시 우리에게만 객관적 활동성이 주관적 활동성을 통해 제한됨이고 나 자신에게는 그렇지 않다. 그러나 제한하는 활동성은 원격으로 작용하는 활동성이며 심지어 제한 불가능한 활동성으로서 필연적으로 모든 제한점 너머로 나아가는 놈으로 생각되어야 한다.

그러므로 이 첫 번째 활동 안에는 물질 구성의 첫 단계가 가진 규정들 전체가 똑같이 들어 있다.

이 활동에서 사실은 객체로서 나와 주체로서 나의 공동 구성이 발생하는데, 그 구성은 나 자신에게는 존재하지 않는다. 이를 통해 우리는 두 번째 활동으로 이끌렸다. 그 두 번째 활동은 나가 저 [객관적 활동성의] 제한성 안에서 자기를 직관하는 것이다. 나는 제한성이 자기 자신을 통해 정립됨을 의식할 수 없으므로, 여기에서 직관은 다만 발견 혹은 감각이다. 나는 이 활동에서 자기를 제한하는 자기 자신의 활동성을 의식하지 못한다. 그러므로 감각과 동시에 또한 단박에 나와 사물자체의 맞섬도 나에게는 정립되지 않지만, 우리에게는 충분히 정립된다.

달리 말하자면 이러하다. 이 두 번째 활동에서 나에게는 아니지만 우리에게는 나 속에 근원적으로 통일되었던 활동성들이 전혀 별개이며 서로의 외부에 있는 두 활동성으로, 즉 나의 활동성과 사물자체의 활동성으로 분리된다. 근원적으로 하나의 동일한 주체에 속한 활동성들이 별개의 주체들에 분배된다.

이로부터 다음이 명백해진다. 우리가 물질 구성에서 상정한 두 번째 단계, 즉 두 힘이 별개의 주체들의 힘들이 되는 단계는 저 두 번째 이성 활동과 완전히 동일하다.† 다만 하나는 물리학의 관점에서, 다른 하나는 초월철학의 관점에서 포착되었을 뿐이다. 또한 이제는 다음도 명백해진다. 이미 첫 번째 활동과 두 번째 활동으로 물질 구성의 터Anlage가 놓였다. 다시 말해 나는 모르는 사이에 이미 첫 활동부터 말하자면 물질 구성을 향해 나아간다.

우리에게 역동적인 놈과 초월적인 놈의 동일성을 더 자세히 보여 주며 현 지점에서부터 멀리까지 뻗어나가는 관련성을 엿볼 수 있게 해 주는 또 다른 언급은 이것이다. 저 두 번째 활동은 감각 활동이다. 그런데 감각을 통하여 우리에게 객체가 되는 것은 무엇인가? 다름 아니라 질Qualität이다. 그런데 자연철학에서 증명되었듯이, 모든 질은 단지 전기이다. 또 전기는 저 두 번째 구성 단계를 자연에서 재현하는 바로 그 현상이다. 그러므로 이성에서 감각인 것이 자연에서는 전기라고 말할 수 있다.

세 번째 활동과 물질 구성의 세 번째 단계가 동일하다는 점은 정말 증명할 필요조차 없다. 그러므로 이제 명백한 것은, 나가 물질을 구성할 때 실은 자기 자신을 구성한다는 점이다. 세 번째 활동은, 나가 감각하는 놈으로서 자기에게 객체가 되는 활동이다. 그런데 이 자기객체되기는 앞서 완전히 분리된 활동성들이 동일한 산물에서 표현되지dargestellt 않으면 불가능하다. 이 산물은 물질이며, 따라서 물질은 완전히 나의 구성이다. 다만 아직 물질과 동일한 나 자신에게만[나 자신이 보기에만] 그렇지 않을 뿐이다. 나가 첫 번째 활동에서는 오직 객체로, 두 번째 활동에서는 오직 주체로 직관된다면, 이 세 번째 활동에서는 주체인 동시에 객체로서 객체가 된다. 이 점은 철학자에게는 자명하지만, 나 자신에게는 그렇지 않다. 이 활동에서 나는 자기에게 오직 주체로서 객체가 된다. 그런 나가 물질로 나타나는 것은 필연적이다. 왜냐하면 나는 이 활동에서 실은 주체-객체이지만 자기를 그런 놈으로 직관하지 못하기 때문이다. 철학자가 출발점으로 삼는 나 개념은 자기를 주체-객체로 의식한 주체-객체 개념이다.

122 [189-191] † 물질은 그런 놈이 아니다. 따라서 나는 물질을 통하여 나에게 나로서 객체가 되지 못한다. 그런데 초월철학은 나가 철학자에게 객체인 것과 똑같이 나 자신에게 객체가 될 때 비로소 완성된다. 따라서 그 학문의 범위는 현재의 시대로 마무리될 수 없다.

지금까지 행한 비교의 결론은 물질 구성의 세 단계가 이성의 세 활동에 정말로 대응한다는 것이다. 요컨대 그 자연의 세 단계가 실은 자기의식의 역사 속의 세 단계라면, 다음이 충분히 명백하다. 우주의 모든 힘들은 궁극적으로 표상력들로 환원된다. 이 문장에서 라이프니츠의 관념론이 비롯되며, 그 관념론은 적절히 이해하면 사실상 초월적 관념론과 다르지 않다. 라이프니츠가 물질을 모나드의 수면상태로, 혹은 헴스터후이스Frans Hemsterhuis가 물질을 굳어진 정신으로 칭할 때, 그 표현들에 담긴 뜻은 지금 설명한 근본문장들에 의거하여 쉽게 통찰할 수 있다. 실제로 물질은 활동성들의 균형 안에서 직관된 정신에 다름 아니다. 이렇게 정신과 물질 사이의 모든 이원론 혹은 모든 실재적 맞섬을 거둠을 통하여, 물질 자체는 단지 꺼진[불 꺼진] 정신이고 거꾸로 정신은 다만 됨 안에서 본 물질임을 통하여, 물질과 정신의 관계에 대한 수많은 혼란스런 탐구들에 목표가 설정된다는 점에 대해서는 긴 설명이 필요치 않다.

    마찬가지로 더 설명할 필요가 없겠지만, 이 관점은 물질의 본질과 지위에 대하여 다른 모든 관점들보다 훨씬 더 높은 개념들로 우리를 이끈다. 예컨대 원자론적 물질관보다 훨씬 더 높은 개념들로 우리를 이끈다. 원자론적 물질관은 물질을 원자들로 구성하지만, 원자 역시 다만 물질이기 때문에 우리가 그 구성을 통하여 물질의 고유한 본질에 전혀 접근하지 못한다는 점을 생각하지 못한다.

    선험적으로 도출된 물질 구성은 자연현상에 대한 일반 이론의 토대를 제공한다.† 사람들은 그런 일반 이론에서 원자론적 물리학이 결코 버리지 못할 123 [191-194] 모든 가설들과 허구들을 벗어나기를 희망한다. 원자론적 물리학자가 자연현상을 정말로 설명하려면, 그는 수많은 전제를 해야 한다. 예컨대 그가 자의적으로 일말의 증명도 없이 부여한 속성들을 가진 물질을 전제해야 한다. 그 이유는 단지 그가 바로 그 물질 외에 다른 물질은 설명에 써먹을 수 없기 때문이다. 그런데 자연현상의 최후 원인은 결코 경험에 의지하여 탐구할 수 없다. 이 점은 일찍이 확정되었으므로, 남은 길은 최후 원인에 대한 앎을 통째로 포기하거나, 아니면 원자론적 물리학처럼 최후 원인을 꾸며 내거나, 아니면 최후 원인을 선험적으로 찾아내는 것뿐이다. 선험적으로 찾아내기는 경험 이외에 우리가 가진 유일한 앎의 원천이다.

## 두 번째 시대: 생산적 직관에서 반성까지

### | 예비 고찰

첫 번째 시대는 나가 이성으로 격상하면서 끝난다. 서로 완전히 분리되었고 전혀 별개의 영역에 있던 두 활동성은 그것들에 개입하는 제3의 활동성을 통하여 다시금 하나의 동일한 산물로 정립되었다. 이처럼 제3의 활동성이 그 두 활동성에 개입함을 통하여 사물의 활동성도 다시 나의 활동성으로 되고, 이를 통해 나 자신은 이성으로 격상한다.

그러나 나는 직관하는 놈이므로 완전히 생산하기에 속박되고 구속된다. 나는 직관하는 놈인 동시에 직관되는 놈일 수 없다. 단지 이런 까닭에 생산은 완전히 맹목적이고 무의식적이다. 그러므로 이제 충분히 잘 알려진 초월철학의 방법에 따라 이런 질문이 제기된다. 어떻게 이제껏 단지 우리에게만 직관하는 놈이고 이성인 나가 자기에게도 그런 놈이 되는가, 혹은 자기를 그런 놈으로 직관하는가?† 그런데 만일 생산 자체 속에 어떤 근거가 있어서, 그 근거로 인해 생산하기에 몰입한 관념적 활동성이 자기 자신에게로 되이끌리고 그럼으로써 그 활동성이 산물 너머로 나가도록 유도되지 않는다면, 나가 자기를 생산하는 놈으로 직관하도록 만들 만한 근거를 도무지 생각할 수 없다. 그러므로 어떻게 나가 자기를 생산하는 놈으로 인식하는가라는 질문은, 어떻게 나가 자기를 생산으로부터 떼어 내고 생산 너머로 나가게 되는가라는 질문과 의미가 같다.

이 질문 자체에 대한 대답을 궁리하기에 앞서 다음의 설명을 제시하는 것이 다음[두 번째] 시대의 내용에 대한 잠정적 개념을 제공하는 데 도움이 될 것이다.

우리의 탐구 전체가 가진 유일한 목표는 자기의식을 설명하는 것이다. 우리가 지금까지 도출한 혹은 앞으로 도출할 나의 행위들은 전부 중간항들이며, 우리의 객체는 그 중간항들을 두루 거쳐 자기의식에 도달한다. 자기의식은 그 자체로 규정된 행위이다. 그러므로 방금 말한 중간항들 역시 규정된 행위들이어야 한다. 그러나 모든 각각의 규정된 행위를 통해서는 규정된 산물이 나에게 발생한다. 그런데 나에게 관심사는 산물이 아니라 나 자신이었다. 나는 산물을 직관하려는 게 아니라 산물에서 자기 자신을 직관하려 한다. 그런데 나가 생산 속에서 자기 자신을 직관하려는 노력을 통하여 나에게 새로운 산물의 조건이 발생할 가능성이 있고, 곧 보겠지만 그런 발생은 심지어 필연적이다. 다시 말해 나에게 산물들의 조건이 끝없이 발생하게 된다. 모든 생산하기의 조건과 메커니즘은 끊임없이 복구될 것이므로, 만일 이제껏 알려지지 않은 어떤 새로운 제한성이 추가되지 않는다면, 혹은 어떻게 나가 일단 생산하기에 몰두한 다음에 거기에서 다시 나오는지를 우리가 통찰하지 못한다면, 나에게 산물들의 조건이 끝없이 발생하는 것은 불가피하다.

그러므로 어떻게 나가 생산 밖으로 나오는가를 설명하려 노력하는 과정에서 우리는 도리어 우리의 객체를[나를] 온갖 생산들의 열에 휘말리게 만들 것이다. 따라서 이 시대의 중심과제는 매우 간접적으로만 해결될 수 있을 것이고, 우리의 객체에게와 마찬가지로 우리에게도 우리가 추구한 것 대신에 전혀 다른 무언가가 발생할 것이다. † 우리가 이를테면 절대적 자발성에서 비롯된 반성을 125 [195-198] 통하여 이 순환 바깥으로 나올 때까지는 말이다. 이 절대적 반성의 지점과 현재 의식이 있는 지점 사이에 중간항으로 객관세계의 모든 다양성이, 객관세계의 모든 산물들과 현상들이 놓인다.

우리의 철학 전체는 예컨대 칸트의 철학이 기초한 반성의 관점이 아니라 직관의 관점을 채택하므로, 우리는 이제부터 이성 행위들의 열을 도출하면서, 행위의 개념들이나 범주들이 아니라 행위들을 도출할 것이다. 왜냐하면 어떻게 그 행위들이 반성에 도달하는가는 더 나중의 자기의식 시대가 해결할 과제이기 때문이다.

D. 과제: 어떻게 나가 자기를 생산하는 놈으로 직관하게 되는지 설명하라.

**해결1**

나가 일단 생산하는 놈이 된 다음에는, 나가 자기를 단순한 활동성으로 직관하는 것은 더 이상 기대할 수는 없다. 그러므로 생산을 통하여 단박에 나에게 다시 [새로운] 관념적 활동성이 발생하여 그것을 통해 나가 자기를 생산 속에서 직관하지 않는다면, 나가 자기를 <u>생산하는 놈</u>으로 직관하는 것은 생각할 수 없다.

따라서 우리는 나가 생산할 때 자기 자신에 대한 직관을 가진다는 것을 그런 직관의 조건들을 발견하기 위하여 다만 가설로서 받아들일 것이다. 만일 그 조건들이 정말로 의식 속에서 발견된다면, 그때 우리는 그런 직관이 정말로 발생한다는 결론을 내리고 그 직관의 결과를 찾으려 노력할 것이다.

나가 자기를 생산하는 놈으로 직관하려면, 나는 생산하는 자기와 생산하<u>지 않는</u> 자기를 필연적으로 구분해야 한다. 이것이 우리가 첫 번째로 확실히 정립할 수 있는 바이다. † 왜냐하면 자기를 생산하는 놈으로 직관할 때 나는 의심의 여지없이 자기를 규정된 놈으로 직관할 텐데, 나가 자기를 규정된 놈으로 직관하려면 마찬가지로 자기일 수 있을 만한 다른 놈을 자기에 맞세워야 하기 때문이다. —

탐구를 쉽게 하기 위하여 당장 이렇게 묻자. 생산하는 놈에 맞세울 나 속의 생산하지 않는 놈은 도대체 무엇일까? 여기에서 이미 최소한 다음을 통찰할 수 있다. 생산하는 놈인 한에서 나는 단순한 활동성이 아니라 합성된 활동성이다(이때 합성이라 함은 예컨대 역학에서 합성된 운동을 이야기할 때의 의미이다). 요컨대 나 속의 생산하지 않는 놈은 <u>단순한</u> 활동성으로서, 생산하는 놈에 맞세워져야 한다.

그러나 더 나아가 생산적 활동성과 이 단순한 활동성은 서로 맞세워지기 위하여 또한 동시에 더 높은 개념 안에서 합치해야 한다. 그 개념과 관련해서는 두 활동성이 하나의 활동성으로 나타나야 하고, 따라서 두 활동성의 차이는 한낱 우연적인 차이로 나타나야 한다. 무언가가 정립되면 그 두 활동성은 별개이고, 무언가가 정립되지 않으면 그 두 활동성은 동일하다는 것이 증명되어야 할 것이다.

더 나아가 다시금 나 속에 세 개의 활동성이 있어야 할 것이다. 즉, 단순한 활동성과 합성된 활동성, 그리고 이 둘을 구분하고 관련짓는 제3의 활동성이 있어야 할 것이다. 이때 제3의 활동성은 단순한 활동성이어야 한다. 왜냐하면 그렇지 않다면 제3의 활동성은 합성된 활동성을 합성된 활동성으로서 구분할 수 없을 테니까 말이다. 그러므로 합성된 활동성이 거기에 관련지어진 저 단순한 활동성은 또한 동시에 관련짓는 [제3의] 활동성이며, 관련짓는 활동성이 특징지어지면 관련지어진 활동성도 특징지어진다.

그런데 관련짓는 [제3의] 활동성은 다름 아니라 위에서 우리가 요청한, 생산을 통해 단박에 다시 발생하는 관념적 활동성일 수밖에 없다. 이 활동성은 관념적이기 때문에 오로지 나 자신을 향한다. 이것은 다름 아니라 우리가 맨 처음부터 나 속에 정립한 단순한 직관하는 활동성이다. †

127 [199-201]

그러므로 두 활동성의 관련 근거는 그것들이 둘 다 직관하는 활동성이라는 점일 것이며, 구분 근거는 하나는 단순한 직관하는 활동성이고 다른 하나는 합성된 직관하는 활동성이라는 점일 것이다.

두 활동성이 모두 직관하는 활동성으로 정립되려면, 둘 다 하나의 원리에서 나와야 할 것이다. 따라서 두 활동성을 별개로 만드는 조건은 그 원리와 관련해서는 우연적인 놈으로 나타나야 한다. 이 우연적인 놈은 두 활동성에 공통이다. 즉 생산하는 활동성에게 우연적인 놈은 단순한 활동성에게도 우연적이다. 그런데 우연적이면서 또한 동시에 두 활동성의 공통 관계를 이룰 수 있는 그런 놈을 생산 속에서 찾을 수 있을까?

질문을 뒤집어 생각해 보자. 생산에서 본질적인 놈, 필연적인 놈은 도대체 무엇일까? 필연적인 놈은 생산하기 자체의 조건이며, 따라서 우연적인 놈 혹은 딸린 놈Akzidentelle은 맞선 놈, 따라서 생산을 한정하는 놈 혹은 제한하는 놈일 것이다.

생산을 한정하는 놈은 나에 맞선 사물자체의 활동성이다. 그런데 이 활동성은 생산하기의 필수조건이므로 생산에 우연적일 수 없다. 그러므로 한정하는 놈 자체가 아니라 한정하는 놈을 한정하는 놈이 우연적인 놈일 것이다.

더 정확히 말하면 이러하다. 사물자체의 활동성은 나에게 현재 생산하는 활동성에 대한 무릇 한정만을 설명해 줄 뿐, 이 한정의 우연적 측면은 설명해 주지 않는다. 다시 말해 한정이 이 규정된 한정이라는 점은 설명해 주지 않는다. 사물자체의 활동성은 나의 활동성과 마찬가지로 그 자체로 자기에게 제한되어있지 않다.

사물자체의 활동성이 나를 제한한다는 점은 그 활동성이 나에 맞선다는 점으로부터 설명된다. 그러나 사물자체의 활동성이 나를 규정된〔특정한〕 방식으로 제한하는 것은 그 활동성 역시 제한되어야만 가능한데, 이 점은 사물자체의 활동성과 나의 맞섬으로부터 끌어낼 수 없다. 사물자체의 활동성은 나에게 이 규정된 방식으로 맞서지 않아도 얼마든지 맞설 수 있으니까 말이다.

그러므로 생산에서 필연적인 놈은 무릇 맞섬이요 우연적인 놈은 맞섬의 한계이다. † 그런데 맞섬의 한계는 다름 아니라 나와 사물 사이에 놓인 공통 한계이다. 그 한계는 공통이다. 즉 그것은 사물에게 한계인 동시에 나에게도 한계이다.

우리의 추론들을 요약하면 다음의 결론을 얻을 수 있다. 원리적으로 동일한 두 직관하는 활동성은 나와 사물자체의 우연적 한계를 통해 구분된다. 즉 나와 사물 사이의 한계는 저 앞에서 논한 두 직관하는 활동성〔단순한 활동성과 합성된 활동성] 사이의 한계이다.

단순한 직관하는 활동성은 오직 나 자신만 객체로 가지는 반면, 합성된 직관하는 활동성은 나와 사물을 동시에 객체로 가진다. 그렇기 때문에 합성된 활동성은 부분적으로 한계를 넘어간다. 다시 말해 한계의 내부와 외부에 동시에 있다. 그런데 나는 한계의 이편에서만 나이다. 왜냐하면 한계의 저편에서 나는 자기가 보기에도 사물자체로 탈바꿈했기 때문이다. 그러므로 한계를 넘어가는 직관은 또한 동시에 나 자신도 넘어가고 그런 한에서 외적 직관으로 나타난다. 단순한 직관하는 활동성은 나의 내부에 머물며 그런 한에서 내적 직관이라고 부를 수 있다.

따라서 두 직관하는 활동성 사이의 관계는 다음과 같다. 내적 직관과 외적 직관 사이의 유일한 한계는 나와 사물자체 사이의 한계이다. 이 한계를 제거하면 내적 직관과 외적 직관은 합류한다. 외감은 내감이 끝나는 곳에서 시작된다. 우리에게 외감의 객체로 나타나는 것은 내감의 제한점일 뿐이며, 따라서 외감과 내감은 근원적으로 동일하다. 외감은 단지 제한된 내감이니까 말이다. 외감은 필연적으로 또한 내감인 반면, 내감은 필연적으로 또한 외감이 아니다. 모든 직관은 원리적으로 이성적이며, 따라서 객관세계는 다만 차단된 채 나타나는 이성세계에 불과하다. —

지금까지의 탐구 전체에서 얻은 결과는 이것이다. 나가 자기를 생산하는 놈으로 직관하려면, 첫째, 나 속에서 내적 직관과 외적 직관이 분리되어야 하며,† 둘째, 두 직관의 상호관련이 발생해야 한다. 따라서 곧바로 이런 질문이 제기된다. 내적 직관과 외적 직관을 관련짓는 놈은 무엇일까?

그 관련짓는 놈은 내적 직관과 외적 직관이 공유한 놈일 수밖에 없다. 그런데 내적 직관은 외적 직관으로서의 외적 직관과 공유한 것이 없는 반면, 거꾸로 외적 직관은 외감이 또한 내감이기 때문에 내적 직관과 공유한 것이 있다. 그러므로 외감과 내감을 관련짓는 놈은 그 자체가 다시 내감이다.

여기에서 처음으로 우리는 어떻게 나가 외적 직관과 내적 직관을 서로 맞세우고 관련지을 수 있는지 이해하기 시작한다. 요컨대 관련짓는 놈인 내적 직관 자체가 진정한 활동원리이자 구성원리로서 외적 직관 속에 함께 몰입해 있지 않다면, 나의 두 직관 맞세우고 관련짓기는 결코 일어나지 않을 것이다. 왜냐하면 외감이 제한된 내감이라면, 우리는 다른 한편으로 내감으로서의 내감을 근원적으로 제한 불가능한 놈으로 정립해야 하니까 말이다. 따라서 내감은 다름 아니라 맨 처음에 나 속에 정립된 제한 불가능한 자기직관의 경향인데, 그 경향이 여기에서 다만 잠정적으로 내감으로 구분된 것이다. 내감은 앞선 활동에서 한계를 넘어감을 통하여 단박에 제한되었던 그 활동성과 동일하다.

따라서 나가 자기를 외적 직관에서 직관하는 놈으로 인식하려면, 나는 외적 직관을 지금 복구되었지만 일단 내적 직관으로 나타난 관념적 직관에 관련지어야 할 것이다. 그런데 나 자신은 오로지 이 관념적 직관이다. 관념적인 동시에 실재적인 직관은 [지금의] 나와 전혀 다르다. 따라서 이 활동에서는 관련짓는 놈과 관련짓기가 향하는 놈이 동일한 셈이다. 이때 외적 직관은 당연히 내적 직관에 관련지어질 수 있다. 왜냐하면 이 둘은 별개이지만 그럼에도 둘 사이 동일성의 근거가 있기 때문이다. 그러나 나는 외적 직관을 내적 직관으로서의 내적 직관에 관련지을 수 없다. 왜냐하면 나는 동일한 행위 속에서 외적 직관을 자기에 관련짓고 또한 동시에 자기를 그 관련짓기의 근거로서 반성할 수 없기 때문이다. 요컨대 나는 외적 직관을 내적 직관으로서의 내적 직관에 관련지을 수 없을 것이다. † 왜냐하면 나는, 전제에 따라, 다름 아니라 내적 직관일 것인데, 나가 내적 직관을 내적 직관으로서 인정하려면, 나는 내적 직관이 아닌 다른 놈이어야 할 테니까 말이다.

앞서 다룬 행위에서 나는 생산하는 놈이었지만, 그때 생산하는 놈과 생산되는 놈은 하나로 합쳐졌다. 나와 나의 객체는 동일했다. 지금 우리가 찾는 행위는, 나가 자기를 생산하는 놈으로서 인식하는 행위이다. 만약 그런 행위가 가능하다면, [그런 행위에서는] 직관되는 놈에 관한 그 무엇도 의식에 등장하지 않을 것이다. 그러나 생산적 직관이 인식된다면, 오직 내적 직관에 맞선 생산적 직관으로서 인식될 수밖에 없다. 그런데 내적 직관은 [나에 의하여] 내적 직관으로서 인정되지 않을 것이다. 왜냐하면 이 행위에서 나는 오직 내적 직관이니까 말이다. 또 외적 직관도 외적 직관으로서 인정될 수 없을 것이다. 더 나아가 외적 직관은 외적 직관으로서만 인정될 수 있으므로, 도무지 직관으로 인정될 수 없을 것이다. 따라서 이 행위 전체에서 의식에 남는 것은, 한편으로 (직관에서 분리된) 직관되는 놈과 다른 한편으로 관념적 활동성으로서의 나뿐일 것이다. 물론 이때 관념적 활동성은 내감일 것이다.

    [결론적으로] 경험적 의식에서는 활동으로서의 외적 직관과 관련한 그 무엇도 전혀 등장하지 않으며 등장해서도 안 된다. 그러나 어떻게 경험적 의식에서, 여전히 제한되지 않았으며 예컨대 도식의 고안 등에서 보듯이 완전히 자유로운 내감이 객체와 나란히 존립할 수 있는가를 탐구하는 것은 매우 중요한 일이다. ― 활동으로서의 외적 직관이 [경험적] 의식에 등장하지 않는 것과 마찬가지로 사물자체도 등장하지 않는다. 사물자체는 감각적 객체를 통하여 의식에서 몰려나 한낱 의식의 관념적 설명근거로서, 이성이 보기에 이성의 행위와 마찬가지로 의식의 저편에 놓인다. 경험적 의식보다 몇 수준 높은 철학만이 사물자체를 설명근거로 사용한다. 경험론은 결코 거기까지 상승하지 못할 것이다. 칸트는 그가 철학에 도입한 사물자체를 통하여 철학이 보통의 의식 너머로 나가도록 적어도 최초의 박차를 가했으며,† 의식에 등장하는 객체의 근거가 의식 속에 있지 않을 가능성을 최소한 시사했다. 다만 아쉬운 점은, 의식의 저편에 놓인 그 설명근거가 결국 우리 자신의 관념적 활동성이며 그것이 사물자체로 실체화된다hypostasieren는 것을 그가 설명하기는커녕 한번 명확히 생각해 보지도 않았다는 것이다.

### 해결2

가설로 받아들인 [외적 직관과 내적 직관의] 관련짓기의 결과는 한편으로 (활동으로서의 직관으로부터 분리된) 감각적 객체이며 다른 한편으로 내감일 것이다. 이 둘이 함께 나를 의식을 가지고 감각하는 놈으로 만든다. 왜냐하면 우리가 내감이라고 부르는 것은 다름 아니라 나 속에서 의식을 가지고 감각하는 놈이기 때문이다. 근원적 감각 활동에서 나는 감각하는 놈이었지만 자기가 보기에 감각하는 놈은 아니었다. 다시 말해 그때의 나는 의식 없이 감각하는 놈이었다. 우리는 방금 한 활동을 도출했다. 그러나 위에 제시한 근거들 때문에 그 활동으로부터 나 속에 남을 수 있는 것은 한편으로 감각적 객체와 다른 한편으로 내감뿐이다. 바로 그 활동을 통하여 다음이 증명된다. 나는 생산적 직관을 통하여 의식 있는 감각하는 놈이 된다.

따라서 충분히 잘 알려진 초월철학의 행보에 따라, 어떻게 나가 자기를 생산하는 놈으로 인식하는가라는 과제는 이제 이렇게 규정된다. 어떻게 나가 자기에게 의식 있는 감각하는 놈으로서 객체가 되는가? 혹은 의식 있는 감각하기와 내감은 동일하므로 이렇게 표현할 수도 있다. 어떻게 나가 자기에게 내감으로서 객체가 되는가?

그러므로 이제부터 탐구 전체는 방금 (해결1에서) 도출된 관련짓기 행위를 객체로 삼을 것이며 그 객체를 파악하려 노력할 것이다.

다음을 쉽게 통찰할 수 있다. 나는 오로지 객체를 한낱 직관되는 놈으로서 즉 의식 없는 놈으로서† 의식 있는 놈인 자기(의식을 가지고 감각하는 놈)에 맞세움으로써만 자기를 의식 있는 감각하는 놈으로 구분할 수 있다.

그런데 객체는 초월적으로[초월철학적으로] 볼 때 다름 아니라 외적 직관 혹은 생산적 직관 자체이다. 다만 나가 이 직관을 그렇게 의식하지 못할 뿐이다. 따라서 객체는 앞에서 외감에 맞섰던 것과 마찬가지로 내감에도 맞서야 한다. 그런데 내적 직관과 외적 직관의 맞섬은 오로지 그 두 직관 사이에 있는 한계를 통해 만들어진다. 따라서 객체는 내감과 외감을 분리했던 그 한계를 통해 제한되는 한에서만 객체이다. 요컨대 이제 그 한계는 더 이상 내감과 외감 사이의 한계가 아니라 의식을 가지고 감각하는 나와 전혀 의식 없는 객체 사이의 한계이다.

나가 객체를 자기에 맞세우려면, 나는 그 한계를 한계로 인정해야 한다. 그런데 그 한계는 어떻게 규정되었는가? ― 모든 관점에서 우연적인 놈으로, 사물과 나 모두에게 우연적인 놈으로 규정되었다. 그런데 그 한계는 나에게 과연 얼마만큼 한계인가? 그 한계는 이를테면 활동성의 한계가 아니다. 오히려 나 속의 겪음Leiden의 한계, 당연한 말이지만, <u>실재적이고 객관적인</u> 나 속의 겪음의 한계이다. 나의 수동성의 근거는 사물자체에 놓였고, 바로 그렇기 때문에 나의 수동성은 제한되었다. 또 사물자체 역시 필연적으로 제한된 놈이었다. 그런데 사물자체(관념적 활동성)에게 한계인 놈은 실재적 나의 수동성의 한계이지 활동성의 한계가 아니다. 실재적 나의 활동성은 이미 사물자체를 통하여 한정되었으니까 말이다.

그런데 무엇이 <u>사물</u>에게 한계인가는 쉽게 대답할 수 있다. 나와 사물은 서로 맞선 두 놈인데, 한 놈에서 수동성이 다른 놈에서 활동성인 방식으로 맞서 있다. 따라서 한계가 나의 수동성의 한계라면, 그 한계는 필연적으로 사물의 활동성의 한계이며, 오직 그런 한에서 나와 사물의 공통 한계이다.

그러므로 한계는 사물의 활동성의 한계로 인정될 때만 인정될 수 있다. 이 사태를 어떻게 생각할 수 있을까?

한계를 통하여 한정되어야 하는 것은 사물의 활동성이며, 한계는 나에게 뿐만 아니라 사물에게도 우연적이어야 한다. † 한계가 사물에게 우연적이라면, 사물은 근원으로 그 자체로 자기에게 제한되지 않은 활동성이어야 한다. 요컨대 사물의 활동성이 한정되는 것은 사물자체에 입각해서는 설명할 수 없고,

따라서 사물 바깥의 근거에 입각해서만 설명할 수 있다.

이 근거를 어디에서 찾을 수 있을까? 나 속에서? 그러나 이 설명〔나 속에서 찾을 수 있다는 설명〕은 현재의 관점에서는 더 이상 불가능하다. 나가 무의식적으로 사물(관념적 활동성)의 제한됨의 원인이며 따라서 자기의 수동성의 제한됨의 원인이라는 점, 다시 말해 곧 보겠지만 나가 무의식적으로 자기의 특수한 제한성의 원인이라는 점을 〔현재의 관점에서〕 나 자신은 알 수 없다. 그러므로 사물의 활동성이 제한되고 이를 통해 매개적으로 나의 수동성이 제한되는 것에 대하여 나는 그 근거를, 지금 완전히 의식의 외부에 놓였지만 의식의 현 단계에 함께 개입하는 어떤 놈에서 찾을 수밖에 없다. 요컨대 나가 한계를 한계로 인정해야 하는 것이 확실한 만큼 확실하게 나는 한계 너머로 나가 지금 더 이상 의식에 들어오지 않는 어떤 놈에서 한계의 근거를 찾아야 한다. 그 알려지지 않은 어떤 놈을 A라고 하자. A는 필연적으로 현재의 객체 생산하기의 저편에 놓인다(현재의 객체는 B라고 하자). 나가 B를 생산할 때, A는 이미 있어야 한다. 따라서 의식의 현 단계에서 A와 관련해서는 아무것도 바꿀 수 없다. A는 말하자면 나의 손 바깥에 있다. A는 나의 현재 행위의 저편에 놓였고 나에게 불변적으로 규정되었다. A가 일단 정립되고 나면, B 역시 달리 정립될 수 없고 지금 정립된 대로 정립되어야 한다. 왜냐하면 A 속에 B의 규정된 제한성의 근거가 있기 때문이다.

그러나 나는 지금 그 근거 A를 더 이상 의식하지 못한다. 그러므로 B의 규정된 제한성은 나에게 우연적이다. 왜냐하면 나는 그 규정된 제한성의 근거를 의식하지 못하니까 말이다. 그러나 그 근거를 아는 우리에게 B의 규정된 제한성은 필연적이다. ―

다음은 더 상세한 설명을 위한 보충이다. ― B가 이 규정된 놈인 근거는 지금 완전히 의식 바깥에 놓인 A에 있다.† 그런데 이 A가 이 규정된 놈인 근거 또한 아마도 더 멀리 뒤에 놓인 어떤 놈에 있을 것이고, 따라서 어쩌면 무한 역진이 일어날 것이다. 단, 만일 우리가 이 [근거들의] 열 전체를 규정하는 일반 근거에 도달하지 못한다면 말이다. 그런데 그 일반 근거는 우리가 애초에 제한성 속의 제한성이라고 불렀던 그것일 수밖에 없다. 그러나 그 제한성 속의 제한성은 이제껏 완전히 도출되지 않았는데, 우리가 이미 여기에서 통찰할 수 있듯이, 그 제한성 속의 제한성의 근거는 오로지 관념적 활동성과 실재적 활동성의 공통 한계에서 나온다. ―

나가 자기와 객체 사이의 한계를 우연적인 놈으로 인정하려면, 나는 그 한계를 완전히 현 단계 바깥에 놓인 어떤 것을 통해 제약된 놈bedingt으로 인정해야 한다. 따라서 나는 자기가 의식할 수 없는 어떤 단계로 되이끌린다고 느낀다. 나는 되이끌린다고 느낀다. 왜냐하면 나는 현실적으로 되돌아갈 수 없기 때문이다. 그러므로 나 속에 할수없음Nichtkönnen의 상태, 강제의 상태가 있다. B의 규정된 제한됨의 근거를 가진 놈은 이미 사실상 나에 독립적으로 있다. 따라서 나 속에서는 A와 관련하여 단지 관념적 생산하기 혹은 재생산하기만 일어나게 된다. 그런데 모든 재생산하기는 전적으로 관념적인 활동성이기 때문에 자유롭다. 물론 A는 반드시 B의 규정된 제한됨의 근거를 포함하도록 규정되어야 한다. 따라서 A를 재생산할 때 나는 실질적으로는materia 아니지만 형식적으로formal 자유롭다. 반면에 B를 생산할 때 나는 실질적으로도 형식적으로도 자유롭지 않았다. 그때는 일단 A가 있었고, 그 다음에 나는 B를 그렇게 규정된 놈으로 생산해야 했으며 다른 것을 생산할 수 없었으니까 말이다. 그러므로 나는 여기에서 동일한 하나의 행위에서[B를 생산함과 동시에 A를 재생산할 때] 형식적으로 자유로운 동시에 형식적으로 강제된다. 형식적 자유와 형식적 강제는 서로를 조건으로 삼는다. 만일 나가 B가 없었기에 자기가 B와 관련하여 자유롭다고 느끼던 과거의 단계로 돌아갈 수 없다면, 나는 B와 관련하여 강제된다고 느낄 수 없을 것이다. 하지만 또한 거꾸로, 만일 나가 현 단계에서 강제된다고 느끼지 않는다면, 나는 되이끌린다고 느끼지 않을 것이다. †

요컨대 현 단계에서 나의 상태는 한마디로 이러하다. 나는 돌아갈 수 없는 의식의 단계로 되이끌린다고 느낀다. 나와 객체의 공통 한계, 두 번째 제한성(제한성 속의 제한성)의 근거는 현 단계와 과거 단계 사이의 한계이다. 나가 사실상 돌아갈 수 없는 단계로 되이끌린다는 느낌, 바로 이 느낌이 현재의 느낌 Gefühl der Gegenwart이다. 그러므로 나는 이미 의식의 첫 단계에서 현재에 몰입한 자신을 발견한다. 왜냐하면 나는 자기가 한정되고 말하자면 한 점으로 축소된다고 느껴야만 객체를 자기에 맞세울 수 있기 때문이다. 이 느낌은 다름 아니라 사람들이 자아감Selbstgefühl이라고 부르는 그것이다. 모든 의식은 이 느낌에서 시작되며, 나는 이 느낌을 통하여 처음으로 자기를 객체에 맞세운다.

내감 즉 의식과 결합된 감각은 자아감에서 자기에게 객체가 된다. 바로 그렇기 때문에 자아감은 감각과 전혀 다르다. 감각에서는 나와 별개인 어떤 놈이 필연적으로 등장한다. 앞에서 다룬 행위에서 나는 내감이었지만 나 자신에게는 내감이 아니었다.

그런데 어떻게 나가 자기에게 내감으로서 객체가 될까? 오로지 나에게 시간이(외적으로 직관된 시간이 아니라 단지 점으로서의 시간, 단지 한계로서의 시간이) 발생함으로써 그렇게 된다. 나가 객체를 자기에 맞세움으로써 나에게 자아감이 발생한다. 다시 말해 나는 순수 강도强度Intensität로서, 단 한 차원으로 팽창할expandieren 수 있지만 지금은 한 점에 수축된 활동성으로서 자기에게 객체가 된다. 그런데 그렇게 한 차원으로만 펼칠 수 있는 활동성, 그 활동성이 자기에게 객체가 되면, 바로 시간이다. 시간은 나에 독립적으로 흐르는 놈이 아니다. 오히려 나 자체가 활동성으로 생각된 시간이다.

그런데 나는 그 동일한 행위에서 객체를 자기에 맞세우므로, 나에게 객체는 모든 강도의 부정으로 나타나야 할 것이다. 즉 객체는 나에게 순수 외연 Extensität으로 나타나야 할 것이다.

결론적으로 나 속에서 내적 직관과 외적 직관이 분리될 뿐 아니라 그렇

게 분리된 놈들로 객체가 되어야만, 나는 객체를 자기에 맞세울 수 있다. † 136 [214-215]

이때 내감이 자기에게 객체가 되도록 만드는 직관은 시간이며(여기에서 말하는 시간은 순수 시간, 즉 공간으로부터 완전히 독립적인 시간이다) 외감이 자기에게 객체가 되도록 만드는 직관은 공간이다. 따라서 한편으로 시간을 통하여 내감이, 다른 한편으로 공간을 통하여 외감이 나에게 객체가 되어야만 나는 객체를 자기에 맞세울 수 있다.

### 해결3

첫 번째 객체 구성에서 내감과 외감은 함께 싸잡혀 있었다. 객체는 외감이 나에게 객체가 되어야만 순수 외연으로 나타난다. 왜냐하면 외감이 나에게 객체가 될 때, 그 나는 바로 내감이기 때문이다. 이제 외감과 내감은 근원적인 구성에서와 달리 더 이상 통일되어 있을 수 없다. 그러므로 객체는 단지 내감인 것도 아니고 단지 외감인 것도 아니며, 오히려 내감인 동시에 외감이다. 즉 내감과 외감은 서로를 통하여 한정된다.

객체를 두 직관 유형들의 통일로서 지금까지 했던 것보다 더 자세히 규정하기 위하여 우리는 종합 속의 서로 맞선 항들을 더 엄밀하게 구분해야 한다.

내감과 외감을 한정되지 않은 상태로 생각한다면, 내감은 과연 무엇이고, 외감은 과연 무엇일까?

내감은 다름 아니라 자기에게로 되이끌린 나의 활동성이다. 우리가 내감을 외감을 통하여 전혀 한정되지 않은 놈으로 생각하면, 나는 최고의 느낌 상태가 된다. 나의 제한 불가능한 활동성 전체는 말하자면 단 하나의 점에 집중된다. 다른 한편으로 우리가 외감을 내감을 통해 한정되지 않은 놈으로 생각하면, 외감은 모든 강도의 절대적 부정일 것이며, 나는 완전히 풀어헤쳐질 것이다. † 137 [215-217] 나에는 어떤 저항Widerstand도 없을 것이다.

따라서 한정되지 않은 상태로 생각된 내감은 점을 통하여, 절대적 한계를 통하여, 공간에 독립적인 시간의 상징Sinnbild을 통하여 표상된다 repräsentiert. 왜냐하면 그 자체로 자기에게 있는 놈으로 생각된 시간은 단지 절대적 한계이기 때문이다. 그래서 시간과 공간의 종합은 오로지 선을 통하여, 확장된 점을 통하여 표현될 수 있다. 물론 이 종합은 아직 전혀 도출되지 않았지만 말이다.

점에 맞선 놈, 즉 절대적 외연은 모든 강도의 부정, 무한 공간, 말하자면 풀어헤쳐진 나이다.

그러므로 객체에서, 즉 생산하기에서 공간과 시간은 동시에 서로 분리되지 않은 채로 발생할 수밖에 없다. 그 둘은 서로를 한정하기 때문에 서로 맞선다. 그 둘 각자는 똑같이 무한하다. 단, 서로 맞선 의미에서 무한하다. 시간은 오직 공간을 통하여, 공간은 오직 시간을 통하여 유한하게 된다. 이때 하나가 다른 하나를 통하여 유한하게 된다 함은, 하나가 다른 하나를 통하여 규정되고 측정된다는 것이다. 그래서 시간의 근원적 척도는 일정하게 움직이는 물체가 그 시간 동안에 통과하는 공간이며, 공간의 근원적 척도는 일정하게 움직이는 물체가 그 공간을 통과하는 데 걸리는 시간이다. 요컨대 시간과 공간은 절대적으로 분리 불가능한 놈으로 드러난다.

그런데 공간은 다름 아니라 객체가 되는 외감이요 시간은 객체가 되는 내감이므로, 공간과 시간에 대하여 타당한 것은 외감과 내감에 대해서도 타당하다. 객체는 내감을 통해 규정된 외감이다. 따라서 객체에서 외연은 단지 공간 크기Raumgröße가 아니라 강도를 통해 규정된 외연, 간단히 말해서 우리가 힘이라고 부르는 그것이다. 힘의 강도는 힘이 0이 되지 않으면서 펼쳐질 수 있는 공간을 통해서만 측정될 수 있다. 마찬가지로 이 공간은 내감에게 다시 저 힘의 크기를 통하여 규정된다. 요컨대 객체에서 내감에 대응하는 것은 강도이며 외감에 대응하는 것은 외연이다. 그런데 강도와 외연은 서로를 통하여 규정된다.

† 객체는 다름 아니라 고정된 시간, 한낱 현재의 시간인데, 시간은 오로지 채 138 [217-219]
워진 공간을 통하여 고정되며, 공간 채움은 오로지 시간 크기를 통하여 규정된
다. 이때 시간 크기 자체는 공간 속에 있는 게 아니라 펼쳐짐에 선행한다. 요컨
대 공간 채움을 규정하는 놈은 단지 시간 속 현존Existenz을 가지며, 거꾸로 시
간을 고정하는 놈은 단지 공간 속 현존을 가진다. 그런데 객체에서 단지 시간
속 현존을 가지는 놈이 있는데, 바로 그놈을 통하여 객체는 내감에 귀속한다.
그리고 내감에게 객체의 크기는 오로지 내감과 외감의 공통 한계를 통해 규정
되며, 그 한계는 단적으로 우연적인 놈으로 나타난다. 그러므로 객체에서 내감
에 대응하는 바로 그놈, 즉 단지 시간 크기만 가진 놈은 단적으로 우연적인 놈
혹은 딸린 놈Akzidentelle으로 나타날 것이며, 반대로 객체에서 외감에 대응하는
놈, 즉 공간 크기를 가진 놈은 필연적인 놈 혹은 실체적인 놈Substantielle으로 나
타날 것이다.

그러므로 객체는 외연인 동시에 강도인 것과 마찬가지로 또한 실체인 동
시에 딸린 놈이다. 이 둘은 객체에서 분리 불가능하며, 오직 이 둘 다를 통해서
만 객체가 완성된다.

객체에서 실체인 놈은 오직 공간 크기만 가지며, 딸린 놈은 오직 시간 크
기만 가진다. 채워진 공간을 통하여 시간이 고정되며, 시간 크기를 통하여 공간
이 특정 방식으로 채워진다.

이제 이 결과를 가지고 이 탐구의 출발점에서 제기한 질문으로 돌아가
보자. — 나는 객체를 객체로 인정하기 위하여 객체를 자기에 맞세워야 했다.
그러나 이 맞섬에서 나에게 외감과 내감이 객체가 되었다. 다시 말해 우리 철학
자에게는, 나에서 공간과 시간이, 객체에서 실체와 딸린 놈이 구분되었다. —
실체와 딸린 놈을 구분할 수 있었던 것은 단지 하나에는 오로지 공간 속 존재만
귀속하고 다른 하나에는 시간 속 존재만 귀속하기 때문이었다. 나는 오로지 직
관의 딸린 놈을 통하여 무릇 시간에 한정된다. † 왜냐하면 실체는 공간 속 존재 139 [219-221]

만 가지므로, 시간에 전적으로 독립적인 존재를 가지며, 이성을 시간의 측면에서 전혀 한정되지 않은 채로 놔두기 때문이다.

앞에서 연역된 나의 행위에서 위와 같이 철학자가 보기에 <u>나</u>에서 공간과 시간이, <u>객체</u>에서 실체와 딸린 놈이 구분 가능해졌으므로, 이미 잘 알려진 익숙한 방법에 따라 이제 이런 질문이 제기된다. 어떻게 <u>나 자신에게도</u> 공간과 시간이 구분 가능해지고, 이를 통해 실체와 딸린 놈이 구분 가능해질까?

시간은 자기에게 객체가 되는 내감일 뿐이며, 공간은 내감에게 객체가 되는 외감이다. 그러므로 시간과 공간이 다시 객체가 되려면, 오직 역량이 더 높은 직관하기를 통하여, 즉 생산적인 직관하기를 통하여 그렇게 될 수밖에 없다. 시간과 공간은 나의 직관들이며, 나 바깥으로 <u>나와야만</u> 나에게 객체가 될 수 있다. 그런데 나 바깥이라니? ─ 현 단계에서 나는 단지 내감이다. 따라서 나 바깥에는 외감에게만 있는 놈이 있다. 그러므로 공간과 시간은 오직 생산을 통하여 나에게 객체가 될 수 있다. 다시 말해 [현재의] 나는 생산하기를 그쳤으므로 (지금 나는 단지 내감이다) 이제 나가 새롭게 생산함을 통해서만 공간과 시간이 나에게 객체가 될 수 있다. ─ 그런데 모든 생산하기에서 공간과 시간은 내감과 외감처럼 종합적으로 통일되어 있다. 따라서 이 두 번째 생산하기를 통해서 아무것도 얻어지지 않는다면, 우리는 첫 번째 생산하기에서 도달한 자리에 그대로 머물 것이다. 단, <u>만일 이 두 번째 생산하기가 첫 번째 생산하기에 맞서고</u> 이 맞섬을 통하여 나에게 단박에 객체가 되지 않는다면 말이다. ─ 그러나 두 번째 생산하기가 첫 번째 생산하기에 맞선다는 것은 첫 번째가 두 번째를 한정할 때만 생각할 수 있다. ─ 그러므로 나가 계속 생산하기로 나아가는 근거는 결코 첫 번째 생산하기에 있을 수 없다. 왜냐하면 첫 번째 생산하기는 단지 두 번째 생산하기를 <u>한정하는 놈</u>이며, 한정될 놈 혹은 한정하기의 재료를 전제하기 때문이다. 오히려 그 근거는 나의 고유한 무한성에 있어야 할 것이다. †

요컨대 나가 현재의 생산에서 다음 생산으로 이행하는 근거는 첫 번째 생산하기에 있을 수 없고, 오직 다음 객체가 이 특정 제한성을 가지고서 생산되는 근거만 첫 번째 생산하기에 있을 수 있다. 간단히 말해서 오직 두 번째 생산하기의 딸린 놈만 첫 번째 생산하기를 통하여 규정될 수 있을 것이다. 첫 번째 생산하기를 B로, 두 번째 생산하기를 C로 표기하자. 이제 B가 C 속의 딸린 놈의 근거만 지닌다면, C 속의 딸린 놈을 규정하는 것은 B 속의 딸린 놈일 수밖에 없다. 왜냐하면 C가 B를 통하여 이 특정 방식으로 제한되는 것은 오로지 B 자신이 특정 방식으로 제한됨을 통해서만 가능하기 때문이다. 다시 말해 오직 B 자신 속의 딸린 놈 덕분에 가능하기 때문이다.

      탐구를 쉽게 하고 탐구가 어디로 향하는지 곧바로 알 수 있게 하기 위하여 언급하는데, 우리는 지금 인과관계의 연역에 접근하는 중이다. 다른 많은 논점들보다 인과관계를 논점으로 삼으면 초월적 관념론의 범주 연역 방식을 더 쉽게 이해할 수 있다. 그러므로 본격적인 연역에 앞서 우리의 행보에 대하여 일반적인 반성을 해도 좋을 것이다.

      우리는 인과관계를, 나가 현재의 객체를 객체로 인정할 수 있기 위한 필수조건으로서 연역할 것이다. 만일 이성 속의 무릇 표상이 멈춰있다면, 시간이 고정된 채로 머문다면, 이성 속에는 표상들의 다양성이 없을 뿐더러(이는 당연하다) 현재의 객체가 현재의 놈으로 인정받지도 못할 것이다.

      인과관계 속의 잇따름Sukzession은 필연적인 잇따름이다. 표상들에서 자의적인 잇따름은 근원적으로 도무지 생각할 수 없다. 예컨대 유기체나 제작산물Kunstprodukt인 전체의 개별 부분들을 파악할 때의 [부분들의 순서의] 자의성도 궁극적으로 인과관계에 근거를 둔다. 내가 유기체를 파악할 때 어떤 부분에서 시작하든 간에, 나는 항상 한 부분에서 다른 부분으로 이끌리고, 그 다른 부분에서 원래의 부분으로 되이끌린다. 왜냐하면 유기체에서 모든 것은 서로의 원인이며 결과이기 때문이다. † 물론 제작산물에서는 사정이 다르다. 이 경우에는 어떤 부분도 다른 부분의 원인이 아니다. 그러나 제작자의 생산적 지성 속에서 한 부분은 다른 부분을 전제한다. 표상들의 잇따름이 자의적이게 보이는 다른 모든 사례에서도 마찬가지다. 예컨대 비유기적 자연의 개별 부분들을 파악할 때도 마찬가지다. 비유기적 자연에도 모든 부분들의 보편적 상호작용이 있다.

  모든 범주는 행위방식들이며, 그 행위방식들을 통하여 비로소 우리에게 객체들이 발생한다. 만일 인과관계가 없다면, 이성에게 객체는 없다. 바로 그렇기 때문에 인과관계는 객체로부터 분리될 수 없다. A가 B의 원인이라는 판단의 의미는 이것이다. A와 B 사이에 일어나는 잇따름은 나의 생각 속에서만 일어나는 게 아니라 객체들 자체에서 일어난다. A와 B가 이 관계 속에 있지 않다면, A도 B도 아예 존재할 수 없다. 그러니 여기에 있는 잇따름은 무릇 잇따름이 아니라 객체들 자체의 조건인 잇따름이다. 그런데 방금 언급한, 단지 생각 속에 있는 것과 객체 자체 속에 있는 것 사이의 맞섬을 관념론에서는 어떻게 이해할 수 있을까? 잇따름이 객관적이라 함은 관념론적으로 이런 뜻이다. 잇따름의 근거가 나의 자유롭고 의식적인 생각하기에 있는 게 아니라 나의 무의식적 생산하기에 있다. 위에 언급한 잇따름의 근거가 우리 안에 있지 않다는 말은 이런 뜻이다. 우리는 그 잇따름이 일어나기 전에는 그것을 의식하지 못하며, 그것의 일어남과 그것의 의식됨은 동일하다. 그 잇따름은 우리에게 현상으로부터 분리 불가능하게 나타나야 하며, 현상도 우리에게 그 잇따름으로부터 분리 불가능하게 나타나야 한다. 따라서 경험에게는 잇따름이 사물에 속박되어 있건 사물이 잇따름에 속박되어 있건 결과는 마찬가지다. 보통의 지성은 다만 그 둘이 아무튼 분리 불가능하다고 판단한다. 그러므로 잇따름은 이성의 행위를 통해 발생시키고 객체들은 이성에 독립적으로 발생시킨다면, 이는 사실 매우 비일관적이다. 적어도 그 둘을, 그러니까 잇따름과 객체들을 동등하게 표상에 독립적인 놈들로 제시해야 할 것이다. †

  원래의 논의로 돌아가자. 우리는 지금 두 객체 B와 C를 가지고 있다. 그런데 B는 무엇이었는가? B는 분리 불가능하게 통일된 실체와 딸린 놈이었다. 실체인 한에서 B는 다름 아니라 고정된 시간 자체이다. 왜냐하면 우리에게 시간이 고정됨을 통하여 우리에게 실체가 발생하고, 그 역도 마찬가지니까 말이다. 그러므로 설령 시간에 잇따름이 있다 하더라도, 실체 자체는 시간 속에서 버티는 놈das Beharrende이어야 한다. 따라서 실체는 발생할 수도 소멸할 수도 없다. 실체는 발생할 수 없다. 왜냐하면 무언가를 발생하는 놈으로 정립하면, 그 무언가가 아직 없었던 지난 단계가 있어야 할 텐데, 그 단계 자체가 고정되어야 하므로, 그 단계에도 무언가 버티는 놈이 있어야 할 것이기 때문이다. 그러므로 지금 발생하는 놈은 버티는 놈의 규정에 불과하며 항상 동일한 버티는 놈 자신이 아니다. 마찬가지로 실체는 소멸할 수 없다. 왜냐하면 무언가가 소멸할 때에도 버티는 놈이 남아서 그 버티는 놈을 통하여 소멸의 단계가 고정되어야 하니까 말이다.

따라서 어떤 객체도 다른 객체를 실체의 측면에서 산출하거나 없앨 수 없다. 그러므로 오직 다음 객체의 딸린 놈만 앞선 놈을 통하여 규정될 수 있고, 거꾸로 앞선 놈의 딸린 놈만 다음 놈의 딸린 놈을 규정할 수 있다.

이때 B가 C 속의 딸린 놈을 규정함으로써 객체에서 실체와 딸린 놈이 분리된다. 실체는 버티는 반면, 딸린 놈들은 바뀐다 ― 공간은 머무는 반면, 시간은 흐르고, 따라서 공간과 시간은 분리된 놈들로서 나에게 객체가 된다. 그런데 바로 그렇게 됨으로써, 나 또한 자기가 새로운 상태, 즉 표상들의 비자의적 잇따름의 상태로 옮겨졌음을 발견한다. 이제 우리의 반성이 향할 표적은 이 상태이다.

B의 딸린 놈은 C의 딸린 놈의 근거를 가지고 있다. ― 그러나 이번에도 이 점은 나를 들여다보는 우리에게만 알려졌다. † 이제 이성 자신도 B의 딸린 놈을 C 속의 딸린 놈의 근거로 인정해야 할 텐데, 이는 오직 B와 C가 동일한 행위 속에서 서로 맞서고 또한 다시 관련지어져야만 가능하다. B와 C가 맞서는

것은 자명하다. B는 C를 통하여 의식 밖으로 내쫓겨 지나간 단계로 물러나니까 말이다. B는 원인이고 C는 결과, B는 한정하는 놈이고 C는 한정되는 놈이니까 말이다. 그러나 어떻게 B와 C가 서로 관련지어질 수 있는지는 이해할 수 없다. 지금 나는 근원적 표상들의 잇따름일 뿐이고, 한 표상은 다른 표상을 쫓아내니까 말이다. (나는 B에서 C로 이끌리고, 똑같은 근거로 인해 C에서 D 등으로 이끌린다.) 그런데 위에서 확실히 밝혀졌듯이, 실체가 아니라 딸린 놈만 발생하고 소멸할 수 있다. 한데 실체는 무엇인가? 실체는 다만 고정된 시간이다. 따라서 실체도 머물 수 없다(이는 나에게는 당연하다. 어떻게 실체가 실체 자신이 보기에 버티는지 따위는 전혀 무의미하다). 왜냐하면 지금 시간은 도무지 고정되지 않았고 오히려 흐르기 때문이다(여기에서도 시간이 그 자체로 흐른다는 것이 아니라 나에게 흐른다는 말이다). 요컨대 나 자신이 고정되지 않았기 때문에 실체도 고정될 수 없다. 지금 나는 이 [표상들의] 잇따름 자체일 뿐이다. ─

덧붙여 말하자면, 이 이성 상태, 즉 이성이 단지 표상들의 잇따름일 뿐인 상태는 오직 철학자만 상정하는 중간 상태이다. 이성은 필연적으로 이 상태를 거쳐 다음 상태에 도달하기 때문에 철학자는 이 상태를 상정한다. ─

그렇지만 C와 B 사이의 맞섬이 가능하려면, 실체는 머물러야 한다. 그러나 잇따름이 고정되는 것은, 잇따름 속에 서로 맞선 방향들이 등장함으로써만 가능하다. 그런데 잇따름은 한 방향만 가진다. 그 한 방향을 잇따름에서 떼어 내면, 그것이 바로 시간이다. 시간은 외적으로 직관하면 단 하나의 차원만 가진다.

맞선 방향들이 잇따름 속으로 들어오는 것은, 나가 B에서 C로 이끌림과 동시에 다시 B로 되이끌림을 통해서만 가능하다. † 그럴 경우, 맞선 방향들은 서로를 거둘 것이고, 잇따름은 고정될 것이며, 따라서 실체도 고정될 것이다. 그런데 나가 C에서 B로 되이끌리는 방식은 의심할 바 없이 나가 B에서 C로 이끌린 방식과 동일할 수밖에 없다. 다시 말해서, B가 C에 있는 한 규정의 근거를 가지는 것처럼, 거꾸로 C는 B에 있는 한 규정의 근거를 가져야 할 것이다. 이때 B에 있는 그 규정은 C가 있기 전에 있었을 수 없다. 왜냐하면 C의 딸린 놈이 그 규정의 근거를 가져야 하는데, C는 나에게 이 규정된 놈으로서 현 단계에 비로소 발생하니까 말이다. 실체로서 C가 앞서서 이미 있었을 수도 있겠지만, 지금 나는 그것에〔그럴 가능성에〕대하여 전혀 모른다. 무릇 C는 나에게 이 규정된 놈으로서 발생할 때 비로소 발생한다. 따라서 B에 있으며 그 근거를 C가 가져야 하는 저 규정도 이 단계에 비로소 발생해야 할 것이다. 요컨대 C가 B를 통하여 규정되는 단계에, 그 동일하고 분할 불가능한 단계에 또한 거꾸로 B가 C를 통하여 규정되어야 할 것이다. 그런데 B와 C는 의식 속에서 맞서므로, 필연적으로 C에 정립하기Setzen는 B에 부정립하기Nichtsetzen여야 하며, 그 역도 마찬가지여야 한다. 따라서 B를 통한 C의 규정을 긍정으로 상정하면, C를 통한 B의 규정은 B를 통한 C의 규정의 부정으로 정립되어야 한다.

거의 일깨울 필요도 없겠지만, 우리는 지금까지의 논의를 통해 상호작용Wechselwirkung 관계의 모든 규정들을 도출했다. 인과관계는 상호작용 없이 구성할 수 없다. 왜냐하면 실체들이 관계의 바탕들Substrate로서 서로를 통하여 고정되지 않으면, 결과가 원인에 관련지어지는 것이 불가능하기 때문이다. 즉, 위에서 요구한 맞섬이 불가능하기 때문이다. 그런데 실체들은 인과관계가 상호관계이어야만 고정될 수 있다. 만일 실체들이 상호작용하지 않는다면, 물론 두 실체가 의식 속에 정립될 수야 있겠지만, 오직 하나가 정립되면 다른 하나가 정립되지 않는 식으로만 정립될 수 있지, 동일한 분할 불가능한 단계에 하나와 다른 하나가 동시에 정립될 수는 없다. 그런데 나가 그 두 실체를 인과관계에 있는 놈들로 인정하려면, 이 동시 정립이 필수적이다.† 지금 하나가 정립되고 그 다음에 다른 하나가 정립되는 게 아니라 둘이 동시에 정립된다는 것은, 둘이 서로를 통하여 정립될 때만, 즉 각각의 실체가 다른 실체에 있는 한 규정의 근거이고, 그 규정이 각각의 실체 자체에 정립된 규정에 비례하고 맞설 때만, 다시 말해 두 실체가 서로 상호작용할 때만 생각할 수 있다.

상호작용을 통하여 잇따름은 고정되어 현재가 된다. 그리고 이를 통하여 앞서 말한, 객체에서 실체와 딸린 놈의 동시존재가 복구된다. B와 C는 둘 다 원인 동시에 결과이다. 원인으로서 각각은 실체이다. 왜냐하면 원인으로 인식되려면 버티는 놈으로 직관되어야 하기 때문이다. 또한 결과로서 각각은 딸린 놈이다. 상호작용을 통하여 실체와 딸린 놈은 다시 종합적으로 통일된다. 그러므로 내가 객체를 객체로서 인정할 가능성은 잇따름과 상호작용의 필연성을 조건으로 가진다. 이때 잇따름은 (내가 객체 너머로 나갈 수 있도록) 현재를 거두고, 상호작용은 현재를 복구한다.

B와 C는 동일한 단계에서 상호적으로 상대방에 있는 규정들의 근거인데, 그렇기 때문에 그 단계 밖에서도 B와 C가 동시에 있다는 점은 아직 도출되지 않았다. 이성 자신에게는 그 동시존재가 오직 한 단계에만 타당하다. 왜냐하면 이성은 계속 생산하고 또한 지금까지는 그 생산하기를 제한할 만한 근거가 주어지지 않았으므로, 이성은 항상 다시 잇따름의 흐름에 휩쓸릴 것이기 때문이다. 요컨대 어떻게 이성이 세계에 있는 모든 실체들의 동시존재, 즉 보편적인 상호작용을 받아들이게 되는지는 아직 설명되지 않았다.

상호작용과 함께 공존Koexistenz의 개념도 도출된다. 모든 동시존재는 다만 이성의 행위를 통해서 있고, 공존은 다만 우리의 표상들의 근원적 잇따름의 조건이다. 실체들은 공존과 다르지 않다. 실체들이 실체들로서 고정된다 함은, 공존이 정립된다는 뜻이다. † 거꾸로 공존은 다름 아니라 실체들이 서로를 상호적으로 고정하기다. 이제 이 이성 행위가 관념적으로 되면, 즉 의식적으로 재생산되면, 한낱 공존 또는 동시존재의 형식으로서 공간이 나에게 발생한다. 공간은 상호작용의 범주를 통하여 비로소 공존의 형식이 되며, 실체의 범주에서는 단지 외연의 형식으로 등장한다. 그러므로 공간은 이성의 행위일 뿐이다. 우리는 공간을 멈춘 시간으로, 시간을 흐르는 공간으로 정의할 수 있다. 공간을 독자적으로 고찰하면 그 속에 있는 모든 것은 단지 서로의 곁에 있고, 객관화된 시간 속에 있는 모든 것은 서로의 앞뒤에 있다. 따라서 공간과 시간은 오직 잇따름 속에서 공간과 시간으로서 객체가 될 수 있다. 왜냐하면 잇따름 속에서 공간은 <u>머물고</u>, 시간은 <u>흐르기</u> 때문이다. 종합적으로 통일된 그 둘, 즉 공간과 객관화된 시간은 상호작용에서 자신을 드러낸다. <u>동시존재</u>는 바로 이 통일이다. 공간 속에서 서로 곁에 있음은, 시간 규정이 추가되면 동시존재로 탈바꿈한다. 마찬가지로 시간 속에서 서로 앞뒤에 있음도, 공간 규정이 추가되면 동시존재로 탈바꿈한다. ― 그러나 시간에는 근원적으로 방향이 있다. 비록 시간에 방향을 부여하는 점은 무한에 놓이지만 말이다. 바로 그렇게 시간이 근원적으로 방향을 갖기 때문에, 시간에서는 오직 한 방향만 식별된다. 공간에는 근원적으로 방향이 없다. 왜냐하면 모든 방향들이 공간 속에서 서로를 거두기 때문이다. 공간은 모든 잇따름의 관념적 바탕으로서 절대적 머무름, 강도의 절대적 결여이며, 그런 한에서 무Nichts이다. ― 예로부터 철학자들이 공간과 관련하여 미심쩍게 여긴 점은, 공간은 무의 술어들을 모두 가짐에도 불구하고 무로 간주될 수는 없다는 점이었다. ― 공간에 근원적으로 방향이 없기 때문에, 일단 공간에 방향이 들어오고 나면, 공간에는 모든 방향들이 있다. 그런데 단지 인과관계에만 의지하면 한 방향만 있다. 나는 A에서 B로만 갈 수 있지, 거꾸로 B에서 A로 갈 수 없다. 그러므로 상호작용 범주에 의지해야 비로소 모든 방향들이 동등하게 가능해진다. †

지금까지의 논의에는 관계범주들의 연역이 오롯이 담겨 있다. 게다가 근원적으로 이 연역 말고 다른 연역은 없으므로, 이성 자신에게는 그렇지 않지만 철학자가 보기에는 모든 범주들의 연역이 담겨 있다(어떻게 이성이 이 연역을 모든 범주들의 연역으로 인정하게 되는가는 다음 시대에 비로소 설명될 수 있다). 칸트의 범주표를 보면, 각각의 범주 유형에서 처음 두 범주들은 항상 서로 맞서고 세 번째 범주는 그 둘의 통일이라는 것을 알 수 있다. ― 예컨대 실체와 딸린 놈의 관계를 통하여 단 하나의 객체가 규정되고, 원인과 결과의 관계를 통하여 다수의 객체들이 규정되며, 상호작용을 통하여 다수의 객체들이 다시 하나의 객체로 통일된다. 첫 번째 관계에서 무언가가 통일된 놈으로 정립되는데, 그 무언가는 두 번째 관계에서 거둬지고 세 번째 관계에서 비로소 다시 종합적으로 결합된다. 더 나아가 처음 두 범주들은 단지 관념적 요소들이며, 오직 그 둘로 이루어진 세 번째 범주만 실재적이다. 그러므로 근원적 의식에서는, 혹은 표상하기의 메커니즘에 몰입한 이성 자신에서는, 실체와 딸린 놈으로서의 개별 객체도 순수한 인과관계도 (순수한 인과관계에서 잇따름은 한 방향으로 일어날 텐데) 등장할 수 없다. 오히려 상호작용 범주를 통하여 객체는 나에게 실체와 딸린 놈으로, 원인과 결과로 된다. 객체는 내감과 외감의 종합이며, 그런 한에서 필연적으로 지난 단계 및 다음 단계와 접촉한다. 인과관계에서는 외감이 보기에 실체들은 버티는 반면, 내감 앞에서 딸린 놈들은 지나가므로, 내감과 외감의 종합은 거둬진다. 그러나 인과관계에 싸잡힌 두 실체들이 다시 하나의 실체로 결합되지 않는다면, 인과관계는 인과관계로 인정될 수 없다. 따라서 이 종합은 자연의 이념Idee까지 나아간다. 결국 자연의 이념에서 모든 실체들은 결합되어 하나의 실체가 되고, 그 하나의 실체는 오직 자기와 상호작용한다.

　　그 절대적 종합에서 표상들의 모든 비자의적인 잇따름이 고정될 것이다. † 그러나 우리는 아직까지, 내가 도대체 잇따름 밖으로 나서야 하는 이유를 통찰하지 못하므로, 또 우리는 상대적 종합들만 파악하고 절대적 종합은 파악하지 못하므로, 일단 우리는, 거기에서 모든 맞섬들이 거둬지고 모든 원인과 결과의 잇따름이 절대적 유기체로 통일되는 그런 절대적 총체Totalität로서 자연에 대한 표상은, 표상을 객체에서 객체로만 이끌며 그 속의 모든 종합은 단지 상대적인 그런 근원적 표상하기의 메커니즘을 통해서가 아니라 이성의 <u>자유로운</u> 활동을 통해서만 가능하다고 생각한다. 하지만 그 자유로운 이성 활동을 우리는 아직 파악하지 못했다.

## 3부 초월적 관념론의 근본문장들에 따른 이론철학 체계

현재의 탐구를 진행하면서 우리는 연역의 연관성을 되도록 끊지 않기 위해서 의도적으로 여러 개별 논점들을 건드리지 않았다. 그러나 이제는 그 개별 논점들에 주목할 필요가 있다. 예컨대 지금까지는 끊임없는 생산하기의 근거가 이성 자신에 있다는 점을 그저 전제했다. 왜냐하면 나가 아무튼 계속 생산한다는 점의 근거는 첫 번째 생산하기에 있을 수 없고 오히려 이성에 있어야 했기 때문이다. 그 근거는 우리가 저 앞에서 제시한 근본문장들에 이미 들어 있어야 한다.

나는 근원적으로 생산적이지도 않고 자의적으로 생산적이지도 않다. 이성의 본질과 본성을 이루는 것은 근원적 맞섬이다. 그런데 나는 근원적으로 순수하고 절대적인 동일성이며 그런 동일성으로의 회귀를 한결같이 추구해야 하는데, 그 회귀는 근원적 이중성에 속박된다. 근원적 이중성은 결코 완전히 거둬지지 않는 조건이다. 생산하기의 조건인 이중성이 주어지자마자, 나는 생산해야 하고, 나가 근원적 동일성인 것이 확실한 만큼, 생산하도록 강제된다. 따라서 나 속에 끊임없는 생산하기가 있다면, 이는 오로지 모든 생산하기의 조건인 맞선 활동성들의 근원적 싸움이 나 속에서 무한히 복구됨을 통해서만 가능하다. 그런데 이 싸움은 생산적 직관에서 끝나야 했다. 그러나 만일 그 싸움이 정말로 끝난다면, 이성은 아예 완전히 객체로 이행한다.† 그리고 객체는 객체이지 이성이 아니다. 이성은 오직 저 싸움이 유지되는 한에서만 이성이다. 그 싸움이 끝나는 즉시 이성은 더 이상 이성이 아니라 물질, 객체이다. 따라서 무릇 모든 앎이 이성과 객체의 맞섬에서 비롯되는 것이 확실한 만큼 확실하게 그 맞섬은 어떤 개별 객체에서도 거둬질 수 없다. 하지만 어떻게 유한한 객체가 등장하는가는, 모든 각각의 객체가 겉보기에만 개별적이며 단지 무한한 전체의 부분으로서 생산될 수 있어야만, 설명될 수 있다. 그런데 오직 무한한 객체에서만 맞섬이 거둬진다는 것은, 맞섬 자체가 무한해서 항상 종합의 매개항들만 있을 수 있고 맞섬의 두 궁극적 요소들은 영원히 상대방으로 이행할 수 없어야만, 생

149 [235-237]

각할 수 있다.

그런데 저 맞섬의 원천인 두 활동성들의 싸움은 필연적으로 무한하다. 따라서 저 맞섬이 무한해야 한다는 것도 현실적으로 증명되는 게 아닐까? 이성은 결코 무한히 자기를 확장할 수 없다. 왜냐하면 그것을 이성의 자기회귀 추구가 방해하기 때문이다. 또한 마찬가지로 절대적으로 자기회귀할 수도 없다. 왜냐하면 무한한 놈이려는 경향이 그것을 방해하기 때문이다. 따라서 여기에서는 매개가 불가능하고, 모든 종합은 단지 상대적 종합이다.

그러나 생산하기의 메커니즘을 더 정확히 규정하기를 원한다면, 우리는 그 메커니즘을 다음과 같이 생각할 수밖에 없을 것이다. 한편으로 절대적 맞섬 거두기의 불가능성과 다른 한편으로 그 거두기의 필연성 속에서 한 산물이 발생할 것이다. 그런데 맞섬은 이 산물에서 절대적으로가 아니라 부분적으로만 거두어질 수 있다. 이 산물을 통하여 거둬진 맞섬 바깥에는 아직 거둬지지 않은 맞섬이 놓일 것이고, 이 두 번째 맞섬은 두 번째 산물에서 다시금 거둬질 수 있다. 이렇게 모든 각각의 발생하는 산물은 무한한 맞섬을 부분적으로만 거둠으로써 다음 산물의 조건이 되고, 다음 산물 역시 그 맞섬을 부분적으로만 거두기 때문에 세 번째 산물의 조건이 된다.† 이 모든 산물들 각각은 다른 산물에 종속될 것이고, 궁극적으로 모든 산물들은 첫 번째 산물에 종속될 것이다. 왜냐하면 모든 각각의 앞선 산물은 다음 산물의 조건인 맞섬을 품고 있기 때문이다. 이때 [이성의] 생산적 활동성에 대응하는 힘은 자연의 진정한 종합적 힘 즉 중력이라는 점을 감안하면, 다음을 확신하게 될 것이다. 그 종속관계는 다름 아니라 우주에서 나타나는, 천체들 간의 종속관계이다. 더 나아가 우주가 체계들로 조직되어 한 체계가 다른 체계를 통하여 존재를 유지하는 것은 이성 자신의 조직화Organisation와 동일하다. 이성은 이 모든 산물들을 두루 거치면서 항상 자신과의 절대적 균형점을 추구하지만, 그 점은 무한에 놓여 있다.

그런데 이성의 생산하기의 메커니즘에 대한 이 설명은 우리를 새로운 난관에 빠뜨린다. 모든 경험적 의식은 현재의 객체에서 시작되며, 이성은 이미 최초의 의식에서 자신이 표상들의 규정된[특정] 잇따름에 몰입해 있는 것을 발견한다. 그러나 개별 객체는 오직 우주의 부분으로서만 가능하며, 인과관계에 의존한 잇따름은 다수의 실체들뿐 아니라 모든 실체들의 상호작용 또는 역동적 동시존재를 전제한다. 따라서 이런 모순이 존재한다. 이성은 자기 자신을 의식하는 한에서 잇따름 열의 특정 점에만 개입할 수 있는데, 또한 이성은 자기를 의식할 때 실체들의 총체와 실체들의 일반적 상호작용을 가능한 잇따름의 조건들로서 자기에 독립적으로 전제해야 한다.

이 모순은 단적으로 오직 절대적 이성과 유한한 이성을 구분함으로써만 해결할 수 있다. 또한 이 모순은, 우리가 나를, 나가 모르는 사이에, 이미 생산하기에서 두 번째 제한성으로 혹은 규정된(특정) 제한성으로 옮겨 놓았다는 점에 대한 새로운 증명이다. 이 사정에 대한 자세한 분석은 다음과 같다. † 151 [238-240]

우주가 존재한다는 것, 즉 무릇 실체들의 일반적 상호작용이 있다는 것은, 나가 아무튼 근원적으로 한정된다면, 필연적이다. 이 근원적 한정성 때문에, 다시 말해 자기의식의 근원적 싸움 때문에, 나에게 우주가 발생한다. 그 발생은 점진적이지 않고 한 번의 절대적 종합을 통해 일어난다. 그러나 이 근원적 혹은 최초의 한정성(이 한정성을 자기의식에 의거하여 설명할 수 있다는 점은 당연하다)은 나에게, 자기의식에 의거하여 설명할 수 없고 따라서 도무지 설명할 수 없는 특수한 한정성을 설명해 주지 않는다. 이 특수한 한정성 혹은 (이제부터 이렇게 부르자) 두 번째 한정성 때문에 이성은 경험적 의식의 최초 출발점에서부터 현재에, 시간 열의 특정 단계에 몰입한 놈으로 자기에게 나타날 수밖에 없다. 그런데 이 두 번째 한정성의 열에 등장하는 모든 것은 첫 번째 한정성을 통하여 이미 정립되었다. 다만 차이가 있다면, 첫 번째 한정성을 통해서는 모든 것이 동시에 정립되고, 절대적 종합은 나에게 부분들의 조립을 통해서가 아니라 전체로서 발생한다는 점이다. 절대적 종합은 시간 속에서 발생하지도 않는다. 왜냐하면 모든 종합은 절대적 종합을 통해 비로소 정립되기 때문이다. 반면에 경험적 의식에서는 저 전체가 오직 부분들의 점진적 종합을 통해서만, 즉 잇따르는 표상들을 통해서만 발생할 수 있다. 그런데 시간 속에 있지 않으며 영원한 이성은 다름 아니라 저 절대적 종합 자체이며, 그런 한에서 이성은 생산하기를 시작할 수도 없고 그칠 수도 없다. 그러나 제한된 한에서 이성은 오직 특정 점에 개입하는 놈으로서 잇따름 열sukzessionsreihe 속에 나타날 수 있다. 하지만 무한 이성은 유한 이성과 다르며 따라서 유한 이성 바깥에 무한 이성이 있다는 식의 이야기는 아니다. 유한 이성의 특수한 한정성을 치워 버리면, 유한 이성은 절대적 이성 자체이다. 그 한정성을 정립하면, 절대적 이성은 바로 그 정립을 통하여 절대적인 놈으로서는 거둬지고, 이제 오직 유한 이성만 존재한다. 또한 절대적 종합, 그리고 그 종합의 전개에 속한 특정 점에 개입하기가 두 개의 서로 다른 행위인 것처럼 생각하면 안 된다. † 오히려 동일한 근원적 행위 속에서 이성에게 우주가 발생함과 동시에 이성의 경험적 의식이 묶인 자리인, [우주의] 전개의 특정 점이 발생한다. 간단히 말해서, 동일한 활동을 통하여 이성에게 첫 번째 한정성과 두 번째 한정성이 발생하는데, 두 번째 한정성이 파악 불가능한 놈으로 나타나는 유일한 이유는, 그것이 그것의 규정성의 측면에서 첫 번째 한정성에서 도출될 수 없으면서도 첫 번째 제한성과 동시에 정립되기 때문이다. 그러므로 그[두 번째 한정성의] 규정성은 모든 관점에서 단적으로 우연적인 놈으로 나타날 것이다. 관념론자는 그것을 이성의 절대적 행위로부터 설명할 수밖에 없고, 실재론자는 이른바 숙명 또는 운명으로부터 설명할 수밖에 없다. 그러나 왜 이성에게 이성의 의식이 시작되는 그 지점이 전적으로 이성의 기여 없이 규정된 놈으로 나타나야 하는지는 쉽게 통찰할 수 있다. 요컨대 그 지점에서 처음으로 의식이 발생하고, 의식과 함께 자유가 발생한다. 바로 그렇기 때문에 그 지점 너머에 있는 것은 전적으로 자유에 대해 독립적인 놈으로 나타나야 한다.

우리는 지금 이성의 역사에서 꽤 많이 전진했다. 방금 이성은 규정된 잇따름 열로 한정되었고, 이성의 의식은 특정한 한 점에서만 그 열에 개입할 수 있다. 우리가 방금 시도한 탐구의 핵심은 다음의 질문에 있었다. 어떻게 이성은 이 잇따름 속으로 들어올 수 있었나? 우리는 이성에게 첫 번째 한정성이 발생함과 동시에 두 번째 한정성이 발생해야 한다는 것을 발견했다. 따라서 우리는, 처음 의식에 접근하는 이성을 우리가 실제로 발견했던 것과 다르게 발견할 수 없음을, 즉 규정된 잇따름 열에 몰입한 놈으로서 발견할 수밖에 없음을 안다. 초월철학의 진정한 과제는 이 탐구를 통하여 훨씬 더 분명해졌다. 모든 사람 각자는 자기를 이 탐구의 대상으로 간주할 수 있다. 그러나 자기 자신을 설명하기 위해서는, 먼저 자기의 모든 개체성Individualität을 거뒀어야 한다. 설명되어야 하는 것은 바로 그 개체성인데도 말이다. 개체성의 모든 차단들이 치워지면, 남는 것은 절대적 이성뿐이다. † 또 이성의 차단들도 거둬진다면, 남는 것은 절대적 나뿐이다. 초월철학의 과제는 바로 다음의 질문에 답하는 것이다. 어떻게 절대적 나의 행위로부터 절대적 이성을 설명할 수 있으며, 또한 절대적 이성의 행위로부터 나의 개체성을 구성하는 제한성들의 체계 전체를 설명할 수 있을까? 그런데 이성에서 모든 차단들을 치워 버린다면, 무엇이 특정 행위의 설명 근거로서 남을까? 내〔셸링〕가 한 마디 하자면, 내가 나에서 모든 개체성을 치워 버리고 심지어 나를 이성으로 만드는 차단들까지 치워 버린다 할지라도, 나〔셸링〕는 나의 근본특징을, 즉 나가 자기에게 주체인 동시에 객체라는 점을 거둘 수 없었다. 요컨대 나는 그 자체로 또한 본성에 따라, 특정 방식으로 제한되기 이전에, 단지 자기에게 객체라는 점을 통하여, 자기의 행위에서 근원적으로 한정된다. 나의 행위의 이 첫 번째 혹은 근원적 한정성으로부터 나에게 그 한정성의 근거인 저〔저 앞에서 논한〕 무한한 싸움의 절대적 종합이 단박에 발생한다. 만일 이성이 절대적 종합과 하나라면, 우주는 존재하겠지만 이성은 존재하지 않을 것이다. 이성이 있으려면, 이성이 절대적 종합 바깥으로 나와 그 종합을 의식을 가지고 다시 발생시킬 수 있어야 한다. 또 그럴 수 있으려면, 저 첫 번째 한정성 속에 특수한 혹은 두 번째 한정성이 들어가야 한다. 이 두 번째 한정성의 의미는 이성이 무릇 우주라는 것이 아니라, 이성이 우주를 바로 이 규정된[특정한] 지점에서 직관한다는 것이다. 그러므로 얼핏 해결 불가능하게 보이는 난점, 즉 존재하는 모든 것은 나의 행위로부터 설명 가능해야 하는데 이성은 오직 이미 먼저 결정된 잇따름 열의 특정 점에만 개입할 수 있다는 난점은 절대적 이성과 규정된 이성의 구분을 통하여 해소된다. 당신의 의식이 개입해 있는 잇따름 열은, 당신이 이 개체인 한, 당신을 통하여 규정되지 않았다. 왜냐하면 이 개체인 한에서 당신은 생산하는 놈이 아니라, 오히려 생산되는 놈에 속하기 때문이다. † 저 잇따름 열은 절대적 종합의 전개일 뿐이다. 절대적 종합과 함께 이미, [지금] 일어나거나 [미래에] 일어날 모든 것이 정립되었다. 당신이 바로 이 특정 잇따름 열을 표상하는 것은 당신이 이 특정 이성이기 위하여 필연적이다. 당신에게 이 열이 당신에 독립적으로 미리 결정된 놈으로 나타나는 것, 당신이 처음에서부터 생산할 수 없는 열로 나타나는 것은 필연적이다. 그러나 이 열이 그 자체로 지나가 버렸기 때문에 그런 것이 아니다. 오히려 당신의 의식 너머에 놓인 것이 당신에게 당신에 독립적인 놈으로 나타난다는 것, 바로 이것이 당신의 특수한 한정성이다. 이 한정성을 치워 버리면, 과거는 없다. 이 한정성을 정립하면, 과거는 그 한정성과 동등하게 필연적이고 동등하게, 즉 더도 덜도 아니게 실재적이다. 규정된 한정성 바깥에는 절대적 이성의 영역이 놓인다. 절대적 이성에게는 아무것도 시작되지 않았고, 또한 어떤 것도 되어지지 않는다. 왜냐하면 절대적 이성에게 모든 것은 동시적이기 때문이다. 혹은 더 정확히 말해서 절대적 이성 자체가 모든 것이기 때문이다. 따라서 절대적이며 자신을 절대적 이성으로 의식하지 못한 이성과 의식을 가진 이성 사이의 한계점은 오로지 시간이다. 순수이성에게는 시간이 없다. 순수이성에게는 모든 것이 있다ist, 모든 것이 동시적이다. 그러나 경험적인 이성에게는 모든 것이 발생하며, 오로지 잇따라 발생한다.

이제 현 지점에서부터 이성의 역사를 계속 추적하기에 앞서, 우리는 먼저 저 잇따름에 대한 몇 가지 상세한 규정에 주의를 기울여야 한다. 그 규정들은 잇따름의 연역과 함께 주어졌는데, 미리 예상할 수 있듯이, 우리는 그것들에서 다른 많은 귀결들을 끌어낼 수 있을 것이다.

a) 우리가 알듯이, 잇따름 열은 다름 아니라 근원적이고 절대적인 종합의 전개이다. 따라서 그 열에 등장하는 것은 근원적 종합을 통해 미리 규정된다. 첫 번째 제한성과 함께 우주의 모든 규정들이 정립되며, 나를 이 이성으로 만드는 두 번째 제한성과 함께 나의 의식에 들어오는 우주의 모든 규정들이 정립된다.

b) 절대적 종합은 모든 시간 바깥에서 일어나는 행위이다. 시간은 모든 각각의 경험적 의식과 함께 말하자면 새로 시작된다. 그러나 그럼에도 각각의 경험적 의식은 일부 시간을 이미 흘러가 버린 시간으로 전제한다. 왜냐하면 경험적 의식은 [절대적 종합의] 전개의 특정 점에서 출발할 수밖에 없기 때문이다. † 그래서 시간은 경험적 의식에게 결코 시작된 놈일 수 없고, 경험적 이성에게는 시간에, 절대적 자유를 통한 시작 외에는, 시작이 없다. 그런 한에서 모든 각각의 이성은, 그 이성 자신에게는 그렇지 않지만 객관적으로 보면, 시간 속의 절대적 시작, 무시간적 무한으로 던져져 정립된 절대적인 점이라고 할 수 있다. 그 점에서부터 비로소 시간 속의 모든 무한이 시작된다.

관념론에 대하여 매우 흔하게 제기되는 비판은 다음과 같다. 외부 사물에 대한 관념들은 우리에게 전적으로 비자의적으로 등장한다, 우리는 그것들에 대하여 단적으로 아무것도 할 수 없다, 우리는 그것들을 생산하기는커녕 오히려 그것들이 우리에게 주어지면 주어지는 그대로 받아들여야 한다. 그러나 [이 비판은 효력이 없다. 오히려] 그 표상들이 우리에게 그렇게 나타나야 한다는 것을 바로 관념론으로부터 도출해야 한다. 나는 무릇 객체를 객체로 직관할 수 있기 위하여 지나간 단계를 현재의 근거로 정립해야 한다. 따라서 과거는 오직 이성의 행위를 통하여 항상 다시 발생하며, 나의 이러한 거슬러 오르기가 필연적인 한에서만 필연적이다. 그런데 현 단계에 나에게 다른 것이 아니라 바로 이것이 발생할 수밖에 없는 근거는 오로지 정신의 무한한 귀결Konsequenz에서 찾아야 한다. 지금 나에게는 오직 이 규정들을 가진 객체만 발생할 수 있고 다른 규정들을 가진 객체는 발생할 수 없다. 왜냐하면 나는 앞선 단계에 다른 규정들이 아니라 바로 이 규정들의 근거를 지닌 그런 놈을 생산했기 때문이다. 어떻게 이성이 하나의 생산을 통하여 곧바로 자기를 사물들의 체계 전체에 얽히든verwickelt 놈으로 볼 수 있는지는, 이성이 하나의 전제를 통하여, 심지어 그 전제가 전적으로 자의적일지라도, 오로지 이성 자신의 귀결 때문에, 자신이 매우 복잡한 체계에 빠져들었다고 보는 수많은 경우들에 빗대어 유비적으로 설명할 수 있다. 예컨대 중력체계보다 더 복잡한 체계는 없다. 그 체계를 전개하려면 인간 정신의 최고 노력이 필요하다. 그럼에도 천문학자를 이 운동의 미궁 속으로 이끌고 다시 바깥으로 이끈 것은 매우 단순한 하나의 법칙이다.† 의심의 여지없이 우리의 십진법은 전적으로 자의적인 체계이다. 그럼에도 수학자는 그 하나의 전제를 통하여 여러 귀결들에 얽혀들었고, 아마 어떤 수학자도 아직 그 귀결들(예컨대 소수小數의 놀라운 속성들)을 완전히 전개하지 못했을 것이다. ─

그러므로 이성은 현재의 생산하기에서 자유로울 때가 결코 없다. 왜냐하면 이성이 앞선 단계에서 생산했기 때문이다. 생산하기의 자유는 첫 번째 생산하기를 통하여 말하자면 영원히 상실된다. 게다가 나에게는 첫 번째 생산하기가 존재하지 않는다. 왜냐하면 이성 자신에게 이성이 아무튼 표상하기 시작했던 것처럼 나타난다는 것 역시 이성의 특수한 제한성에 속하기 때문이다. 이 특수한 제한성을 치워 버리면, 이성은 영원하며, 생산하기 시작한 적이 없다. 이성이 생산하기 시작했다고 판단된다면, 어떤 특정한 법칙에 따라 그렇게 판단하는 놈은 항상 다시 이성 자신이다. 따라서 다음으로 귀결된다. 이성은 이성 자신에게는 표상하기 시작했던 놈이지만, 객관적으로 또는 그 자체로 이성은 표상하기 시작했던 놈이 결코 아니다.

관념론자는 다음의 질문을 피해갈 수 없다. 관념론자인 당신은 어떻게 과거가 있음을 받아들이는가? 무엇이 당신에게 과거의 존재를 보증하는가? 모든 사람 각자는 자기의 생산하기에 입각하여 현재를 설명할 수 있다. 하지만 자기가 생산하기도 전에 무언가 있었다는 점은 어떻게 받아들이게 될까? 과거가 그 자체로 있었는가라는 질문은, 사물자체가 있는가라는 질문과 마찬가지로 초재적이다transzendent. 과거는 오직 현재를 통하여 있다. 과거는 각자 자신에게 오직 자기의 근원적 한정성을 통하여 있다. 그 한정성을 치워 버리면, 일어난 모든 것은 일어나고 있는 모든 것과 마찬가지로, 시작되지도 않았고 그치지도 않을 한 이성의 산물이다. ―

<u>절대적</u> 이성에게는 경험적인 영원이 아니라 절대적인 영원이 귀속한다. 절대적 이성을 시간을 통하여 규정하려 한다면, 절대적 이성은 모든 있는 것과 있었던 것과 있을 것이다. 그러나 <u>경험적</u> 이성은, 어떤 놈이기 위하여 다시 말해 규정된 이성이기 위하여, 모든 놈이기를 그치고 시간 바깥에 있기를 그쳐야 한다. † 근원적으로 경험적 이성에게는 오직 현재만 있는데, 그 이성의 무한한 추구를 통하여 현재 순간은 미래 순간의 보증이 된다. 그러나 지금 이 무한성은 더 이상 절대적 무한성 즉 무시간적 무한성이 아니라, 경험적 무한성, 표상들의 잇따름을 통해 발생한 무한성이다. 영혼은 매순간 우주의 표상을 산출한다는 라이프니츠의 말처럼, 경험적 이성은 매 단계에 절대적 종합을 표현darstellen하려 한다. 그러나 절대적 행위를 통하여 그렇게 할 수는 없으므로, 잇따르는 행위, 시간 속에서 전진하는 행위를 통하여 표현하려 한다.

c) 시간은 그 자체로 자기에게, 혹은 근원적으로 그저 한계를 의미하므로, 외적으로 직관될 수 있다. 다시 말해 시간은 공간과 결합되어 다만 흐르는

점으로, 즉 선으로 직관될 수 있다. 그런데 선은 운동에 대한 가장 근원적인 직관이다. 모든 운동은 선으로 직관되는 한에서 운동으로 직관된다. 따라서 표상들의 근원적 잇따름은, 외적으로 직관되면, 운동이다. 그런데 이성은 잇따름 열 전체를 두루 거치며 오직 자신의 고유한 동일성을 추구하는 놈이고 그 동일성은 매 단계에 표상에서 표상으로의 이행을 통해 거둬질 터이므로, 만일 이성이 그 동일성을 항상 다시 산출하려 애쓰지 않는다면, 표상에서 표상으로의 이행은 연속적인 양, 즉 가장 작은 부분이 없는 양을 통하여 일어나야 한다.

그런데 이 이행은 시간 속에서 일어난다. 따라서 시간은 연속적인 양이 될 것이다. 또 이성 속의 모든 근원적 잇따름은 외적으로는 운동으로 나타나므로, 연속성 법칙은 모든 운동의 근본법칙이 될 것이다.

공간에 대해서도 똑같은 속성을 똑같은 방식으로 증명할 수 있다.

절대적 종합을 통하여 모든 것이 미리 규정되고, 시간 속 잇따름과 모든 변화는 다름 아니라 절대적 종합의 전개이므로, 모든 운동의 마지막 근거는 절대적 종합의 요소들에서 찾아야 한다. †

그런데 그 요소들이란 다름 아니라 근원적 맞섬의 요소들이다. 따라서 모든 운동의 근거를 그 맞섬의 요소들에서 찾아야 한다. 근원적 맞섬은 오로지 무한한 종합에서 거둬질 수 있고, 유한한 객체에서는 일시적으로만 거둬질 수 있다. 그 맞섬은 매 단계에 새롭게 발생하며 매 단계에 다시 거둬진다. 모든 운동의 마지막 근거는 매 단계에 일어나는 이 다시 발생하기와 다시 거둬지기여야 한다. 이 문장은 역동적 물리학의 근본문장이며, 하위 학문들의 모든 근본문장이 그렇듯이, 본래의 제 자리는 초월철학에 있다.

### 해결 4

방금 기술한 잇따름에서, 이성에게 관심사는 완전히 비자의적인 그 잇따름 자체가 아니라 자기 자신이다. 이성은 자기 자신을 추구하지만, 바로 그렇게 함으로써 자기에게서 달아난다. 일단 이성이 그 잇따름에 빠져들고 나면, 이성은 자기를 그 잇따름 속에서 활동하는 놈으로 직관할 수밖에 없다. 그런데 우리는 저 앞에서 이성의 이 잇따름 속에서의 자기직관을 상호작용을 통하여 연역했다. 그러나 지금까지 우리는 상호작용을 상대적 상호작용으로만 이해할 수 있었지, 절대적 종합으로 혹은 표상들의 잇따름 전체에 대한 직관으로 이해할 수 없었다. 그런데 어떻게 그 잇따름 전체가 객체로 되는가는 이 잇따름의 제한됨이 없다면 전혀 생각할 길이 없다.

따라서 여기에서 우리는 세 번째 제한성으로 이끌린다. 그 제한성은 이성을 이제껏 등장한 모든 제한성들보다 더 좁은 구역에 집어넣는다. 우리는 〔일단〕 그 제한성을 단지 요청하는 것으로 만족해야 한다. 나의 첫 번째 한정성은 나가 무릇 이성이 되는 것이었고, 두 번째 한정성은 나가 현 단계에서 출발해야 한다는 것, 혹은 잇따름의 특정 점에만 개입해야 한다는 것이었다. 그러나 적어도 그 점에서부터는 열이 무한히 계속될 수 있었다. † 그런데 만일 이 무한성이 다시 제한되지 않는다면, 어떻게 이성이 자신의 생산하기 밖으로 나와 자기를 생산하는 놈으로 직관할 수 있는지 도무지 이해할 수 없다. 지금까지는 이성과 그 잇따름 자체가 하나였다. 이제 이성은 잇따름을 자기에 맞세워 그 잇따름 속에서 자기를 직관해야 한다. 그런데 그 잇따름은 으직 딸린 놈들이 바뀜의 측면에서만 진행된다. 그러나 그 잇따름이 직관되려면, 잇따름 속의 실체적인 놈이 버티는 놈으로서 직관되어야 한다. 이때 그 무한한 잇따름에서 실체적인 놈은 다름 아니라, 발생하지 않았으며 영원한 그런 절대적 직관 자체이다. 그런데 이성이 절대적 종합 즉 우주에 대한 직관을 가지려면, 우주가 이성에게 유한하게 되어야 한다. 요컨대 우주가 직관 속에서 제한되지 않으면, 이성은 저 잇따름을 직관할 수 없다.

  이성은 생산하기를 그칠 수도 없고 이성이기를 그칠 수도 없다. 따라서 이성에게 저 표상들의 잇따름이 제한될 수 있으려면, 그 잇따름은 그 제한성 안에서 다시 무한해야 한다. 이 점을 당장 명확히 해 보자. 외부세계에는 변화들의 끊임없는 바뀜이 있지만, 그 변화들은 무한히 발산하지 않고 특정 구역에 한정되며 그 안에서 끊임없이 재등장한다. 그러므로 이 변화들의 바뀜은 유한한 동시에 무한하다. 특정 한계를 결코 넘어가지 않기 때문에 유한하고, 끊임없이 자기에게로 회귀하기 때문에 무한하다. 순환선Kreislinie은 유한과 무한의 근원적 종합이며, 직선도 순환선 속으로 해소auflösen되어야 한다. 잇따름은 겉보기에만 직선에서 일어난다. 잇따름은 끊임없이 자기에게로 회귀한다.

  이성은 표상들의 잇따름을 자기회귀하는 놈으로 직관해야 한다. 그러나 의심의 여지없이 이 직관을 통하여 이성에게 새로운 산물이 발생할 것이며, 따라서 이성은 그 잇따름을 직관하는 데 또 다시 도달하지 못할 것이다. 왜냐하면 이성에게 그 잇따름 대신에 무언가 전혀 다른 놈이 발생할 테니까 말이다. 이제 질문은 이것이다. 그 새로운 산물은 어떤 놈일까? †

  초월적 관념론에 대한 가장 가시적인 증명은 유기적 자연이라고 할 수 있다. 왜냐하면 모든 각각의 식물은 이성의 상징이기 때문이다. 식물은 재료를 특정 형상Form으로 동화(혹은 붙여 형성anbilden)한다. 그런데 그 재료는 주변의 자연에 미리 그 형상으로 있다. 도대체 어떻게 그 재료는 그 절대적이고 유일한 형상을 띠게 되었을까? 식물은 형상뿐 아니라 재료도 자기로부터 생산하기 때문에 절대적 유기체이다. 표상들의 근원적 잇따름에서 식물은 우리에게 끊임없이 자기의 원인인 동시에 결과인 활동성으로서 나타난다. 식물이 생산하는 놈인 한에서 원인으로서, 생산되는 놈인 한에서 결과로서 말이다. 모든 것이 바깥에서 이성 속으로 들어오게 만드는 경험론은 실제로 이성의 본성〔자연〕을 고작 기계적으로 설명한다. 실제로 그러하듯이 이성이 유기적이라면, 이성은 자기에게 외적인 모든 것도 내부로부터 스스로 자기에 붙여 형성했으며, 이성에게 우주는 단지 더 거칠고 모호한 자기의식 기관일 따름이다. 또 개별 유기체는 더 정교하고 분명한 자기의식 기관이다.

유기적 자연에 대한 연역은 다음의 네 가지 주요 질문에 대답해야 한다.
1. 왜 무릇 유기적 자연이 필연적인가?
2. 왜 유기적 자연 속의 위계가 필연적인가?
3. 왜 살아 있는 조직Oranisation과 죽어있는 조직의 구분이 있는가?
4. 모든 조직의 근본특징은 무엇인가?

1. 유기적 자연의 필연성은 다음과 같이 연역된다.

이성은 이성 자신이 생산적으로 원인에서 결과로 이행하는 것에서, 혹은 이성의 표상들이 잇따르는 것에서 자기를 직관해야 한다. 이때 그 잇따름은 자기에게로 회귀해야만 한다. 그런데 그런 자기직관이 가능하려면, 그 잇따름을 영구적이게permanent 만들어야 한다. 혹은 그 잇따름을 머무는 놈으로 표현해야darstellen 한다. 자기회귀하는 잇따름, 머무는 놈으로 표현된 잇따름, 바로 그것이 조직이다. 조직의 개념은 모든 잇따름의 개념을 비척하지 않는다. 조직은 다만 한계 안에 한정되었으며 고정된 놈으로 표상된 잇따름일 뿐이다. † 조직 161 [254-256] 적〔유기적〕 형태의 표현은 머무름이다. 물론 이 머무는 형태의 끊임없는 재생산은 오직 연속적인 내적 바뀜을 통해서만 가능하지만 말이다. 따라서 이성이 표상들의 근원적 잇따름에서 자기의 원인인 동시에 결과인 것이 확실하고 그 잇따름이 제한된 잇따름인 것이 확실한 만큼, 그 잇따름은 이성에게 조직으로서 객체가 되어야 한다. 이로써 어떻게 이성이 자기를 생산하는 놈으로 직관하는가라는 문제에 대한 첫 번째 해결이 제시되었다.

2. 그러나 그 잇따름은 자신의 한계 안에서 다시 끝없다endlos. 따라서

이성은 자기 조직화를 향한 무한한 추구이다. 그러므로 이성의 체계 전체 안에 있는 모든 것은 조직화를 추구해야 할 것이며, 보편적 조직화 경향은 이성의 외부세계로[도] 퍼져 있어야 할 것이다. 그래서 또한 조직화의 위계가 필연적일 것이다. 왜냐하면 경험적 이성은 자기가 절대적 종합을 통해 표현할 수 없는 우주를 적어도 시간 속에서 순차적으로 산출하려고 끊임없이 애쓰기 때문이다. 그러므로 이성의 근원적 표상들의 잇따름은 다름 아니라 절대적 종합의 순차적 표현 혹은 전개인데, 다만 이 전개는 세 번째 제한성 때문에 특정 한계까지만 도달할 수 있다. 이 제한되었고 제한된 놈으로서 직관된 전개가 바로 조직이다.

그러므로 일반적으로 조직은 다름 아니라 축소되고 움츠러든 우주의 그림이다. 그런데 잇따름 자체는 점진적이다. 다시 말해 잇따름은 어떤 개별 단계에도 완전히 전개될 수 없다. 그러나 잇따름이 멀리 진행되면 될수록, 우주도 그만큼 많이 전개된다. 따라서 조직도 잇따름이 얼마나 진행되는가에 비례하여 더 큰 범위Ausdehnung를 얻고 더 큰 우주 부분을 표현할 것이다. 그러므로 우주의 전개와 평행하게 나열할 수 있는 위계가 [조직에] 부여될 것이다. 이 위계의 법칙은 이러하다. 이성이 범위를 끊임없이 확장하는 만큼, 조직은 자기의 범위를 끊임없이 확장한다. † 이성의 확장 혹은 우주의 전개가 무한히 진행되면, 조직도 무한히 커질 것이다. 전자의 한계는 후자의 한계이기도 하다.

더 자세한 설명은 이러하다. 우리가 유기적 자연[의 위계]에서 아래로 내려갈수록, 조직이 자기 안에 표현하는 세계는 점점 더 좁아지고, 조직 안에 움츠러든 우주의 부분도 점점 더 작아진다. 식물의 세계는 아마 가장 좁은 세계일 것이다. 왜냐하면 수많은 자연변화들은 그 영역에 전혀 속하지 않기 때문이다. 그보다 더 넓지만 아직 매우 한정된 것은, 동물계의 최하 계급들이 자기 안에 표현하는 변화들의 범위이다. 왜냐하면 그 계급들에서는 예컨대 가장 고귀한 감각인 시각과 청각이 아직 닫혀 있고, 단박 현재에 대한 수용성인 촉각은 겨우 열리기 때문이다. ─ 우리가 동물들에서 감각이라고 부르는 것은 외적인 자극을 통하여 표상을 얻는 능력을 뜻하지 않는다. 동물의 각각이란 다만 우주에 대한 동물의 관계를 의미하며, 그 관계는 폭넓거나 한정적일 수 있다. 하지만 무릇 동물을 무엇으로 간주해야 할 것인가는 다음 문장에서 명백히 드러난다. 지금 우리의 연역이 도달한 의식의 단계는 자연에서 동물을 통하여 표현된다. ― 조직들의 위계에서 위로 올라가면, 감각들이 차츰 순서대로 발전하고, 그 순서대로 조직들의 세계가 감각을 통하여 확장되는 것을 발견하게 된다.* 예컨대 촉각은 매우 일찍 열린다. 왜냐하면 유기체의 세계는 촉각을 통하여 매우 가까운 거리까지만 확장되기 때문이다. 신神적인 감각인 시각은 한참 나중에 열린다. 왜냐하면 시각을 통하여 세계는 상상력조차 가늠할 수 없는 거리까지 확장되기 때문이다. 라이프니츠는 빛을 너무나 존중한 나머지, 동물들이 빛 자극을 수용할 수 있다는 이유만으로 동물들에게 고급 표상들을 귀속시켰다.† 그러나 시각이 외견상 등장하는 곳에서도, 그 시각이 얼마나 멀리 뻗어 나가는가는 아직 불확실하다. 또한 혹시 빛은 최고의 조직에게만 빛이 아닐까 하는 점도 불확실하다.

163 [258-259]

    3. 무릇 조직은 진행이 막혀 말하자면 굳어진 잇따름이다. 그런데 이성은 자기의 표상들의 잇따름뿐만 아니라 그 잇따름 속에서 활동하는 놈으로서 자기 자신도 직관해야 한다. 이성이 그 잇따름 속에서 활동하는 놈으로서 자기에게 객체가 되려면(물론 당연히 외적인 객체가 되어야 한다. 왜냐하면 지금 이성은 외적으로만 직관하니까 말이다), 이성은 그 잇따름을 내적인 활동성의 원리를 통하여 유지되는 놈으로 직관해야 한다. 다른 한편, 외적으로 직관된 내면적인 잇따름은 운동이다. 따라서 이성은 내적인 운동 원리를 자기 안에 가진 객체에서만 자기를 직관할 수 있을 것이다. 그런데 그런 객체는 살아 있다고 불린

---

\* 이 법칙과 관련하여 킬마이어Carl Friedrich Kielmeyer 씨의 유기적 힘들의 관계에 대한 강연을 언급해야 한다. 이 법칙은 그 강연에서 제시되고 증명되었다.

다. 그러므로 이성은 자기를 무릇 조직으로서 뿐만 아니라 살아 있는 조직으로서 직관해야 한다.

이와 같은 생명의 연역으로부터 다음이 명확해진다. 생명은 유기적 자연에 일반적이어야 한다. 다시 말해 살아 있는 조직과 죽어 있는 조직의 구분은 자연에 있을 수 없다. 이성은 유기적 자연 전체를 통하여 자기를 잇따름 속에서 활동하는 놈으로 직관해야 하므로, 모든 각각의 조직은 넓은 의미에서의 생명을, 즉 내적인 운동 원리를 자기 안에 가져야 한다. 물론 생명은 많이 한정될 수도 있고 적게 한정될 수도 있다. 따라서 살아 있는 조직과 죽어 있는 조직의 구분은 어디에서 나오는가라는 질문은 앞서 제기되었던 다음의 질문으로 환원된다. 유기적 자연의 위계는 어디에서 나오는가?

그러나 이 조직들의 위계는 단지 우주 전개의 여러 단계들을 나타낼 뿐이다. 이성이 잇따름을 통하여 끊임없이 절대적 종합을 표현하려 하는 것과 마찬가지로, 유기적 자연은 끊임없이 보편적 유기체를 향해 애쓰고 비유기적 자연에 맞서 싸우는 놈으로 나타날 것이다. 이성의 표상들의 잇따름의 한계는 또한 조직의 한계일 것이다. † 그런데 이성의 직관하기에 절대적 한계가 존재해야 한다. 우리에게 이 한계는 빛이다. 왜냐하면 빛은 물론 우리의 직관범위를 거의 가늠할 수 없게 확장하지만, 그럼에도 빛의 한계가 우주의 한계일 수는 없다. 또 빛 세계 너머에 우리가 모르는 빛을 발하는 세계가 있고, 그 세계는 우리 직관의 범위에 들어오지 않는다는 것은 한낱 가설이 아니다. — 따라서 만일 이성이 자기의 직관 안에 들어오는 한에서의 우주의 전개를 한 조직에서 직관한다면, 이성은 그 조직을 자기와 동일한 놈으로 직관할 것이다. 왜냐하면 유기적 자연의 온갖 미로와 굴곡을 두루 거쳐 자기를 생산적인 놈으로서 되비치려 하는 놈이 바로 이성이기 때문이다. 그러나 이성의 세계는 어떤 하위 조직들에서도 완전하게 표현되지 않는다. 오직 조직이 최고의 완전성에 도달하여 그 안에 이성의 세계 전체가 움츠러들 때만, 이성은 그 조직을 자기와 동일한 놈으로 인식할 것이다. 그러므로 이성은 자기에게 무릇 조직으로만 나타나는 게 아니라 조직화의 정점에 있는 놈으로 나타날 것이다. 이성은 나머지 조직들을 중간항들로 간주할 수밖에 없다. 그 중간항들을 두루 거쳐 점진적으로 도달한 가장 완벽한 조직이 물질의 속박으로부터 벗어난다고, 혹은 그 중간항들을 두루 거쳐 이성 자신이 자기에게 완벽하게 객체가 된다고 간주할 수밖에 없다. 따라서 이성은 나머지 조직들에게 자기와 동등한 지위를 허락하지 않을 것이다.

이성의 세계의 한계, 혹은 같은 말이지만 이성의 표상들의 잇따름의 한계는 또한 이성에게 조직의 한계이다. 따라서 우리가 제3의 한정성이라고 일컬었던 것은, 이성이 자기에게 유기적 개체로 나타나야 한다는 것과 같다. 이성이 자신을 유기적 개체로 직관하는 것이 필연적이기 때문에, 이성의 세계는 이성이 보기에 완전히 제한된다. 또 거꾸로 이성의 표상들의 잇따름이 제한된 잇따름이기 때문에, 이성은 유기적 개체가 된다.

4. 조직의 근본특징은, 말하자면 메커니즘을 벗어나 존립한다는 것, † 165 [261-262] 원인이나 결과로서만 존립하는 게 아니라, 조직 자신이 자기의 원인인 동시에 결과이기 때문에, 자기를 통하여 존립한다는 것이다. 우리는 객체를 처음에 실체와 딸린 놈으로 규정했지만, 객체가 그런 놈으로 직관되려면, 객체는 또한 원인과 결과여야 했다. 또 객체가 원인과 결과로 직관되려면, 실체들이 고정되어야 했다. 그러나 실체는 어디에서 시작되고 어디에서 끝나는가? 모든 실체들의 동시존재는, 모든 실체들을 오직 영원한 자기와의 상호작용에 몰입해 있는 하나의 실체로 탈바꿈시킨다. 이 하나의 실체는 절대적 조직이다. 그러므로 조직은 상호작용 범주의 더 높은 역량이다. 상호작용 범주를 일반적으로 생각하면, 상호작용 범주는 자연의 개념에 혹은 일반적 조직의 개념에 이르며, 이 개념과 관련지을 때 모든 개별 조직들은 딸린 놈들이다. 그러므로 조직의 근본특징은 자기와 상호작용한다는 점, 생산하는 놈인 동시에 산물이라는 점이다. 이 개념은 모든 유기적 자연론의 원리이며, 조직에 대한 모든 상세한 규정들은 이 개념

으로부터 선험적으로 도출될 수 있을 것이다.

지금 우리는 모든 생산의 정점인 유기적 생산에 도달했으므로, 우리가 거친 열 전체를 돌아보는 것도 좋을 듯하다. 이제 우리는 자연에서 직관의 세 역량을 구분할 수 있다. 단순한 직관은 재료Stoff이며, 감각을 통하여 자연에 정립된다. 두 번째 직관은 물질이며, 생산적 직관을 통하여 정립된다. 끝으로 세 번째 직관은 조직을 통하여 표현된다.

그런데 조직은 다름 아니라 두 번째 역량의 생산적 직관이므로, 무릇 물질 구성의 범주들 혹은 일반 물리학의 범주들은 또한 유기적 구성과 유기적 자연론의 범주들일 것이다. 다만 유기적 자연론에서는 그 범주들을 말하자면 역량을 높여서 생각해야 할 것이다. 더 나아가 일반 물리학의 세 범주를 통하여 물질의 세 차원이 규정된 것과 마찬가지로, 유기적 물리학의 세 범주를 통하여 유기적 산물의 세 차원이 규정된다. 그리고 이미 언급한 대로, 산물로 이행하는 과정의 일반적 표현이 갈바니즘이고, † 자기와 전기와 화학적 힘을 산물과 함께 역량을 높이면 유기적 물리학의 세 범주가 나온다면, 우리는 갈바니즘을 저 일반적 자연력들이 감수성Sensibilität, 흥분성Irritabilität, 형성충동Bildungstrieb으로 이행할 때 거치는 다리로 간주해야 할 것이다.

생명의 근본특징은 다음과 같을 것이다. 생명은 자기회귀하며 고정되었으며 내적 원리를 통하여 유지되는 그런 잇따름이다. 그리고 생명은 이성적 생명의 그림인데, 이성적 생명 혹은 의식의 동일성이 오직 표상들의 연속성을 통하여 유지되는 것과 마찬가지로, 생명은 오직 내적 운동들의 연속성을 통하여 유지되고, 이성이 자기의 표상들의 잇따름에서 끊임없이 의식을 얻기 위해 싸우는 것처럼, 생명은 자연의 흐름에 맞선 끊임없는 싸움으로 혹은 자연의 흐름에 맞서 자신의 동일성을 주장하려는 노력으로 생각되어야 한다.

이로써 우리는 유기적 자연의 연역이 답해야 할 중심질문에 답했다. 그러니 이제 이 연역의 개별 결과들 중 하나로, 즉 조직의 위계에서 필연적으로 어떤 조직이 등장해야 하고 이성은 그 조직을 자기와 동일한 놈으로 직관하도록 요구받는다는 점으로 관심을 돌리자. 만일 이성이 다름 아니라 근원적 표상들의 전개라면, 또 이 잇따름〔전개〕이 유기체에서 표현된다면, 이성이 자기와 동일한 놈으로 인식해야 하는 저 조직〔유기체. 이성과 동일시되는 몸〕은 매 단계에서 이성의 내면의 완전한 판박이Abdruck일 것이다. 그런데 표상들에 대응하여 유기체에서 변화들이 일어나지 않는다면, 표상들은 이성에게 객체가 될 수 없다. 초재적으로transzendent 표현하자면, 예컨대 선천성 맹인도 정상인에게 빛이 무엇인지에 대한 표상을 가진다. 왜냐하면 그 표상을 가지기 위해서는 내적인 직관능력만 필요하기 때문이다. 다만 그 표상은 객체가 되지 못한다. 그러나 사실 나 속에는 나 자신이 자기 속에 있다고 직관하는 것만 있다. 그러므로 초월적으로 볼 때 저 표상은 실제로 나〔선천성 맹인〕 속에 있지 않다. † 유기체 167 [264-266] 〔몸〕는 이성이 자기를 잇따름의 실체 혹은 주체로서 잇따름 자체와 구분하기 위한, 혹은 잇따름이 이성에 독립적인 놈이 되기 위한 조건이다. 우리가 보기에 마치 유기체에서 이성으로 이행이 있는 것처럼, 다시 말해 유기체의 건드림을 통하여 이성 속에 표상이 생기는 것처럼 나타나는 것은 한낱 착각이다. 왜냐하면 표상이 유기체를 통하여 우리에게 객체가 되기 전에는 우리는 표상에 대하여 아무것도 알 수 없기 때문이다. 그래서 의식에서는 유기체의 건드림이 표상에 선행한다. 따라서 의식에서는 유기체의 건드림이 표상을 조건으로 갖는 게 아니라 오히려 표상의 조건인 것처럼 나타나야 한다. 표상 자체는 그렇지 않지만, 표상에 대한 의식은 유기체의 건드림을 조건으로 가진다. 만일 경험론이 자신의 주장을 표상에 대한 의식에 국한한다면, 경험론은 옳다.

　　그러므로 서로 맞선 두 객체가 없고 사실은 단 하나의 객체만 있는 상황에서도 이행에 대하여 이야기할 수 있다면, 오히려 이성에서 유기체로의 이행에 대하여 이야기할 수 있다. 유기체 자체는 이성의 직관방식의 하나일 뿐이다. 그러므로 이성 안에 있는 모든 것은 필연적으로 단박에 유기체〔몸〕에서 이성에게 객체가 되어야 한다. 우리 안에 있는 모든 것, 즉 표상의 객체뿐 아니라 표상 자체까지 모든 것을 우리 바깥에 있는 놈으로서 직관하는 게 필연적이라는 점, 바로 이 점에서 이른바 정신의 물질에 대한 의존 전체가 비롯된다. 예컨대 유기체가 더 이상 우리 우주의 완벽한 반영Reflex이 아닌 그 순간부터 유기체는 더 이상 자기직관의 기관으로서 기능하지 못한다. 다시 말해 유기체는 병든다. 이때 우리는 오로지 유기체와 우리의 절대적 동일성 때문에 우리 자신이 병들었다고 느낀다. 그러나 유기체는 단지 자연법칙에 따라, 즉 이성의 법칙에 따라 병들었다. 이처럼 이성은 생산할 때 자유롭지 않고 법칙을 통하여 한정되고 강제된다. 따라서 나의 유기체가 자연법칙에 따라 병들어야 할 때, 나는 나의 유기체를 병든 놈으로 직관하도록 요구받는다. † 병들었다는 느낌은 다름 아니라 이성과 이성 유기체 사이의 동일성이 거둬짐을 통하여 발생하며, 반대로 건강하다는 느낌은, 전혀 공허한 감각도 느낌으로 칭할 수 있다고 한다면, 이성이 유기체 속에서 완전히 사라졌다는 느낌, 혹은 어느 훌륭한 작가가 말한 대로, 유기체가 정신에게 투명하다는 느낌이다.

앞에서 언급했듯이 이성적인 놈 자체는 물리적인 놈에 의존하지 않지만 이성적인 놈에 대한 의식은 의존한다. 이 의존성에서 비롯되는 또 다른 현상은, 유기적인 힘들이 성장하고 획득됨에 따라 정신적인 힘들이 성장하고 획득되는 것처럼, 그리고 심지어 정신적인 힘들이 태어난 것처럼 보이는 것이다. 이 특정 개체로서 나는, 나가 자기를 이 특정 개체로서 직관하기 전에는 아예 없으며, 이 직관이 그치면 나는 이 특정 개체가 아니다. 그런데 자연법칙에 따라 필연적으로 한 시점[죽음의 시점]이 있고, 그 시점에 유기체는, 자기의 힘으로 자기를 점차 파괴하는 작품이기에, 외부세계의 반영이기를 그쳐야 한다. 그러므로 유기체와 이성 사이의 동일성에 대한 절대적 거둠(병에서는 이 거둠이 다만 부분적이다) 즉 죽음은 자연사건이다. 죽음은 심지어 이성의 표상들의 근원적 열 속에 등장한다.

유기체가 끊임없이 이성의 판박이라는 점은 이성의 맹목적 활동성에 대하여 타당하다. 그런데 우리가 지금까지 도출하지 못했지만, 만일 이성 속에 자유로운 활동성이 있다면, 방금 언급한 그 점은 자유로운 활동성에 대해서도 타당해야 한다. 요컨대 이성 속에서 표상들의 자유의지에 따른 잇따름 각각에 이성 유기체 속의 자유로운 운동 하나가 대응해야 한다. 그 운동은 좁은 의미에서 자의적인 운동으로 불리는 것 외에 몸짓과 언어 등, 간단히 말해서 내면 상태의 표현인 모든 것을 포함한다. 그러나 어떻게 이성이 자유롭게 만들어 낸 표상이 외적인 운동으로 이행하는가는 실천철학에 속하는 질문이다. 여기에서 이 질문을 언급하는 것은 다만, 이 질문이 오직 방금 제시한 근본문장들에 입각해서만 대답될 수 있기 때문이다. 그러나 이 질문은 거꾸로 된 질문, 즉 어떻게 유기체에서의 변화가 이성 속 표상의 조건일 수 있는가라는 질문과 전혀 다르게 해결되어야 한다.† 이성이 무의식적으로 생산하는 한에서, 이성 유기체와 이성은 단박에 동일해서, 이성이 외적으로 직관하는 놈은 더 이상의 매개 없이 유기체를 통해 반영된다. 예컨대 이런 저런 상황에서, 이를테면 일반적으로 들뜨게 만드는 원인들(병을 일으키는 원인들)이 있을 때 우기체가 병든 놈으로 나타나는 것은 자연법칙에 따라 필연적이다. 이 조건들이 주어지면, 더 이상 이성은 제약된 놈을 표상하거나 하지 않는 것에 있어서 자유롭지 않다. 이성은 유기체를 병든 놈으로 표상해야 하고, 그렇기 때문에 유기체는 병이 든다. 그러나 이성이 자유롭게 활동하는 한에서, 이성과 이성 유기체는 구분된다. 따라서 이성의 표상함으로부터 단박에 유기체 속에 있음이 뒤따르지 않는다. 이성의 자유로운 활동성과 이성 유기체의 운동 사이의 인과관계는 거꾸로 된 인과관계와 마찬가지로 생각할 수 없다(불가능하다). 왜냐하면 이 둘은 실제로 맞서는 게 아니라 관념적으로만 맞서기 때문이다. 그러므로 남은 길은, 자유롭게 활동하는 이성과 의식 없이 직관하는 이성 사이에 필연적으로 조화를 정립하는 것뿐이며, 그 조화는 필연적으로 예정조화이다. 요컨대 초월적 관념론도 예정조화를 필요로 한다. 물론 유기체에서의 변화들과 비자의적 표상들의 일치를 설명하기 위해서 필요로 하지는 않지만, 유기적 변화들과 자의적 표상들의 일치를 설명하기 위해서는 필요로 한다. 또한 통상적으로 해석된 라이프니츠의 예정조화, 즉 이성과 유기체 사이의 단박 예정조화가 아니라, 자유롭게 생산하는 활동성과 의식 없이 생산하는 활동성 사이에서 일어나는 예정조화를 필요로 한다. 왜냐하면 이성에서 외부세계로의 이행을 설명하려면 다만 두 번째 언급한 예정조화만 필요하기 때문이다.

그러나 우리가 현재의 영역[이론철학]에 있는 한, 우리는 그런 조화가 어떻게 가능한지 통찰할 수 없고, 통찰할 필요도 없다. †

### 해결5

이제 완전히 도출된, 이성이 유기체와 맺는 관계로부터 다음이 명백하다. 의식의 현 단계에서 이성은 자기가 자기와 완전히 동일한 놈으로 직관하는 자기의 유기체 속에서 자기를 잃어버리고, 따라서 이번에도 자기직관에 도달하지 못한다.

그런데 다른 한편, 이성에게 이성의 세계 전체가 유기체 속에 수축함을 통하여, 이성에게 생산하기의 범위가 닫힌다. 따라서 이성 속에 완전한 의식을 정립하는 마지막 행위(이 행위를 발견하는 것이 우리의 유일한 과제였다. 이 과제의 해결에 포함된 다른 모든 것은 우리에게나 이성 자신에게나 말하자면 다만 곁가지로 뜻하지 않게 발생했다)는 완전히 생산하기의 범위 바깥에 놓여야 한다. 다시 말해 의식이 발생하려면 이성이 자기를 생산하기로부터 완전히 떼어 내야 한다. 이 일은 의심할 바 없이 다시금 오직 행위들의 열을 통하여 일어날 수 있을 것이다. 그 행위들을 도출할 수 있으려면 먼저 생산하기에 맞선 그 행위들이 속한 영역을 적어도 일반적으로 알 필요가 있다. 그 행위들이 생산하기에 맞서야 한다는 점은 그것들이 생산하기를 제한해야 한다는 것으로부터 이미 추론할 수 있다.

그러므로 우리의 질문은 이것이다. 지금까지의 논의에서 어떤 행위가 생산하기에 맞선 놈으로서 우리에게 등장했는가? — 나가 자기를 생산적인 놈으로 직관하기까지 점진적으로 거치는 생산들의 열을 도출하는 과정에서, 비록 이성이 자기를 생산하기로부터 아예 떼어 내는 활동성은 나타나지 않았지만, 모든 각각의 도출된 산물들이 이성의 의식 속에 정립되는 것은 오직 이성이 생산되는 놈을 끊임없이 반성한다는 것을 통해서만 설명될 수 있었다. 다만 주목할 것은, 우리가 보기에는 모든 각각의 반성을 통하여 새로운 생산하기의 조건이 발생한다는 점이었다. 따라서 우리는 앞으로 나아가며 계속되는 생산하기를 설명하기 위하여 우리의 객체〔나〕속에 모든 각각의 개별 생산하기 너머로 뻗어 나가는 활동성을 정립해야 했다. 단, 우리의 객체는 이 뻗어 나감을 통하여 항상 다시 새로운 생산에 휘말렸다. † 그러므로 우리가 일단 알 수 있는 것은, 지 171 [270-272] 금 우리가 요청하는 저 행위들의 열이 무릇 반성의 영역에 속한다는 점이다.

그런데 생산하기는 이제 이성에게 달렸다. 따라서 이성은 어떤 새로운 반성을 통해서도 생산하기의 영역으로 돌아갈 수 없다. 그러므로 이제 우리가 도출할 반성하기는, 끊임없이 생산하기와 나란히 가는 반성하기와 전혀 달라야 하고, 만일(충분히 그럴 수 있을 텐데) 필연적으로 생산하기를 동반한다면, 이 생산하기는 저 필연적인 생산하기에 맞서 자유로운 생산하기일 것이다. 또한 거꾸로, 의식 없는 생산에 동반된 반성하기가 필연적인 반성하기였다면, 지금 우리가 찾는 반성하기는 자유로운 반성하기여야 한다. 그 자유로운 반성하기를 통하여 이성은 단지 개별 생산하기를 제한하는 것이 아니라 무릇 생산하기를 통째로 또한 단적으로 제한할 것이다.

생산하기와 반성하기의 맞섬은, 우리가 이제껏 직관의 관점에서 바라본 놈들이 반성의 관점에서는 우리에게 전혀 다르게 나타난다는 점을 통하여 가장 두드러지게 드러날 것이다.

요컨대 우리는 지금 적어도 일반적으로 그리고 잠정적으로, 이성이 자기를 무릇 생산하기로부터 떼어 내는 행위들의 열이 속한 영역을 안다. 그것은 자유로운 반성의 영역이다. 그리고 이 자유로운 반성이 앞에서 도출된 내용들과 관련된다면, 자유로운 반성의 근거는 단박에 세 번째 제한성에 놓여야 한다. 그 제한성은 우리를 곧장 반성의 시대로 이끌 것이다. 두 번째 제한성이 우리를 생산하기의 시대로 이끌었던 것처럼 말이다. 그러나 우리가 보기에 아직까지 우리는 그 [자유로운 반성과 세 번째 제한성의] 관련Zusammenhang을 실제로 밝혀낼 능력이 없다. 우리는 다만 그런 관련이 있을 것이라고만 주장할 수 있다.†

### 두 번째 시대에 대한 일반 주석

지난 [두 번째] 시대에 도출된 행위 열Handlungsreihe의 전체적 관련에 대한 통찰은, 우리가 첫 번째 근원적인 제한성이라고 부른 놈과 두 번째 혹은 특수한 제한성이라고 부른 놈 사이의 구분을 파악하는 것에서 비롯된다.

근원적 한계는 이미 자기의식의 첫 번째 활동에서 관념적 활동성을 통하여, 혹은 나중에 나에게 나타난 대로 말하자면, 사물자체를 통하여 나 속에 정립되었다. 그런데 사물자체를 통해서는 단지 객관적 혹은 실재적 나만 제한되었다. 하지만 나는, 생산하는 놈인 순간부터, 즉 두 번째 시기Periode [시대] 전체에 더 이상 단지 실재적이지 않고, 오히려 관념적인 동시에 실재적이다. 따라서 지금 생산하는 나는 생산하는 놈으로서 저 근원적 한계를 통하여 제한될 수 없다. 이는 또한 그 한계가 지금 객체로 이행했기 때문이기도 하다. 그 객체는 나와 사물자체의 공동 표현이다. 따라서 사물자체를 통하여 정립된 근원적 제한성은 그 객체에서 찾아져야 하고, 실제로 거기에서 발견되었다.

따라서 만일 나가 지금 여전히 자기를 제한된 놈으로 느낀다면, 생산하는 놈으로서 제한된 놈으로 느낄 수밖에 없고, 이는 다시 오직 두 번째 한계를 통해서만 일어날 수 있는 일이다. 그 한계는 사물의 한계이면서 또한 나의 한계이어야 한다.

그런데 이 한계는 나 속의 겪음의 한계이다. 그러나 이는 오직 실재적 혹은 객관적 나에게만 그러하고[겪음의 한계이고], 바로 그렇기 때문에 그 한계는 관념적 혹은 주관적 나에게 활동성의 한계이다. 사물자체가 제한된다 함은 관념적 나가 제한된다는 뜻이다. 따라서 명백히 알 수 있듯이, 한계는 생산하기를 통하여 현실적으로 관념적 나 속으로 이행했다 관념적 나의 활동성을 제한하는 바로 그 한계가 실재적 나의 겪음을 제한한다. 관념적 활동성과 실재적 활동성의 무릇 맞섬을 통하여 첫 번째 제한성이 정립된다. 이 맞섬은 생산적 직관에서 맞섬으로서 인정되자마자 필연적으로 특정한 맞섬이어야 한다. 그리고 이 [특정한] 맞섬의 정도Maß 혹은 한계를 통하여 두 번째 제한성이 정립된다. † 173 [274-275]

그러므로 나는 생산하는 놈이 됨을 통하여 단번에 두 번째 제한성에 빠져들었던 것이다. 다시 말해 나의 관념적 활동성도 제한되었던 것이다. 물론 나는 이 사실을 몰랐지만 말이다. 이 두 번째 제한성은 그 자체로 제한 불가능한 나에게 단적으로 우연적인 놈이어야 한다. 그 제한성이 단적으로 우연적이라 함은 그 제한성의 근거가 나의 절대적으로 자유로운 행위에 있다는 뜻이다. 다른 한편, 객관적 나가 이 특정 방식으로 제한된 것은 관념적 나가 바로 그 특정 방식으로 행위했기 때문이다. 또 관념적 나가 이 특정 방식으로 행위했다는 것은, 관념적 나 속에 이미 규정성이 있었음을 전제한다. 따라서 두 번째 한계는 나에게 나의 활동성에 독립적인 동시에 의존적인 놈으로 나타나야 한다. 이 모순은 오로지 이 두 번째 제한성이 단지 현재의 제한성임을 통하여, 즉 그 제한성의 근거가 나의 과거 행위에 있음을 통하여 해결될 수 있다. 그 한계가 현재의 한계라는 점이 반성되는 한에서 그 한계는 나에 독립적이며, 그 한계가 무릇 한계라는 점이 반성되는 한에서, 그 한계는 나의 행위를 통하여 정립된 놈이다. 따라서 관념적 활동성의 제한성은 나에게 단지 현재의 한계로만 나타날 수 있다. 요컨대 나가 의식을 가지고 감각하는 놈이 됨을 통하여 단박에 나에게 시간이 절대적 한계로서 발생한다. 시간을 통하여 나는 의식을 가지고 감각하는 놈으로서 즉 내감으로서 자기에게 객체가 된다. 그런데 나는 앞선 행위(생산하기 행위)에서 단지 내감이 아니었다. 물론 철학자만 알지만, 그때 나는 내감인 동시에 외감이었다. 나는 관념적 활동성인 동시에 실재적 활동성이었으니까 말이다. 그러므로 나가 내감으로서 자기에게 객체가 되려면, 또한 동시에 외감도 나에게 객체가 되어야 하며, 만일 내감이 절대적 한계로 직관된다면, 외감은 모든 방향으로 무한한 활동성으로 직관될 수밖에 없다.

따라서 생산에서 관념적 활동성이 제한됨을 통하여 단박에 내감은 공간에 독립적인 시간을 통하여, 외감은 시간에 독립적인 공간을 통하여 나에게 객체가 된다. † 요컨대 내감과 외감은 나가 의식할 수 없는 직관들로서가 아니라 단지 직관된 놈들로서만 의식에 들어온다.

그런데 시간과 공간도 나에게 객체가 되어야 한다. 이것이 이 시대의 두 번째 직관이다. 이 직관을 통하여 나 속에 새로운 규정 즉 표상들의 잇따름이 정립된다. 또 이 잇따름 때문에, 나에게는 최초의 객체가 도무지 존재하지 않는다. 나는 근원적으로 오직 두 번째 객체만 첫 번째 객체를 한정하는 놈으로서 첫 번째 객체에 맞세움을 통하여 의식할 수 있으니까 말이다. 이로써〔표상들의 잇따름을 통하여〕두 번째 제한성이 의식 속에 완전히 정립된다.

그런데 인과관계도 나에게 객체가 되어야 한다. 이 일은 이 시대의 세 번째 직관인 상호작용을 통하여 일어난다.

이처럼 이 시대의 세 직관들은 다름 아니라 모든 앎의 근본범주들, 곧 관계의 범주들이다.

상호작용이 가능하려면, 잇따름이 나가 보기에 제한된 잇따름이 되어야 하고, 이 일은 조직을 통하여 일어난다. 조직은 생산의 정점을 나타내는 한에서 그리고 세 번째 제한성의 조건으로서 새로운 행위 열로의 이행을 강제한다.

## 세 번째 시대:반성에서 절대적 의지활동까지

1.

이제껏 도출된 종합 행위들의 열에는 나가 단박에 자신의 활동성에 대한 의식에 도달하는 행위가 등장하지 않았다. 그런데 종합 행위들의 범위는 닫혔고 앞선 연역들을 통하여 소진되었으므로, † 도출된 바에 대한 의식을 나 속에 정립하는 행위 혹은 행위 열은 종합적인 유형일 수 없고 분석적인 유형이어야 한다. 요컨대 반성의 관점은 분석의 관점과 동일하고, 따라서 그 관점에서는 나 속에 이미 종합적으로 정립된 행위만 나 속에서 발견될 수 있다. 그러나 어떻게 나가 반성의 관점에 도달하는가는 아직까지 설명되지 않았고, 아마 이론철학에서는 도무지 설명될 수 없을 것이다. 우리가 반성을 나 속에 정립하는 행위를 찾아냄을 통하여〔찾아낸다면〕, 종합의 실마리는 다시 연결될 것이며 그 지점에서부터 의심의 여지없이 무한으로 이어질 것이다.

직관하는 놈인 한에서 이성은 직관되는 놈과 <u>하나</u>이며 전혀 별개가 아니다. 따라서 이성은 <u>자기를 산물들로부터 분리하기</u> 전에는 산물들을 통하여 자기직관에 도달할 수 없을 것이다. <u>이성 자체</u>는 다름 아니라 <u>객체를 발생시키는</u> 특정 <u>행위방식</u>이므로 자신의 행위를 자신의 행위로서 그 행위에서 발생하는 놈으로부터, 다시 말해 생산되는 놈으로부터 분리함을 통해서만 자기에게 도달할 수 있을 것이다.

지금 우리는 그런 분리하기가 이성에서 과연 가능한지 혹은 일어나는지 여부를 전혀 알 수 없다. 아무튼 우리의 질문은 이러하다. 그런 분리하기를 전제하면, 무엇이 이성 속에 있게 될까?

방금 말한 생산되는 놈으로부터 행위하기를 분리하기는 보통의 언어에서 추상Abstraktion으로 불린다. 그러므로 반성의 첫 번째 조건은 추상으로 나타난다. 이성이 이성의 행위와 별개인 놈이 아닌 한, 그 행위에 대한 의식은 불가능하다. 추상을 통하여 이성은 이성의 생산하기와 별개인 놈이 되고, 바로 그렇기 때문에 이성의 생산하기는 이제 더 이상 행위로서 나타날 수 없고 오직 생산되는 놈으로서만 나타날 수 있다.

그러나 이성 즉 행위하기와 객체는 근원적으로 하나이다. 객체가 이 특정 객체인 것은 이성이 다르게 생산하지 않고 바로 그렇게 생산했기 때문이다. † 따라서 한편으로 객체와 다른 한편으로 이성은, 이 둘이 서로를 소진하고 완전히 겹치므로, 다시 동일한 의식 속에서 합쳐질 것이다. ─ 발생한 놈으로부터 행위를 행위로서 분리할 때 우리에게 발생하는 것을 개념이라고 한다. 그러므로 어떻게 우리의 개념들이 객체들과 일치하는가라는 질문은, 개념과 객체가 근원적으로 별개라고 전제하는 한에서, 초월적으로 무의미하다. 객체와 개념, 거꾸로 개념과 객체는 의식의 저편에서 동일하며, 이 둘의 분리는 의식의 발생과 동시에 발생한다. 그러므로 의식을 출발점으로 삼는 철학은 개념과 객체의 일치를 결코 설명할 수 없을 것이다. 또한 그 일치는 근원적 동일성 없이는 도무지 설명할 수 없다. 이때 그 동일성의 원리는 필연적으로 의식의 저편에 놓인다.

생산하기 자체에서 객체는 아직 객체로서 현존하지existieren 않는다. 거기에서 행위는 발생하는 놈과 동일하다. 이와 같은 나의 상태를, 외적인 객체가 외적인 객체로서 의식에 들어오지 않지만 나가 생산하기 혹은 직관하기를 그치지 않는 유사한 상태들에 빗대어 설명할 수 있다. 예컨대 수면상태에서 근원적 생산하기는 그치지 않는다. 다만, [수면상태에서는] 개체성의 의식과 함께 자유로운 반성이 중단된다. 객체와 직관은 완전히 상대방 속으로 사라지고, 따라서 이성 속에는 하나도 다른 하나도 없다. 이성이 무언가라면, 오로지 이성 자신에게만 그 무언가이다. 이성은 이 [수면]상태에서 자기 외부의 다른 이성에게는 직관하는 놈일 테지만, 자기 자신에게는 그렇지 않으며, 따라서 도무지 그렇지 않다. 지금까지 도출된 우리의 객체가 이런 상태에 있다.

생산하기 행위가 생산되는 놈으로부터 분리되어 순수하게 우리에게 객체가 되지 않는 한에서, 모든 것은 우리 속에만 현존한다. 또한 그 분리가 없으면, 우리는 모든 것을 단지 우리 속에서 직관한다고 믿을 것이다. 왜냐하면 우리가 객체들을 공간 속에서 직관해야 한다는 점으로부터 우리가 그것들을 우리 바깥에서 직관한다는 것을 추론할 수는 없기 때문이다. 우리는 공간조차 단지 우리 속에서 직관할 수 있고, 실제로 우리는 공간을 근원적으로 단지 우리 속에서 직관한다.† 이성은 이성이 직관하는 그곳에 있다. 그렇다면 어떻게 이성은 177 [280-282] 객체들을 자기 바깥에 있는 놈들로 직관하게 될까? 왜 우리에게 외부세계 전체가 우리의 유기체처럼 다가오지 않는지 통찰할 수 없다. 우리의 유기체에서[우리의 몸을 감각할 때] 우리는 우리가 감각하는 장소들 어디에나 우리가 단박에 현전한다고 믿는다. 외부 사물들이 우리로부터 분리된 다음에도 우리는 보통 우리 유기체를 우리 바깥에 있는 놈으로 직관하지 못한다. 우리의 유기체가 특수한 추상을 통하여 우리와 구분되지 않는다면 말이다. 이와 마찬가지로 근원적 추상이 없으면 우리는 객체들을 우리와 별개인 놈들로 바라볼 수 없을 것이다. 따라서 객체들이 말하자면 영혼에서 떨어져 우리 바깥의 공간으로 들어가는 것은 오로지 개념과 산물의 분리, 즉 무릇 주관과 객관의 분리를 통해서만 가능하다.

그러나 개념과 객체는 근원적으로 일치한다. 둘 중 하나에 있는 것이 다른 하나에 있는 것보다 많지도 적지도 않다. 그러므로 이 둘을 의식 속에 맞세우는 특수한 행위가 없으면, 둘의 분리는 단적으로 파악 불가능하다. 그런 행위는 판단Urteil이라는 단어로 지칭되는데, 이는 매우 의미심장한 명칭이다. 이제껏 뗄 수 없게 통일되었던 것들, 즉 개념과 직관은 판단을 통하여 비로소 분리된다. 판단에서는 개념이 개념과 비교되는 것이 아니라 개념이 직관과 비교된다. 술어는 그 자체로 주어와 별개가 아니다. 실제로 판단에서는 주어와 술어의 동일성이 정립되니까 말이다. 따라서 무릇 주어와 술어의 분리는 오직 주어는 직관을, 술어는 개념을 대신함으로써만 가능하다. 그러므로 판단에서 개념과 객체는 우선 서로 맞세워져야 하고, 그 다음에 다시 관련지어지고 서로 같은 놈들로 정립되어야 한다. 그런데 이 관련짓기는 직관을 통해서만 가능하다. 그러나 이 직관은 생산적 직관과 똑같을 수 없다. 만일 똑같다면, 우리는 제자리걸음만 한 셈일 것이다. 오히려 이제껏 우리가 전혀 몰랐던 유형의 직관이 있어야 하고, 그 직관을 이제부터 도출할 필요가 있다. †

그 직관을 통하여 객체와 개념은 서로 관련지어져야 한다. 그러므로 그 직관은 한편으로 개념에, 다른 한편으로 객체에 맞닿아야 한다. 그런데 개념이란 무릇 직관의 객체를 발생시키는 행위방식, 즉 무릇 객체를 구성하는 규칙이고, 객체란 규칙이 아니라 규칙의 표현Ausdruck이다. 따라서 규칙 자체를 객체로서, 혹은 거꾸로 객체를 무릇 구성 규칙으로서 직관하는 행위가 발견되어야 한다.

그런 직관은 도식작용Schematismus이다. 모든 사람 각자는 오로지 자신의 내적 경험으로부터만 도식을 배울 수 있다. 도식을 가르치고 경험을 지도하기 위해서 할 수 있는 일은 다만 도식을 서술하고 다른 모든 유사한 것들로부터 분리하는 것뿐이다.

도식은 매우 흔하게 그림Bild이나 상징Symbol과 혼동되지만 그것들과 구분해야 한다. 그림이 대상과 완전히 동일하기 위해서는 대상이 들어있는 특정 공간부분(배경)만 보충하면 되도록, 그림은 항상 모든 측면에서 그렇게 규정된다. 반면에 도식은 모든 측면에서 규정된 표상이 아니라, 다만 특정 대상을 산출할 수 있는 규칙에 대한 직관이다. 도식은 개념이 아니라 직관이다. 왜냐하면 도식은 개념을 대상과 매개하는 놈이기 때문이다. 그러나 또한 도식은 대상 자체에 대한 직관이 아니라, 다만 그런 대상을 산출할 수 있는 규칙에 대한 직관이다.

특정 형상의 대상을 개념에 맞게 산출하는 기계적 제작자를 예로 들면 도식이 무엇인지를 가장 명확하게 설명할 수 있다. 제작자는 개념에 맞게 특정 형상의 대상을 산출해야 한다. 그 제작자에게 일러 줄 수 있는 것은 대상의 개념이다. 그 제작자 바깥에 어떤 모범도 없다. 그럼에도 그의 손 안에서 점차 그 개념과 결합된 형상이 발생한다. 이는 감각적으로 그러나 내적으로 직관된 규칙이 그를 제작과정에서 지도하지 않는다면 전혀 이해할 수 없는 일이다. 이 규칙이 바로 도식이다. † 도식 속에는 개체적인 것이 전혀 들어 있지 않다. 또한 도식은 일반 개념도 아니다. 제작자는 일반 개념에 따라서는 아무것도 산출할 수 없다. 제작자는 도식에 따라서 우선 전체에 대한 성긴 구상을 산출할 것이며, 그 구상에서 출발하여 개별 부분들의 완성을 향해 자기의 내적 직관에서 도식이 그림에 점차 접근할 때까지 나아갈 것이다. 또한 도식은 그림의 규정이 완전하게 등장하고 또한 동시에 제작물이 완성되기까지 제작자와 동행한다.

179 [283-285]

도식은 가장 평범한 이성 사용에서 모든 각각의 대상을 특정 대상으로 인정하기 위한 일반적 중간항으로 나타난다. 나는 어떤 유형의 삼각형이든 상관없이 삼각형을 보면, 즉시 이 도형은 삼각형이라는 판단을 내린다. 이 판단은 둔각삼각형도 예각삼각형도 직각삼각형도 아닌 무릇 삼각형에 대한 직관을 전제하며 단지 삼각형의 개념에 의지해서도 불가능하고 단지 삼각형의 그림에 의지해서도 불가능하다. 삼각형의 그림은 필연적으로 특정 그림이므로, 실재하는 삼각형과 상상된 삼각형의 일치가 설령 있다 해도 그 일치는 판단 형성을 위해 충분치 않은 한낱 우연적 일치일 것이다.

이와 같은 도식의 필연성으로부터 다음을 추론할 수 있다. 언어의 메커니즘 전체는 도식에서 비롯된다. 예를 들어 과학적 개념들을 전혀 모르는 사람이 어떤 동물 종에 대하여 몇몇 개체들이나 몇몇 품종만 안다고 해 보자. 그럼에도 불구하고 그는 같은 종에 속한 모르는 품종의 개체를 보자마자, 그 개체는 이 종에 속한다는 판단을 내릴 것이다. 일반 개념에 의지해서 그렇게 할 수는 없다. 도대체 그가 일반 개념을 어떻게 알겠는가. 심지어 자연과학자들도 한 속屬의 일반 개념에 대하여 합의에 도달하기가 매우 힘든 경우가 허다한데 말이다.

근원적 도식에 대한 이론은 근원언어Ursprache에, 자연에 대한 가장 오래된 생각들에 적용될 수 있다. 근원언어의 흔적은 고대 민족들의 신화에 보존되어 있다. † 또한 학문언어 비판에도 적용될 수 있다. 알고 보면 학문언어의 표현들은 거의 전부 도식에서 유래했다. 이런 적용들은 도식이 인간 정신의 전 영역을 아우른다는 것을 가장 명확하게 보여 줄 것이다.

도식의 본성에 대하여 할 수 있는 말을 다 하려면 아직 다음을 언급해야 한다. 개념에게 도식은 이념Idee에게 상징Symbol과 같다. 따라서 도식은 항상 필연적으로 하나의 경험적 대상과 관계한다. 현실적인 대상이나 산출될 대상과 관계한다. 그래서 예컨대 인간의 형태와 같은 모든 각각의 유기적 형태에 대해서는 오직 하나의 도식만 가능하다. 반면에 예컨대 아름다움, 영원 등에 대해서는 단지 [다수의] 상징들만 존재한다. 그런데 미적 제작자[예술가]는 오직 이념에 따라서 작업하고, 다른 한편으로 예술품을 경험적 조건들 아래에서 표현하려면 다시 기계적 솜씨가 필요하므로, 다음이 명백하다. 예술가에게 이념에서 대상까지의 위계는 기계적 제작자가 거치는 위계의 두 배이다.

이로써 도식의 개념은 완전히 규정되었다(요컨대 도식은 감각적으로 직관된, 경험적 대상 산출 규칙이다). 이제 우리는 원래의 탐구로 복귀할 수 있다.

우리가 설명해야 할 것은, 어떻게 나가 생산하기에서 자기를 활동하는 놈으로 직관할 수 있는가였다. 이 직관은 추상에 입각하여 설명되었다. 즉, 객체를 발생시키는 행위방식이 발생하는 놈으로부터 분리되어야 했다. 이 분리는 판단을 통해 일어났다. 그러나 판단이 가능하려면 도식이 있어야 했다. 판단에서는 직관과 개념이 같게 정립되니까 말이다. 이 정립이 일어나려면, 개념과 직관을 매개하는 놈이 있어야 하고, 그놈은 오로지 도식이다.

그런데 이성은 개별 객체로부터 추상하는 능력을 통해서는, 또는 달리 말하자면, 경험적 추상 능력을 통해서는 결코 자기를 객체에서 떼어내지 못할 것이다. 왜냐하면 곧바로 도식을 통하여 개념과 객체는 다시 통일되기 때문이다. 그러므로 이성의 저 〔경험적〕 추상 능력은 더 높은 능력을 전제한다.† 그 추 181 [287-288] 상의 결과가 의식 속에 정립되려면 그런 더 높은 능력을 전제해야 한다. 무릇 경험적 추상이 고정되려면, 특정 객체를 발생시키는 행위방식뿐 아니라 무릇 객체를 발생시키는 행위방식을 객체 자체와 구분하는 능력을 통해서만 고정될 수 있다.

2.

그 더 높은 추상을 정확히 특징지으려면, 이런 질문을 던져야 한다.
a) 만일 직관하는 놈에서 모든 개념을 제거한다면, 직관하는 놈은 무엇이 될까? (객체에서 근원적으로 직관과 개념은 통일되어 있었다. 그런데 이제 무릇 행위방식을 추상해야 한다. 즉, 객체에서 모든 개념을 제거해야 한다.)

모든 각각의 직관에서 두 가지를 구분해야 한다. 한 가지는 직관하기로서의 직관하기, 혹은 무릇 행위인 한에서의 직관하기이며, 다른 한 가지는 직관을 규정하는 놈, 직관이 한 객체의 직관이도록 만드는 놈, 간단히 말해서 직관의 개념이다.

객체는 이 특정 객체이다. 왜냐하면 나가 이 특정 방식으로 행위했기 때문이다. 그러나 이 특정 행위방식은 다름 아니라 개념이다. 따라서 객체는 개념을 통하여 규정된다. 그러므로 근원적으로 개념은 객체에 선행한다. 물론 시간적으로 선행하는 것은 아니지만, 지위Rang를 기준으로 하면 선행한다. 개념은 규정하는 놈이며, 객체는 규정되는 놈이다.

그러므로 개념은 통상적으로 주장되듯이 일반적인 놈이 아니라, 오히려 규칙, 한정하는 놈, 직관을 규정하는 놈이다. 개념이 무규정적이라는 말은 개념이 규정되는 놈이 아니라 규정하는 놈이라는 의미에서만 할 수 있다. 요컨대 일반적인 놈은 직관하기 혹은 생산하기이며, 그 자체로 무규정적인 이 직관하기에 개념이 들어감을 통해서만 직관하기는 한 객체를 직관하기가 된다. 개념의 기원에 대한 통상적인 설명은, † 만일 단지 경험적 기원에 대한 설명이 아니라면, 다시 말해 나가 여러 개별 직관들에서 규정된 놈을 떼어내고 일반적인 놈만 보존함을 통하여 나에게 개념이 발생한다는 [이렇게 경험적으로 기원한다는] 설명이 아니라면, 피상적인 설명이라는 것을 매우 쉽게 보여 줄 수 있다. 방금 말한 작업[규정된 놈 떼어 내기와 일반적인 놈 보존하기]을 하려면, 의심의 여지없이 나는 직관들을 서로 비교해야 한다. 그런데 내가 이미 개념의 지도를 받지 않는다면 어떻게 그렇게 할 수 있을까? 우리는 우리에게 주어진 개별 객체들이 동일한 유형이라는 것을, 만일 첫 번째 객체가 우리에게 이미 [비교 이전에] 개념이 되어 있지 않다면, 도대체 어떻게 알까? 요컨대 여러 개별 객체들에서 공통된 놈을 파악하는 경험적 과정은 이미 그런 놈을 파악하는 규칙 즉 개념을 전제하며, 따라서 경험적 추상 능력보다 높은 능력을 전제한다.

다시 말하지만, 우리는 직관에서 직관하기 자체, 그리고 직관의 개념 혹은 직관을 규정하는 놈을 구분한다. 직관하기와 직관의 개념은 근원적 직관에서 통일되어 있다. 따라서 더 높은 추상(이를 경험적 추상에 대비하여 초월적 추상이라고 부르자)을 통하여 직관에서 <u>모든</u> 개념을 떼어 낸다면, 직관은 말하자면 <u>자유롭게</u> 된다. 모든 한정성은 개념을 통하여 직관 속에 들어오니까 말이다. 요컨대 개념을 떼어 낸 직관하기는 전적으로 또한 모든 관점에서 무규정적인 놈으로 된다.

직관이 완전히 무규정적인 놈으로, 절대적으로 개념 없는 놈으로 되면, 직관에서 남는 것은 일반적인 직관하기 자체밖에 없다. 이 일반적인 직관하기 자체가 다시 직관되면, 그것이 바로 <u>공간</u>이다.

공간은 개념 없는 직관하기이며, 따라서 전혀 개념이 아니다. 이를테면 사물들의 관계에서 비로소 추상되는 그런 개념이 아니다. 비록 나에게는 공간이 추상을 통하여 발생하지만, 공간은 추상개념이 아니다. 범주들과 같은 의미의 추상개념도 아니고 경험적 개념 혹은 유類Gattung 개념과 같은 의미의 추상개념도 아니다. 만일 공간의 유 개념이 있다면, 여러 공간들이 있어야 할 테니까 말이다. 그러나 실은 하나의 무한 공간만 존재하며, 공간 속의 모든 제한 즉 모든 개별 공간은 이미 그 무한 공간을 전제한다. † 그런데 공간은 전적으로 직관하기일 뿐이므로, 또한 필연적으로 무한히 뻗어나가는 직관하기이다. 따라서 공간의 가장 작은 부분은 여전히 직관하기 즉 공간이지, 한낱 한계가 아니다. 여기에서 이미 공간의 무한 분할 가능성이 나온다. 기하학은 모든 증명을 오직 직관에 근거하여 진행하지만, 그럼에도 개념에 근거한 증명 못지않게 일반적으로 진행한다. 그런 기하학은 오로지 방금 언급한 공간의 속성 덕분에 존재한다. 이 점은 일반적으로 인정받고 있으므로, 여기에서 더 설명할 필요가 없다.

183 [290-292]

b) 개념에서 모든 직관을 제거하면 개념은 무엇이 될까?

근원적 도식은 초월적 추상을 통해 거둬지므로, 한쪽 극에 개념 없는 직관이 발생하면, 그와 동시에 다른 쪽 극에는 직관 없는 개념이 발생해야 한다. 앞선 시대에 도출된 것처럼 범주들이 이성의 특정 직관유형[행위방식]들이라면, 직관을 떼어낼 경우 범주에서 남는 것은 단지 순수 규정성뿐이어야 한다. 논리적 개념은 이 순수 규정성을 가리킨다. 따라서 철학자가 근원적으로 단지 반성 혹은 분석의 관점을 채택한다면, 범주를 한낱 형식적이기만 한 개념으로서 그저 논리학으로부터 연역할 수 있을 것이다. 논리학에 나오는 판단의 여러 기능들 자체를 도출할 필요가 있다는 점은 차치하기로 하자. 또 초월철학이 논리학의 추상물Abstraktum이기는커녕 오히려 논리학이 초월철학으로부터 추상되어야 한다는 점도 차치하자. 그렇게 하더라도, 직관의 도식으로부터 분리된 범주들이 여전히 실재적 개념들로 남는다는 믿음은 여전히 착각에 불과하다. 직관을 떼어 낸 범주는 한낱 논리적 개념이며, 직관과 결합된 범주는 더 이상 한낱 개념이 아니라 현실적 직관형식들이니까 말이다. 범주를 논리학으로부터 도출하는 것이 불충분하다는 점은 다른 결함들을 통해서도 드러난다. 예컨대 그런 도출은 범주들의 메커니즘을, 일반 메커니즘과 특수 메커니즘을 밝혀내지 못한다. 그 메커니즘이 충분히 눈에 띄는데도 말이다.† 한 예로 이른바 역학적 범주들이 지닌 두드러진 특징은, 각각의 역학적 범주가 자기의 상관범주를 갖는다는 점이다. 반면에 이른바 수학적 범주는 이런 특징이 없다. 그런데 이와 같은 역학적 범주의 특징은 아주 쉽게 설명된다. 역학적 범주들에서는 내감과 외감이 아직 분리되지 않은 반면, 수학적 범주들에서는 한 범주는 내감에만 속하고 다른 범주는 외감에만 속한다는 점을 알기만 하면, 그 특징을 설명할 수 있다. 또 다른 예로, 모든 각각의 범주유형 속에 세 개의 범주가 있는데 그 중 처음 두 범주들은 서로 맞서며 세 번째 범주는 그 둘의 종합이라는 점은 범주들의 일반 메커니즘이 더 높은 맞섬에서 비롯된다는 것을 증명한다. 반성의 관점에서는 그 더 높은 맞섬을 볼 수 없으므로, 그 맞섬을 보려면 더 멀리 거슬러 올라 더 높은 관점에 서야 한다. 더 나아가 이 맞섬은 모든 범주들에 일관되며 모든 범주들의 기반에 놓인 단일한 전형이므로, 의심의 여지없이 단 하나의 범주만 존재한다. 또 우리는 직관의 근원적 메커니즘으로부터 하나의 관계 범주만 도출할 수 있었으므로, 이 하나의 관계 범주가 근원적 범주일 것이라고 예상할 수 있다. 더 자세히 살펴보면 알 수 있듯이, 실제로 이 예상은 타당하다. 만일 반성에 앞서서 혹은 반성의 저편에서 객체가 수학적 범주들을 통하여 규정되는 게 결코 아니라는 점이 증명된다면, 오히려 수학적 범주들을 통해서는 직관하는 놈이건 감각하는 놈이건 간에 주체만 규정된다는 점이 증명된다면, 또 객체는 그 자체로 객체인 것이 아니라 오직 직관하는 동시에 반성하는 주체와 관련해서만 객체라는 점이 증명된다면, 그리고 다른 한편으로 객체는 이미 첫 번째 직관에서, 반성이 객체를 향하지 않더라도, 실체와 딸린 놈으로 규정되어야 한다는 점이 증명된다면, 그로부터 다음을 도출할 수 있을 것이다. 무릇 수학적 범주들은 역학적 범주들에 종속된다. 혹은 역학적 범주들은 수학적 범주들에 선행한다. 역학적 범주들이 통일된 놈으로 표상하는 것을 수학적 범주들이 분리된 놈들로 표상할 수 있는 유일한 이유는, 오직 반성의 관점에서만 발생하는 범주는 내감에만 속하거나 아니면 외감에만 속하고 따라서 상관 범주를 가지지 않을 수 있기 때문이다. 물론 외감과 내감의 맞섬이 선행한 다음에 반성의 관점에서 발생하는 범주는 사정이 다른데, 그런 범주는 양상 범주들이다.† 방금 언급한 증명을 간단히 다음과 같이 해볼 수 있을 것이다. 직관하기의 근원적 메커니즘에서 처음 두 범주들은 오직 세 번째 범주를 통하여 등장한다. 그런데 세 번째 수학적 범주는 항상 이미 <u>상호작용</u>을 전제한다. 예컨대 객체들의 모두임 Allheit은 객체들이 보편적으로 서로를 전제하지 않으면 생각할 수 없고, 개별 객체의 한정Limitation도 객체들이 서로를 한정하지 않으면, 즉 객체들이 일반적 상호작용 안에 있지 않으면 생각할 수 없다. 그러므로 범주의 네 유형 가운데 역학적 범주만 근원적인 놈으로 남는다. 더 나아가 양상 범주가 이와 똑같은 의미에서, 즉 관계 범주와 대등하게, 근원적일 수는 없다는 점을 보여줄 수 있다면, 유일한 근본범주로 관계 범주만 남는다. 실제로 직관의 근원적 메커니즘에서는 모든 각각의 객체가 실체와 딸린 놈으로서 등장하지만 어떤 객체도 <u>가능하거나 불가능한 놈으로</u> 등장하지 않는다. 객체들은 지금까지 전혀 도출되지 않은 가장 높은 반성활동을 통하여 비로소 가능한 놈, 현실적인 놈, 필연적인 놈으로 나타난다. 가능성, 현실성, 필연성은 객체가 인식능력(내감과 외감) 전체와 맺은 관련만을 진술한다. 그러므로 가능성 개념을 통해서, 심지어 현실성 개념을 통해서도 어떤 규정이 객체 속에 정립되는 것은 아니다. 그런데 객체가 인식능력 전체와 관련을 맺는 것은 의심의 여지없이 내가 자기를 객체로부터 즉 자기의 관념적인 동시에 실재적인 활동성으로부터 완전히 떼어 낸 연후에야, 따라서 오로지 가장 높은 반성활동을 통해서만 가능하다. 그러므로 최고의 반성활동과 관련해서는 양상 범주가 다시 최고의 범주라고 할 수 있다. 생산적 직관의 종합과 관련해서 관계 범주가 최고의 범주인 것처럼 말이다. 하지만 이로부터 양상 범주가 근원적으로 첫 번째 직관에서 등장하는 범주는 아니라는 점도 명백해진다. †

186 [295-296]

### 3.

초월적 추상은 판단의 조건이지만 판단 자체는 아니다. 초월적 추상은 어떻게 이성이 객체와 개념을 분리하는지를 설명할 뿐, 어떻게 이성이 그 둘을 판단에서 다시 통일하는지를 설명하지 않는다. 어떻게 그 자체로 완전히 직관 없는 개념이 그 자체로 완전히 개념 없는 공간직관과 결합하여 다시 객체가 되는가는 어떤 매개하는 놈이 있어야만 생각할 수 있다. 그런데 무릇 개념과 직관을 매개하는 놈은 도식이다. 따라서 초월적 추상은 도식작용Schematismus을 통하여 다시 거둬진다. 우리는 이 도식작용을 앞에서 도출한 도식작용과 달리 초월적 도식작용으로 부를 것이다.

앞에서 우리는 경험적 도식을 감각적으로 직관된, 경험적 대상 산출 규칙으로 설명했다. 그러므로 초월적 도식은 대상을 무릇 혹은 초월적으로 산출할 수 있는 규칙에 대한 감각적 직관일 것이다. 도식은 규칙을 담고 있는 한에서, 단지 내적 직관의 객체이다. 그러나 또한 객체 구성의 규칙인 한에서 공간 속에 표현된 놈으로서 외적으로 직관되어야 한다. 요컨대 무릇 도식은 내감과 외감을 매개하는 놈이다. 그러므로 초월적 도식은 가장 근원적으로 내감과 외감을 매개하는 놈으로 설명되어야 할 것이다.

그런데 내감과 외감을 매개하는 가장 근원적인 놈은 시간이다. 더 정확히 말해서, 한낱 내감 즉 절대적 한계인 한에서의 시간이 아니라, 그 자신이 다시 외감의 객체가 되는 한에서의 시간, 즉 선인 한에서, 다시 말해 한 방향으로 펼쳐진 양인 한에서의 시간이다.

우리는 시간의 고유한 특징을 더 자세히 규정하기 위하여 잠시 이 자리에 머물 것이다.

시간은 반성의 관점에서 보면 근원적으로 단지 내감의 직관 형식일 뿐이다. 시간은 오로지 우리 표상의 잇따름을 고려할 때만 생겨나는데, † 반성의 관 187 [296-298] 점에서 볼 때 그 잇따름은 단지 우리 속에 있으니까 말이다. 반면에 우리는 내감과 외감의 조건인, 실체들의 동시존재를 오직 우리 바깥에서 직관할 수 있다. 다른 한편 직관의 관점에서 보면 시간은 근원적으로 이미 외적 직관이다. 왜냐하면 이 관점에서는 대상과 표상 사이에 구분이 없기 때문이다. 따라서 반성에게 시간은 단지 내적 직관 형식이라면, 직관에게 시간은 내적 직관 형식인 동시에 외적 직관 형식이다. 시간의 이와 같은 속성으로부터 예컨대 왜 공간은 기하학의 바탕일 뿐인 반면에 시간은 수학 전체의 바탕인지, 왜 모든 기하학을 분석[해석기하학]으로 환원할 수 있는지 등을 통찰할 수 있다. 바로 이 속성으로부터 고대의 기하학적 방법과 근대의 분석적[해석기하학적] 방법의 관계를 설명할 수 있다. 이 두 방법은 서로 맞섬에도 불구하고 완전히 동일한 결과를 산출한다.

시간이 개념과 직관의 일반적 매개항 혹은 초월적 도식이라는 점은 오로지 시간이 지닌, 내감과 외감에 동시에 속한다는 속성에서 비롯된다. 범주는 근원적으로 직관 유형이며 따라서 도식작용과 분리되지 않으므로(이 분리는 초월적 추상을 통해 비로소 일어난다) 다음이 명백하다.

1. 시간은 근원적으로 이미 생산적 직관 혹은 객체의 구성에 함께 개입한다. 이 점은 앞선 시대에도 증명된 바 있다.

2. 이처럼 시간은 한편으로 순수 개념들과 관계를 맺고, 다른 한편으로 순수 직관 혹은 공간과 관계를 맺는다. 이 이중 관계로부터 범주들의 메커니즘 전체가 도출되어야 한다.

3. 초월적 추상을 통하여 근원적 도식작용이 거둬지면, 근원적 객체 구

성도 모습이 달라져야 한다. 이때 초월적 추상은 모든 의식의 조건이므로, 그 달라진 모습은 의식에 들어올 수 있는 유일한 모습일 것이다.† 그러므로 생산적 직관은, 생산적 직관이 의식에 도달하기 위하여 통과해야 하는 매체[초월적 추상]를 통하여 자신의 특징을 잃는다.

이 마지막 논점을 설명하기 위하여 몇 가지 예를 드는 것이 좋을 듯하다.

모든 각각의 달라짐Veränderung에서는 한 상태가 자기에게 모순적으로kontradiktorisch 맞선 상태로 이행하는 일이 일어난다. 예컨대 물체가 A 방향으로의 운동에서 −A 방향으로의 운동으로 이행할 때 그런 일이 일어난다. 이러한 모순적으로 맞선 상태들의 결합은, 자기와 동일하며 항상 의식의 동일성을 추구하는 이성에서는 오직 시간의 도식작용을 통해서만 가능하다. 직관은 그 맞선 놈들 사이의 모순을 매개하기 위하여 시간을 A에서 −A로 일정하게 이행하는 놈으로서 산출한다. 그런데 추상을 통하여 도식작용이 거둬지고, 이와 함께 시간이 거둬진다. — 이것이 잘 알려진 고대 소피스트들의 궤변이다. 그들은 이 궤변을 통하여 운동 전달의 가능성을 반박했다. 그들은 말한다. 물체가 멈춰 있는 마지막 순간과 물체가 움직이는 처음 순간을 생각해 보라. 그 두 순간 사이에는 중간항이 없다. (이는 반성의 관점에서 전적으로 옳다.) 그러므로 물체가 운동하게 되려면, 멈춤의 마지막 순간에 그렇게 되거나 운동의 처음 순간에 그렇게 되어야 한다. 그러나 전자는 불가능하다. 왜냐하면 그 순간에 물체는 여전히 멈춰 있기 때문이다. 후자 역시 불가능하다. 왜냐하면 그 순간에 물체는 이미 운동하고 있기 때문이다. 근원적으로 생산적 직관을 통하여 해결된 이 궤변을 반성의 입장에서 해결하기 위하여 역학의 책략들이 고안되었다. 역학은 물체가 예컨대 멈춤에서 운동으로 이행하는 것을, 다시 말해 모순적으로 맞선 상태들의 결합을 오직 무한을 통하여 매개된 놈으로 생각할 수밖에 없다. 오직 생산적 직관만이 유한 속의 무한, 즉 그 자신은 유한하지만 그 안에서 무한히 작은 부분은 불가능한 그런 양을 표현할 수 있다. 그런데 역학이 보기에 생산적 직관은 거둬졌으므로, 역학은 맞선 두 상태 사이에, 서로 떨어져 있으며[이산離散적이며] 각각 무한히 작은 시간부분들을 무한히 삽입할 수밖에 없다고 판단한다.† 그러나 저 이행, 예컨대 한 방향의 그에 맞선 방향으로의 이행은, 근원적 189 [298-300]으로 오직 연속성 덕분에 가능한 무한 매개를 통해서 일어날지라도, 유한한 시간 동안 일어나야 한다. 그러므로 어느 한 순간에 물체에 전달된 운동은 단지 꼬드김Sollizitation일 수밖에 없다. 그렇지 않다면 유한한 시간 동안에 무한한 속도가 발생할 테니까 말이다. 이 모든 괴상한 개념들은 오로지 직관의 근원적 도식작용이 거둬졌기 때문에 필연적이게 되었다. 그러나 무릇 운동과 관련하여 참된 사정은 이러하다. 직선에 있는 임의의 두 점 사이에는 무한히 많은 다른 점들이 있다고 생각해야 하므로, 반성의 관점에서 직선을 구성하는 것은 단적으로 불가능하다. 그래서 기하학은 직선을 요청한다. 다시 말해 모든 사람이 각자 생산적 직관으로 직선을 산출할 것을 요구한다. 만일 직선의 발생을 개념들을 통해 알려줄 수 있다면, 기하학은 결코 이런 요구를 하지 않을 것이다.

시간의 속성은 초월적 도식이라는 점이다. 이로부터 시간은 한낱 개념이 아니라는 것이 분명해진다. 시간은 경험적으로 또는 초월적으로 추상된 개념이 아니다. 왜냐하면 시간을 거기에서 추상해 낼 원천이 될 만한 모든 것은 이미 시간을 조건으로 전제하기 때문이다. 또한 만일 시간이 지성의 개념들처럼 초월적 추상이라면, 여러 실체들이 있는 것과 마찬가지로 여러 시간들이 있어야 할 것이다. 그러나 시간은 단 하나이다. 사람들이 여러 시간들이라고 부르는 것들은 절대시간의 여러 한정들일 뿐이다. 그래서 두 개의 시간은 서로 떨어져 있거나 동시에 있을 수 없다는 문장을 비롯해서 시간에 관한 어떤 공리도, 또한 전적으로 시간 형식에서 유래한 산술의 어떤 문장도 단지 개념에 입각해서는 증명할 수 없다.

이로써 초월적 도식작용의 도출이 마무리되었다. 이제 우리는 범주들의 메커니즘 전체를 분석할 수 있게 되었다.

다른 모든 범주들의 기반에 놓인 첫 번째 범주, 이미 생산에서 객체를 규정하는 유일한 범주는 관계 범주이다.† 관계 범주는 유일한 직관 범주이므로, 유일하게 외감과 내감을 아직 통일된 상태로 표상한다.

첫 번째 관계 범주인 실체와 딸린 놈은 내감과 외감의 첫 번째 종합을 나타낸다. 그런데 실체 개념과 딸린 놈 개념에서 초월적 도식작용을 제거하면, 남는 것은 논리적인 주어 개념과 술어 개념뿐이다. 반면에 실체 개념과 딸린 놈 개념에서 모든 개념을 제거하면, 실체는 단지 순수 외연 혹은 공간으로서, 딸린 놈은 절대 한계 혹은 시간으로서 남는다. 단지 내감이며 전적으로 공간에 독립적인 한에서의 시간으로서 말이다. 이때 그 자체로 완전히 직관 없는 논리적 주어 개념이나 논리적 술어 개념이 어떻게 실체나 딸린 놈이 되는지는 시간 규정이 그 두 개념에 추가된다는 것을 통해서만 설명할 수 있다.

그러나 시간 규정은 두 번째 범주를 통하여 비로소 추가된다. 왜냐하면 그 두 번째 범주(우리의 도출에 따르면, 첫 번째 범주에 대한 직관)를 통하여 비로소 첫 번째 범주에서 내감인 놈이 나에게 시간이 되기 때문이다. 요컨대 이미 증명되었듯이, 첫 번째 범주는 오직 두 번째 범주를 통해서만 직관될 수 있다. 왜냐하면, 이제야 드러났듯이, 두 번째 범주를 통하여 비로소 시간의 초월적 도식이 추가되기 때문이다.

실체는 시간 속에서 버티는 놈으로 직관됨을 통해서만 실체로 직관될 수 있는데, 실체가 버티는 놈으로 직관될 수 있으려면, 이제껏 단지 절대 한계를 나타냈던 시간이 흘러야하고(한 차원으로 펼쳐져야하고), 시간의 흐름은 다시 인과관계의 잇따름을 통해서만 일어난다. 그런데 또한 시간 속에서 무언가 잇따름이 일어난다는 것은, 시간 속에서 또는, 흐름이 멈춘 시간은 공간이므로, 공간 속에서 버티는 놈에 그 잇따름을 맞세워야만 직관할 수 있다. 이때 이 버티는 놈이 바로 실체이다. 따라서 이 두 범주들[첫 번째 범주(실체/딸린 놈)와 두 번째 범주(인과)]은 오직 서로를 통하여 상호적으로 존재한다. 다시 말해 그 두

범주들은 오직 세 번째 범주인 상호작용 안에서만 가능하다. †

이 도출로부터 다음의 두 문장이 저절로 귀결되며, 그 문장들로부터 나머지 모든 범주들의 메커니즘을 파악할 수 있다.

1. 처음 두 범주들 사이에서 일어나는 맞섬은 근원적으로 공간과 시간 사이에서 일어나는 맞섬과 동일하다.

2. 각각의 범주 유형에서 두 번째 범주는 오로지 첫 번째 범주에 초월적 도식을 추가하기 때문에 필연적이다. —

우리는 이 두 문장을 이른바 수학적 범주들에 적용하려 한다. 물론 수학적 범주들 자체는 아직 도출되지 않았지만 말이다. 이는 아직 도출되지 않은 것을 미리 서둘러 논하기 위해서가 아니라, 위의 두 문장을 더 명확히 하기 위해서다.

조금 전에 우리는 수학적 범주들이 단지 반성의 관점에서 발생하므로, 직관 범주가 아니라는 점을 잠깐 언급했다. 그런데 반성이 일어남과 동시에 외감과 내감의 통일은 거둬지고, 이를 통해 하나의 근본범주인 관계 범주는 서로 맞선 둘로 분리된다. 그 둘 중 첫 번째는 객체에서 외감이 속한 것만 나타내는 반면, 다른 하나는 객체에서 외적으로 직관된 내감에 속한 것만 표현한다.

첫 번째부터 논하기로 하자. 양 범주 유형에서 첫 번째인 하나임Einheit의 범주에서 모든 직관을 제거하면, 단지 논리적 하나임만 남는다. 이 논리적 하나임이 직관과 결합되려면, 시간규정이 추가되어야 하며, 시간과 결합된 양은 <u>수數</u>이다. 따라서 두 번째 범주(여럿임Vielheit)을 통하여 비로소 시간규정이 추가된다. 여럿임이 주어질 때 비로소 수들이 시작되니까 같이다. 단 하나만 있을 때, 나는 세지 않는다. 하나임은 여럿임을 통하여 비로스 수로 된다. — 시간과 여럿임이 함께 등장한다는 것은 다음의 사정에서도 알 수 있다. 두 번째 관계 범주, 즉 나에게 시간이 외적 직관 속에 발생하도록 만드는 그 범주를 통하여 비로소 객체들의 여럿임이 규정된다. † 심지어 표상들의 자의적인 잇따름에서도 객체들의 여럿임은 오직 내가 하나를 다른 하나 다음에 파악함을 통하여, 즉 내가 무릇 객체들을 시간 속에서 파악함을 통하여 나에게 발생한다. 수열에서 1은 오직 여럿임을 통하여 하나임으로, 즉 무릇 유한으로 된다. 이를 다음과 같이 증명할 수 있다. 1이 유한한 수라면, 1에 대한 가능한 제수Teiler가 있어야 한다. 그런데 1/1 =1이므로, 1은 2, 3, 등을 통해서만, 즉 무릇 여럿임을 통해서만 나눠질 수 있다. 여럿임이 없으면, 1/0, 즉 무한이다. ─

여럿임 없이 하나임을 직관할 수 없는 것과 마찬가지로, 하나임 없이 여럿임을 직관할 수 없다. 따라서 하나임과 여럿임은 서로를 전제한다. 즉 이 둘은 오직 제3의 연합을 통해서만 가능하다.

질의 범주들에서도 똑같은 메커니즘이 나타난다. 내가 초월적 추상을 통하여 실재성에서 공간 직관을 제거하면, 내게 남는 것은 한낱 논리적인 무릇 긍정 개념뿐이다. 내가 이 개념을 다시 공간 직관과 결합하면 공간채움Raumerfüllung이 발생하는데, 이 공간채움을 직관하려면 정도Grad, 즉 시간 속의 양이 있어야 한다. 그런데 정도, 즉 시간을 통한 규정은 두 번째 범주인 부정성Negation을 통하여 비로소 추가된다. 그러므로 이번에도 두 번째 범주는 오직 첫 번째 범주가 두 번째 범주를 통하여 직관되기 때문에, 혹은 두 번째 범주가 첫 번째 범주에 초월적 도식을 추가로 제공하기 때문에 필연적이다.

아마 다음의 설명이 더 명료할 것이다. 내가 객체들에서 실재적인 놈을 한정되지 않은 놈으로 생각하면, 그 실재적인 놈은 무한으로 펼쳐질 것이다. 따라서 이미 증명한 대로 강도는 외연의 반대이므로, 남는 것은 모든 강도를 결여한 무한 외연, 즉 절대 공간뿐일 것이다. 반대로 부정성을 한정되지 않은 놈으로 생각하면, 외연 없는 무한 강도, 즉 점 혹은 한낱 내감인 한에서의 내감만 남는다. 요컨대 내가 첫 번째 범주에서 두 번째 범주를 제거하면, 나에게 절대공간이 남고, 두 번째 범주에서 첫 번째 범주를 제거하면 나에게 절대 시간(단지 내감으로서의 시간)이 남는다. †

근원적 직관에서는 우리에게 개념과 공간과 시간이 각각 분리된 채 발생하는 게 아니라 모두 동시에 발생한다. 우리의 객체인 나는 이 세 규정들을 의식 없이 저절로 객체로 결합한다. 우리도 생산적 직관의 연역에서 그와 똑같이 했다. 초월적 추상은 생산적 직관을 묶는 저 세 번째 놈을 거둔다. 초월적 추상을 거치면, 오직 직관 없는 개념과 개념 없는 직관만 생산적 직관의 구성부분으로서 우리에게 남을 수 있었다. 어떻게 객체가 가능한가라는 질문은 이 지점에서 이렇게 표현될 수밖에 없다. 어떻게 우리가 우리 속에서 선험적 개념들로서 발견하는 전혀 직관 없는 개념들이 직관과 뗄 수 없게 결합되거나 직관으로 이행하여 결국 객체에서 단적으로 뜯어낼 수 없게 되는가? 그런데 이 이행은 오직 시간의 도식작용을 통해 가능하므로, 우리는 다음의 결론을 내린다. 시간은 저 근원적 종합에 이미 함께 개입했어야 한다. 이로써 우리가 앞선 [세 번째] 시대에 추적했던 구성의 순서는 완전히 달라진다. 그러나 우리가 근원적 종합의 메커니즘을 뚜렷한 의식을 가지고 분석할 수 있게 해 주는 것은 오직 초월적 추상뿐이다.

4.

초월적 추상은 경험적 추상의 조건으로, 경험적 추상은 판단의 조건으로 요청되었다. 그러므로 아무리 저급한 판단이라 할지라도 모든 판단의 기반에는 초월적 추상이 있으며, 초월적 추상 능력 혹은 선험적 개념 능력은 모든 이성에게 자기의식 자체만큼 필연적이다.

그러나 조건은 조건지어진 놈에 앞서 의식에 들어오지 않는다. 초월적 추상은 판단 속에서 혹은 경험적 추상 속에서 사라진다.† 경험적 추상과 그 결과는 초월적 추상을 통하여 의식 속으로 상승한다.

보통의 의식에서는 초월적 추상이나 그 결과와 관련한 아무것도 등장하지 않으며 설령 등장하더라도 단적으로 우연적인 놈으로 등장한다는 것을 우리는 알 수 있다. 그러므로 초월적 추상과 그 결과가 어떻게 다시 의식에 정립되는가 하는 문제와 관련해서 우선 다음과 같은 추측을 할 수 있다. 그 정립을 가능케 하는 행위는 보통의 의식과 관련하여 더 이상 필연적일 수 없고(만약 필연적이라면 그 행위와 그 결과가 항상 필연적으로 보통의 의식 속에 있어야 할 것이다) 따라서 이성 자체 속에서 다른 어떤 행위로부터도 귀결되지 않는(오히려 이성 바깥의 행위로부터 귀결되는) 행위, 그러므로 이성 자신에게 절대적인 행위여야 한다. 보통의 의식은 경험적 추상과 그 결과에 대한 의식까지 도달할 수도 있을 것이다. 초월적 추상이 이를 가능하게 해주니까 말이다. 그러나 초월적 추상은, 어쩌면 경험적 의식에 무릇 등장하는 모든 것이 초월적 추상을 통하여 정립된다는 바로 그 이유 때문에, 더 이상 필연적으로 의식에 도달하지 않으며, 설령 도달하더라도 단지 우연적으로 도달한다.

그런데 다음이 명백하다. 나는 초월적 추상을 의식함으로써 비로소 자기가 보는 자기를 절대적으로 객체 위로 들어올릴 수 있으며 (경험적 추상을 통해서는 나가 자기를 다만 규정된 객체로부터 떼어 낸다) 그렇게 자기를 모든 객체 위로 들어 올림으로써만, 자기를 이성으로 인식할 수 있다. 이 행위는 절대적 추상 행위이다. 그러나 이 절대적 추상 행위는 바로 절대적이기 때문에 이성 속에 있는 다른 행위에 의거해서 설명할 수 없다. 여기에서 이론철학의 사슬은 끊어지고, 그 절대적 추상 행위와 관련해서는 그런 행위가 이성 속에 등장해야 마땅하다는 절대적 요구만 남는다. 하지만 이로써 이론철학은 자기의 한계를 넘어 실천철학의 영역으로 진입한다. 실천철학은 오로지 정언적kategorische 요구들을 통하여 세워진다.

이 행위가 가능한지, 또 어떻게 가능한지에 대한 질문은 이론적 탐구의 영역 바깥에 놓인다.† 그러나 이론적 탐구가 대답해야 할 질문이 하나 남았다. ― 그런 행위가 이성 속에 있다고 가정해 보자. 그러면 이성은 자기 자신을, 그리고 객체들의 세계를 어떻게 보게 될까? 의심할 바 없이, 이 행위를 통하여 이성에게는, 우리에게 초월적 추상을 통하여 이미 정립되었던 바로 그것이 발생한다. 따라서 우리가 실천철학으로 한 걸음 진입함을 통하여, 우리는 드디어 우리의 객체를, 우리가 실천철학으로 이행하면서 떠나는 바로 그 지점에 놓는다.

이성은 절대적 행위를 통하여 자기를 모든 객관 위로 들어 올린다. 만약 근원적 제한성이 지속되지 않는다면, 이 행위 속에서 이성에게 모든 객관은 사라질 것이지만, 근원적 제한성은 지속되어야 한다. 추상이 일어나려면, 추상의 터전인 놈이 없어질 수 없으니까 말이다. 그런데 이성은 추상된 활동성 속에서 자기가 절대적으로 자유로우며 또한 동시에 마치 이성적 무게와도 같은 근원적 한정성을 통하여 직관으로 되끌린다고zurückgezogen 느낀다. 그러므로 이성은 바로 이 행위에서 비로소 자기가 보기에 이성으로서, 다시 말해 감각에서처럼 단지 실재적 활동성으로서 또는 생산적 직관에서처럼 단지 관념적 활동성으로서가 아니라 실재적인 동시에 관념적인 활동성으로서 제한된다. 즉, 이성은 이성으로서 자기에게 객체가 된다. 따라서 이성은 자기에게 생산적 직관을 통해 제한된 놈으로 나타난다. 그러나 활동으로서의 직관은 의식 속에서 침몰했고 오직 산물만 남아 있다. 그러므로 이성이 자기를 생산적 직관을 통해 제한된 놈으로 인식한다 함은, 이성이 자기를 객관적 세계를 통해 제한된 놈으로 인식한다는 것과 같은 뜻이다. 여기에서 처음으로 객관세계와 이성은 의식 속에서 서로 맞은편에 선다. 우리가 첫 번째 철학적 추상을 통하여 의식 속에서 발견하는 것처럼 말이다.

이제 이성은 초월적 추상을 고정할 수 있다. 그러나 이 고정은 이미 자유를 통하여, 더구나 특수한 방향의 자유를 통하여 일어난다. 이로부터 왜 선험적 개념들이 모든 사람 각각의 의식에 등장하지 않는지, 또 왜 어떤 의식에도 항상 필연적으로 등장하지는 않는지 이해할 수 있다. 선험적 개념들은 등장할 수 있지만, 반드시 등장해야 하는 것은 아니다.

직관의 근원적 종합에서 통일되어 있었던 모든 것은 초월적 추상을 통하

196 [311-313] 여 분리된다. † 그러므로 물론 항상 자유를 통해서이긴 하지만, 모든 것은 이성에게 분리된 채로 객체가 된다. 예컨대 시간은 공간과 객체로부터 분리된 채로, 공간은 동시존재의 형식으로서, 객체들은 서로 상대방의 공간 속 자리를 규정하는 방식으로 등장하며, 이때 이성은 그 규정의 발원지인 객체와 관련하여 자신이 완전히 자유롭다고 여긴다.

그러나 일반적으로 이성의 반성은 방금 도출한 직관 범주 혹은 관계 범주가 이성에게 발생하도록 해주는 객체를 향하거나,

또는 그렇지 않다면, 이성의 반성은 이성 자신을 향한다. 이성이 반성하는 동시에 직관하면, 이성에게 양 범주가 발생하며, 양 범주가 도식과 결합하면 수이다. 바로 그렇기 때문에 양 범주는 근원적인 범주가 아니다.

이성이 반성하는 동시에 감각하면, 혹은 이성에게 시간이 채워진 정도를 반성하면, 이성에게 질 범주가 발생한다.

마지막으로 이성은 가장 높은 반성활동을 통하여 객체를 반성함과 동시에 자기를 반성한다. 관념적인 동시에 실재적인 활동성인 한에서 자기를 말이다. 이성이 객체를 반성함과 동시에 실재적인(자유로운) 활동성으로서 자기를 반성하면, 이성에게 가능성 범주가 발생한다. 이성이 객체를 반성함과 동시에 관념적인(제한된) 활동성으로서 자기를 반성하면, 이성에게 현실성 범주가 발생한다.

여기에서도 두 번째 범주를 통하여 비로소 첫 번째 범주에 시간규정이 추가된다. 앞선 시대에 도출되었듯이, 관념적 활동성의 제한성은 그 활동성이 객체를 현재의 놈으로 인식한다는 점에 있다. 따라서 현실적인 객체란 특정 시간 단계Moment 속에 정립된 객체이며, 반면에 가능한 객체란 실재적 활동성을 반성하는 활동성을 통하여 무릇 시간 속에 정립되고 말하자면 내버려진 hingeworfen 객체이다.

더 나아가 이성이 이 같은 실재적 활동성과 관념적 활동성의 모순을 통

일하면, 이성에게 <u>필연성</u> 범주가 발생한다. 필연적인 놈은 모든 시간 속에 정립된 놈이다. 그런데 모든 시간이란 무릇 시간과 특정 시간의 종합이다. 왜냐하면 모든 시간 속에 정립된 놈은 개별 시간 속에 정립된 놈과 마찬가지로 규정되었지만 또한 무릇 시간 속에 정립된 것처럼 자유롭기 때문이다. †

이 범주 유형〔양상 범주〕에서 부정적 상관항들은 관계 범주에서와 다르게 행동한다. 왜냐하면 여기에서 부정적 상관항들은 실은 상관항이 아니라 긍정적 범주에 모순적으로 맞선 놈이기 때문이다. 또한 여기에서 부정적 상관항들은 현실적wirklich 범주가 아니다. 즉, 직관의 객체를 오직 반성과 관련하여 규정하는 그런 개념이 아니다. 오히려 이 유형의 긍정적 범주들이 반성에게 최고의 범주들 혹은 다른 모든 범주들의 겸용Syllepsis이라면, 반대로 부정적 범주들은 범주들 전체에 절대적으로 맞선 놈이다.

가능성, 현실성, 필연성의 개념은 최고의 반성활동을 통해 발생한다. 그러므로 이 개념들은 필연적으로 이론철학 전체를 마무리하는 개념들이다. 그러나 이 개념들은 또한 이론철학에서 실천철학으로의 이행지점에 있다. 독자들은 이 점을 지금 이미 짐작할 것이며, 우리가 실천철학 체계를 세울 때 다시 더 명확하게 인식하게 될 것이다.

### 세 번째 시대에 대한 일반 주석

이론철학 전체를 마무리할 마지막 탐구는 의심의 여지없이 선험적 개념과 후험적 개념의 구분에 관한 것이다. 이 구분은 이성에서 개념들의 기원을 설명하는 것 외에 다른 방법으로는 명확해지지 않을 것이다. 이와 관련하여 초월적 관념론의 고유한 특징은 이른바 선험적 개념들의 기원까지도 밝혀낼 수 있다는 점이다. 당연히 이는 초월적 관념론이 보통의 의식 저편에 놓인 영역에 뛰어들기 때문에 가능하다. 반면에 보통의 의식에 국한된 철학은 선험적 개념들

198 [314-316]

을 단지 있는 놈들로, 말하자면 앞에 놓여 있는 놈들로 발견할 수밖에 없다. 그래서 그런 철학은 예로부터 선험적 개념을 옹호한 사람들이 맞닥뜨린 해결할 수 없는 난점들에 휘말린다. †

우리는 이른바 선험적 개념의 기원을 의식의 저편에 놓는다. 또한 우리에게는 객관세계의 기원 역시 의식의 저편에 놓인다. 이렇게 함으로써 우리는 똑같은 증거와 동등한 권리에 입각하여, 우리의 인식은 근원적으로 전부 철저히 경험적이며 또한 전부 철저히 선험적이라고 주장한다.

우리의 모든 인식은 근원적으로 경험적이다. 왜냐하면 개념과 객체는 우리에게 분리되지 않은 채 동시에 발생하기 때문이다. 우리가 근원적으로 선험적인 인식을 가지려면, 우리에게 먼저 객체의 개념이 발생하고 그 다음에 그 개념에 맞게 객체가 발생해야 할 것이다. 그래야만 객체에 대한 현실적인 통찰이 선험적으로 얻어질 것이다. 거꾸로 경험적인 앎이란 예컨대 내가 그 결과를 미리 알 수 없는 물리학 실험에서처럼 전혀 나의 기여 없이 발생하는 앎이다. 그런데 우리가 보기에 객체에 대한 모든 앎은 우리에 대하여 독립적이다. 우리는 객체가 있는 다음에 비로소 객체의 개념을 만들 수 있고, 그 개념도 전적으로 비자의적인 직관을 통해서만 [타인에게] 전달할 수 있다. 그러므로 모든 인식은 근원적으로 순수하게 경험적이다.

그러나 바로 그렇기 때문에, 즉 우리의 인식 전체가 근원적으로 전부 철저히 경험적이기 때문에, 우리의 인식 전체는 전부 철저히 선험적이다. 만일 우리의 인식이 전부 우리의 생산이 아니라면, 우리의 앎 전체는 외부에서부터 우리에게 주어질 텐데, 이는 불가능하다. 왜냐하면 그렇다면 우리의 앎 속에는 필연적인 놈과 보편타당한 놈이 없어야 할 테니까 말이다. 그러므로 일부의 앎은 외부에서부터 우리에게 오고, 다른 일부의 앎은 우리 자신에게서 나오는 수밖에 없다. [그러나 이것도 불가능하다.] 그러므로 우리의 앎은 전부 철저히 우리 자신에게서 나옴을 통해서만, 즉 전부 철저히 선험적임을 통해서만 전부 철저히 경험적일 수 있다.

나가 모든 것을 자신으로부터 생산하는 한에서, 이런 저런 개념만 그렇거나 심지어 생각의 형식만 그런 것이 아니라 모든 것은 하나의 분리 불가능한 선험적 앎이다. †

그러나 우리가 이 생산하기를 의식하지 못하는 한에서, 우리 속에 있는 모든 것은 후험적이다. 우리가 우리의 인식을 선험적 인식으로 의식하려면, 무릇 생산하기 행위를 생산되는 놈으로부터 분리하여 의식해야 한다. 그런데 앞에서 도출되었듯이, 이 작용에서 우리에게 모든 물질적인 놈(모든 직관)이 개념에서 사라지고 순수한 형식적인 놈만 남는다. 이런 한에서 우리에게 선험적 개념들, 순수 형식적 개념들이 존재한다. 그러나 이 개념들도 우리가 파악하는 한에서만, 우리가 앞에서 논한 특정한 방식으로 추상하는 한에서만 존재한다. 요컨대 우리의 기여 없이 존재하는 것이 아니라 특수한 방향의 자유를 통해서 존재한다.

그러므로 선천적 개념은 존재하지 않아도 선험적 개념은 존재한다. 우리에게 선천적인 것은 개념들이 아니라 우리 자신의 본성과 그 본성의 메커니즘 전체이다. 이 본성은 규정된 본성이며 규정된 방식으로 행위하지만, 전혀 의식 없이 행위한다. 왜냐하면 그 본성 자체가 다름 아니라 이 행위이기 때문이다. 이 행위의 개념은 우리의 본성 속에 있지 않다. 만약 있다면, 우리의 본성은 근원적으로 이 행위와 별개인 놈이어야 할 테니까 말이다. 또 그 개념이 우리의 본성 속으로 들어온다면, 저 첫 번째 〔본성적〕 행위를 객체로 삼는 새로운 행위를 통하여 비로소 들어온다.

우리가 나 개념에서 생각하는 것은 행위와 존재의 근원적 동일성이다. 이 동일성은 이미 오래 전에 사람들이 모든 개념 속에 활등적인 놈이 있음을 발견하면서 폐기해야 한다고 느낀 선천적 개념에 대한 생각뿐만 아니라, 선천적 개념이 근원적 소질로서 존재한다는, 지금도 흔히 제기되는 생각도 전적으로 불가능하게 만든다. 왜냐하면 이 두 번째 생각은 나가 나의 행위와 별개인 특수한 바탕이라는 생각에 유일한 근거를 두기 때문이다. 바탕이 없는 행위는 생각할 수 없다고 말하는 사람이 있다고 해 보자. 그런 사람은 다음을 인정할 것이다. 그가 어렴풋이 떠올리는 생각의 바탕은 그의 상상력이 만든 한낱 점이며, 따라서 역시 그 자신의 생각이다. 그는 이런 식으로 무한히 거슬러 올라가며 〔나의 행위에〕 독립적인 놈을 전제할 수밖에 없다. 어떤 객체에서 그 객체가 가진 유일한 술어를 떼어 내도, 그다음에 무언지 몰라도 아무튼 무언가 남는다는 생각은 한낱 상상력의 착각이다. †

예컨대 비관통성Undurchdringlichkeit이 물질에 내재한다고 말할 사람은 아무도 없을 것이다. 왜냐하면 비관통성은 물질 자체이기 때문이다. 그렇다면 이성에 내재하는 개념들은 왜 들먹이는가? 그 개념들이 이성 자체인데 말이다. ― 아리스토텔레스주의자들은 영혼을 아무것도 쓰이지 않은 서판에 비유했다. 그 서판에 외부 사물의 특징들이 비로소 찍힌다는 것이었다. 〔이런 식으로 하자면〕 만일 영혼이 쓰이지 않은 서판이 아니라면, 영혼은 쓰인 서판이란 말인가? 〔영혼은 쓰이지 않은 서판도 아니요 쓰인 서판도 아니다.〕

선험적 개념들이 우리 속에 있는 소질이라면, 그 소질의 발현을 위한 외적 충격Anstoß도 있어야 할 것이다. 그렇다면 이성은 멈춰 있는 능력이고, 외적 사물들이 말하자면 활동성을 일으키는 원인으로서 혹은 자극으로서 작용할 것이다. 그러나 이성은 멈춰 있다가 비로소 활동을 시작하는 그런 능력이 아니다. 만약 그런 능력이라면, 이성은 활동성과 다른 놈이어야 할 테고, 이를테면 유기체처럼(유기체는 이미 역량을 높인, 이성의 직관이다) 산물과 결합된 활동성이어야 할 테니까 말이다. 또한 충격의 발원지인 저 미지의 놈에서 모든 선험적 개념들을 제거하고 나면, 그놈에게는 객관적 술어가 전혀 남지 않는다. 따라서 그 X를, 우리가 모든 것을 신 안에서 보게 만든 말브랑슈Nicolas de Malebranche처럼 또는 빛은 영혼과 신이 나누는 대화라고 말한 재치 있는 버클리George

Berkeley처럼, 이성 속에 정립해야 할 것이다. 버클리의 생각은, 그 생각을 이해하지도 못하는 시대에는, 반박할 필요도 없다.

그러므로 선험적 개념을 나의 근원적 소질 따위로 이해한다면, 모든 개념들이 외적 인상을 통하여 발생한다는 생각을 여전히 정당하게 선호하게 될 것이다. 물론 그 생각을 납득할 수 있는 것은 아니지만, 그렇게 생각할 경우 적어도 우리 인식에 통일성과 전체성이 존재할 것이다. 이 생각을 옹호한 주요인물인 로크는 선천적 개념이라는 환영에 맞서 싸웠다. 그는 라이프니츠가 선천적 개념들을 이야기했다고 실상과 전혀 다르게 전제했으며,† 관념들이 영혼에 근원적으로 찍혀 있다는 것이 납득할 수 없는 생각인 것과 마찬가지로 관념들이 객체를 통하여 비로소 찍힌다는 것도 납득할 수 없는 생각이라는 점을 간과했다. 또 그는 이런 의미의 선천적 관념만 없는 것이 아니라 혹시 영혼에 찍힌 인상을 의미하는 관념이 아예 없는 것이 아닐까 하고 한 번도 자문하지 않았다.

이 모든 혼란은 다음의 한 문장을 통해 해결된다. 우리의 인식은 근원적으로 선험적이지도 않고 후험적이지도 않다. 왜냐하면 이 구분 자체가 오로지 철학적 의식과 관련해서만 이루어지기 때문이다. 똑같은 이유에서, 즉 인식은 근원적으로, 즉 철학의 객체인 나와 관련해서 선험적이지도 않고 후험적이지도 않기 때문에, 인식은 부분적으로 선험적이고 부분적으로 후험적일 수도 없다. 인식이 부분적으로 선험적이고 부분적으로 후험적이라는 주장은 사실상 모든 선험적 인식의 진리성과 객관성을 불가능하게 만든다. 이 주장은 표상과 대상의 동일성을 완전히 거둔다. 왜냐하면 결과와 원인은 결코 동일할 수 없기 때문이다. 더 나아가 이 주장은, 사물들이 말하자면 모양 없는 재료로서 우리 속에 있는 저 근원적 형식들에 자신을 맞춘다고 주장하든지, 아니면 거꾸로 저 형식들이 사물들을 따른다고 주장함으로써 모든 필연성을 상실할 수밖에 없다. 얼핏 세 번째 전제도 가능할 것처럼 보인다. 즉, 객관세계와 이성이 마치 두 개의 시계와 같아서 서로를 모르며 서로 완전히 격리된 채 각각 자신의 규칙적인 행보를 계속함으로써 서로 일치한다는 전제도 가능할 것처럼 보인다. 그러나 이 세 번째 전제는 불필요한 주장이며, 하나를 가지고 설명할 수 있는 것을 여럿을 가지고 설명하지 말라는 모든 설명의 중심원리에 위배된다. 더구나 전적으로 이성의 표상들 바깥에 놓인 객관세계도 개념들의 표현이기 때문에, 오로지 이성을 통하여 그리고 이성에 대하여 현존할 수 있다는 점은 말할 필요도 없을 것이다.

# 4부
# 초월적 관념론의 근본문장들에 따른 실천철학 체계

우리는 독자들에게 이 점을 미리 일깨울 필요가 있다고 느낀다. 우리가 여기에서 제시하고자 하는 것은 도덕철학Moral-Philosophie이 아니라, 무릇 도덕적 개념들의 생각 가능성과 설명 가능성에 대한 초월적 연역이다. 또 우리는 도덕철학에서 초월철학에 귀속하는 부분을 다루는 이 탐구를 최대한 일반적으로 진행할 것이다. 그러니까 전체를 소수의 주요문장과 문제로 환원할 것이며, 그것들을 개별 문제들에 적용하는 일은 독자 자신에게 맡길 것이다. 독자는 그 적용을 스스로 해 봄으로써 자신이 초월적 관념론을 파악했을 뿐 아니라 (이 점이 핵심이다) 초월적 관념론을 탐구의 도구로 사용하는 법을 배웠는지 여부를 가장 쉽게 확인할 수 있을 것이다.

첫 번째 문장: 절대적 추상 즉 의식의 시작은 오로지 자기규정, 곧 이성이 자기 자신에게 가하는 행위에 의거해서만 설명 가능하다.

증명: 절대적 추상이 무엇을 뜻하는가는 이미 알려졌다고 가정하겠다. 절대적 추상은 이성이 자기를 객관 위로 절대적으로 들어 올리는 행위이다. 이 행위는 절대적이기 때문에 앞선 행위들을 조건으로 가질 수 없다. 따라서 앞선 행위를 통하여 다음 행위가 필연적이게 되는 행위들의 연관은 이 절대적 행위에서 말

하자면 끊어지고, 새로운 열이 시작된다.

한 행위가 이성의 앞선 행위에서 귀결되지 않는다 함은, 이 규정된 이성, 이 규정된 방식으로 행위하는 이성에 의거해서는 그 행위를 설명할 수 없다는 뜻이다. † 그런데 그 행위는 아무튼 설명 가능해야 하므로, 이성 속의 절대적인 놈 자체에 입각해서만, 모든 이성 행위의 마지막 원리에 의거해서만 설명 가능하다.

한 행위를 이성 속에 있는 마지막 놈에 의거해서만 설명할 수 있다 함은 (이성 속에 있는 마지막 놈은 다름 아니라 이성의 근원적 이중성이므로) 이성이 스스로 자기를 그 행위를 하도록 규정해야 한다는 뜻일 수밖에 없다. 요컨대 그 행위는 얼마든지 설명 가능한데, 이성의 규정되어있음에 의거해서는 설명 가능하지 않고, 이성의 단박 자기규정하기에 의거해서 설명 가능하다.

그러나 이성이 자기를 규정하는 행위는 자기에게 가하는 행위이다. 따라서 절대적 추상은 이성이 자기에게 가하는 행위를 통해서만 설명 가능하다. 또 절대적 추상은 모든 시간 속 의식의 시작이므로, 의식의 최초 시작도 오직 그런 행위를 통해서만 설명 가능하다. 이것이 증명하려던 바였다.

| 귀결들

1. 이성의 자기규정하기는 가장 일반적인 의미에서 의지하기|Wollen이다. 모든 의지에 자기규정이 있다는 점, 적어도 모든 의지가 자기규정으로 나타난다는 점은 모든 사람 각자가 내적 직관을 통하여 스스로에게 증명할 수 있다. 이 나타남이 참인지 혹은 기만인지는 지금 우리에게 중요치 않다. 또 지금 거론하는 것은 객체의 개념을 이미 포함한 규정된 의지가 아니라 초월적 자기규정, 근원적 자유활동|Ursprüngliche Freiheitsakt이다. 그러나 스스로의 직관에 의거하여 저 자기규정이 무엇인지를 알지 못하는 사람에게 그것을 설명하기는 불가능하다.

2. 저 자기규정이 근원적 의지라면, 이성은 오직 의지를 거쳐 자기에게 객체가 된다는 결론이 나온다.

요컨대 어떻게 이성이 자기를 직관하는 놈으로 인식하는가라는 우리의 문제〔과제 D.〕에 대한 완전한 해답은 의지활동〔을 통해서라는 것〕이다. † 이론 **204 [325-326]** 철학은 세 개의 주요활동을 통해 완성되었다. 자기의식의 아직 의식 없는 첫 번째 활동에서 나는 〔우리 철학자들에게〕 주체-객체였고, 나 자신에게는 그렇지 않았다. 두 번째 감각 활동에서는 오직 나의 객관적 활동성만 나에게 객체가 되었다. 세 번째 생산적 직관에서는 나가 감각하는 놈으로서 즉 주체로서 나에게 객체가 되었다. 〔세 번째 단계는 생산하는 나가 자기에게 객체가 되는 것인데〕 나가 단지 생산하는 놈인 한에서, 나는 결코 나로서 객관적이지 않다. 왜냐하면 직관〔생산〕하는 놈은 항상 자기가 아닌 무언가를 향하며, 다른 모든 것이 그놈을 기준으로 하여 객관적인 그런 놈 자체는 객관적이게 되지 않기 때문이다. 그래서 우리는 생산의 시대 내내 생산하는 놈, 직관하는 놈이 그런 놈으로서 자기에게 객체가 되는 데까지 결코 도달할 수 없었다. 단지 생산적 직관의 역량을 (예컨대 조직을 통하여) 높일 수만 있었지, 나의 자기직관의 역량을 높일 수 없었다. 〔그 다음에 지금〕 의지에서 비로소 나의 자기직관도 더 높은 역량으로 상승한다. 왜냐하면 의지를 통하여 나는 진면목대로 나 전체로서, 즉 주체인 동시에 객체인 놈으로서, 혹은 생산하는 놈으로서 자기에게 객체가 되기 때문이다. 이 생산하는 놈은 단지 이상적인ideal 나로부터 말하자면 떨어지며, 이제 다시는 관념적이게ideel 될 수 없다. 오히려 그 생산하는 놈은 나 자신에게 영원히 절대적으로 객관이다.

3. 나는 자기규정 활동을 통하여 나로서 자기에게 객체가 된다. 그렇다면 이런 질문이 제기된다. 저 앞에서 언급한 자기의식의 근원적 활동도 마찬가지로 자기규정인데, 그 활동을 통해서는 자기객체되기가 일어나지 않았다. 지금의 자기규정 활동과 그 근원적 활동은 서로 어떤 관계에 있는가?

이미 지금까지의 논의를 통하여 그 두 활동을 구분 짓는 특징이 주어졌다. 저 최초의 활동에서는 오직 규정하는 놈과 규정되는 놈 사이의 단순한 맞섬만 있었고, 그 맞섬은 직관하는 놈과 직관되는 놈 사이의 맞섬과 같았다. 반면에 현재의 활동에서는 이 단순한 맞섬이 있는 것이 아니라, 규정하는 놈과 규정되는 놈이 함께 직관하는 놈의 맞은편에 있으며, 최초 활동의 직관되는 놈과 직관하는 놈이 둘 다 함께 여기에서는 직관되는 놈이다.

이 구분의 근거는 다음과 같았다. † 저 최초의 활동에서는 무릇 나가 최초로 되었다〔발생했다〕. 나는 다름 아니라 자기에게 객체가 되는 놈이니까 말이다. 따라서 나 속에는 발생하는 놈을 발생과 동시에 반성할 수 있는 관념적 활동성이 아직 없었다. 반면에 현재의 활동에서는 나가 이미 있다. 〔이 활동에서〕 핵심은 다만 나가 이미 있는 나로서 자기에게 객체가 된다는 점뿐이다. 그러므로 이 두 번째 자기규정 활동은 객관적으로 보면 실제로 저 첫 번째 근원적 자기규정 활동과 완전히 동일하다. 하지만 차이점은, 현재의 활동에서는 첫 번째 활동 전체가 나에게 객체가 된다는 점이다. 반면에 첫 번째 활동에서는 그 활동 속의 객관적인 놈만 객체가 되었다.

의심의 여지없이 이 대목은 흔히 반복되는 다음과 같은 질문을 살펴보기에 가장 적절한 자리이다. 이론철학과 실천철학은 어떤 공통 원리를 통하여 관련되는가?

자율Autonomie은 보통 실천철학의 정점으로만 여겨지지만, 철학 전체의 원리로 확장하여 완성하면 그것이 바로 초월적 관념론이다. 근원적 자율과 실천철학에서 거론되는 자율 사이의 유일한 차이는 다음과 같다. 근원적 자율에서는 나가 자기를 절대적으로 규정하지만, 나 자신이 보기에는 그렇지 않다. 나는 동일한 행위 속에서 자기에게 법칙을 부과함과 동시에 법칙을 실현한다. 그래서 나는 자기를 입법자로서 구분하지 못하고, 마치 거울 속에서 제 얼굴을 보듯이 법칙을 자기의 산물들 속에서만 본다. 반면에 실천철학에서 나는 관념적인 놈으로서 실재적인 놈에 맞서는 것이 아니라, 관념적인 동시에 실재적인 놈에 맞서며, 그렇기 때문에 더 이상 관념적인 놈이 아니라 이상화하는 놈 idealisierend이다. 똑같은 이유에서, 즉 관념적인 동시에 실재적인 나, 곧 생산하는 나에 이상화하는 나가 맞서기 때문에, 전자의 나도 실천철학에서는 더 이상 직관하는 놈, 곧 <u>의식 없는 놈</u>이 아니라 의식을 가지고 생산하는 놈, 곧 <u>실현하는 놈</u>realisierend이다.

그러므로 실천철학은 전적으로 이상화하는(이상을 구상하는) 나와 실현하는 나의 이중성에서 비롯된다. 그런데 실현은 생산이며, 따라서 이론철학에서 다뤄진 직관과 같다.† 다만 차이는 여기에서 나는 의식을 가지고 생산한다는 점이다. 거꾸로 이론철학에서도 나는 이상화하는 놈이지만, 거기에서는 개념과 실행Tat, 구상과 실현이 동일하다는 점이 지금과 다르다.

이 같은 이론철학과 실천철학의 맞섬으로부터 곧장 여러 중요한 귀결들을 끌어낼 수 있다. 여기에서 우리는 그 귀결들 가운데 가장 중심적인 것들만 제시할 것이다.

a) 이론철학에서, 즉 의식의 저편에서 나에게 객체가 발생하는 방식은 실천철학에서, 즉 의식의 이편에서 나에게 객체가 발샹하는 방식과 같다. 직관과 자유로운 행위 사이의 차이는 다만 자유로운 행위에서 나는 자기가 보기에 생산하는 놈이라는 점뿐이다. 직관하는 놈은 단지 나를 객체로 가질 때에 늘 그렇듯이 한낱 관념적이며, 직관되는 놈은 나 전체, 즉 관념적인 동시에 실재적인 나이다. 우리가 자유롭게 행위할 때 우리 속에서 행위혀는 놈은 우리 속에서 직관하는 놈과 동일하다. 다시 말해 직관하는 활동성과 실천하는 활동성은 하나이다. 이는 초월적 관념론의 가장 주목할 만한 결론이며, 직관과 행위의 본성에 대하여 매우 큰 가르침을 준다.

b) 우리는 어떻게 이성이 자기가 보기에 직관하는 놈이 되는가를 설명하기 위하여 절대적 자기규정 활동을 요청했다. 우리는 이미 여러 번 반복적으로 경험했으므로, 이 절대적 활동을 통하여 우리가 기대한 것과 전혀 다른 놈이

우리에게 발생한다 하더라도 놀랄 것은 없다. 이론철학 내내 우리는 자신의 행위를 그 자체로 의식하려는 이성의 노력이 계속 실패로 돌아가는 것을 보았다. 여기에서도 사정은 그와 동일하다. 그러나 그 실패에서, 즉 이성이 자기를 생산하는 놈으로 직관함으로써 이성에게 완전한 의식이 발생하는 것에서, 세계가 이성에게 현실적으로wirklich 객관적이게 되는 것이 비롯된다. 왜냐하면 이성이 자기를 생산하는 놈으로 직관함을 통하여 단지 관념적인 나가 관념적인 동시에 실재적인 나에서 분리되고, 따라서 이제 관념적인 동시에 실재적인 나는 완전히 객관적이게 되고 단지 관념적인 나로부터 독립적이게 되기 때문이다.† 동일한 하나의 직관 속에서 이성은 의식을 가지고 생산하는 놈이 되면서 또한 동시에 자기를 의식 없이 생산하는 놈으로 의식하게 되어야 한다. 이는 불가능하며, 단지 그렇기 때문에 이성에게 세계는 현실적으로 객관적인 놈으로 즉 이성의 기여 없이 현전하는vorhanden 놈으로 나타난다. 이제 이성은 생산하기를 그칠 수 없지만, 의식을 가지고 생산한다. 그러므로 여기에서 완전히 새로운 세계가 시작되며, 그 세계는 이 지점부터 무한히 계속될 것이다. 첫 번째 세계(첫 번째 세계라는 표현을 써도 좋다면) 즉 의식 없는 생산을 통하여 발생한 세계는 이제 그 기원과 함께 말하자면 의식 뒤에 놓인다. 따라서 이성은 자기가 그 세계를 이 두 번째 세계와 똑같이 스스로 생산한다는 점을 결코 단박에 통찰할 수 없게 된다. 반면에 두 번째 세계의 산출은 의식과 함께 시작된다. 근원적 자기의식 활동으로부터 자연 전체가 전개된 것과 마찬가지로, 두 번째 활동 혹은 자유로운 자기규정 활동으로부터 두 번째 자연이 발생하게 된다. 지금부터 이루어질 탐구의 대상[목표] 전체는 이 두 번째 자연을 도출하는 것이다.

지금까지 우리는 자기규정 활동과 근원적 자기의식 활동의 동일성을 반성했으며, 두 활동의 차이에 대해서는 전자는 의식이 있고 후자는 의식이 없다는 점 하나만 반성했다. 그러나 매우 중요하며 더 살펴보아야 할 차이가 하나 더 있다. 그것은 근원적 자기의식 활동은 모든 시간 바깥에 놓이는 반면, 의식의 초월적 시작이 아니라 경험적 시작을 이루는 자기규정 활동은 필연적으로 의식의 특정 단계에 놓인다는 점이다.

그런데 이성이 보기에 특정 시간 단계에 놓이는 모든 이성 행위는, 생각의 근원적 메커니즘에 따라서, 필연적인 행위로 설명되어야 한다. 그러나 여기에서 거론되고 있는 자기규정 행위를 이성 속에 있는 어떤 선행하는 행위에 입각하여 설명할 수 없다는 점 또한 부정할 수 없다. 왜냐하면 우리는 설명근거를 찾다보니 자기규정 행위로 이끌린 것이지, 그러니까 관념적으로 자기규정 행위로 이끌린 것이지, 실재적으로 이끌린 것은 아니기 때문이다. 다시 말해 자기규정 행위가 어떤 선행하는 행위에서 필연적으로 귀결된다는 의미에서 자기규정 행위로 이끌린 것은 아니다. ― †

208 [331-333]

잠시 돌이켜 보자. 우리가 이성의 생산을 추적하는 한에서, 모든 각각의 다음 행위는 앞선 행위를 조건으로 삼았다. 그러나 우리가 그 영역〔생산을 추적하는 탐구〕을 떠나자마자, 순서는 완전히 뒤집혔고, 우리는 조건지어진 놈으로부터 조건을 추론해야 했다. 따라서 결국 조건지어지지 않은 놈, 즉 설명할 수 없는 놈으로 이끌리는 것은 불가피했다. 그러나 이성의 고유한 생각 법칙들에 따를 때, 조건지어지지 않은 놈은 있을 수 없다. 이 점은 저 〔자기규정〕 행위가 특정 시간 단계에 놓인다는 것만큼 확실하다.

우리가 맞닥뜨린 모순은 다음과 같다. 그 〔자기규정〕 행위는 설명 가능한 동시에 설명 불가능해야 한다. 이 모순을 해결하려면 이제껏 우리 앎의 영역에 아예 등장하지 않은 매개 개념을 발견해야 한다. 우리는 다른 문제들을 풀 때와 똑같은 방식으로 이 문제도 풀 것이다. 즉, 과제를 점점 더 상세히 규정하여 결국 유일하게 가능한 해결만 남게 만들 것이다.

어떤 이성 행위를 설명할 수 없다 함은, 그 행위를 이성의 앞선 행위하기에 입각하여 설명할 수 없다는 뜻이다. 더 나아가 지금 우리는 생산하기 외에 다른 행위하기를 알지 못하므로, 이성의 어떤 행위를 설명할 수 없다 함은, 그 행위를 이성의 앞선 행위하기에 입각하여 설명할 수 없다는 뜻이며, 지금 우리가 아는 행위하기는 생산하기뿐이므로, 결국 이성의 앞선 생산하기에 입각하여 설명할 수 없다는 뜻이다. 물론 그 행위를 생산하기에 입각하여 설명할 수 없다는 문장은, 그 행위를 절대적으로 설명할 수 없다는 의미가 아니다. 〔그 행위를 생산하기가 아닌 어떤 놈에 입각하여 설명할 수는 있을 것이다.〕 그러나 다른 한편 이성 속에는 이성이 생산하는 놈 외에는 아무것도 없으므로, 저 어떤 놈〔자기규정 행위의 근거를 갖고 있는 놈〕도 만일 생산하기가 아니라면 이성 속에 있을 수 없다. 그런데 이성 속에 있는 한 행위가 그 어떤 놈에 입각하여 설명되어야 하므로, 그 어떤 놈은 반드시 이성 속에 있어야 한다. 결론적으로 그 〔자기규정〕 행위는 이성의 생산하기이면서 또한 생산하기가 아닌 어떤 놈에 입각하여 설명가능해야 한다.

이 모순은 다음과 같은 방법으로만 매개될 수 있다. 자유로운 자기규정의 근거를 갖고 있는 저 어떤 놈은 이성의 생산하기여야 하지만, 이 생산하기의 부정적 조건은 이성 바깥에 놓여야 한다. 그 어떤 놈이 이성의 생산하기여야 하는 이유는, 이성 속에는 이성 자신의 행위를 통해서 들어오는 놈만 들어올 수 있기 때문이요, 그 생산하기의 부정적 조건이 이성 바깥에 놓여야 하는 이유는, 그 자체로 자기에게 있는 이성에 의거해서는 저 행위를 설명할 수 없어야 하기 때문이다. † 거꾸로 이성 바깥에 놓인 그 어떤 놈의 부정적 조건은 이성 속의 규정이어야 하며 의심의 여지없이 부정적 규정이어야 한다. 또 이성은 단지 행위하기이므로, 그 부정적 규정은 이성의 행위안하기Nichthandeln여야 한다.

저 어떤 놈〔이성의 자기규정의 근거를 갖고 있는 놈〕은 행위안하기를, 더 정확히 말해서 이성의 규정된〔특정한〕 행위안하기를 조건으로 가진다. 다시 말해 그 어떤 놈은, 이성의 행위하기를 통하여 배제되고 불가능해질 수 있는 그런 놈이다. 즉, 그 어떤 놈 자신은 행위하기, 더 정확히 말해서 규정된 행위하기이다. 그러므로 이성은 〔자기규정의 근거인〕 한 행위하기를 일어나는 놈으로서 직관해야 하며, 나머지 모든 것과 마찬가지로 이성 속의 한 생산하기 덕분에 직관해야 한다. 요컨대 [외부로부터] 이성에 직접적인 작용이 가해지는 일이 없어야 한다. 이성의 직관하기의 긍정적 조건은 이성 바깥에 놓이지 않아야 한다. 이성은 과거와 마찬가지로 전적으로 자기 안에서 완결되어야 한다. 그럼에도 다른 한편으로 이성은 [자기규정의 근거인] 저 행위하기의 원인이 아니어야 하고 단지 그것의 부정적 조건만 갖고 있어야 한다. 그런 한에서 저 행위하기는 전적으로 이성에 독립적으로 일어나야 한다. 간단히 말해서, 저 행위하기는 이성 속의 한 생산하기의 직접적 근거가 아니어야 하고, 거꾸로 이성도 저 행위하기의 직접적 근거가 아니어야 한다. 그럼에도 불구하고, 이성에 독립적인 행위하기에 대한 표상은 이성 속에, 그 행위하기 자체는 이성 바깥에, 마치 하나가 다른 하나를 통해 규정된 것처럼 공존해야 한다.

이런 관계는 오직 예정조화prästabilierte Harmonie를 통해서만 생각할 수 있다. 이성 바깥의 행위하기는 전적으로 스스로 일어난다. 이성은 그 행위하기의 부정적 조건만 갖고 있다. 다시 말해 이성이 특정 방식으로 행위했다면, 그 행위하기는 일어나지 않았을 것이다. 단지 행위안하기를 통해서 그 행위하기를 가능케 하는 이성은 그 행위하기의 직접적 혹은 긍정적 근거가 되지 않는다. 왜냐하면 이성이 행위하지 않는 것만을 통해서는 저 행위하기가 아직 일어나지 않을 것이기 때문이다. 저 행위하기의 근거를 갖고 있는 어떤 놈[이성의 자기규정의 근거를 갖고 있는 행위하기의 근거를 갖고 있는 놈]이 이성 바깥에 추가로 있어야만, 이성의 행위안하기를 통하여 저 행위하기가 일어날 것이다. 다른 한편 저 행위하기에 대한 표상 혹은 개념은 마치 이성 바깥에 아무것도 없는 것처럼 전적으로 이성 자신에 의해 이성 속에 들어온다. 그런에도 또한 그 표상 혹은 개념은, 만일 저 행위하기가 현실적으로 또한 이성에 독립적으로 일어나지 않는다면, 이성 속에 있을 수 없다. 따라서 이 행위하기 역시 이성 속 표상의 간접적 근거에 불과하다. † 우리가 예정조화라고 부르는 것은 이 간접적 상호작용이다.

그런데 이런 간접적 상호작용은 오직 동등한 실재성을 지닌 주체들 사이에서만 생각할 수 있다. 따라서 저 행위하기[이성의 자기규정의 근거를 갖고 있는 행위하기]는 이성이 지닌 것과 똑같은 실재성을 지닌 주체에서 나와야 한다. 다시 말해 이성 바깥의 이성에서 나와야 한다. 이로써 우리는 위에 언급한 모순을 통하여 새로운 문장으로 인도된다.

두 번째 문장: 자기규정 활동, 혹은 이성이 자기에게 가하는 자유로운 행위는 오로지 이성 바깥에 있는 이성의 특정 행위를 통해서만 설명할 수 있다.

증명: 이 문장은 방금 위에서 제시한 연역에 포함되어 있으며, 오로지 다음의 두 문장에서 비롯된다. 첫째, 자기규정은 설명 가능해야 한다. 또한 동시에 둘째, 자기규정은 이성의 생산하기에 입각하여 설명할 수 없어야 한다. 그러므로 우리는 더 이상 증명에 머물 것 없이 곧바로, 우리가 보기에 이 명제[문장]와 그것에 대한 증명으로부터 발생하는 문제들로 넘어갈 것이다.

먼저, 우리는 우리 바깥에 있는 이성의 특정 행위하기가 자기규정 활동의 필수조건이며 따라서 의식의 필수조건<u>이라는 것</u>을 안다. 그러나 우리는 <u>어떻게 또 어떤 방식으로</u> 그런 우리 바깥의 행위하기가 우리 안의 자유로운 자기규정에 대하여 오직 간접 근거일 수 있는지 알지 못한다.

<u>둘째</u>, 도대체 어떻게 무릇 외부로부터의 작용이 이성에 미치는지, 더 구체적으로 어떻게 이성에 다른 이성이 작용을 미치는 것이 가능한지 우리는 모른다. 우리는 위의 연역에서 이성 바깥의 행위하기를 오직 이성 속 행위하기의 간접 근거로만 연역하면서 이미 이 난점에 맞닥뜨렸다. 과연 어떻게 별개의 이성들 사이의 그런 간접적인 관계, 혹은 그런 예정조화를 생각할 수 있을까?†

<u>셋째</u>, 내 속의 특정 행위안하기를 통하여 내 바깥에 있는 이성의 특정 행위하기가 나에게 필연적으로 정립된다는 식으로 이 예정조화를 설명한다면, 다

음을 예상해야 할 것이다. 내 바깥의 이성의 특정 행위하기는 우연적 조건(나의 행위안하기)에 결부되어 있으므로 자유로운 행위하기 일 것이며, 따라서 나의 행위안하기도 자유로울 것이다. 그런데 내 바깥 이성의 특정 행위하기는 나에게 의식과 자유가 비로소 발생하게 만드는 〔나의 자기규정〕 행위의 조건이어야 한다. 그렇다면 자유에 앞선 자유로운 행위안하기를 어떻게 생각할 수 있을까?

　　　우리는 탐구를 더 진행하기에 앞서 무엇보다 먼저 이 세 문제를 해결해야 한다.

　　　<u>첫 번째 문제의 해결</u>은 이러하다. 자기규정 활동을 통하여 나가 나 자신에게 나로서 즉 주체-객체로서 발생해야 한다. 더 나아가 자기규정 활동은 자유로운 활동이어야 한다. 나가 나 자신을 규정함의 근거는 오로지 유일하게 나 자신 속에 놓여야 한다. 그런데 저 〔자기규정〕 행위가 자유로운 행위라면, 나는 그 활동을 통해 나에게 발생하는 놈을 의지意志했어야 하며, 그놈은 오로지 나가 의지했기 때문에 나에게 발생해야 한다. 그런데 이 행위를 통하여 나에게 발생하는 놈은 의지하기Wollen 자체다(나는 근원적인 의지하기이니까 말이다). 그러므로 나는, 자유롭게 행위할 수 있기 이전에 이미 의지하기를 의지했어야 한다. 또 그럼에도 불구하고 의지하기 개념은 나 개념과 함께 저 〔자기규정〕 행위를 통하여 비로소 나에게 발생한다.

　　　이 외견상의 순환은 오직 나에게 의지하기 이전의 의지하기가 객체가 될 수 있을 때만 해결될 수 있다. 그 객체되기는 나 자신을 통해서는 불가능하다. 따라서 〔다른〕 한 이성의 행위하기를 통해 나에게 발생하는 의지하기의 개념이 있어야 할 것이다.

　　　요컨대 이성에게 자기규정의 간접 근거가 될 수 있는 이성 바깥의 행위하기는, 이성에게 의지하기의 개념이 발생하도록 만드는 행위하기일 수밖에 없다. 이제 과제는 이렇게 탈바꿈한다. 어떤 행위하기를 통하여 의지하기의 개념이 이성에게 발생할 수 있을까?

그 행위하기는 이성에게 현실적인 객체의 개념이 발생하도록 만드는 행위하기일 수 없다. 만약 그렇다면 이성은 방금 떠난 지점으로 되돌아갈 테니까 말이다. † 따라서 그것은〔그 행위하기를 통하여 이성에게 발생하는 것은〕가능적인 객체의 개념, 즉 지금은 없지만 다음 단계에는 있을 수 있는 어떤 놈의 개념이어야 한다. 그러나 이를〔가능적인 객체의 개념을〕통해서도 아직 의지하기의 개념은 발생하지 않는다. 오직 이성이 그것을 실현할 때만 있을 수 있는 그런 객체의 개념이 있어야 한다. 오직 그런 객체의 개념을 통해서만, 의지하기에서 일어나는 분리가 나 속에서 나 자신이 보기에 일어날 수 있다. 나에게 한 객체의 개념이 발생하는 한에서, 나는 한낱 관념적이다. 그러나 나에게 이 개념이 나의 행위하기를 통해 실현할 객체의 개념으로서 발생하는 한에서, 나는 나 자신이 보기에 관념적인 동시에 실재적이게 된다. 따라서 나는 이 개념을 통하여 이성으로서 자기에게 객체가 될 수 있다. 그러나 될 수만 있다. 나가 자기에게 현실적으로 그렇게 나타나기 위해서는, 나가 현 단계(관념적 제한성의 단계)와 다음 단계(생산하는 단계)를 맞세우고 관련지어야 한다. 또 나가 이 맞세우고 관련짓기로 강제될 수 있으려면, 저 행위하기〔이성 바깥의 행위하기〕는 객체를 실현하라는 요구Forderung여야 한다. 관념적인 나와 생산하는 나 사이의 맞섬은 오로지 당위Sollen의 개념을 통하여 발생한다. 이때 요구된 놈을 실현하는 행위가 현실적으로 일어나는지 여부는 불확실하다. 왜냐하면 지금 주어진 행위 조건(의지하기 개념)은 자유로운 행위의 조건인데, 만약 그 조건이 정립되었을 때 그 행위가 필연적이라면, 조건이 조건지어진 놈과 모순될 테니까 말이다. 의지하기 자체는 항상 자유롭고, 또한 자유로워야 한다. 의지하기가 의지하기이기를 그치지 않으려면 그래야 한다. 단지 의지하기의 가능성의 조건만 나 속에서 나의 기여 없이 산출되어야 한다. 이로써 우리는, 동일한 행위가 이성이 보기에 설명 가능한 동시에 설명 불가능해야 한다는 모순이 완전히 해결된 것을 본다. 이 모순을 매개하는 개념은 요구 개념이다. 왜냐하면 행위가 일어날 경우 그 행위는 요구를 통해 설명되지만, 행위가 요구 때문에 반드시 일어나야 하는 것은 아니니까 말이다. 나에게 의지하기의 개념이 발상하자마자, 또는 내가 자기를 반성하자마자, 자기를 다른 이성을 거울삼아 보자마자 행위는 일어날 수 있지만, 반드시 일어나는 것은 아니다.†     213 [339-341]

우리는 이 해결에서 귀결되는 다른 문장들을 곧바로 논할 수 없다. 왜냐하면 우선 다음 질문에 대답해야 하기 때문이다. 어떻게 나 바깥에 있는 이성의 요구가 나에게 도달할 수 있는가? 이 질문을 더 일반적으로 표현하면 이러하다. 어떻게 이성들이 서로에게 무릇 영향을 끼칠 수 있는가?

앞에서 두 번째로 언급한 문제의 해결은 이러하다. 우리는 그 문제를 완전히 일반적으로, 지금 앞에 놓인 특수한 경우와 무관하게 탐구할 것이다. 그 특수한 경우에 대한 적용은 저절로 쉽게 이루어질 것이다.

초월적 관념론의 원리들에 따르면 이성들 사이의 단박[직접] 작용은 불가능하다. 이 점은 증명할 필요가 없으며, 다른 어떤 철학도 그런 단박 작용을 파악하지 못했다. 따라서 벌써 이 대목에서, 별개의 이성들 사이의 간접 작용을 상정하는 길만 남는다. 이제 논의할 거리는 다만 그런 간접 작용의 가능성의 조건뿐이다.

먼저, 서로에게 자유를 통하여 작용하는 이성들 사이에, 그들이 표상하는 공동 세계와 관련하여 예정조화가 있어야 할 것이다. 왜냐하면 이성 속에 들어오는 모든 규정성은 이성의 표상들의 규정성을 통해 들어오므로, 전혀 별개의 세계를 직관하는 이성들은 아무 공통점이 없고 서로 만날 수 있는 접촉점도 없을 터이기 때문이다. 그런데 나는 이성의 개념을 오로지 나 자신으로부터 얻는다. 그러므로 내가 이성으로 인정해야할 이성은 동일한 세계직관의 조건들 아래에 나와 함께 있어야 한다. 또 그[다른 이성]와 나 사이의 구분은 쌍방의 개체성을 통해서만 이루어지므로, 내가 이 개체성의 규정성을 제거할 경우 남는 것은 우리 둘에게 공통적이어야 한다. 다시 말해 우리는 첫 번째 제한성과 두 번째 제한성에 있어서, 그리고 세 번째 제한성의 규정성을 생각 속에서 제거할 경우 심지어 세 번째 제한성에 있어서도 같아야 한다. †

그런데 이성이 모든 객관을 자기 자신으로부터 산출하고, 표상들에 대응하여 우리가 우리 바깥에서 직관하는 공동 원본Urbild은 없다면, 별개인 이성들의 표상이 객관세계 전체에 있어서나 동일한 공간과 시간에 있는 개별 사물들과 변화들에 있어서나 일치하는 것은(우리의 표상에 객관적 진리성을 부여하도록 우리를 강제하는 놈은 오로지 이 일치뿐이다) 오로지 우리의 공통 본성에 입각해서 또는 우리의 원초적 제한성과 도출된 제한성의 동일성에 입각해서 설명할 수밖에 없다. 근원적 제한성을 지닌 개별 이성에게는, 그 이성의 표상 범위에 무엇이 들어오건 간에, 모든 것이 미리 정해져 있다. 이와 마찬가지로 저 제한성의 통일성〔공통성〕을 통하여 별개인 이성들의 표상들에 보편적 일치가 있다. 이 공동 직관은 기반이며 말하자면 바탕이고, 그 위에서 이성들 사이의 모든 상호작용이 일어난다. 이 공동 직관은 바탕이며, 그렇기 때문에 이성들은 직관을 통하여 단박에 규정되지 않은 것에 대하여 부조화가 일어날 때마다 끊임없이 그 바탕으로 회귀한다. — 단 하나 유의할 것은, 이 설명은 여기에서 더 나아가 뻔뻔스럽게 어떤 절대적 원리로 향하지 않는다는 점이다. 말하자면 이성들의 공동 초점으로서 혹은 이성들을 균일하게 설계한 자와 창조한 자로서(이 개념들은 우리에게 전혀 이해 불가능한 것들이다) 이성들의 객관적 표상들의 일치 근거를 갖고 있는 그런 절대적 원리로 이 설명은 향하지 않는다. 오히려 이 설명의 핵심은 이것이다. 한 개별 이성이 우리가 도출한 모든 의식 규정들을 지니고 존재하는 것이 확실한 만큼 확실하게, 다른 이성들도 똑같은 규정들을 지니고 존재한다. 왜냐하면 그 다른 이성들은 첫 번째 이성의 의식의 조건이며, 그 역도 마찬가지이기 때문이다.

그런데 별개인 이성들은 첫 번째 제한성과 두 번째 제한성만 공유할 수 있고, 세 번째 제한성은 단지 무릇〔불특정적으로〕 공유할 수 있다. 세 번째 제한성은 이성을 특정 개체로 만드는 제한성이니까 말이다. 따라서 세 번째 제한성이 규정된〔특정된〕제한성인 한에서, 바로 그 제한성을 통하여 이성들 사이의 모든 공통성이 거둬지는 것처럼 보인다. † 하지만 바로 이 개체성의 제한성은 215 [343-344] 또 다른 예정조화를 위한 조건일 수 있다. 우리가 이 예정조화를 앞선 예정조화에 맞선 놈으로서만 상정한다면 말이다. 앞선 예정조화는 이성들의 객관적 표상들과 관련하여 일어나며, 그 예정조화를 통해서는 무언가 공통적인 놈이 이성들 안에 정립된다. 반면에 세 번째 제한성으로 인해 각각의 개체 속에는 어떤 놈이 정립되는데, 그 어떤 놈은 바로 그렇게 정립됨을 통하여 다른 모든 이성들에 의해 부정되며, 그렇기 때문에 다른 이성들은 그 어떤 놈을 자신들의 행위로 직관할 수 없다. 다시 말해 다른 이성들은 그 어떤 놈을 자신들의 것이 아닌 놈으로서만, 즉 자신들 바깥에 있는 이성의 행위로서만 직관할 수 있다.

따라서 이렇게 주장된다. 모든 각각의 이성의 개체적 제한성을 통하여 단박에, 각각의 이성 속에 있는 어떤 활동성에 대한 부정을 통하여 단박에, 그 이성에게 그 활동성은 그 이성 바깥에 있는 이성의 활동성으로 정립되며, 이는 <u>부정적인</u> 유형의 예정조화이다.

그런 예정조화를 증명하려면 다음의 두 문장을 증명해야 한다.

1. 나는 <u>나의</u> 활동성이 아닌 놈을, 단지 그놈이 나의 것이 아니라는 이유만으로, 나 바깥에 있는 이성의 활동성으로서 직관해야 한다. 이때 외부로부터 나에 직접적인 작용이 가해질 필요는 없다.

2. 외부로부터 추가된 제한성이 없어도, 나의 개체성 정립을 통하여 단박에 나 속에 활동성에 대한 부정이 정립된다.

첫 번째 문장과 관련해서는, 지금 우리가 오로지 의식 있는 행위, 혹은 자유로운 행위만 논하고 있다는 점을 상기하라. 앞에서 개략적으로 증명했듯이, 자유로운 이성은 객관세계를 통해 한정되지만, 이 한정성의 내부에서는 다시 한정되지 않는다. 즉, 자유로운 이성은 임의로 모든 각각의 객체를 향할 수 있다. 그런데 이성이 행위하기 시작하면, 이성의 활동성은 필연적으로 규정된 [특정] 객체를 향해야 하고 다른 모든 객체들은 그냥 놔둬야 한다. 말하자면 건드리지 않아야 한다. 이때 만일 이성의 활동성에게 나머지 객체들을 향한 방향이 불가능해지지 않는다면, 어떻게 근원적으로 완전히 불특정적인 이성의 활동성이 이런 식으로 한정되는지 파악할 수 없다. † 그리고 우리가 이제껏 통찰한 한에서, 그렇게 이성의 활동성에게 나머지 방향들이 불가능해지는 일은 오직 그 이성 바깥에 있는 이성들을 통해서만 가능하다. 그러므로 나가 나 바깥에 있는 이성들의 활동성을 (지금까지의 탐구는 아직 전적으로 일반적이므로) 무릇 직관하는 것은 자기의식의 조건이다. 왜냐하면 나의 활동성이 특정 객체를 향하는 것이 자기의식의 조건이기 때문이다. 그러나 이 같은 나의 활동성의 방향은 나의 개체성의 종합을 통하여 이미 정립되고 예정된 방향이다. 따라서 그 종합을 통하여 이미 다른 이성들이 나에게 정립되며, 따라서 그 이성들의 특정 행위들도 정립된다. 나는 그 다른 이성들을 통하여 나를 자유로운 행위에서 한정된 놈으로 직관한다. 이때 그 다른 이성들이 특수한 작용을 나에게 가할 필요는 없다.

우리는 이 해결을 개별 경우들에 적용하는 일, 또는 우리가 예상할 수 있는 비판들에 곧바로 대응하는 일을 하지 않겠다. 우선 우리는 이 해결 자체를 여러 예들을 통해 더 명확히 할 것이다.

보충적인 설명은 이러하다. ― 이성의 근원적인 충동들 중에는 인식을 향한 충동Trieb도 있으며, 인식은 이성의 활동성이 향할 수 있는 객체들 중 하나이다. 이성의 활동성이 인식을 향하는 일이 발생한다고 가정하자. 물론 이 일은 활동성의 모든 단박 객체들이 이미 선점되었고 따라서 이성의 활동성이 이미 한정되었을 때만 일어날 것이다. 그러나 저 객체[인식]는 내적으로 다시 무한하므로, 이성은 그 객체에서 다시 제한되어야 할 것이다. 따라서 이성이 자기의 활동성을 앞의 특정 객체로 향한다고 가정하자. 그러면 이성은 이 객체에 대한 학문을 발명하든지erfinden 아니면 배울 것이다. 다시 말해 이성은 외적인 작용을 통하여 이런 유형의 앎에 도달할 것이다. 이때 이 외적인 작용은 무엇을 통하여 정립될까? 단지 이성 자신 속의 부정을 통하여 정립된다. 이성은 개체적 제한성으로 인해 전혀 발명의 능력이 없거나, 아니면 〔이성에 의해〕 이미 발명이 이루어졌다면, 그것은 다시 이성의 개체성의 종합을 통해 정립된 것이며, 그 종합에는 이성이 이 특정 시대에 비로소 존재하기 시작했다는 점도 포함된다. 요컨대 이성은 오직 자기 자신의 활동성에 대한 부정을 통해서만 무릇 외적인 작용에 맡겨지고 말하자면 개방된다. †

그런데 이제 새로운 질문이 발생한다. 이 탐구에서 가장 중요한 그 질문은 다음과 같다. 어떻게 한낱 부정을 통해 긍정적인 놈이 정립될 수 있는가? 어째서 나는 나의 활동성이 아닌 놈을, 단지 그놈이 나의 것이 아니라는 이유만으로, 나 바깥에 있는 이성의 활동성으로서 직관해야 하는가? 대답은 이러하다. 무릇 의지하려면 나는 특정한 놈을 의지해야 한다. 그런데 만약 내가 모든 것을 의지할 수 있다면, 나는 결코 특정한 놈을 의지할 수 없을 것이다. 따라서 이미 앞서 비자의적인 직관을 통하여 나에게 모든 것 의지하기가 불가능해져야 한다. 그런데 만일 나의 개체성과 함께, 즉 나의 자기직관과 함께(그 자기직관이 철저히 규정된 것인 한에서) 이미 나의 자유로운 활동성에 대한 한계점들이 정립되지 않는다면, 그런 불가능해지기〔나의 모든 것 의지하기가 불가능해지기〕를 생각할 수 없다. 이때 그 한계점들은 자아없는selbstlos 객체들일 수 없고, 오직 다른 자유로운 활동성들, 즉 나 바깥에 있는 이성들의 행위들일 수밖에 없다.

위 질문의 참뜻은 이러할 수 있다. 왜 나를 통하여 일어나지 않은 일이 아무튼 일어나야 하는가?(그래야 한다는 것이 우리가 주장하는 바이다. 우리는 한 이성에서 특정 활동성의 부정을 통하여 단박에 그 활동성이 다른 이성에 긍정적으로 정립된다고 설명한다.) 그렇다면 우리의 대답은 이러하다. 가능성들의 나라Reich는 무한하다. 따라서 특정 상황에서(그 특정 상황이 무엇이건 간에) 자유를 통해 가능한 모든 것은 또한 현실적이어야 한다. 설령 단 하나의 이성만 자유로운 행위에서 실제로, 더구나 자기 바깥의 이성들을 통해 <u>현실적으로</u>, 제한된다 해도 말이다. 따라서 그 이성에게는 오직 하나의 특정 객체만 그의 활동성이 향할 목표로 남는다.

   그러나 예컨대 전적으로 의도 없는absichtslos 행위들이 있다고 지적하는 비판이 제기될 수도 있을 것이다. 그렇다면 우리는 이렇게 대응할 것이다. 그런 행위들은 자유로운 행위에 아예 속하지 않는다. 따라서 그런 행위들은 그 가능성에 있어서 도덕세계를 위해 예정된 행위가 아니라, 한낱 자연사건 또는 현상이다. 그런 행위들은 다른 모든 현상들과 마찬가지로 이미 절대적 종합을 통해 미리 규정되었다.

   혹은 다음과 같이 비판할 수도 있을 것이다. † 이미 나의 개체성의 종합을 통하여, 내가 이 [어떤] 행위를 다른 이성의 행위로 직관하도록 규정되었다고 치자. 그렇다 하더라도, 그 행위를 이 [특정] 개체가 해야 한다는 것은 규정되지 않았다. 이 비판에 대하여 우리는 이렇게 되묻는다. 당신이 말하는 이 개체는 과연 무엇인가? [우리가 말하는] 그것은 다르게 행위하지 않고 그렇게 행위하는 놈일 뿐이다. 달리 되묻는다면, 이 개체에 대한 당신의 개념은, 이 개체의 행위방식 외에 또 무엇에 근거하여 구성되었는가? [이 개체의 개념은 그 행위방식에만 근거하여 구성되어야 한다.] 당신의 개체성의 종합을 통하여 당신에게는, 무릇 다른 놈이 이 특정 행위를 한다는 점만 규정되었다. 하지만 그 무릇 다른 놈은 그 행위를 함을 통하여 이 규정된 놈이 되고, 당신은 그 무릇 다른 놈을 이 규정된 놈으로서 생각한다. 요컨대 당신이 이 활동성을 이 특정 개체의 활동성으로서 직관한다는 점은 당신의 개체성을 통해서가 아니라 그 특정 개체의 개체성을 통해 규정된 바였다. 그럼에도 당신은 그 근거를 단지 그 개체의 자유로운 자기규정에서만 찾을 수 있고, 그래서 바로 이 개체가 저 활동성을 행한다는 점은 당신에게 절대적으로 우연적인 것으로 보일 수밖에 없다.

지금까지 도출되었으며 의심의 여지없이 파악된 조화는 이것이다. 나의 수동성Passivität은 나의 자유를 위하여 필수적이다. 왜냐하면 나는 오직 외부로부터 특정하게 건드려짐을 통하여 자유에 도달할 수 있기 때문이다. 그런데 나 속에 수동성이 정립됨을 통하여 단박에 나 자신의 직관에게〔직관이 보기에〕그 수동성의 상관항으로서 나 바깥에 활동성이 정립된다. 따라서 이 이론은 통상적인 이론을 거꾸로 뒤집은 것과 같다. 〔이처럼〕무릇 초월적 관념론은 기존의 철학적 설명방식들을 정반대로 뒤집음으로써 발생한다. 보통의 표상에 따르면, 나 바깥의 활동성을 통하여 나 속에 수동성이 정립된다. 나 바깥의 활동성이 근원적이고, 나 속의 수동성이 파생적이다. 반면에 우리의 이론에 따르면, 나의 개체성을 통하여 단박에 정립된 수동성이 나가 나 바깥에 있다고 직관하는 활동성의 조건이다. 말하자면 활동성의 총량이 이성존재들 전체에 분배되어있는 형국이라고 생각해도 좋겠다. 각각의 개별 이성존재는 그 총량에 대하여 동등한 권리를 갖지만, 활동적이기 위해서는 특정 방식으로 활동해야 한다. 만일 한 개별 이성존재가 그 총량을 전부 취한다면,† 나머지 모든 이성존재들에게는 219 [349-351] 절대적 수동성만 남을 것이다. 요컨대 개별 이성존재 속의 활동성에 대한 부정을 통하여 단박에, 즉 생각 속에서만이 아니라 (의식의 조건인 모든 것은 외적으로 직관되어야 하므로) 직관에게도, 개별 이성존재 바깥에 활동성이 정립되며, 또한 정확히 개별 이성존재 속에서 거둬진 만큼 정립된다.

　　　이제 앞에서 대답하지 않고 남겨 둔 두 번째 질문으로 넘어가자. 어떤 한에서 개체성의 정립을 통하여 필연적으로 활동성의 부정도 정립될까? 이 질문은 지금까지의 논의로 이미 대부분 대답되었다.

　　　개체성에 딸린 것은 특정 시간 속 현존재Dasein와 기타 유기적 현존 Existenz을 통하여 정립되는 규정들만이 아니다. 개체성은 또한 행위하기 자체를 통하여, 그리고 행위하기가 이루어짐으로써 다시 제한된다. 그러므로 어떤 의미에서 개체는 행위하면 할수록 점점 덜 자유로워진다고 말할 수 있다.

더구나 행위하기 시작할 수 있기만 위해서도 나는 이미 제한되어야 한다. 앞에서 우리는 나의 자유로운 활동성이 오직 특정 객체를 향하는 것은, 이미 다른 이성들을 통하여 나에게 모든 것 의지하기가 불가능해진 것에서 비롯된다고 설명했다. 하지만 여러 이성들을 통하여 나에게 여럿을 의지하기가 불가능해질 수는 없다. 요컨대 나가 여러 객체들 B, C, D 가운데 바로 C를 고르는 것에 대한 최종 근거는 오직 나 자체 속에 놓여야 한다. 그런데 이 근거는 나의 자유에 놓일 수 없다. 자유로운 활동성이 특정 객체를 향하도록 한정됨을 통하여 비로소 나는 나를 의식하게 되고 따라서 자유롭게 되니까 말이다. 따라서 내가 자유롭기 이전에, 즉 자유를 의식하기 이전에, 이미 나의 자유는 한정되어야 하고, 내가 자유롭기 이전에, 몇몇 자유로운 행위들은 나에게 불가능해져야 한다. 그렇게 불가능해지는 것들 중에는 예컨대 사람들이 타고난 재능Talent 혹은 천재Genie라고 부르는 것도 속한다. 예술이나 학문을 위한 재능뿐 아니라 행위를 위한 재능도 말이다. 무수한 사람들은 정신의 최고 기능들을 수행할 능력이 근원적으로 없다. 이와 마찬가지로 무수한 사람들은 자유와 정신의 상승으로 법 위에서 행위할 능력에 결코 도달할 수 없으며, 그런 자유와 정신의 상승은 극소수의 선택된 자들에게만 귀속할 수 있다. 이는 가혹하게 들리지만 엄연한 진실이다. †

그렇게 자유로운 행위들이 이미 근원적으로 미지의 필연성을 통하여 불가능해지기 때문에 사람들은 어쩔 수 없이 때로는 자연의 호의나 질투를, 때로는 운명의 화禍를 탓하거나 찬양한다.

지금까지의 탐구 전체에서 얻은 결과를 다음과 같이 매우 짧게 요약할 수 있다.

나의 자유로운 활동성이 근원적으로 자기에게 직관되기 위하여, 이 자유로운 활동성은 단지 양量적으로만, 즉 한정된 채로만 정립될 수 있다. 그 활동성은 자유롭고 의식 있는 활동성이기 때문에, 그 한정은 오로지 나 바깥의 이성을 통해서만 가능하다. 이때 나가 그 이성이 나에게 가한 작용이라고 보는 것은 단지 나 자신의 개체성의 근원적 차단Schranke이다. 그러나 설령 현실적으로 나 바깥에 다른 이성들이 없다 하더라도, 나는 그 이성들의 작용을 직관할 수밖에 없다. 다른 이성들은 오직 부정을 통하여 나 안에 정립된다. 그럼에도 나는 그 이성들이 나에 독립적으로 현존한다고 인정해야 한다. 이 사정에 놀랄 사람은 없을 것이다. 이 사정은 전적으로 상호적이며[나가 다른 이성들을 인정해야 하듯이, 다른 이성들도 나를 인정해야 하며], 어떤 이성존재도 다른 이성존재들이 그를 이성존재로 인정하지 않는다면 이성존재로서 자신을 보존할 수 없다는 점을 염두에 둔다면, 이 사정은 놀랍지 않다.

  이제 우리가 이 일반적 설명을 앞에서 언급한 경우에 적용하면,

  <u>세 번째 문제에 대한 해결</u>에 도달하게 된다. 이성존재들이 나에게 가하는 모든 작용이 나 속의 자유로운 활동성에 대한 부정을 통하여 정립된다면, 또한 의식의 조건인 저 작용이 나가 자유롭기 이전에(자유는 의식과 함께 비로소 발생한다) 일어날 수 있다면, 이런 질문이 제기된다. 어떻게 자유에 대한 의식보다 먼저 나 속의 자유가 한정될 수 있는가? [이것이 세 번째 문제였다.] 이 질문에 대한 대답은 앞선 논의에 이미 부분적으로 들어있다. 여기에서 우리는 이 언급만 덧붙인다. 의식의 조건인 저 작용은 개별 활동으로 생각하면 안 되고 지속적인 작용으로 생각해야 한다. † 객관세계만을 통하여 혹은 다른 이성존재의 첫 번째 작용을 통하여 의식의 지속이 필연적이게 되지는 않으니까 말이다. 오히려 [나가] 이성세계에서 늘 새롭게 방향을 잡으려면 지속적 작용을 통한 의식의 지속이 필요하다. 그런 늘 새로운 방향잡기는, 한 이성존재의 작용을 통하여 [나의] 의식 있고 자유로운 활동성(이 활동성은 객관세계를 통해서는 단지 어렴풋이 번득인다)이 자기회귀하여 자기에게 자유로운 놈으로서 객체가 됨으로써 이루어진다. 저 지속적인 작용은 가장 넓은 의미의 교육이다. 가장 넓은 의미의 교육은 결코 끝나지 않으며, 지속적인 의식의 조건으로서 계속된다. 하지

만 저 작용이 필연적으로 지속적이라는 점은, 모든 각각의 개체가 자유롭기 이전에 그 개체에게 적당량의(간결함을 위해 사용한 부족한 표현이다) 자유로운 행위가 부정되어야만 이해할 수 있다. 요컨대 항상 자기를 확장하는 자유에도 불구하고 결코 끝나지 않는 이성존재들 간의 상호작용은 오로지 이른바 재능과 성품Charakter의 차이 때문에 가능해진다. 그러므로 그 상호작용은 자유충동에 매우 거스르는 것처럼 보이지만, 의식의 조건으로서 필연적이다. 그런데 어째서 저 근원적 제한성은 도덕적 행위와 관련해서는 자유의 등장과 함께 쫓겨날까? 한 사람이 평생 동안 어느 정도의 탁월함에 도달하는 것, 혹은 다른 사람들의 후견을 벗어날 만큼 성장하는 것을 불가능하게 만들기도 하는 것이 바로 저 한정성인데 말이다. 초월철학은 이 질문을 고민할 필요가 없다. 초월철학은 어디에서나 현상만 연역하면 되며, 초월철학에게는 자유가 다름 아니라 필연적 현상이고, 따라서 자유의 조건들은 자유와 동등한 필연성을 가져야 한다. 다른 한편 이 현상들이 객관적으로 또 그 자체로 참인가라는 질문은 사물자체가 존재하는가라는 이론적 질문과 마찬가지로 무의미하다.

그러므로 세 번째 문제에 대한 해결은 이러하다.† 나 속에 이미 근원적으로 자유롭지만 의식 없는 행위안하기 즉 활동성에 대한 부정이 있어야 한다. 그 활동성은, 만약 근원적으로 거둬지지 않았다면, 자유로웠을 것이다. 그러나 지금 그 활동성은 거둬졌으므로, 나는 그 활동성을 자유로운 활동성으로서 의식할 수 없다.

우리는 이 두 번째 명제Lehrsatz〔문장〕에 이르러 비로소 저 앞에서 떠난 종합적 탐구의 실마리로 복귀할 수 있게 되었다. 그때도 지적했지만, 나가 자기에게 직관하는 놈으로서 정립되도록 만드는 행위의 근거는 세 번째 한정성에 들어 있어야 했다. 그런데 그 세 번째 한정성은 다름 아니라 개체성의 한정성이었고, 그 한정성을 통하여 이미 다른 이성존재들의 현존과 그놈들이 이성에 가하는 작용이 미리 규정되었고, 그와 동시에 자유가, 객체를 반성하고 자기 자신을 의식하는 능력이, 그리고 자유롭고 의식 있는 행위들의 열 전체가 미리 규정되었다. 그러므로 세 번째 제한성 혹은 개체성의 제한성은 이론철학과 실천철학의 종합점 혹은 전환점이다. 우리는 이제야 비로소 진정한 의미에서 실천철학의 영역에 도달했다. 이제 〔실천철학에서의〕 종합적 탐구가 맨 처음부터 시작된다.

개체성의 한정성은 근원적으로 오직 이성이 자기를 유기적 개체로 직관하도록 강요되기 때문에 정립되었다. 또한 자유의 한정성도 근원적으로 똑같은 이유로 정립되었다. 그러므로 이 대목에서 우리는 왜 사람들이 비자의적으로 또 일종의 일반적 본능으로, 조직에서 우연적인 놈을, 주로 가장 고귀한 기관들의 특수한 구조와 모양을 재능의 가시적 표출이나 최소한 추측근거로, 심지어 성품의 가시적 표출이나 추측근거로 여겼는지 알 수 있다.

## 보충

방금 이루어진 탐구에서 우리는 여러 주변적인 질문들을 의도적으로 건드리지 않았다.† 이제 중심적인 탐구가 완결되었으므로 그 질문들에 답할 필요가 있다.

1. 앞에서 주장된 바에 따르면, 자유로운 활동성이 의식 없이 어떤 객체로 향하는 일은 다른 이성들이 그 객체에 작용을 가함을 통하여 불가능하게 된다. 이 주장은, 객체가 그 자체만으로는 거기로 향하는 활동성을 의식 있는 활동성으로 상승시키지 못한다는 것을 전제한다. 하지만 그렇다고 객체가 나의 행위에 대하여 절대적으로 수동적으로 행동한다고 전제하는 것은 아니다. 아직 객체의 절대적 수동성의 반대가 증명되지는 않았지만, 객체의 절대적 수동성도 확실히 전제되지 않았다. 다만 전제된 것은, 이성의 앞선 작용 없이 객체가 객체 자체만으로는 자유로운 활동성이 자유로운 활동성으로서 자기회귀하게 할

수 없다는 점이다. 그렇다면 이성이 객체에 가한 작용을 통하여 무엇이 추가되는 것일까? 객체가 그 자체로 자기가 보기에 갖지 않은 그 무엇은 무엇일까?

앞선 논의에서 적어도 이 질문에 대답하기 위한 자료 하나가 주어졌다.

의지하기는 생산하기처럼 관념적 활동성과 실재적 활동성의 단순한 맞섬에서 비롯되는 것이 아니라, 한편으로 관념적 활동성과 다른 한편으로 관념적 활동성 및 실재적 활동성의 이중적인 맞섬에서 비롯된다. 의지하기에서 이성은 이상화하는 놈인 동시에 실현하는 놈이다. 만약 의지하는 이성도 단지 실현하는 놈이기만 하다면, 모든 실현에서는 실재적 활동성 바깥에 관념적 활동성이 있으므로, 객체에서 개념을 표현할 것이다. 〔그러나 의지하기에서〕 요컨대 이성은 실현하는 놈일 뿐 아니라 또한 실현에 독립적으로 관념적인 놈이므로, 객체에서 한낱 개념을 표현할 수 없고, 자유로운 행위하기를 통하여 개념의 개념Begriff des Begriffs을 표현해야 한다. 그런데 생산이 단지 관념적 활동성과 실재적 활동성의 단순 맞섬에서 비롯되는 한에서는, 개념은 객체 자체의 본질에 속하여 단적으로 객체와 구분 불가능해야 한다. 개념은 객체가 도달하는 만큼만 도달해야 하고, 개념과 객체는 서로를 소진해야 한다. 반면에 <u>관념적 활동성의 관념적 활동성</u>이 포함된 생산에서는 필연적으로 개념이 객체 너머로 나가야 한다. 혹은 개념이 말하자면 객체보다 뛰어나야 한다. † 그런데 그럴 수 있으려면, 객체 너머로 나간 개념이 그 객체 바깥의 다른 객체에서 소진될 수 있어야 한다. 다시 말해 첫 번째 객체가 어떤 다른 놈과 <u>수단과 목적</u>의 관계를 맺어야 한다. 그 다른 놈은 개념의 개념이며, 객체 바깥에 있는 목적의 개념이다. 자유로운 행위하기를 통하여 객체에 추가되는 것은 바로 그런 목적의 개념이다. 그런데 어떤 객체도 그 자체로 자기가 보기에 자기 바깥에 목적을 갖지 않는다. 비록 합목적적인 객체들이 존재한다 하더라도, 그것들은 오직 자신과 관련하여 합목적적일 수 있다. 합목적적 객체들은 자기 자신의 목적이다. 목적을 자기 바깥에 가진 놈은 넓은 의미의 제작물Kunstprodukt뿐이다. 따라서 행위하기에서 이성들이 서로를 한정해야 한다는 것과 이 상호 한정이 의식 자체와 마찬가지로 필연적이라는 것이 확실한 만큼 확실하게 제작물들이 우리 외적 직관의 영역에 등장해야 한다. 어떻게 제작물이 가능한가라는 질문은 의심의 여지없이 초월적 관념론에게 중요한 질문이다. 이 질문은 아직 대답되지 않았다.

자유롭고 의식 있는 활동성이 한 객체로 향함을 통하여 그 객체에 개념의 개념이 추가되는 반면, 맹목적 생산의 객체에서는 개념이 단박에 객체로 넘어가고 오직 개념의 개념을(개념의 개념은 외적인 작용을 통하여 비로소 이성에게 발생할 수 있다) 통해서만 객체와 구분 가능하다면, 맹목적 직관의 객체는 반성을 더 나아가게 ― 즉 객체에 독립적인 어떤 놈으로 이끌 수 없을 것이다. 따라서 이성은 한낱 현상에 머물 것이고, 처음에는 당연히 나의 직관일 뿐인 제작물은 개념의 개념을 표현함을 통하여 단박에 반성을 반성 바깥의 이성으로 (그런 이성만이 역량을 높인 개념[개념의 개념]을 가질 수 있다), 따라서 반성으로부터 절대적으로 독립적인 어떤 놈으로 이끌 것이다. 그러므로 이성은 오직 제작물을 통해서만 객체 즉 이성의 생산이 아니라 모든 객체보다 훨씬 더 높은 어떤 놈으로, 다시 말해 이성 바깥의 직관으로 이끌릴 수 있다. 그 이성 바깥의 직관은 결코 직관되는 놈이 될 수 없으므로 첫 번째 절대적 객관이며 이성이 보기에 이성으로부터 전적으로 독립적인 놈이다. † 이때 반성을 모든 객체 바깥에 있는 어떤 놈으로 이끄는 객체는 보이지 않는 관념적 저항을 자유로운 작용에 맞세운다. 바로 그렇기 때문에 그 저항을 통하여 객관적 활동성, 즉 생산하는 활동성이 자기회귀하는 것이 아니라, 관념적인 동시에 생산하는 활동성이 자기회귀한다. 요컨대 단지 지금 객관적이며 도출된 바에 따라 물리적으로 나타나는 힘만 저항을 만나는 곳에는 자연 외에 다른 것은 없다. 반면에 의식 있는 활동성, 즉 저 세 번째 역량의 관념적 활동성이 자기회귀하는 곳에는 필연적으로 보이지 않는 어떤 놈이 객체 바깥에 있고, 활동성이 맹목적으로 그 객체로 향하는 것을 그놈이 단적으로 불가능하게 만든다.

다시 말해 어떤 이성이 객체에 이미 가한 작용으로 인해 그 객체와 관련한 나의 자유가 절대적으로 거둬진다는 이야기가 아니다. 지금 이야기하는 바의 요점은, 내가 그런 객체에서 만나는 보이지 않는 저항이 나에게 결단 Entschluß을, 즉 자기한정을 강요한다는 것, 혹은 다른 이성존재들의 활동성이, 그 활동성이 객체들을 통하여 고정되거나 표현된 한에서, 나를 자기규정하도록 규정하는 구실을 한다는 것뿐이다. 이 논의의 목적은 어떻게 나가 규정된 놈을 의지할 수 있는가를 설명하는 것뿐이었다.

2. 오직 나 바깥에 이성들이 있음을 통하여 비로소 세계는 나에게 객관적이게 된다.

방금 증명되었듯이, 오직 이성들이 감각세계에 가하는 작용만이 나가 무언가를 절대적으로 객관적인 놈으로 받아들이도록 강제한다. 여기서 그 이야기를 반복하려는 것은 아니다. 지금의 논점은, 오로지 나 바깥에 이성들이 있음을 통해서만 모든 객체들이 나에게 실재적이게 된다는 것이다. 또 습관이나 교육을 통해 비로소 산출되는 어떤 것에 대하여 이야기하려는 것도 아니다. 오히려 지금의 논점은 이것이다. 나 바깥의 이성들을 통해서가 아니라면, 나 바깥의 객체들에 대한 표상이 근원적으로 나에게 발생할 수 없다.

그 이유는 이러하다. a) 무릇 나 바깥에 대한 표상은 오로지 이성들이 나에게 또는 감각세계의 대상들(이성들은 이 대상들에 자신의 흔적을 남긴다)에 가하는 작용을 통해서만 발생할 수 있다. 이 점은 객체들이 그 자체로 자기에게 〔자기가 보기에〕 나 바깥에 있는 게 아니라는 것에서 이미 명백하다. 객체들이 있는 곳에는 나도 있으며,† 심지어 나가 객체들을 직관할 때 배경이 되는 공간도 근원적으로 오직 나 안에 있으니까 말이다. 유일하게 근원적인 나 바깥은 나 바깥의 직관이다. 바로 여기가 근원적 관념론이 비로소 실재론으로 탈바꿈하는 지점이다.

b) 나는 객체들을 나 바깥에 나에 독립적으로 있는 놈들로서 표상하도

록 강요된다(나에게 객체들이 그런 놈들로서 나타난다는 점은, 만일 연역될 수 있다면, 필연적으로 연역되어야 한다). 그런데 내가 그렇게 강요되는 것은 오로지 나 바깥의 직관을 통해서이다. 이 점은 다음과 같이 증명할 수 있다.

나는 객체들이 현실적으로 나 바깥에 즉 나에 독립적으로 현존한다는 점을 오로지 내가 그것들을 직관하지 않을 때에도 그것들이 현존한다는 점을 통해서만 확신할 수 있다. 개체가 존재하기 이전에 객체들이 있었다는 점을 개체는 자기가 오직 잇따름의 특정 지점에 개입한다는 것을 발견함으로써는 확신할 수 없다. 왜냐하면 그런 특정 지점 개입은 단지 개체의 두 번째 한정성의 귀결이기 때문이다. 개체가 보기에 세계가 가질 수 있는 유일한 객관성은, 세계가 개체 바깥의 이성들에 의해 직관되었다는 것이다(개체에게 직관 안 하기 상태가 있어야 한다는 점도 여기에서 도출할 수 있다). 그러므로 앞에서 우리가 별개인 이성들의 비자의적 표상들과 관련하여 규정한 예정조화는, 세계가 개체에게 객관적이게 되기 위한 유일한 조건으로서 도출할 수도 있다. 개체에게 다른 이성들은 말하자면 우주를 영원히 떠받치고 있는 자들이며, 이성들이 많은 만큼, 객관세계를 비추는 파괴 불가능한 거울들도 많다. 세계는 오로지 나를 통하여 정립되었음에도 나에 독립적이다. 왜냐하면 나에게 세계는 다른 이성들의 직관 속에 머물기 때문이다. 그 이성들의 공동 세계는 원본이며, 진리는 오로지 그 원본과 나의 표상들 사이의 일치이다. 초월적 탐구를 하는 우리는 경험에 호소하고자 하지 않는다. 우리의 표상과 다른 사람들의 표상 사이의 불일치가 우리로 하여금 순간적으로 우리 표상의 객관성을 의심하게 만든다는 점, 모든 각각의 예기치 못한 현상에 대하여 다른 사람들의 표상이 말하자면 시금석이라는 점에 호소하고자 하지 않는다.† 우리가 지적하고자 하는 것은 다만, 다른 모든 것과 마찬가지로 직관도 나에게 오직 외적인 객체들을 통해 객관적이게 될 수 있다는 점, 그리고 그 객체들은 우리 바깥의 이성들, 우리의 직관에 대한 직관들, 우리 바깥의 이성들의 개수만큼 많은 직관들일 수밖에 없다는 점이다.

지금까지의 논의로부터 다음이 저절로 귀결된다. 고립된 이성존재는 자유에 대한 의식에 도달할 수 없을 뿐더러, 객관세계에 대한 의식에도 도달할 수 없다. 요컨대 개체 바깥의 이성들, 그리고 그것들과의 끊임없는 상호작용만이 모든 규정들을 지닌 온전한 의식을 완성한다.

우리의 과제[과제 D.]는 어떻게 나가 자기를 직관하는 놈으로서 인식하는가 하는 질문에 대답하는 것이었다. 그 과제는 이제 비로소 완벽하게 해결되었다. 직관하기 자체를 완전하게 의식 속에 정립하는 행위는 (지금까지 논의에서 밝혀진 모든 규정들을 동반한) 의지하기이다.

이제 우리 학문의 익숙한 방법에 따라 우리에게 다음과 같은 새로운 과제가 발생한다.

E. 과제: 무엇을 통하여 나에게 의지하기가 다시 객관적이게 되는지 설명하라.

**해결1**
세 번째 문장: 의지하기는 근원적으로 반드시 외적인 객체를 향한다.

증명: 자유로운 자기규정 행위를 통하여 나는, 자기를 객관과 관련하여 완전히 자유롭게 만듦으로써, 말하자면 자신의 표상하기의 모든 물질 Materie[질료, 내용]을 없앤다. 그리고 오직 그렇게 함으로써 의지하기는 참된 의미에서 의지하기가 된다. 그러나 나가 이 활동을 그 진면목대로 의식하려면, 나에게 의지하기가 다시 객체로 되어야 한다. 그러나 이 객체되기는 직관의 객체가 나의 의지의 가시적 표현이 됨을 통해서만 가능하다. 그런데 모든 직관의 객체 각각은 규정된 객체이므로,† 오로지 나가 이 규정된 방식으로 의지했기 때문에 또한 그렇게 의지한 한에서 이 규정된 객체여야 할 것이다. 그래야만 나 자신이 나의 표상하기의 물질의 원인일 것이다.

그러나 객체를 이 규정된 놈으로 만드는 행위는 객체 자신과 절대적으로 동일해서는 안 된다. 만약 절대적으로 동일하다면 그 행위는 맹목적인 생산하기, 한낱 직관하기일 테니 말이다. 즉, 행위와 객체는 구분 가능한 놈들로 머물러야 한다. 그런데 행위를 행위로서 파악한다면, 행위는 개념이다. 또 개념과 객체가 구분 가능한 놈들로 머무는 것은 오로지 객체가 행위에 독립적으로 현존함을 통해서만, 즉 객체가 <u>외적인</u> 객체임을 통해서만 가능하다. ─ 거꾸로 바로 그렇기 때문에 객체는 나에게 오직 의지하기를 통하여 외적인 놈이 된다. 의지하기는 의지하기에 독립적인 놈을 향하는 한에서만 의지하기이니까 말이다.

아래에서 더 완전하게 설명할 내용이 여기에서 벌써 설명된다. 그 내용은 다음의 질문에 대한 대답이다. 왜 나는 자기에게, 객체를 실체의 측면에서 산출하는 놈으로서 나타날 수 없는가? 왜 오히려 의지하기에서 모든 산출하기는 단지 객체의 형상을 만들기 혹은 객체를 형성하기로 나타나는가?

우리의 증명을 통하여 다음이 드러났다. 의지하기는 오직 외적인 객체를 향한 방향을 통해서만 나에게 객관적이게 될 수 있다. 그러나 다음은 아직 설명되지 않았다. 어디에서 그 방향 자체가 나오는가?

이 질문이 이미 전제하는 바는, 내가 의지할 때 생산적 직관이 지속된다는 점, 혹은 의지하기에서 내가 특정 객체들을 표상하도록 강제된다는 점이다. 현실이 없으면 의지하기도 없다. 따라서 의지하기를 통하여 단박에 맞섬이 발생한다. 왜냐하면 나는 의지하기를 통하여 한편으로는 자유를, 따라서 무한을 의식하고, 다른 한편으로는 표상하기에 대한 강제를 통하여 끊임없이 유한으로 되끌리기 때문이다. 따라서 이 모순과 함께, 무한과 유한 사이에서 떠도는 활동성이 발생해야 한다. 우리는 그 활동성을 상상력Einbildungskraft이라고 부를 것이다. 이 명칭은 단지 간결함을 위한 것이다. 사람들이 보통 상상력이라고 부르는 것이† 그렇게 유한과 무한 사이에서 떠도는 활동성, 달리 말한다면 이론과 실천을 매개하는 활동성이라는 점을 증명 없이 주장할 수도는 없다. 이 모든 것에 대해서는 나중에 증명이 이루어질 것이다. 아무튼 우리가 상상력이라고 명명한 능력은 그렇게 떠돌면서 필연적으로 무언가를 생산할 것이며, 그 무언가도 무한과 유한 사이에서 떠돌 것이다. 따라서 그 무언가는 오직 그렇게 떠도는 놈으로서 파악될 수밖에 없다. 예술의 산물은 사람들이 개념에 대비하여 이념Idee이라고 부르는 그것이며, 바로 그렇기 때문에 상상력은 저 떠돎에서 지성Verstand이 아니라 이성Vernunft이다. 또한 거꾸로 보통 이론이성이라고 불리는 놈은 다름 아니라 자유에 봉사하는 상상력이다. 이념이 유한과 무한 사이의 떠돎을 통해서만 존립하는 상상력의 객체일 뿐이라는 점은 다음에 입각하여 명백하다. 이념이 지성의 객체로 되면 해결 불가능한 모순들이 일어난다. 칸트는 그 모순들을 제시하고 이성의 이율배반으로 명명했다. 이율배반은 오로지 다음의 두 문장에 표현된 사정에서 비롯된다. 한편으로 객체가 반성되는데, 이 경우에 객체는 필연적으로 유한하다. 혹은 다른 한편으로 반성하기 자체가 다시 반성되는데, 이를 통해 객체는 단박에 다시 무한하게 된다. 그러므로 다음이 명백하다. 이념의 객체가 유한한지 혹은 무한한지가 단지 반성의 자유로운 방향에 따라 결정된다면, 객체는 그 자체로 무한할 수도 없고 유한할 수도 없다. 따라서 이념은 한낱 상상력의 산물, 다시 말해 유한도 무한도 생산하지 않는 활동성의 산물일 것이다.

  그런데 어떻게 나가 의지하기에서 이념으로부터 특정 객체로의 이행을 생각 속에서만이라도 이루는가는 (어떻게 그런 이행이 객관적으로 가능한가 하는 질문은 아직 제기되지도 않았다) 다시금 무언가 매개자가 있어야만 이해할 수 있다. 그 매개자와 행위하기 사이의 관계는, 상징과 이념적인 생각하기 사이의 관계, 도식과 개념적인 생각하기 사이의 관계와 같다. 그 매개자는 이상Ideal이다.

  이상과 객체 사이의 맞섬을 통하여 나에게 처음으로, 이상화하는 활동성이 요구하는 대로의 객체와 강제된 생각에 따른 객체 사이의 맞섬이 발생한다.

† 또 이 맞섬을 통하여 단박에, 있는 대로의 객체를 있어야 마땅한 대로의 객체로 바꾸려는 충동Trieb이 발생한다. 이 대목에서 발생하는 활동성을 충동이라고 부르는 이유는, 그 활동성이 한편으로 자유롭고 다른 한편으로 단박에 아무 반성 없이 느낌으로부터 솟아나기 때문이다. 충동은 바로 그런 활동성이다. 요컨대 이상과 객체 사이에서 떠도는 나의 상태는 느낌Gefühl의 상태이다. 그 상태는 자기가 보기에 제한되었음의 상태이니까 말이다. 그러나 모든 각각의 느낌에서 느껴지는 것은 모순이며, 우리 자신 속의 내적 도순 외에는 무릇 아무것도 느껴질 수 없다. 그런데 모든 각각의 모순을 통하여 단박에 활동성의 조건이 주어지고, 단지 그 조건이 주어지자마자 아무 반성 없이 활동성이 솟아나온다. 그런 활동성은, 또한 그것이 예컨대 생산과 달리 자유로운 활동성이라면, 바로 그렇기 때문에 그리고 그런 한에서만 충동이다.

그러므로 외적 객체로 향함은 충동을 통하여 표출되며, 이 충동은 이상화하는 나와 직관하는 나 사이의 모순에서 단박에 비롯되어 곧바로 나의 거둬진 동일성의 복구로 향한다. 이 충동은 자기의식이 필연적으로 지속되어야 하는 것과 마찬가지로 필연적으로 인과성Kausalität을 가져야 한다. (여전히 우리는 나의 모든 행위를 자기의식의 조건으로서 연역하고 있다. 왜냐하면 객관세계만을 통해서는 자기의식이 완성되지 않고, 다만 자기의식이 시작될 수 있는 지점까지 도달할 수 있기 때문이다. 그 지점부터는 오직 자유로운 행위를 통해서만 더 나아갈 수 있다) 이제 질문은 이것이다. 어떻게 저 충동은 인과성을 가질 수 있을까?

여기에서 요청된 것은 명백히 (순수) 관념적인 놈으로부터 객관적인 놈(관념적인 동시에 실재적인 놈)으로의 이행이다. 우리는 우선 그 이행의 부정적 조건들을 제시할 것이며, 그 다음에 그 이행을 현실적으로 일으키는 긍정적 조건들로 넘어갈 것이다. †

1. 자유를 통하여 a) 관념적 나에게 단박에 무한이 열린다. 이는 관념적

나가 오직 객관세계를 통하여 제한성에 빠지는 것과 마찬가지로 확실하다. 그러나 관념적 나가 무한을 자기에게 객체로 만들려면, 무한을 제한하지 않을 수 없다. 다른 한편 무한은 절대적으로 제한되는 것이 아니라 행위를 위해서만 제한된다. 따라서 이상이 실현될 때, 이념은 더 확장될 수 있고, 그런 확장은 무한으로 나아간다. 요컨대 이상은 항상 현 단계의 행위에 대해서만 유효하고, 행위에 대한 반성에서 항상 다시 무한하게 되는 이념 자체는 오직 무한 전진 Progressus을 통해서만 실현될 수 있다. 자유는 매 단계에 제한되지만 매 단계에 추구Streben의 측면에서 다시 무한하게 된다. 오로지 그렇기 때문에 자유에 대한 의식, 즉 지속적인 자기의식이 가능하다. 자기의식의 연속성을 떠받치는 것은 자유이다. 나가 나의 행위하기에서 시간의 생산을 반성하면, 당연히 시간은 나에게 단절되고 단계들로부터 조립된 양이 된다. 그러나 행위하기 자체에서 시간은 나에게 항상 연속적이다. 나가 더 많이 행위하고 더 적게 반성할수록, 시간은 더 연속적이게 된다. 그러므로 저 충동은 오직 시간 속에서만 인과성을 가질 수 있다. 이것이 저 이행의 첫 번째 규정이다. 그런데 시간은 오로지 나중 표상이 앞선 표상을 통해 규정되는 그런 표상들의 잇따름에서 진행하는 놈fortlaufend으로서만 객관적으로 생각될 수 있다. 따라서 이 자유로운 생산하기에서도 그런 잇따름이 일어나야 한다. 다만 이번에는 표상들이 서로에게 원인과 결과로서 관계하는 것이 아니라 수단과 목적으로서 관계한다. 왜냐하면 모든 의식 있는 행위에는 개념의 개념, 즉 목적의 개념이 있기 때문이다. 이때 수단과 목적의 개념과 원인과 결과의 개념 사이의 관계는 개념의 개념과 무릇 단순 개념 사이의 관계와 같다. 이로부터 다음이 명백하다. 나는 모든 각각의 목적을 실현할 때 단박에 실현하는 것이 아니라 오직 여러 중간항들을 거쳐 실현할 수 있다.

b) 행위가 객체로 절대적으로 이행하면 안 된다는 점은 이미 앞에서 확고하게 밝혀졌다. 만약 그렇게 절대적으로 이행한다면, 행위는 직관하기일 테

니까 말이다. † 행위에서 객체는 항상 외적인 객체로, 즉 나의 행위와 별개인 객체로 남아야 한다. 어떻게 이 사태를 생각할 수 있을까?

    a)에 따라서 충동은 오직 시간 속에서 인과성을 가질 수 있다. 그러나 객체는 자유에 맞선 놈이다. 그런 객체가 자유를 통하여 규정되어야 한다면, 이는 모순이다. 객체에 규정 = A가 있다면, 자유는 그에 맞선 규정 = −A를 요구한다. 자유에게는 이것이 모순이 아니지만, 직관에게는 충분히 모순이다. 직관이 보기에 이 모순은 오직 일반적인 매개자인 시간을 통해서만 거둬질 수 있다. 내가 −A를 모든 시간 바깥에서 산출할 수 있다면, 이행은 표상 불가능할 것이며, A와 −A는 동시적으로 있을 것이다. 그러나 지금 없는 어떤 놈이 다음 단계에 있어야 한다. 그래야만 자유에 대한 의식이 가능하다. 그런데 시간 속의 잇따름을 지각하려면 무언가 버티는 놈이 있어야 한다. 나의 표상들에서 A에서 −A로의 이행은 의식의 동일성을 거둔다. 따라서 그 동일성은 그 이행에서 다시 생산되어야 한다. 이때 그렇게 이행에서 생산된 동일성이 바로 실체이다. 이 대목은 실체 개념과 기타 관계 범주들이 필연적인 반성을 통하여 보통의 의식 속에도 정립되는 지점이다. 나는 행위하기에서 사물들의 모든 규정을 바꿀 수 있는 완전히 자유로운 놈으로 나에게 나타난다. 그런데 객체는 객체의 규정들과 별개인 놈이 아니다. 그럼에도 우리는 객체의 규정들이 바뀌는 와중에도 객체를 동일한 놈으로서, 즉 실체로서 생각한다. 그러므로 실체란 다름 아니라 저 모든 규정들을 보유한 놈이며, 참된 의미에서는 단지 객체의 됨에 대한 끊임없는 반성의 표출이다. 그런데 우리가 우리 자신을 객관에 작용을 가하는 놈으로 표상하려면, 우리는 객체가 한 상태에서 그에 맞선 상태로 이행하는 것을 반드시 생각해야 한다. 따라서 우리는 <u>우연적인</u> 규정들은 변화시키지만 사물의 실체적인 측면은 변화시키지 못하는 놈으로서 우리에게 나타날 수밖에 없다.

    c) 방금 제기된 주장은 이것이다. 나가 사물의 우연적 규정들을 변화시킬 때, 변화하는 객체에 대한 끊임없는 반성이 나의 행위하기에 동반되어야 한

233 [373-374] 다. † 그러나 저항이 없으면 반성도 없다. 따라서 자유로운 행위가 끊임없는 반성과 함께 일어나려면, 저 우연적 규정들이 저항 없이 변화하면 안 된다. 따라서 다음이 명백하다. 사물의 우연적 규정들은 사물에 붙어 있으면서 행위하기에서 나를 한정하는 놈이다. 이로부터 왜 사물의 이 이차적인 속성들(그것들은 규정된 제한성의 표현이다), 예컨대 굳기, 무르기 등이 한낱 직관에게는 전혀 실존하지 않는지 알 수 있다.

지금까지 주관에서 객관으로의 이행을 위한 부정적 조건들을 도출했지만, 그러면 어떻게 저 이행이 현실적으로 일어나는가는 아직 설명하지 않았다. 즉, 어떻게 또한 어떤 조건들 아래에서 내가 그런 이행을 표상하도록 강요받는지 설명되지 않았다. 일단 다음은 자명하다. 이상과 이상에 맞게 규정된 객체 사이의 끊임없는 관련이 없다면, 그런〔주관에서 객관으로의〕이행은 아예 일어날 수 없다. 이때 저 관련은 오직 직관을 통하여 가능하고, 그 직관은 나를 벗어나지 않고 나의 두 맞선 표상들 사이에서, 즉 자유롭게 구상된 표상과 객관적 표상 사이에서 떠돈다. ― 이 점은 자명하다. 그러므로 이제 우리는 곧바로 이 탐구의 중심과제로 나아갈 것이다.

2. 이 탐구에 걸맞게 다음과 같은 첫 번째 요구로 돌아가자. 자유로운 행위하기를 통하여 객관세계 속에서 무언가가 규정되어야 한다.

객관세계에 있는 모든 것은, 나가 거기에서 그 모든 것을 직관하는 한에서 있다. 따라서 객관세계에서 무언가가 변화한다 함은, 나의 직관 속에서 무언가가 변화한다는 뜻이며, 저 요구는 나 속의 자유로운 행위를 통하여 나의 외적 직관 속의 무언가가 규정되어야 한다는 것이다.

만일 객관세계가 그 자체로 존립하는 놈이라면, 어떻게 무언가가 자유로부터 객관세계로 이행할 수 있는지를 전혀 이해할 수 없을 것이다. 예정조화에 의지해서도 이해할 수 없을 것이다. 왜냐하면 예정조화는, 이성과 객관세계를 공통 변용들 Modifikationen 로 지닌 제3자를 통해서만, 다시 말해 행위에서 모든

자유를 거두는 무언가를 통해서만 가능할 테니까 말이다.† 그러나 세계 자체 234 [374-376]
는 단지 나의 변용이다. 이를 통해 우리의 탐구는 전혀 다른 방향으로 전환된
다. 세계가 나의 변용이라면, 우리의 질문은 이것이다. 어떻게 자유로운 활동성
을 통하여, 자유롭지 않은 한에서의 나, 직관하는 놈인 한에서의 나 속에 있는
무언가가 규정될 수 있는가? ─ 나의 자유로운 활동성이 인과성을 가진다 함
은, 나가 그 활동성을 인과성을 가진 놈으로 직관한다는 뜻이다. 행위하는 나와
직관하는 나는 구분된다. 그럼에도 그 둘은 객체와 관련해서는 동일해야 한다.
행위하는 나를 통하여 객체에 정립된 것은 또한 직관하는 나에도 정립되어야
한다. 행위하는 나는 직관하는 나를 규정해야 한다. 나는 지금 행위하는 놈이
나라는 것을 오직 그 행위하는 놈과 그 행위를 직관하는 놈, 그 행위를 의식하
는 놈의 동일성에 입각해서 안다. 행위하는 놈은 (나타나는 대로 보자면) 모른
다. 단지 행위하는 놈이며, 단지 객체이다. 직관하는 놈만 알며, 바로 그렇기 때
문에 그놈은 단지 주체이다. 그렇다면 어떻게 여기에서 동일성이 이루어질까?
객체에 정립된 바로 그놈이 주체에 정립되고, 주체에 정립된 바로 그놈이 객체
에 정립되는 일이 어떻게 일어날까? ─

　　우리는 먼저 이 질문에 대한 대답의 개요를 내놓고, 개별 논점들에 대한
상세한 설명은 나중에 제시할 것이다.

　　자유롭게 행위하는 놈을 통하여 객관적으로 직관하는 놈 속에 있는 무언
가가 규정되어야 한다. 그런데 자유롭게 행위하는 놈은 무엇인가? 주지하다시
피 모든 자유로운 행위는 한편으로 관념적인 나와 다른 한편으로 관념적인 동
시에 실재적인 나의 이중 맞섬에서 비롯된다. 반면에 직관하는 놈은 무엇인가?
다름 아니라 방금 언급한 관념적인 동시에 실재적인 놈, 자유로운 행위에서 객
관인 그놈이다. 그러므로 생산하는 활동성에 맞선 저 관념적 활동성이 정립되
면, 자유롭게 행위하는 놈과 직관하는 놈은 별개이지만, 저 관념적 활동성이 없
다고 생각하면, 하나이다. 의심의 여지없이 우리는 무엇보다 이 대목에 주의를

기울여야 한다. 우리가 요청한, 자유롭게 활동하는 나와 객관적으로 직관하는 나 사이의 동일성의 근거는 의심할 바 없이 이 대목에서 찾아져야 한다. † 그러나 이 대목을 완전히 명확하게 이해하려면, 다음을 다시 상기해야 한다. 우리가 이제껏 도출한 모든 것은 단지 현상에 속했다. 혹은 나가 자기에게 나타나기〔현상하기〕 위한 조건일 뿐이었다. 따라서 그 모든 것은 나 자체와 동등한 실재성을 갖지 않았다. 그런데 지금 우리가 설명하려는 것은, 어떻게 행위하는 한에서의 나를 통하여 아는 한에서의 나 속의 무언가가 규정될 수 있는가이다. 이 같은 직관하는 나와 행위하는 나 사이의 맞섬 전체는 의심의 여지없이 나 자체가 아니라 나의 현상에만 귀속할 것이다. 나가 나 자신에게 나타날 때, 마치 나의 직관하기 속에서 또는 (나가 자기의 직관하기를 의식하지 못하므로) 외부세계 속에서 무언가가 나의 행위를 통해 규정되는 것처럼 나타날 수밖에 없다. 이를 전제하면 다음의 설명을 충분히 이해할 수 있을 것이다.

우리는 자유롭게 행위하는 나와 객관적으로 직관하는 나를 맞세웠다. 그런데 이 맞섬은 객관적으로, 즉 나 자체에서 일어나지 않는다. 왜냐하면 행위하는 나 자체가 직관하는 나이기 때문이다. 다만 여기에서는 그 직관하는 나가 또한 동시에 직관되는 나이며, 객관적이고, 따라서 행위하는 놈으로 된 나이다. 만약 여기에서 (관념적인 동시에 실재적인 활동성을 가지고서) 직관하는 나가 또한 동시에 직관되는 나가 아니었다면, 행위하기는 여전히 직관하기로 나타났을 것이다. 거꾸로 말해서, 직관하기가 행위하기로 나타나는 유일한 이유는, 여기에서 나가 직관하는 놈일 뿐 아니라 직관하는 놈으로서 직관되는 놈이기 때문이다. 직관하는 놈이 직관되면, 그놈이 바로 행위하는 놈이다. 따라서 행위하는 놈과 외적으로 직관하는 놈 사이의 매개는 생각할 수 없고, 따라서 자유롭게 행동하는 놈과 외부세계 사이의 매개도 생각할 수 없다. 오히려 어떻게 나의 행위하기를 통하여 외적 직관하기가 규정될 수 있는가는, 행위하기와 직관하기가 근원적으로 하나가 아니라면 단적으로 파악 불가능하다. 내가 예컨대 어떤 객체를 만들 때, 나의 행위하기는 또한 동시에 직관하기여야 하며, 거꾸로 나의 직관하기는 이 경우에 또한 동시에 행위하기여야 한다. 다만, 나는 이 동일성을 보지 못한다. 왜냐하면 객관적으로 직관하는 놈은 여기에서 나에게 직관하는 놈이 아니라 직관되는 놈이며, 따라서 나에게는 행위하는 놈과 직관하는 놈 사이의 동일성이 거둬졌기 때문이다. † 자유로운 행위를 통하여 외부세계에서 일 236 [378-379] 어나는 변화는 전적으로 생산적 직관의 법칙들에 따라서, 마치 자유가 전혀 개입하지 않은 것처럼 일어나야 한다. 생산적 직관은 말하자면 전적으로 고립된 채 행위하며 자신의 고유한 법칙들에 따라서 바로 지금 일어나는 일을 생산한다. 그러나 나에게는 이 생산하기가 <u>직관하기</u>로 나타나지 않는다. 그 이유는 오로지 여기에서 개념(관념적 활동성)이 객체(객관적 활등성)에 맞세워졌기 때문이다. 반면에 직관에서는 주관적 활동성과 객관적 활등성이 <u>하나</u>이다. 여기에서 개념은 객체에 선행하는데, 이것 역시 단지 현상 때문이다. 그러나 개념이 단지 현상에서만 객체에 앞서고 객관적으로 혹은 현실적으로는 그렇지 않다면, 자유로운 행위 그 자체 역시 단지 현상에 귀속하고, 유일하게 객관적인 것은 직관하는 놈이다. ― 나가 [자신이] 직관한다고 믿고 있었을 때, 사실 나는 행위하고 있었다고 우리가 말할 수 있는 것과 마찬가지로, 지금은 이렇게 말할 수 있다. 여기에서 나는 자신이 외부세계에 행위를 가한다고 믿지만 실은 직관하고 있으며, 직관하기만 빼고 행위하기에서 등장하는 모든 것은 사실은 단지 유일한 객관인 직관하기의 현상에 속한다. 거꾸로, 행위하기에서 단지 현상에 귀속하는 모든 것을 제거하면 오로지 직관하기만 남는다.

 이제 우리는 지금까지 도출했으며 우리로서는 충분히 증명되었다고 믿는 결과를 다른 측면들에서 설명하고 더 명확히 할 것이다.

 객관에서 주관으로의 이행은 없다고, 객관과 주관은 근원적으로 <u>하나</u>라고, 객관은 단지 객체가 된 주관이라고 초월적 관념론자가 주장한다면, 그가 대답해야 할 중심질문은 다음과 같을 것이다. 그렇다면 우리가 행위하기에서 상정하도록 요구받는 거꾸로 된 이행, 즉 주관에서 객관으로의 이행은 도대체 어떻게 가능한가? 모든 각각의 행위하기에서 우리가 자유롭게 구상한 개념이 우리에 독립적으로 현존하는 자연으로 이행해야 한다면, 그런데 이 자연이 현실적으로 우리에 독립적으로 현존하는 것은 아니라면, 그 이행을 어떻게 생각할 수 있는가? †

의심의 여지없이 이렇게 생각할 수밖에 없다. 우리는 바로 그 행위하기 자체를 통하여 비로소 세계가 우리에게 객관적으로 되게 만든다. 우리는 자유롭게 행동한다. 그리고 세계는 우리에 독립적으로 현존하게 된다. ― 이 두 문장은 종합적으로 통일되어야 한다.

세계가 다름 아니라 단지 우리의 직관하기일 뿐이라면, 세계가 우리에게 객관적으로 되려면 당연히 우리의 직관하기가 객관적으로 되어야 한다. 그런데 우리의 직관하기는 바로 행위하기를 통하여 비로소 우리에게 객관적으로 되며, 우리가 행위하기라고 부르는 것은 다름 아니라 우리의 직관하기의 나타남이다. 이를 전제하면, 우리는 다음의 문장을 얻을 수 있다. <u>우리에게 외부세계에 대한 행위하기로 나타나는 것은 관념론적으로 볼 때 다름 아니라 연장된fortgesetzt 직관하기일 따름이다.</u> 이 문장은 우리에게 더 이상 낯설지 않다. 요컨대 예를 들어 한 행위하기를 통해 외부세계에 무언가 변화가 일어난다면, 그 변화는 그 자체로 고찰할 경우 다른 모든 직관과 마찬가지로 직관이다. 따라서 이 경우에는 직관하기 자체가 현상의 기반에 놓인 객관이다. 여기에서 현상에 속하는 것은 독립적이라고 생각된 감각세계에 대한 행위하기이다. 그러므로 여기에 주관으로부터 객관으로의 이행은 없으며, 이는 앞에서 객관으로부터 주관으로의 이행이 없었던 것과 마찬가지다. 다만 나가 나에게 직관하는 놈으로 나타나기 위해서, 나는 주관을 객관으로 이행하는 놈으로 직관할 수밖에 없다.

이에 대한 모든 탐구는 초월적 관념론의 일반적 근본문장으로 환원될 수 있다. 즉, 나의 앎에서 주관은 결코 객관을 통해 규정될 수 없다는 문장으로 환원될 수 있다. 행위하기에서는 나가 개념에 맞게 발휘한 인과성을 통하여 객체가 규정된다고 필연적으로 생각된다. 이때 나는 어떻게 그 필연적인 생각에 이르는 것일까? 설령 나가 객체는 나의 행위하기를 통해 단박에 규정된다고, 따라서 객체와 나의 행위하기 사이의 관계는 초래된 놈Bewirktes과 초래한 놈의 관계와 같다고 아무 설명 없이 상정한다 하더라도, 도대체 어떻게 객체는 나가 표상하기에도 규정된 놈이 될까? 왜 나는 객체를 정확히 나가 나의 행위하기를 통해 규정한 대로인 놈으로 직관하도록 강요될까?† 여기에서 나의 행위하기는 객체이다. 행위하기는 직관하기 혹은 앎[알기]에 맞선 놈이니까 말이다. 그런데 이 행위하기, 이 객관을 통하여 나의 앎 속에 있는 무언가가, 나의 직관하기 속에 있는 무언가가 규정되어야 한다. 이는 방금 제시한 근본문장에 따라서 불가능하다. 행위하기를 통하여 그 행위하기에 대한 나의 앎이 규정될 수는 없다. 오히려 거꾸로 모든 객관이 그렇듯이 저 행위하기가 근원적으로 이미 앎 혹은 직관하기여야 한다. 이 점은 너무나 명백하고 분명하다. 이제 남아 있는 유일한 난점은, 어떻게 객관적으로 직관하기인 놈이 나타남을 위하여 행위하기로 탈바꿈하는 것을 생각해야 하는가이다. 여기에서 반성은 세 가지 점에 주목해야 한다.

  a) 객관에, 즉 <u>직관하기</u>에 주목해야 한다.

  b) <u>주관</u>에, 역시 직관이지만 직관하기에 대한 직관하기인 주관에 주목해야 한다. — 우리는 첫 번째 직관하기를 객관적 직관하기로, 두 번째 직관하기를 <u>관념적</u> 직관하기로 불러 둘을 구분하겠다.

  c) 객관의 <u>나타남</u>[현상]에 주목해야 한다.

  그런데 저 앞에서 증명되었듯이, 저 객관, 즉 직관하기는 직관의 개념(관념적 직관하기)이 직관 자체에 선행해야만 나타날 수 있다. 그러나 직관의 개념이 직관 자체에 선행하여 직관 자체가 직관의 개념을 통해 규정된다면, 이 직관하기는 개념에 맞게 생산하기, 즉 자유로운 행위하기이다. 이때 주의할 점은 직관의 개념이 오로지 직관의 객관되기를 위하여 선행한다는 것이다. 따라서 행위하기는 단지 직관하기의 현상일 따름이며, 행위하기에서 객관적인 놈은 선행 개념을 도외시한 생산하기 자체이다.

  한 예를 들어 논점을 더 명확히 해 보자. 나의 인과성을 통하여 외부세계에 무언가 변화가 일어난다. 사람들은 처음에 단지 이 변화의 일어남 자체만 반성한다. 따라서 외부세계에서 무언가 일어난다 함은 의심의 여지없이 내가 그 무언가를 생산한다는 뜻이다. 왜냐하면 외부세계에는 나의 생산하기를 매개로 한 놈 외에는 아무것도 없으니까 말이다. 그런데 나의 이 생산하기가 직관하기인 한에서(실제로 이 생산하기는 다름 아니라 직관하기이다) 개념은 직관에 선행하지 않는다. † 반면에 이 생산하기 자체가 다시 객체가 되어야 하는 한에서, 개념은 선행해야 한다. 여기에서 나타나야 하는 객체는 생산하기 자체이다. 요컨대 생산하기 자체에서, 즉 객체에서 개념은 직관에 선행하지 않는다. 개념은 오직 관념적인 나가 보기에만, 자기를 직관하는 놈으로 직관하는 나가 보기에만, 다시 말해 오직 나타남을 위해서만, 선행한다.

  이 대목에서 또 하나 명확해지는 것은, 객관과 주관의 구분, 그 자체와 한낱 나타남의 구분이 어디에서 지금 처음으로 우리에게 유래하는가이다. 우리는 지금까지 그런 구분을 전혀 하지 않았었다. 그 구분의 근거는 이러하다. 우리는 여기에서 처음으로 참된 객관을 가졌다. 다시 말해 모든 객관의 근거를 갖고 있는 놈, 관념적인 동시에 실재적인 활동성을 가졌다. 이 활동성은 이제 다시 주관으로 될 수 없으며, 한낱 관념적인 나로부터 완전히 분리되었다. 이 활동성에서 (이 활동성이 객관적인 한에서) 관념적인 놈과 실재적인 놈은 동시적이며 하나이다. 그러나 이 활동성이 한낱 관념적이며 직관하는 활동성에 맞선 놈으로서 나타나는 한에서, 따라서 그런 활동성에 맞서 한낱 실재적 활동성만 대표하는 한에서, 개념이 이 활동성에 선행하며, 그런 한에서 이 활동성은 행위하기이다.

이 만큼 설명했으면 더 이상 제기될 만한 질문은 이것뿐일 것이다. 도대체 어떻게 이성이 직관하는 놈일 수 있는가? 우리는 이성의 생산하기를 이론철학에서 이미 마감하지 않았는가? 우리의 대답은 이러하다. 우리가 마감한 생산하기는 주관적인 한에서의 생산하기였다. 객관적인 한에서의 이성은 다름 아니라 진면목대로의 이성, 즉 주관인 동시에 객관인 놈, 즉 생산하는 놈일 수밖에 없다. 다만 지금 생산하기는 관념적이며 생산하는 활동성에 맞선 놈의 차단 Schranke 아래에서〔생산하는 관념적 활동성에 맞선 놈으로서 제한된 채〕일어나야 할 것이다. 이 점은 아직 도출되지 않았다.

그러나 우리는 보통의 의식과 일치하는 관점을 채택하여 이렇게 물으려 한다. 어떻게 우리는 저 행위하는 객관을 자유로운 놈으로 여기게 될까? 도출된 바에 따라, 그 객관은 전적으로 맹목적인 활동성인데도 말이다. 우리가 행위하는 객관을 자유로운 놈으로 여기는 것은 착각 때문인데, 그 착각은 우리에게 객관세계가 객관적이게 되도록 만드는 착각과 완전히 동일하다. † 저 행위하기 자체가 단지 객관세계에만 속한다(따라서 객관세계와 동등한 실재성을 지닌다)는 것은, 그것이 오직 객관되기를 통하여 행위하기가 된다는 것에서 귀결되니까 말이다. 이 깨달음은 심지어 이론적 관념론에도 새로운 빛을 던져 준다. 만일 객관세계가 한낱 현상이라면, 우리 행위하기 속의 객관도 그러할 것이며, 거꾸로 세계가 실재성을 가질 때만, 행위하기 속의 객관도 실재성을 가진다. 요컨대 우리가 객관세계에서 보는 실재성과 감각세계에 대한 우리의 행위하기에서 보는 실재성은 동일하다. 이처럼 객관적 행위하기와 세계의 실재성이 서로 떨어져 서로를 통해 공존한다는 것, 심지어 서로를 조건으로 삼는다는 것은 초월적 관념론에만 고유한 결론이다. 다른 어떤 체계를 통해서도 이 결론은 불가능하다.

그렇다면 나는 어떤 한에서 외부세계에서 행위하는 놈인가? 나는 오로지 자기의식에서 이미 표현된 저 존재와 현상의 동일성 덕분에 행위하는 놈이다. ─ 나는 오로지 자기에게 나타남을 통해서만 있다. 나의 앎은 나의 존재다. '나=나'라는 문장은 다름 아니라, 아는 나가 존재하는 나와 동일하다는 것, 나의 앎과 나의 존재가 서로를 소진한다는 것, 의식의 주체와 활동성의 주체가 하나라는 것을 뜻한다. 저 동일성에 따라서 자유로운 행위하기에 대한 나의 앎은 자유로운 행위하기 자체와 동일하다. 다시 말해서, 나는 나를 객관적으로 행위하는 놈으로 직관한다는 문장은 나는 객관적으로 행위한다는 문장과 동일하다.

### 해결2

우리가 방금 도출하고 증명했듯이, 행위하기로 나타나는 놈은 그 자체로는 단지 직관하기이다. 그렇다면 다음으로 귀결된다. 모든 행위하기는 직관의 법칙들을 통하여 끊임없이 한정되어야 하고, 자연법칙에 따라 불가능한 것이 자유로운 행위하기를 통하여 일어난다고 직관되는 일은 없어야 한다. 이는 저 앞에서 언급한 동일성에 대한 새로운 증명이다. 그런데 적어도 현상에서 현실적으로 일어나는 주관으로부터 객관으로의 이행은 자연법칙에 대한 모순을 포함한다. † 실재에 작용하는 놈으로 직관되어야 하는 놈은 그 자체로 실재적인 놈으로 나타나야 한다. 따라서 나는 나를 객체에 단박에 작용하는 놈으로 직관할 수 없고, 단지 물질의 매개를 통해 작용하는 놈으로만 직관할 수 있으며, 행위할 때 그 물질을 나와 동일한 놈으로 직관해야 한다. 자유로우며 외부로 향한 활동성의 단박 기관인 물질은 유기적인 몸Leib이다. 그래서 몸은 자유로운 놈으로, 외견상 자의적인 운동을 할 수 있는 놈으로 나타나야 한다. 나의 행위하기에서 인과성을 발휘하는 충동은 객관적으로는 어떤 자유도 없이 작용하는 자연충동Naturtrieb으로, 자유를 통하여 산출하는 듯이 보이는 것을 저절로 산출하는 자연충동으로 나타나야 한다. 그러나 이 충동을 자연충동으로 직관할 수 있으려면, 나는 나에게 조직Organisation의 강제를 통해(가장 넓은 의미의 고통을 통해) 모든 행위하기로 이끌리는 놈으로 객관적으로 나타나야 한다. 또 모든 행위는 객관적이기 위하여 (수많은 중간항들을 통해서라도) 물리적 강제와 연계되어야 한다. 물리적 강제는 현상하는 자유 자체의 조건으로서 필연적이다.

게다가 의도된 변화는 외부세계에서 객체들의 끊임없는 저항 속에서만, 따라서 점진적으로만 일어난다. 의도된 변화가 D라면, D는 변화 C를 원인으로 삼아 조건지어지고, C는 다시 B를 원인으로 삼아 조건지어지는 등이다. 요컨대 마지막 변화 D가 일어날 수 있기 전에 이 변화들의 열 전체가 선행해야 한다. 외부세계에 모든 조건들이 주어졌을 때 비로소 완전한 변화가 일어날 수 있다. 만약 그렇지 않다면 자연법칙에 맞선 모순이 현존할 것이다. 자연 속에 도무지 주어질 수 없는 것들을 조건으로 가진 놈은 단적으로 [일어나기가] 불가능해야 한다. 그런데 만일 자유가 객관적이기 위하여 직관과 완전히 같아지고 직관의 법칙들에 전적으로 종속된다면, 자유가 나타날 수 있기 위한 조건들이 자유 자체를 다시 거두게 된다. 자유는 그 표출에서 자연현상이기 때문에 또한 자연법칙들에 따라 설명 가능해지고, 따라서 자유로서는 거둬진다. †

위에서 제기한 과제는 어떻게 의지하기 자체가 의지하기로서 나에게 다시 객관적으로 되는가를 설명하는 것이었다. 결론적으로 이 과제는 아직 해결되지 않았다. 의지하기는 객관적이게 됨을 통하여 의지하기이기를 그치니까 말이다. 따라서 (절대적 의지하기에 있는) 절대적 자유의 나타남은 도무지 없을 것이다. 만약 한낱 객관적인 저 자유, 그저 자연충동일 뿐인 그런 자유 외에 다른 자유는 없다면 말이다.

우리가 이 모순에 빠져든 이유는 다름 아니라 이제껏 우리가 의지하기에서 객관만, 외부로 향한 놈만 반성했기 때문이다. 그놈은 우리가 이제 알듯이 근원적으로 단지 직관하기이기 때문에 객관적으로 전혀 의지하기가 아니며, 어떤 매개도 없이 외부세계로 이행한다. 그런데 어떻게 나에게 (의지하기에 몰입해있는 저 객관적 활동성, 즉 관념적인 동시에 실재적인 활동성, 방금 연역되었듯이 자유로울 수 없는 활동성뿐만 아니라 거기에 맞선 관념적 활동성까지 포함한) 의지하기 전체가 객체로 되는가를 논해야 한다면, 이 두 활동성〔객관적 활동성과 관념적 활동성〕이 맞선 놈들로 등장하는 현상이 발견되어야 한다.

그런데 의지하기에서 객관인 활동성은 그 자체로 직관하는 활동성이므로 필연적으로 외적인 놈을 향한다. 반면에 의지하기에서 주관 혹은 순수 관념적 활동성은, 관념적인 동시에 실재적이며 그래서 의지하기에서 객관인 저 활동성 자체를 단박 대상으로 삼으며 따라서 외적인 놈을 향하는 것이 아니라 의지하기 자체에 함께 몰입한 저 객관만을 향한다.

그러므로 의지하기에 함께 몰입한 관념적 활동성은 나에게 단지 의지하기 속의 객관 그 자체를 향한 활동성으로서만 객관적이게 될 수 있고, 이〔의지하기 속의〕 객관은 단지 의지하기와 별개인 외적인 놈을 향한 활동성으로서만 객관적이게 될 수 있을 것이다.

그런데 의지하기에서〔의지하기 속의〕 객관적 활동성 그 자체, 다시 말해 순수하게 고찰된 객관적 활동성(또 그렇게 순수하게 고찰해야만 그 활동성은 관념적 활동성에게 객관적이다)은 다름 아니라 무릇 자기규정이다. 따라서 의지하기에서 관념적 활동성의 객체는 다름 아니라 순수한 자기규정하기 자체, 혹은 나 자체이다.† 그러므로 의지하기에 함께 몰입한 관념적 활동성은 나에게 단지 순수 자기규정 그 자체만을 향한 활동성으로서 객관적이게 됨을 통하여 나에게 객관적이게 된다. 반면에 의지하기에 함께 몰입한 객관적 활동성은 외적인 놈을 맹목적으로 (맹목적인 한에서만 직관하니까) 향한 활동성으로서 나에게 객관적이게 된다.

따라서 나에게 의지하기 전체가 객체가 되도록 해 주는 현상을 찾으려면 다음과 같이 해야 한다.

1. 우리는 단지 순수한 자기규정하기 자체를 향한 활동성을 반성하고, 어떻게 그런 활동성이 나에게 객체로 될 수 있는지 물어야 한다.

자기규정하기에 덧붙는 모든 우연적인 것들은 외적인 놈을 향한 저 직관하는 활동성, 이 대목에서는 객관적인 활동성이 된 그 활동성의 방향을 통하여 비로소 덧붙는다. 그런 모든 우연적인 것들을 도외시했을 때 남는 순수한 자기규정하기는 이미 말했듯이 다름 아니라 순수한 나 자체, 즉 모든 이성들을 이를테면 떠받치는 공통점, 모든 이성들이 공유한 유일한 그 자체An sich이다. 우리는 앞에서 모든 의식의 조건으로서 근원적이며 절대적인 의지활동을 요청했다. 요컨대 그 의지활동에서 순수한 자기규정하기가 나에게 단박에 객체로 되며, 그 활동에는 더 이상 아무것도 들어 있지 않다. 그런데 그 근원적 의지활동 자체가 이미 절대적으로 자유로운 활동이다. 그러므로 나에게 그 첫 번째 활동이 다시 객체로 되게 만드는 활동, 혹은 나가 순수한 자기규정하기를 향한 활동성을 다시 의식하게 만드는 활동은 더더욱 이론적으로 (필연적인 활동으로서) 연역될 수 없다. 그럼에도 그런 활동은 지속적인 의식의 조건이다. 그러므로 관념적 활동성의 객체되기는 오직 요구를 통해서만 설명될 수 있다. 오직 순수한 자기규정하기만을 향한 관념적 활동성은 요구를 통하여 나에게 객체로 되어야 하고, 그 요구는 다음과 같을 수밖에 없다. 나는 다름 아니라 순수한 자기규정하기 자체를 의지해야 마땅하다. 왜냐하면 이 요구를 통하여 나에게 저 순수하며 단지 자기규정하기 자체를 향한 활동성이 객체로 앞에 놓이기 때문이다. 그런데 이 요구는 다름 아니라 칸트가 다음과 같이 표현한 정언명령 혹은 윤리법칙 Sittengesetz이다. 너는 모든 이성들이 의지할 수 있는 것만 의지해야 마땅하다. † 이때 모든 이성들이 의지할 수 있는 것은 오로지 순수한 자기규정하기 자체, **244 [390-392]** 순수한 법칙성Gesetzmäßigkeit뿐이다. 요컨대 윤리법칙을 통하여 순수한 자기규정하기가, 모든 의지하기에 있는 (의지하기가 단지 객관적이고 그 자체로 다시 직관하기가 아닌 한에서, 즉 외적인 {경험적인} 놈을 향하지 않는 한에서) 순수 객관이 나에게 객체로 된다. 초월철학에서 윤리법칙은 오직 이런 한에서만 거론된다. 윤리법칙 역시 오로지 자기의식의 조건으로서만 연역되는 것이다.

근원적으로 이 법칙은 이 규정된 이성인 한에서의 나를 향하지 않는다. — 오히려 이 법칙은 개체성에 속한 모든 것을 진압하고 완전히 없애 버린다. — 오히려 이 법칙은 무릇 이성으로서의 나를 향한다. 다시 말해 나 속의 순수 객관 즉 영원을 단박에 객체로 가진 놈을 향하지만, 그 객관 자체를 (그 객관이 나와 별개이며 나에 독립적인 우연적인 놈을 향한 한에서) 향하지 않는다. 바로 그렇기 때문에 이 법칙은 이성이 자신의 의식을 의식하기 위한 조건이기도 하다.

2. 이제 반성을 객관적 활동성으로, 의지하기의 범위 바깥에 놓인 외적인 놈을 향한 활동성으로 돌려 이렇게 물어야 한다. 어떻게 이 활동성이 나에게 객체로 되는가?

하지만 이 질문은 이미 위에서 대략 대답되었다. 그러므로 우리는 여기에서 그 대답을 새로운 측면에서 표현하는 작업만 시도할 것이다.

의지하기와 별개이면서 의지하기 바깥에 현전하는 그런 무언가를 향한 객관적 활동성은 의식 속에서 바로 이 객관적 활동성(한낱 객관적 활동성 그 자체로서, 순수한 자기규정하기인 한에서)을 향한 저 관념적 활동성에 맞서야 한다.

그런데 저 관념적 활동성은 오직 <u>요구</u>를 통해서만 나에게 객체로 될 수 있었다. 따라서 맞섬이 완전하려면, 객관적 활동성은 <u>저절로</u>, 즉 요구가 없어도 객관적으로 되어야 하며, 이 객관되기는 <u>전제되어야</u> 한다. 외적인 놈을 향한 객관적 활동성과 그 외적인 놈 사이의 관계는 관념적 활동성과 객관적 활동성 사이의 관계와 같다. 이런 객관적 활동성이 외적인 놈을 향한 활동성으로서 객관적으로 되게 만드는 놈은 무언가 강제된 놈이어야 한다.† 그런데 그 무언가는 활동성일 수밖에 없으므로, 한낱 <u>자연충동</u>이어야 한다. 이는 앞에서(해결1에서) 이미 도출되었다. — 자연충동은 생산적 직관과 마찬가지로 완전히 맹목적으로 작용하며 그 자체로는 의지하기가 아니지만 오직 순수하며 단지 자기규정 자체를 향한 의지하기에 맞섬을 통하여 의지하기가 된다. 나는 자연충동을 통하여 한낱 개체로서의 나를 의식하게 된다. 그러므로 이 충동은 도덕에서 이기적 충동으로 불리며, 이 충동의 객체를 사람들은 가장 넓은 의미에서 행복 Glückseligkeit이라고 부른다.

행복하라는 요구, 행복하라는 명령은 현존하지 않는다. 그런 요구나 명령에 대한 생각은 부조리하다. 왜냐하면 저절로 즉 자연법칙에 따라 일어나는 일은 명령될 필요가 없기 때문이다. 저 행복충동(간략한 논의를 위해 이 표현을 쓰지만, 이 개념에 대한 더 상세한 논의는 도덕에 속한다)은 다름 아니라 의지하기에 독립적인 놈을 향한 객관적 활동성이 나에게 다시 객관적으로 된 결과이다. 그러므로 이 충동은 자유에 대한 의식만큼이나 필연적이다.

따라서 순수한 자기규정하기 자체를 단박 객체로 삼은 활동성은 오로지 외적인 놈을 객체로 삼고 맹목적으로 그놈을 향하는 활동성과의 맞섬 속에서만 의식에 도달할 수 있다. 그러므로 의지하기에 대한 의식이 있는 것이 필연적인 만큼 필연적으로, 윤리법칙을 통해 자기에게 객체로 되며 오직 자기규정하기 자체를 향하는 그런 활동성이 요구하는 바와 자연충동이 요구하는 바 사이의 맞섬도 있다. 이 맞섬은 실재적이어야 한다. 다시 말해 자기에게 객체로 된 순수 의지하기를 통해 명령된 행위와 자연충동을 통해 요구된 행위가 의식 속에서 동등하게 가능한 놈들로 등장해야 한다. 따라서 자연법칙에 따른다면 어떤 행위도 일어나지 않아야 할 것이다. 위의 두 행위가 서로를 거둘 테니까 말이다. 그러므로 어떤 행위가 일어난다면(행위가 일어난다는 것은 의식이 지속한다는 것만큼 명백하다) 그 행위는 자연법칙에 따라서 즉 필연적으로가 아니라 오로지 자유로운 자기규정을 통하여 일어날 수 있다. 즉 나의 어떤 활동성을 통하여 일어나야 하는데, 그 활동성은 이제껏 주관적 활동성과 객관적 활동성으로 부른 두 활동성들 사이에서 떠돌면서 † 자신은 <u>규정됨</u> 없이 전자[주관적 활동성]를 후자[객관적 활동성]를 통하여 혹은 후자를 전자를 통하여 규정하며, 항상 단지 <u>규정된</u> 놈인 행위하기가 완전히 맹목적으로 말하자면 저절로 (조건들이 주어지자마자) 일어나도록 만드는 조건들을 산출한다.

요컨대 의식 속에서 동등하게 가능한 행위들이 맞서는 것은 절대적인 의지활동이 나 자신에게 다시 객체로 될 수 있기 위한 필수조건이다. 그런데 이 맞섬은 바로 절대적인 의지하기를 자의Willkür로 만드는 놈이다. 그러므로 우리가 찾은 절대적 의지하기의 나타남은 자의이다. 자의는 근원적 의지하기 자체가 아니라 객체로 된 절대적 자유활동이며, 모든 의식은 자의와 함께 시작된다.

보통의 의식은 의지하기의 자유가 있다는 점을 오직 자의를 통하여 확신한다. 다시 말해 우리가 모든 각각의 의지하기에서 맞선 놈들 사이의 선택을 의식한다는 점을 통하여 확신한다. 그러나 자의는 절대적 의지 그 자체가 아니다. 이미 증명되었듯이 절대적 의지는 오로지 순수 자기규정하기 자체를 향하니까 말이다. 오히려 자의는 절대적 의지의 나타남이다. 그러므로 만일 자유 = 자의라면,〔자유를 자의로 이해한다면, 이때의〕자유는 절대적 의지 자체가 아니라 단지 그것의 현상이다. 절대적인 놈으로 생각된 의지에 대해서는, 그 의지가 자유롭다는 말도 자유롭지 않다는 말도 할 수 없다. 절대적인 놈은, 그놈의 본성의 내적 필연성을 통하여 이미 지시된 법칙에 따라서만 행위하는 놈으로 생각되어야 하니까 말이다. 절대적 의지활동에서 나는 오직 자기규정 그 자체를 객체로 삼으므로, 절대적인 놈으로 생각된 의지를 벗어난다는 것은 불가능하다. 요컨대 의지를 자유로운 의지로 부를 수 있다면, 그 의지는 절대적으로 자유롭다. 왜냐하면 나타나는 의지에게 명령인 것이 절대적인 의지에게는 자기 본성의 필연성에서 솟아난 법칙이기 때문이다. 그러나 절대적인 놈이 자기에게 나타나려면, 자신의 객관의 측면에서 무언가 다른 놈에, 무언가 낯선 놈에 의존적인 채로 나타나야 한다. 그러나 이 의존성은 절대적인 놈 자체에 속하지 않고, 단지 절대적인 놈의 현상에 속한다. † 절대적 의지가 나타나기 위하여 의존하는 그 낯선 놈은 자연충동이다. 순수의지의 법칙은 오로지 그 자연충동과의 맞섬 속에서 명령으로 탈바꿈한다. 반면에 절대적인 놈으로 간주된 의지는 근원적으로 오직 순수한 자기규정하기만을, 즉 자기 자신만을 객체로 가진다. 따라서 절대적 의지에게는 자기에게 객체일 것을 요구하는 당위나 법칙이 있을 수 없다. 그러므로 윤리법칙, 그리고 자의로서 존립하는 한에서의 자유는 단지 절대적 의지의 나타남을 위한 조건이다. 절대적 의지는 모든 의식을 구성하며 그런 한에서 또한 자기에게 객체가 되는 의식의 조건이다.

그런데 이 결과를 통하여 우리는 의도하지 않았지만, 이제껏 해결되기는커녕 거의 제대로 이해조차 되지 않은 저 기묘한 문제도 해결했다. 내가 말하고자 하는 것은 초월적 자유의 문제이다. 이 문제의 요점은, 나는 절대적인가라는 질문에 있는 것이 아니라, 절대적이지 않고 경험적인 한에서의 나는 자유로운가라는 질문에 있다. 그런데 바로 우리의 해결을 통하여 다음이 드러났다. 의지는 오직 경험적인 한에서 혹은 나타나는 한에서 초월적 의미에서 자유롭다고 불릴 수 있다. 절대적인 한에서의 의지는 자유보다 더 높으며erhaben, 어떤 법칙에 종속되기는커녕 오히려 모든 법칙의 원천이니까 말이다. 그러나 나타나는 한에서의 절대적 의지는 절대적인 의지로서 나타나기 위하여 오로지 자의를 통해 나타날 수밖에 없다. 그래서 이 현상 즉 자의는 객관적으로 더 설명될 수 없다. 왜냐하면 그 현상은 그 자체로 실재성을 지닌 객관이 아니라, 절대-주관이요, 절대적 의지에 대한 직관이기 때문이다. 그 직관을 통하여 절대적 의지는 무한히 계속 자기에게 객체로 된다. 그런데 바로 이 같은 절대적 의지의 나타남이 비로소 진정한 의미의 자유, 혹은 보통 자유라고 불리는 그것이다. 나는 자유로운 행위하기에서 무한히 계속 자기를 절대적 의지로서 직관한다. 또한 나는 최고의 역량에서 그 자체로 다름 아니라 이 같은 절대적 의지에 대한 직관이다. 그러므로 저 자의라는 현상은 나 자체만큼 확실하고 의심할 수 없다. — † 248 [397-399]

또한 거꾸로, 자의 현상은 단지 절대적이지만 유한의 차단 아래 나타나는 의지로서만 생각될 수 있다. 그리하여 자의 현상은 우리 안에서 항상 다시 되풀이되는 절대적 의지의 드러남Offenbarung이다. 하지만 생각해 보건대 설령 사람들이 자의 현상에서 되짚어 올라가 그 현상의 기반에 있는 놈을 추론하기를 원한다 해도, 아마 결코 그놈을 옳게 설명하지 못할 것이다. 비록 칸트가 그의 법이론Rechtslehre에서 적어도 절대적 의지와 자의 사이의 맞섬을 최초로 지적했지만 말이다. 사실 칸트는 절대적 의지와 자의 사이의 참된 관계는 지적하지 못했다. 그러므로 우리가 자의와 절대적 의지 사이의 참된 관계를 밝혀냈다는 점은 어떤 현상도 주어진 것으로 전제하지 않고 모든 각각의 현상을 마치 전혀 알려지지 않은 현상인 것처럼 그 근거들로부터 배워 나가는 [우리의] 방법의 우수성을 보여 주는 새로운 증명이다.

이로써 또한 앞에서 제기된 주장에 대한 모든 의심도 풀린다. 행위하는 놈으로 나타나는 객관적 나가 그 자체로는 단지 직관하는 놈이라는 주장에 대한 의심 말이다. 그 모든 의심은 예컨대 의지의 자유Willensfreiheit에 대한 [그릇된] 일반적 전제에서 나올 수 있었다. 모든 자유로운 행위에서 자유라는 술어가 부여되는 규정된 놈은 한낱 객관적이며 행위에서나 직관에서나 전적으로 기계적으로 행동하는 나가 아니다. 그놈은 오히려 의지하기의 주관과 객관 사이에서 떠도는 놈, 주관(또는 객관)을 객관(또는 주관)을 통해 규정하는 놈, 혹은 두 번째 역량에서 자기규정하는 놈이다. 오로지 그놈에게만 자유가 부여되며 부여될 수 있다. 반면에 자유와 관련해서 단지 규정되는 놈일 뿐인 객관은 그 자체로 자기에게는, 혹은 규정하는 놈을 도외시하면, 여전히 과거와 마찬가지로 한낱 직관하기일 뿐이다. 그러므로 내가 단지 객관적 활동성을 그 자체로 반성하면, 나 속에는 한낱 자연필연성만 있다. 반면에 내가 단지 주관적 활동성을 반성하면, 나 속에는 오직 절대적 의지하기만 있다. 절대적 의지하기는 그 본성상 자기규정 그 자체만 객체로 가진다. 마지막으로 내가, 객관적 활동성과 주관적 활동성 위에 떠서 양자를 규정하는 활동성을 반성하면, 나 속에 자의가 있고, 자의와 함께 의지의 자유가 있다. 이 같은 다양한 반성 방향들에서 자유에 대한 다양한 체계들이 발생한다. † 그중 한 체계는 자유를 단적으로 부정하며, 다른 체계는 자유를 단지 순수이성에, 즉 저 관념적이며 단박에 자기규정하기로 향하는 활동성에 정립한다(그렇게 정립하면, 이성에 반하는 모든 행위 앞에서 이성이 근거 없이 잠들었다고 판단할 수밖에 없고, 그러면 모든 의지의 자유는 거둬진다). 그러나 세 번째 체계는 관념적 활동성과 객관적 활동성을 벗어난 활동성을 유일하게 자유가 귀속할 수 있는 활동성으로서 연역한다.

  단적으로 규정하는 놈인 이 나[자유가 귀속할 수 있는 활동성]에게는 예정Prädetermination도 없다. 예정은 단지 직관하는 객관적인 나에게만 있다. 객관적 나가 외부세계로 이행하는 놈인 한에서 그 나에게는 모든 행위가 예정되어 있다. 그러나 이 점은 모든 현상보다 더 높으며 절대적으로 규정하는 놈인 나에게는, 자연 속의 모든 것이 예정되어 있다는 점과 마찬가지로 아무 영향을 미치지 않는다. 왜냐하면 자유로운 나에 대비하여 객관적인 나는 한낱 나타나는 놈이며 그 자체로 실재성을 가지지 않기 때문이다. 객관적인 나는 자연과 마찬가지로 단지 자유로운 나의 행위를 위한 외적 기반일 뿐이다. 현상에게 혹은 단지 직관하는 활동성에게 한 행위가 예정되어 있다는 것으로부터 나는 그 행위가 자유로운 활동성에게도 예정되어 있다는 역추론을 할 수 없다. 왜냐하면 이 두 활동성은 지위가 전혀 달라서, 한낱 나타나는 놈도 규정하는 놈, 즉 나타나지 않는 놈으로부터 완전히 독립적이고 거꾸로 규정하는 놈도 나타나는 놈으로부터 완전히 독립적이기 때문이다. 규정하는 놈은 자유로운 자의에 입각하여, 나타나는 놈은 이미 그렇게 규정되었기 때문에 전격으로 자기 고유의 법칙들에 따라 각자 독자적으로 행위하고 계속 영향력을 발휘한다. 이런 상호 독립성은(물론 규정하는 놈과 나타나는 놈은 일치하지만) 오로지 예정조화를 통하여 가능하다. 그러므로 바로 이 대목은 우리가 앞에서 이미 도출한, 자유롭게 규정하는 놈과 직관하는 놈 사이의 미리 규정된 조화가 처음으로 등장하는 지점이다. 규정하는 놈과 직관하는 놈은 서로 분리되어 있으므로, 두 놈이 서로 영향을 주고받는 일은 전혀 불가능하다. 두 놈 사이의 일치는 그놈들 바깥에 놓인 무언가를 통하여 일어나야 한다. † 그러나 우리는 지금까지도 그 제3의 무언가가 무엇인지 전혀 설명할 수 없다. 우리는 우리의 탐구 전체의 정점인 이 지점을 우선 암시하고 지적한 것으로 만족하면서 나중의 탐구가 더 많은 것을 밝혀 주리라고 기대해야 한다.

다만 다음과 같은 언급은 해두겠다. 만일 자유롭게 규정하는 놈에게도 예정이 있다면 (우리는 방금 개체성을 위해서 또한 매개적으로 이성들의 상호작용을 위해서 자유에 대한 근원적 부정을 필연적인 놈으로 요청했고, 그런 한에서 자유롭게 규정하는 놈에게도 예정이 있다고 주장했다) 그 예정은 오직 <u>하나의</u> 근원적인 자유 활동을 통해서만 생각 가능하다. 그 활동은 당연히 의식에 들어오지 않는다. 그래서 우리는 독자에게 근원적인 악에 대한 칸트의 탐구를 참조할 것을 권고하지 않을 수 없다.

지금까지의 탐구 과정 전체를 다시 한 번 살펴보자. 우리는 처음에 보통의 의식이 지닌 전제를 설명하려 했다. 보통의 의식은 가장 낮은 추상 수준에 머물면서 작용이 미치는 객체를 작용하는 놈 혹은 행위하는 놈 자체로부터 구분한다. 그리하여 이런 질문이 발생했다. 어떻게 객체에 행위를 가하는 놈을 통하여 객체가 규정될 수 있는가? 우리는 이렇게 대답했다. <u>행위가 가해지는 객체와 행위 자체는 하나다.</u> 둘 다 하나의 직관하기일 뿐이다. 그리하여 우리는 다음의 결론을 얻었다. 의지하기에서 우리가 가졌던 것은 오직 규정되는 놈, 다시 말해서 행위하는 동시에 직관하는 놈이었다. 따라서 이 행위하는 직관과 외부세계는 근원적으로 서로 독립적으로 존재하지 않으며, 하나 속에 정립된 것은 바로 그렇기 때문에 또한 다른 하나 속에도 정립된다. 그런데 의식 속에서 단지 객관인 이놈[행위하는 직관]의 맞은편에 주관이 놓였고, 그 주관은 절대적 요구를 통하여 나에게 객체로 되었다. 다른 한편 저 단지 객관은 나에 완전히 독립적인, 외부를 향한 방향을 통하여 나에게 객체로 되었다. 따라서 <u>의지하기 전체가 나에게 객체로 되도록 만드는 행위는 다음과 같은 자기규정하는 놈 이</u> 없다면 없었다. † 다시 말해, 주관적 활동성과 객관적 활동성보다 더 높은 자기규정하는 놈, 그러니까 어떻게 이 단적으로 규정하는 놈이며 모든 객관을 벗어난 놈을 통하여 객관 혹은 직관하는 놈이 규정될 수 있는가라는 질문으로 우리를 처음 이끌 수 있었던 그런 자기규정하는 놈이 없다면 의지하기 전체가 나에게 객체로 되도록 만드는 행위는 없다.

## 보충

그러나 이 질문[어떻게 객관이 객관을 벗어난 놈을 통하여 규정될 수 있는가?]에 대한 대답에 몰두할 수 있기 전에 우리는 먼저 다음과 같은 또 다른 질문을 해결해야 한다. 나가 자기를 어떻게 규정하건 간에, 그러니까 나 속의 주관을 통해 객관을 규정하건, 객관을 통해 주관을 규정하건 간에, 바깥으로 나가는 저 활동성(충동)은 어떤 것이 나에서부터 출발하여 외부세계에 도달하기 위한 유일한 탈것Vehikel이다. 그러므로 저 충동은 자기규정을 통해서도 거둬질 수 없다. 따라서 이런 질문이 제기된다. 외부로 나가는 충동과 단지 순수한 자기규정하기를 향한 관념적 활동성은 윤리법칙을 통하여 어떤 관계를 맺게 되는가?

우리는 이 질문에 대한 대답의 요점만 논할 수 있다. 왜냐하면 사실 이 질문은 여기에서 탐구의 중간항으로서만 등장하기 때문이다. ― 주지하듯이 순수의지가 나에게 객체가 되려면, 또한 동시에 나가 외적인 객체를 가져야 한다. 그런데 위에서 도출되었듯이 이 외적인 객체는 그 자체로는 실재성이 없고, 오히려 다만 순수의지가 나타나기 위한 매체이며, 다름 아니라 오로지 외부세계에 대한 순수의지의 표현이어야 한다. 요컨대 순수의지는 외부세계를 자기와 동일화해야만 자기에게 객체로 될 수 있다. 그런데 행복의 개념을 정확히 분석해 보면, 그 개념 속에서 생각되는 것은 오직 의지하기에 독립적인 놈과 의지하기 자체의 동일성뿐이다. 따라서 행복, 즉 자연충동의 객체는 단지 순수의지의 현상, 즉 순수의지 자체와 동일한 객체여야 한다. 행복과 순수의지의 현상은 단적으로 하나여야 한다. 따라서 이 둘 사이에는 예컨대 조건짓는 놈과 조건지어지는 놈 사이의 관계와 같은 종합적 관계가 불가능하며, 또한 이 둘은 서로에 독립적으로는 전혀 현존할 수 없다.† 행복을 순수의지에 독립적으로도 가능한 어떤 것으로 이해한다면, 행복은 단적으로 존재하지 않아야 할 것이다. 그러나 행복이 단지 외부세계와 순수의지의 동일성이라면, 외부세계와 순수의지는 단지 별개의 두 측면에서 바라본 동일한 객체이다. 다른 한편 행복이 순수의지에 독립적인 놈일 수 없는 것과 마찬가지로, 유한한 존재가 단지 형식적인 윤리 Sittlichkeit를 추구한다는 것도 생각할 수 없다. 왜냐하면 유한한 존재에게는 윤리 자체가 오직 외부세계를 통하여 객관적이게 될 수 있기 때문이다. 모든 추구의 단박 객체는 순수의지도 행복도 아니라 오히려 순수의지의 표현으로서의 외적 객체이다. 이 단적으로 동일한 놈, 즉 외부세계를 다스리는 순수의지는 유일하며 최고인 선善Gut이다.

  비록 자연은 행위에 대하여 절대적으로 수동적으로 관계하지는 않지만, 최고 목적의 실현에 어떤 절대적 저항도 맞세울 수 없다. 자연은 진정한 의미에서 행위할 수 없다. 그러나 이성존재들은 행위할 수 있고, 심지어 이성존재들 사이의 객관세계를 매체로 한 상호작용은 자유의 조건이다. 모든 이성존재가 다른 모든 이성존재들의 자유로운 행위 가능성을 통하여 자기의 행위를 한정할지 여부는 절대적 우연에, 자의에 달려있다. 그러나 그럴 수는 없다. 가장 신성한 것을 우연에 맡길 수는 없다. 모든 이성존재들의 상호작용 속에서 개체의 자유가 거둬지는 일은 확고부동한 법칙의 강제를 통하여 불가능하게 만들어야 한다. 물론 이 강제가 단박에 자유에 맞설 수는 없다. 왜냐하면 어떤 이성존재도 강제될 수 없고, 단지 스스로 자기를 강제하도록 규정될 수만 있기 때문이다. 또 이 강제는, 모든 이성존재들의 공통점인 자기규정하기 그 자체만을 객체로 갖는 순수의지에 맞설 수 없고, 단지 개체에서 비롯되며 개체로 회귀하는 이기적 충동에만 맞설 수 있다. 그런데 이기적 충동에 대해서는 이기적 충동 자체

외에 다른 것을 강제수단이나 무기로 쓸 수 없다. † 외부세계는 말하자면 다음 253 [405-406] 과 같이 조직되어야 할 것이다. 외부세계는 이기적 충동이 자신의 한계를 넘어설 때 자기 자신에 맞서 행위하도록 강제해야 하고, 자유로운 존재가 자연존재인 한에서는 의지할 수 없지만 이성존재인 한에서 의지할 수 있는 무언가를 이기적 충동에 맞세워야 한다. 그리하여 행위자는 자기모순에 빠져야 하고, 최소한 자신이 내적으로 양분되어 있음을 주목해야 한다.

객관세계는 그 자체로 자기가 보기에 그런 모순의 근거를 자기 안에 지닐 수 없다. 왜냐하면 객관세계는 자유로운 존재들의 작용에 대하여 완전히 무차별적으로 행동하기 때문이다. 그러므로 이기적 충동에 맞선 저 모순의 근거는 오직 이성존재들에 의해서만 객관세계에 놓여질 수 있다.

말하자면 첫 번째 자연 위에 더 높은 두 번째 자연이 건설되어야 한다. 그 자연은 가시적인 자연을 지배하는 것과 전혀 다른 자연법칙이 지배해야 한다. 다시 말해 자유를 위한 자연법칙이 지배해야 한다. 감각적 자연에서 원인에 결과가 필연적으로 잇따르는 것과 같은 철석같은 필연성으로 또한 확고부동하게 이 두 번째 자연에서는 낯선 자유에 대한 침해가 곧바로 이기적 충동에 맞선 모순을 불러와야 한다. 이런 자연법칙은 옳음법칙Rechtsgesetz[법]이며, 이 자연법칙이 지배하는 두 번째 자연은 법제도Rechtsverfassung이다. 이로써 법제도가 지속적인 의식의 조건으로서 연역되었다.

이 연역으로부터 다음이 명백하다. 법학Rechtslehre은 도덕의 한 부분도 아니고 심지어 무릇 실천적 학문의 한 부분도 아니라, 순수 이론적 학문이다. 자유에게 법학은 운동에게 역학과 같다. 왜냐하면 법학은 자유로운 존재자들의 자유로운 존재자들로서의 상호작용을 생각할 수 있기 위한 자연메커니즘만을 연역하기 때문이다. 의심의 여지없이 그 메커니즘은 오직 자유를 통해서만 건설될 수 있고, 자연은 그 메커니즘에 아무것도 기여하지 않는다. 시인이 말하듯이, 자연은 무감無感하고, 신은 옳음과 그름 위에 신의 태양, 즉 복음이 빛나게 한다. 그런데 법제도는 가시적 자연의 보충물이기 때문에 다음으로 귀결된다.

254 [406-408] †

　　　　법질서는 도덕질서가 아니라 단지 자연질서이며, 자유는 감각적 자연에 대하여 무력해야 하는 것과 마찬가지로 법질서에 대하여 무력해야 한다. 그러므로 법질서를 도덕질서로 바꾸려는 모든 시도가 그 자체의 반전反轉과 폭정을 통하여 가장 끔찍한 형태로, 따라서 비난받아 마땅한 형태로 자신을 드러내는 것은 놀랄 일이 아니다. 법제도는 우리가 기대하는 섭리攝理Vorsehung의 역할을 물질적인 측면에서 한다. 법제도는 인간이 할 수 있는 최선의 변신론 Theodizee이다. 그러나 법제도는 형식적인 측면에서는 그 역할을 하지 않는다. 다시 말해 그 역할을 섭리로서, 즉 숙고와 선견을 가지고서 수행하지 않는다. 법제도는 마치 어떤 경우들을 위해 미리 제작되어 그런 경우들이 주어지자마자 저절로 즉 완전히 맹목적으로 작동하는 기계와 같다고 여겨야 한다. 그 기계는 비록 인간의 손으로 제작하고 설치한 것이지만, 제작자가 손을 떼자마자 가시적인 자연과 마찬가지로 자기 고유의 법칙들에 따라 독립적으로 계속 작동한다. 마치 원래부터 자력으로 존재하는 것처럼 말이다. 따라서 법제도는 자연을 닮아갈수록 더 존귀해진다. 그러므로 법이 아니라 법관들의 의지와 폭정이 지배하는 제도의 모습은 법의 신성함에 물든 감정이 대면할 수 있는 가장 비천하고 치욕적인 꼴이다. 폭정은 법의 자연적 과정에 지속적으로 개입하면서 법을 섭리로서 수행한다.

　　　　그러나 법제도는 외부세계에 존립하는 자유를 위한 필수조건이다. 그러므로 의심의 여지없이 다음은 중요한 문제이다. 어떻게 그런 법제도의 발생을 생각할 수 있을까? 개체의 의지는 법제도의 발생에서 단적으로 무력하며, 자신에 독립적인 무언가를 즉 다른 모든 개체들의 의지를 필연적 보충물로서 전제하는데 말이다.

　　　　다음과 같이 짐작할 수 있다. 이미 법질서의 최초 발생은 우연이 아니라,

일반적으로 발휘된 폭력이 불러일으킨 자연강제에 위임되었다. † 그 폭력이 사
람들을 이끌어 법질서가 발생하도록 만들었다. 법질서는 사람들이 모르는 사이
에 발생했고, 법질서의 최초 결과들은 느닷없이 사람들을 덮쳤다. 더 나아가 다
음을 쉽게 깨달을 수 있다. 어쩔 수 없어서 만든 질서는 자력으로 존속할 수 없
다. 그 이유는 부분적으로, 어쩔 수 없어서 만든 것은 오로지 가장 시급한 필요
만을 위해 만든 것이기 때문이다. 또한 그 이유는 부분적으로 다음과 같다. 제
도의 메커니즘은 자유로운 존재들에 맞서 강제력을 들이대는데, 자유로운 존재
들은 그 제도에서 자신의 이익을 발견하는 한에서만 강제된다. 또 자유와 관련
해서는 선행하는 것이 없기 때문에 자유로운 존재들을 공동의 메커니즘 아래
통일하는 문제는 오직 무한히 많은 시도를 통해서만 해결할 수 있는 문제에 속
한다. 특히 법제도 자체를 움직이는 메커니즘은 법제도의 이념과 현실적 실행
사이의 중간항이며, 법제도 자체와 전혀 별개이다. 그 메커니즘은 문화 수준과
민족성 등의 차이에 따라 매우 다양한 변용을 겪을 수밖에 없다. 그러므로 다음
과 같이 짐작할 수 있다. 처음에 일단 잠정적인 제도가 발생한다. 그 제도는 자
신의 몰락의 싹을 자기 안에 품고 있으며, 근원적으로 이성이 아니라 상황의 강
제를 통해 만들어졌기 때문에 조만간 해소될 것이다. 왜냐하면 백성은 상황의
강제 하에서 몇몇 권리들을 일단 포기하지만 그것들을 영원히 양도할 수는 없
어 조만간 다시 요구할 것이 당연한데, 그러면 제도의 고꾸라짐은 불가피하기
때문이다. 더 나아가 제도가 형식적 측면에서 완전하면 완전할수록 그 고꾸라
짐은 더 확실하다. 왜냐하면 제도가 형식적 측면에서 완전할 경우, 권력은 저
법들을 자유로운 의지로 취소할 수 없을 것이 분명하기 때문이다. 이는 이미 제
도의 내적인 허약함을 증명한다.

　　게다가 설령 어떤 식으로든지 간에 마침내 억압에 기초를 둔 것이 아니
라 (처음에는 제도가 억압에 기초를 두는 것이 필연적이다) 합법적으로 정초된
제도가 발생한다 해도, 경험은 다음을 보여 준다. 물론 경험은 일반 문장을 증

256 [410-411] 명하기에 턱없이 부족하지만, 강력한 논증들도 마찬가지로 다음을 증명한다. †
개별 국가에게 가능한 최선의 제도의 존속조차도 명명백백한 우연에 의존하게 되어 있다.

자연은 자립적인 놈을 결코 세우지 않는다. 다시 말해 서로 독립적인 세 힘들에 기초를 두지 않는 자족적인 체계를 세우지 않는다. 이런 자연을 모범으로 삼아 제도의 합법성을 세 가지 기본적인 국가권력들의 분리와 상호독립에 놓는다고 해보자. 물론 이 분리가 합법적인 제도에 필수적이라는 점은 부정할 수 없다. 그러나 이 분리에 맞서 정당하게 제기되는 반발들은 그 제도〔삼권분립 제도〕의 불완전성을 증명한다. 하지만 그 불완전성은 그 제도 안에 놓일 수 없고, 오히려 제도 바깥에서 찾아져야 한다. 개별 국가가 나머지 국가들에 맞서 안전해야 한다는 점은 행정 권력이 다른 권력들, 특히 국가기계를 억제하는 힘인 입법 권력보다 단호하게 우월한 것을 불가피하게 만든다. 따라서 결국 전체의 존립은 맞선 힘들 간의 질투(이는 너무나도 피상적으로 생각해 낸 안전수단이다)에서 비롯되는 것이 아니라 오로지 최고 권력을 쥔 자들의 좋은 의지에서 비롯된다. 그러나 법을 지탱하고 보호하는 모든 것들은 우연에 의존해서는 안 된다. 하지만 그런 제도의 존립이 좋은 의지에 독립적이게 되는 것 역시 오직 강제를 통해서만 가능할 것이다. 그런데 그 강제의 근거는 제도 자체 속에 놓일 수 없을 것이다. 왜냐하면 그러려면 네 번째 권력이 필수적일 테니까 말이다. 사람들이 그 네 번째 권력의 손에 힘을 쥐어 주어야 할 텐데, 그럴 경우 그 권력은 행정 권력 그 자체일 것이고, 아니면 사람들이 그 네 번째 권력을 무력하게 내버려 둬야 할 텐데, 그럴 경우 그 권력의 작용은 한낱 우연에 의존할 것이다. 또한 최선의 경우, 즉 백성이 그 권력의 편에 설 경우 반란이 불가피할 것이다. 반란은 기계에서 불가능해야 하는 것과 마찬가지로 좋은 제도에서도 불가능해야 한다.

그러므로 이념적으로 완전한 개별 국가제도의 안전한 존립은 개별 국가들을 벗어난 조직 없이는, 즉 서로의 제도를 상호적으로 보장하는 모든 국가들의 연방Föderation 없이는 생각할 수 없다.† 그런데 이런 일반적인 상호 보장은 다시금 다음의 조건들이 갖춰져야 가능하다. 첫째, 참된 법제도의 근본문장들이 일반적으로 확산되어 있어서 모든 개별 국가들이 오직 모든 국가들의 법제도를 유지하는 것에만 관심을 가져야 한다. 둘째, 이 국가들은 다시 하나의 공동 법칙에 종속되어야 한다. 이전에 개체들이 개별 국가를 건설하면서 공동의 법칙에 종속된 것과 마찬가지로 말이다. 그리하여 개별 국가들은 국가들로 이루어진 하나의 국가에 속해야 하며, 백성들 간의 분쟁에 대해서는 모든 문명화된 국가의 구성원들로 이루어진 보편적인 백성들의 아레오파고스 회의 Völkerareopag〔고대 아테네에서 귀족정치 초기에 존재한 평의회로 사법권을 비롯한 여러 권력을 지녔다〕가 존재해야 한다. 그 회의는 반란을 일으킨 모든 개별 국가에 맞서 나머지 모든 국가들의 힘을 사용할 권한을 가져야 한다.

　　그렇게 개별 국가들을 벗어나 펼쳐지는 일반적 법제도는 개별 국가들이 이제껏 서로 간에 형성했던 자연상태로부터 벗어나게 해 준다. 그런데 어떻게 그런 일반적 법제도를 자유를 통하여 실현할 수 있을까? 자유는 국가들 간의 상호관계에서 전혀 거리낌 없고 제한 없이 제 역할을 수행하는데 말이다. 이 질문에 대한 대답은, 자유의 놀이(이 놀이의 진행 전체가 역사이다)를 다시금 맹목적 필연이 지배하지 않는다면 생각할 수 없다. 그 필연은 자유만을 통해서는 결코 불가능했을 어떤 것을 자유에 객관적으로 추가한다.

　　이로써 우리는 논의의 흐름을 따르다 보니 위에서 제기한 질문, 즉 한편으로 자의로 표출되는 한에서의 자유와 다른 한편으로 객관 혹은 법칙성 사이의 동일성의 근거에 대한 질문으로 되이끌렸다. 이제 이 질문은 훨씬 더 높은 의미를 얻었으며, 가장 일반적으로 대답되어야 한다.†

### 해결3

  일반적인 법제도의 발생은 한낱 우연에 맡겨져서는 안 된다. 그럼에도 그 발생은 오직 우리가 역사에서 지각하는, 힘들의 자유로운 놀이에서 비롯된다고 짐작할 수밖에 없다. 따라서 이런 질문이 제기된다. 계획과 목적이 없는 사건들의 열은 역사라는 명칭을 받을 자격이 있는가? 혹시 역사의 <u>개념</u> 속에 이미 자의조차도 복종시키는 필연의 개념이 들어 있는 것이 아닐까?

  여기에서 무엇보다 중요한 것은 우리가 역사의 개념을 확실히 해두는 것이다. ―

  일어나는 모든 일이 일어난다는 이유만으로 역사의 객체인 것은 아니다. 예컨대 자연사건이 역사적 성격을 획득한다면, 그것은 단지 그 사건이 인간의 행동에 끼친 영향 때문이다. 또 알려진 규칙에 따라 일어나는 일, 주기적으로 되풀이되는 일, 다시 말해 무릇 선행적先行的으로 계산할 수 있는 결과는 역사적 객체로 인정받는 일이 훨씬 더 드물다. 진정한 의미의 자연사自然史 Naturgeschichte를 이야기하고자 한다면 자연을 다음과 같이 표상해야 할 것이다. 즉, 겉보기에 자유롭게 생산하는 자연이 마치 자신의 다양성 전체를 하나의 근원적인 원본으로부터 끊임없는 변이들을 통하여 점차 산출하는 것처럼 표상해야 할 것이다. 그렇다면 그 역사는 <u>자연객체들의</u> 역사(자연객체들의 역사는 사실 자연서술이다)가 아니라 산출하는 <u>자연 자체의</u> 역사일 것이다. 그런데 우리는 그런 역사 속에 있는 자연을 어떻게 목격하게 될까? 우리는 자연을, 말하자면 힘들의 동일한 총량 혹은 비율(자연은 이것들을 결코 넘어설 수 없다)을 가지고서 다양한 방식으로 변환하고 운용하는 놈으로 볼 것이다. 따라서 저 산출에서 비록 자유롭지만, 그럼에도 완전히 법칙성이 없지는 않은 놈으로 볼 것이다. 요컨대 한편으로 자연은 겉보기에 자유롭게 생산하는 놈인 덕분에 역사의 객체가 될 것이다. 왜냐하면 우리는 자연의 생산적 활동성의 방향들을 선행적으로 규정할 수 없으니까 말이다. † 물론 그 방향들은 의심의 여지없이 규정된 법칙을 지닐 테지만 말이다. 그러나 다른 한편으로 자연은 자연에게 가용한 힘들의 비율을 통하여 자연에 부여된 한정성과 제한성 덕분에 역사의 객체가 될 것이다. 이로부터 다음이 명백하다. 역사는 절대적 법칙성을 가지고서 존립하는 것도 아니고 절대적 자유를 가지고서 존립하는 것도 아니다. 오히려 역사는, 하나의 이상이 무한히 많은 변이들을 거쳐 실현되어 개별은 이상과 일치하지 않지만 전체는 이상과 일치하는 그런 상황이 있는 곳에 있다.

그런데 더 나아가 그렇게 하나의 이상이 점진적으로 실현되되, 말하자면 이성적 직관이 보기에 오직 그 전진 전체만이 이상에 적합한 그런 상황은 오로지 유類Gattung의 성격을 가진 존재들을 통해서만 일어날 수 있다. 왜냐하면 개체는 개체이기 때문에 이상에 도달할 능력이 없는 반면, 이상은 반드시 규정된 놈이어야 하며 실현되어야 하기 때문이다. 따라서 우리는 역사가 지닌 다음과 같은 새로운 특성에 도달했다. 개별을 통해서는 결코 완성될 수 없고 오직 유를 통해서만 완성될 수 있는 그런 이상을 지닌 놈들에게만 역사가 존재한다. 덧붙여 말하면, 〔그런 놈들의 경우에는〕 모든 각각의 다음 개체는 앞선 개체가 멈춘 바로 그 자리에 뛰어들며, 따라서 잇따르는 개체들 사이에 연속성이 가능하다. 더 나아가 역사의 전진 속에서 실현되어야 할 것이 오직 이성과 자유를 통해 가능한 어떤 것이라면, 잇따르는 개체들 사이에는 전통 혹은 전승이 가능하다.

역사 개념에 대한 이 연역으로부터 다음이 자명하다. 절대적으로 무법칙적인 사건들의 열과 절대적으로 법칙적인 사건들의 열은 둘 다 역사라는 이름을 받을 자격이 없다. 그러므로 다음이 명백하다.

a) 모든 역사에서 생각되는 진보는, 자유로운 활동성을 규정된 활동성으로, 항상 자기회귀하는 행위들의 잇따름으로 한정하는 그런 유형의 법칙성을 허용하지 않는다.

b) 규정된 메커니즘에 따라 일어나는 모든 것 혹은 자신의 이론Theorie

을 선행적으로 가진 모든 것은 결코 역사의 객체가 아니다. 이론과 역사는 서로 완전히 맞선다. †

인간이 무엇을 할지는 어떤 이론에 따라서도 미리 계산할 수 없다. 오직 그러하기 때문에 인간은 역사를 가진다. 그런 한에서 자의는 역사의 여신이다. 신화는 본능의 지배를 벗어나 자유의 영역으로 첫걸음을 내디딤과 함께, 황금시대의 상실 혹은 원죄Sündenfall와 함께, 다시 말해 자의의 최초 표출과 함께 역사가 시작된다고 묘사한다. 철학의 이념에서 역사는 이성의 나라Vernunftreich에 이르러 끝난다. 즉, 법의 황금시대에 이르러, 지상에서 모든 자의는 사라지고 인간은 근원적으로 자연이 인간을 세웠던 그 자리, 역사가 시작될 때 인간이 떠난 그 자리로 돌아갈 때 역사는 끝난다.

c) 절대적으로 법칙 없는 놈, 혹은 목적과 의도가 없는 사건들의 열도 역사라는 이름을 받을 자격이 없다. 오로지 자유와 법칙성의 통일만이, 혹은 결코 완전히 상실되지 않은 이상을 유 전체가 점진적으로 실현하는 과정만이 진정한 의미의 역사를 구성한다.

지금까지 역사의 주요 특성들을 도출했다. 이제 그 특성들에 의거하여 역사의 초월적 가능성을 더 자세히 탐구해야 한다. 이 탐구는 우리를 역사철학으로 이끌 것이다. 실천철학에게 역사는 이론철학에게 자연과 마찬가지다.

1. 역사철학과 관련하여 정당하게 던질 수 있는 첫 번째 질문은 의심의 여지없이 이것이다. 존재하는 모든 것이 각자가 보기에 단지 자기의 의식을 통해 정립된 것이라면, 지나간 역사 전체도 각자가 보기에 오직 자기의 의식을 통해서만 정립될 수 있다. 그렇다면 도대체 어떻게 역사를 생각할 수 있는가? 실제로 우리[저자]도 이렇게 주장한다. 어떤 개체 의식도, 자기와 함께 정립되었으며 자기에게 필연적으로 속한 규정들을 모두 가진 채로 정립되어 있을 수 없다. 그런 한에서 역사 전체는 이미 선행했을 수밖에 없다. 이 점은 제작물과 관련된 여러 예를 통해 매우 쉽게 증명할 수 있다. 요컨대 지나간 역사는 의식의

개체성과 마찬가지로 단지 현상에 속한다. 지나간 역사는 더 이상 존재하지 않지만 그럼에도 각자에게 자기의 개체성 못지않기 실재적이다.† 이 특정 개체성은 이 특성과 이 문화 수준 등을 가진 이 특정 시대를 전제하는데, 그런 시대는 지나간 역사 전체가 없으면 불가능하다. 역사서술Historie은 세계의 현 상태를 설명하는 것 외에 다른 객체를 갖지 않는다. 따라서 역사서술은 현 상태에서 출발하여 지나간 역사를 추론해도 좋을 것이다. 그러므로 어떻게 현 상태로부터 과거 전체를 엄밀한 필연성을 갖추고 도출할 수 있는지 살펴보는 것은 흥미로운 일일 것이다.

　　　그러나 이 설명에 맞서 이런 반론을 제기할 수 있을 것이다. 모든 각각의 개체 의식과 함께 정립되는 것은 지나간 역사가 아니라 단지 지나간 역사의 주요 사건들이며, 그 주요 사건들이 무엇이냐는 오직 어떤 사건들이 현재까지 또 각자의 개체성에까지 영향을 끼쳤는가에 따라 판정할 수밖에 없다. 어떤 개체 의식도 과거 전체와 함께 정립되지 않는다. 그렇다면 우리는 이렇게 대꾸하겠다. 첫째, 각자에게 또한 이 개체에게 역사는 과거가 각자에게 또한 이 개체에게 영향을 끼친 만큼만 존재한다. 둘째, 역사 속에 아무 때건 있었던 일은 실제로 모든 각각의 개체 의식과 관련되어 있거나 관련될 것이다. 다만 단박에 관련되지 않고 무한히 많은 중간항들을 거쳐 관련될 뿐이다. 그러므로 그 중간항들을 밝혀낼 수 있다면, 이 의식이 구성되기 위해서는 과거 전체가 필수적이었다는 점이 분명해질 것이다. 하지만 물론 다음은 확실하다. 모든 각각의 시대에 대다수의 사람들과 수많은 사건들은 진정한 의미의 역사 세계 속에 결코 현존하지 않았다. 왜냐하면 사람 자신이 새로운 미래의 원인이 아닌 한, 그가 단지 이성적인 산물이라는 것, 혹은 단지 과거에 획득된 문화가 후세로 이행할 때 거치는 중간항이라는 것만으로 역사 속의 현존을 획득할 수는 없기 때문이다. 이는 사람이 물리적 원인으로서 물리적 결과를 통하여 불멸하는 것만으로 후세에 기억될 수 없는 것과 마찬가지다.† 그러므로 모든 각각의 개체 의식이 지금까지 계속 작용해 온 만큼만 그 의식과 함께 정립된다. 하지만 역사에 속하는 것, 그리고 역사 속에 있었던 것은 바로 그만큼뿐이다.

이제 역사의 초월적 필연성에 대하여 이야기하자. 역사의 초월적 필연성은 앞에서 이미 다음을 지적함으로써 도출되었다. 이성존재들에게는 보편적 법제도가 문제로서 부과되어 있고, 보편적 법제도는 유 전체를 통하여, 다시 말해 오직 역사를 통하여 실현할 수 있다. 그러므로 우리는 여기에서 다만 다음의 결론을 끌어내는 것으로 만족하려 한다. 역사서술의 유일한 참 객체는 세계시민적 제도의 점진적 발생일 수밖에 없다. 왜냐하면 바로 이 제도가 역사의 유일한 근거이기 때문이다. 보편적이지 않은 다른 모든 역사는 단지 실용적일 수밖에 없다. 다시 말해 이미 옛사람들에 의해 제시된 개념에 따라 특정한 경험적 목적을 향할 수밖에 없다. 또한 실용적 보편역사는 내적으로 모순된 개념이다. 통상적으로 역사서술에 포함되는 다른 모든 것들, 예컨대 기술과 학문 등의 진행은 진정한 의미의 역사서술에 속하지 않거나, 역사서술 속에서 단지 자료Dokument나 중간항의 역할을 한다. 왜냐하면 기술과 학문에서의 발견도, 주로 서로를 해치는 수단을 향상하고 다양화하며 과거에 알려지지 않았던 수많은 해악을 불러옴으로써, 일반적인 법제도의 건설을 향한 인류의 진보를 채찍질하는 구실을 하기 때문이다.

2. 역사의 개념 속에 무한 전진의 개념이 들어 있다는 점은 앞에서 충분히 증명되었다. 그러나 이로부터 인류의 무한 완성가능성Perfektibilität에 대한 결론을 단박에 도출할 수는 당연히 없다. 왜냐하면 인류의 무한 완성가능성을 부정하는 이들은, 인간이 동물과 마찬가지로 역사를 갖지 않으며 오히려 행위들의 영원한 순환고리Zirkel에 갇혀 † 마치 익시온Ixion[헤라를 범하려다 제우스의 노염을 산 테살리아의 왕]이 수레바퀴를 돌듯 끝없이 움직이며, 끊임없이 진동하고 때때로 외견상 그 곡선을 벗어나기도 하지만 항상 다시 출발점으로 되돌아온다고 주장할 수 있을 테니까 말이다. 이 질문[인류의 무한 완성가능성에

대한 질문]에 대해서는 현명한 결론을 기대하기 어렵다. 왜냐하면 긍정으로 대답하는 이들이나 부정으로 대답하는 이들이나 진보의 척도와 관련하여 심각한 혼란에 빠져 있기 때문이다. 어떤 이들은 인류의 도덕적 진보를 염두에 둔다. 물론 우리는 이 진보에 대한 척도를 갖기를 바랄 것이다. 다른 이들은 기술과 학문의 진보를 염두에 둔다. 그러나 역사서술적 (실천적) 관점에서 보면, 이 진보는 오히려 퇴보이거나 적어도 반역사서술적 진보이다. 이에 대한 증거로 우리는 역사 자체를, 그리고 역사서술적 의미에서 고전적인 민족들(예컨대 로마인)의 예와 그에 대한 평가를 제시할 수 있다. 그런데 역사의 유일한 객체가 법제도의 점진적 실현이라면, 인류 진보의 역사서술적 척도로 우리에게 남는 것은 오직 그 목표를 향한 점진적 접근뿐이다. 그러나 보편적 법제도의 궁극적인 건설은 지금까지 얻은 경험으로부터 증명할 수도 없고, 이론적으로 미리 앞서서 증명할 수도 없다. 오히려 그 목표는 다만 작용하고 행위하는 인간의 영원한 신조信條일 것이다.

    3. 이제 역사의 중심 특성으로, 즉 역사가 자유와 필연의 통일을 표현하며 오직 이 통일을 통하여 가능하다는 점으로 넘어가자.

      우리는 행위에서 자유와 법칙성의 통일이 필연적이라는 점을 전혀 다른 측면에서, 그러니까 단지 역사의 개념으로부터 이미 연역한 바 있다.

      일반적 법제도는 자유의 조건이다. 왜냐하면 일반적 법제도가 없으면 자유에게는 보증이 없기 때문이다. 자유는 일반적인 자연질서를 통하여 보장되지 않으므로 단지 아슬아슬하게만 현존하며, 현재 우리의 국가들 대부분에서 보듯이 고작 기생식물이다. † 자유는 어떤 필연적인 비일관성으로 인해 일반적으로 관용되고 있으나, 개별자는 결코 자신의 자유를 확신하지 못한다. 마땅히 이래서는 안 된다. 자유는 특전이거나, 마치 금단의 열매처럼만 즐겨도 되는 재화가 아니어야 한다. 자유는 자연 못지않게 공개적이고 불변적인 질서를 통해 보장되어야 한다.

그런데 이 질서는 오직 자유를 통하여 실현될 수 있으며, 이 질서의 건설은 오로지 유일하게 자유에게 맡겨진 과제이다. 이는 모순이다. 외적인 자유의 첫 번째 조건인 놈이 자유 자체와 마찬가지로 필수적인데, 그럼에도 그놈은 오직 자유를 통하여 실현할 수 있다. 즉 그놈의 발생은 우연에 맡겨져 있다. 이 모순을 어떻게 통일할 수 있을까?

오직 다음을 통하여 통일할 수 있다. 자유 자체 속에 필연이 있어야 한다. 그런데 그런 [자유와 필연의] 통일을 과연 어떻게 생각할 수 있을까?

이 대목에서 우리는 초월철학의 최고 문제에 맞닥뜨린다. 그 문제는 앞에서(해결2에서) 이미 제기되었지만 해결되지 않았다.

자유는 필연이어야 마땅하고, 필연은 자유여야 마땅하다. 그런데 자유에 맞선 필연은 다름 아니라 의식 없음das Bewußtlose이다. 나 안에 의식 없이 있는 놈은 비자의적이다. 반면에 의식을 동반한 놈은 나의 의지를 통하여 나 안에 있다.

따라서 자유 속에 다시 필연이 있어야 한다 함은 이런 뜻이다. 자유 자체를 통하여, 또한 나가 자유롭게 행위한다고 믿을 때, 무의식적으로, 즉 나의 기여 없이, 나가 의도하지 않은 놈이 발생해야 한다. 혹은 달리 표현하자면 이런 뜻이다. 우리가 앞에서 도출한 의식 있는 활동성 즉 자유롭게 규정하는 활동성에 무의식적 활동성이 맞서야 하고, 그 무의식적 활동성을 통하여 자유의 한정 없는 표출에 아랑곳없이 완전히 비자의적으로, 어쩌면 심지어 행위자의 의지에 반하여, 행위자 자신은 자기의 의지를 통하여 결코 실현할 수 없을 그런 무언가가 발생해야 한다. 이 문장은 매우 역설적이게 보일 수도 있겠다. † 하지만 이 문장은 다름 아니라 일반적으로 받아들여지고 전제되는 자유와 숨은 필연 사이의 관계를 초월철학적으로 표현한 것일 뿐이다. 그 숨은 필연은 때로는 운명으로, 때로는 섭리로 불리지만, 두 명칭 모두 명확한 생각을 동반하지 않은 것 같다. 자유와 숨은 필연 사이의 관계 때문에 사람들은 자신의 자유로운 행위 자체를 통하여, 그러나 자기의 의지를 거슬러, 자기가 결코 의지하지 않은 무언가의 원인이 될 수밖에 없다. 혹은 거꾸로 그 관계 때문에 자기가 자유를 통하여 또한 자기의 온 힘을 다하여 의지한 무언가를 놓치거나 망치게 될 수밖에 없다.

비극적 예술은 그런 숨은 필연이 인간의 자유에 개입하는 것을 전제한다. 비극적 예술의 존재 전체가 그 전제에서 비롯된다. 뿐만 아니라 작용하기와 행위하기도 저 개입을 전제한다. 이 전제가 없으면, 인간은 옳은 것을 의지할 수 없을 것이며, 결과를 염려함 없이 의무가 명하는 대로 행위할 용기가 인간의 마음을 고무할 수 없을 것이다. 사람이 속한 유〔인류〕가 결코 진보를 멈출 수 없다는 확신이 없으면 어떤 희생도 불가능한데, 만일 그 확신이 오로지 유일하게 자유를 기반으로 삼는다면 도대체 그런 확신이 어떻게 가능하겠는가? 인간의 자유보다 더 높은 무언가가 있어야 하고, 작용하고 행위할 때 신뢰할 수 있는 것은 오로지 그 무언가뿐이다. 그 무언가가 없다면, 사람은 큰 결과를 초래하는 행위를 결코 감행할 수 없을 것이다. 왜냐하면 결과들에 대한 가장 완벽한 계산도 낯선 자유의 개입을 통하여 심하게 교란되어 사람의 행위로부터 자기가 의도한 바와 전혀 다른 결과가 나올 수 있기 때문이다. 의무 자체는 나에게 나의 행위의 결과와 관련하여 평정심을 유지하라는 것까지 명령할 수는 없다. 나의 행위는 비록 나에 즉 나의 자유에 의존하지만, 나의 행위의 결과들 혹은 그것들이 인류 전체에 대하여 가질 효과는 나의 자유가 아니라 무언가 전혀 다르며 훨씬 더 높은 놈에 의존해야 한다. 〔그래야만 나는 평정심을 유지할 수 있다.〕

그러므로 다음은 자유를 위해서도 필연적인 전제이다. 인간은 행위 자체와 관련해서는 자유롭지만,† 자기 행위의 최종 결과와 관련해서는, 인간 위에 있으며 인간의 자유의 놀이에조차 손을 대는 필연에 의존한다. 그런데 이 전제는 초월철학적으로 설명되어야 한다. 이 전제를 섭리나 운명에 입각하여 설명하는 것은 아예 설명하지 않는 것과 같다. 왜냐하면 섭리나 운명이 바로 설명되어야 할 당사자이기 때문이다. 우리는 섭리를 의심하지 않는다. 또한 섭리의〔섭리에서 나온〕운명이라 불리는 것도 의심하지 않는다. 왜냐하면 우리는 우리 자신의 행위하기에서, 우리 자신의 계획이 이루어지고 실패로 돌아가는 것에서 운명의 개입을 느끼기 때문이다. 그러나 이 운명이란 과연 무엇일까?

초월철학적 표현으로 환원하면, 문제는 이것이다. 우리가 완전히 자유롭게 즉 의식을 가지고 행위할 때, 어떻게 우리가 결코 의도하지 않은 무언가가, 전권을 쥔 자유를 통해서는 결코 생겨나지 않을 무언가가 우리에게 발생할 수 있는가?

나에게 의도 없이 발생하는 것은 마치 객관세계처럼 발생한다. 사실 나의 자유로운 행위를 통해서 객관적인 놈, 제2의 자연, 법질서도 나에게 발생해야 한다. 그러나 자유로운 행위를 통해서는 나에게 어떤 객관적인 놈도 발생할 수 없다. 왜냐하면 모든 객관적인 놈은 의식 없이 발생하기 때문이다. 그렇다면 어떻게 저 제2의 객관이 자유로운 행위를 통해 발생할 수 있는가는, 의식적 활동성에 어떤 무의식적 활동성이 맞서지 않는다면 파악 불가능할 것이다.

그런데 나에게 무의식적으로 객관이 발생하는 것은 오직 직관할 때뿐이다. 그러므로 저 문장〔자유로운 행위를 통해 의식 없이 객관이 발생한다〕은 이런 뜻이다. 나의 자유로운 행위 속에 있는 객관적인 놈은 실은 직관이어야 한다. 이로써 우리는 더 앞에서 나왔으며 부분적으로 이미 해명되었으나 여기에서 비로소 완전하게 밝혀질 수 있는 한 문장으로 되돌아간다.

다시 말해 행위 속의 객관은 여기에서 지금까지와는 전혀 다른 의미를 얻는다. 즉, 나의 모든 행위는 최종목적으로 무언가를 향하는데, 그 무언가는 개체를 통해서가 아니라 오직 <u>유 전체를 통해서</u> 실현될 수 있다. 적어도 나의 모든 행위는 그 무언가를 향해야 마땅하다. 그러므로 나의 행위의 성공 여부는 나에게 달려 있는 것이 아니라 다른 모든 사람들의 의지에 달려 있으며, † 모든 사람들이 동일한 목적을 의지하지 않는다면 나는 그 목적에 아무것도 기여할 수 없다. 그러나 모든 사람들이 동일한 목적을 의지한다는 것은 의심스럽고 불확실하며 심지어 불가능하다. 대다수의 사람들은 저 목적을 생각하지조차 않으니까 말이다. 그렇다면 어떻게 이 불확실성을 벗어날 수 있을까? 어떤 이[예컨대 피히테]는 이 대목에서 자신이 단박에 도덕적 세계질서로 이끌린다고 믿으면서 그런 질서를 저 목적에 도달하기 위한 조건으로서 요청할 것이다. 그러나 이 도덕적 세계질서를 객관적인 놈으로서, 단적으로 자유에 독립적으로 현존하는 놈으로서 생각할 수 있다는 것을 어떻게 증명할 것인가? 우리가 도덕적 세계질서에 일단 도달하고나면, 그런 질서가 현존한다고 달할 수 있다. 그러나 도대체 어디에서 도덕적 세계질서가 도달되었는가? 모든 이성들이 매개적으로 또는 단박에 다름 아니라 바로 도덕적 세계질서를 의지한다면, 그 질서는 모든 이성들의 공동 결과이다. 그러나 만일 그렇지 않다면, 그 질서는 현존하지 않는다. 물론 모든 각각의 이성은 신의 한 부분으로, 혹은 도덕적 세계질서의 한 부분으로 간주될 수 있다. 모든 각각의 이성존재는 자기에게 이렇게 말할 수 있다. 법의 실현과 옳음의 수행은 나의 작용범위 안에서 나에게도 맡겨졌으며, 도덕적 세계질서의 한 부분은 나에게도 위임되었다. 하지만 다수 앞에서 나는 무엇인가? 저 질서는 다른 모든 사람들이 나와 똑같이 생각하는 한에서만, 옳음이 다스리게 만드는 신적인 권리를 모든 각자가 행사하는 한에서만 현존한다.

그러므로 이런 선택지가 결론이 나온다. 한편으로, 나는 <u>도덕적</u> 세계질서에 호소한다. 따라서 나는 그 질서를 절대적으로 객관적인 놈으로 생각할 수 없다. 또는 다른 한편으로, 나는 단적으로 <u>자유에</u> 독립적으로 최고 목적을 위하여 행위들의 결과를 확실히 하고 말하자면 보장하는 그런 단적으로 객관적인 무언가를 요구한다. 그런데 의지하기 속의 유일한 객관은 <u>의식 없는 놈</u>이므로, 나는 내가 어떤 의식 없는 놈으로 이끌리고, 그놈을 통하여 모든 행위의 외적인 결과가 확실하게 되어야 한다고 여긴다.

자의적인 행위, 즉 전적으로 법칙 없는 행위를 다시 의식 없는 법칙성이 지배할 경우에만, 나는 모든 행위들이 결국 하나의 공동 목적으로 통일되는 것

268 [429-431] 을 생각할 수 있다. 그런데 법칙성은 오직 직관 속에만 있다.† 따라서 우리에게 자유로운 행위로 나타나는 놈이 객관적으로 즉 그 자체로 고찰할 때 직관이 아니라면 저 법칙성은 불가능하다.

그런데 지금 논의되는 것은 개체의 행위가 아니라 유 전체의 행위이다. 우리에게 발생해야 하는 저 제2의 자연은 오직 유를 통해서만, 즉 역사 속에서만 실현될 수 있다. 그러나 객관적으로 볼 때 역사는 그저 사건들의 열일 따름이고, 그 열은 주관적으로만 자유로운 행위들의 열로 나타난다. 따라서 역사 속의 객관은 물론 직관이지만, 개체의 직관은 아니다. 왜냐하면 역사 속에서 행위하는 것은 개체가 아니라 유이기 때문이다. 따라서 역사 속에서 직관하는 놈 혹은 객관적인 놈은 유 전체에게 한 놈이어야 한다.

하지만 모든 이성 속에서 객관은 동일하다 할지라도, 모든 각각의 개체는 절대적으로 자유롭게 행위한다. 따라서 별개인 이성존재들의 행위는 필연적으로 일치하지 않을 것이며, 오히려 개체가 자유로울수록 전체에 더 많은 모순이 존재할 것이다. 단, 만일 저 객관, 모든 이성들에게 공통적인 놈이 절대적 종합이고, 그 안에서 모든 모순들이 애초에 해결되고 거둬진다면 이야기가 다르겠지만 말이다. ─ 모든 각각의 자유로운 놈이 마치 자기 바깥에 아무도 없는 것처럼 자기 혼자서 하는 전적으로 법칙 없는 자유의 놀이로부터(이를 항상 규칙으로 받아들여야 한다) 결국 이성적이고 조화로운 무언가가 나온다는 점을 나는 모든 각각의 행위에서 전제하도록 강요받는다. 그런데 그 점은 다음과 같지 않다면 파악할 수 없다. 즉, 모든 행위 속의 객관이 공통적인 놈이고 그놈을 통해 인류의 모든 행위가 <u>하나의</u> 조화로운 목표로 인도되어, 사람들이 어떤 짓을 하든 어떻게 제 멋대로 방치되든 간에 그들의 의지에 무관하게 또한 심지어 의지를 거슬러, 숨은 필연이 애초에 규정한 대로 그들의 행위가, 법칙이 없으면 없을수록 더욱 확실하게 그 법칙 없음을 통해, 그들로서는 의도하지 않은 방향

269 [431-432] 으로 연극이 전개되도록 만들지 않는다면 말이다.† 또 그 숨은 필연은 모든 행

위들의 절대적 종합을 통해서만 생각 가능하다. 일어나는 모든 일과 역사 전체는 그 절대적 종합으로부터 전개되며, 모든 일은 아무리 모순적이고 조화롭지 않게 나타난다 하더라도 절대적 종합 속에서 통일의 근거를 갖도록 애초에 저울질되고 계산된다. 그런데 이 절대적 종합은 절대적인 놈 속에 정립되어야 하고, 그 절대적인 놈은 모든 자유로운 행위 속에서 직관하는 놈이며 영원히 일반적으로 객관인 놈이다.

  그리하여 이 모든 생각은 우리를, 모든 행위의 최종 결과를 확실히 하며 모든 개체들이 자유의 기여 없이 유 전체의 최고 목적을 향하도록 만드는 자연 메커니즘으로 이끈다. 왜냐하면 모든 이성들에게 영원하며 유일하게 객관적인 놈은 직관하기의 법칙성, 혹은 자연의 법칙성이기 때문이다. 이 법칙성은 의지하기 속에서 이성에 단적으로 독립적인 놈이 된다. 그러나 이렇게 모든 이성들에게 객관적인 놈이 통일되어 있다는 점은 나에게 단지 역사 전체가 <u>직관에게</u>〔직관이 보기에〕절대적 종합을 통하여 예정되어 있다는 것만(역사는 절대적 종합이 다양한 열들로 전개된 것일 따름이다) 설명해 줄 뿐, 어떻게 이 같은 모든 행위들의 객관적 예정과 행위의 자유가 조화를 이루는지 설명해 주지 않는다. 그러므로 저 통일〔모든 이성들에게 객관적인 놈의 통일〕은 우리에게 단지 역사 개념 속의 한 규정인 <u>법칙성</u>만 설명해 준다. 이제 명확해졌듯이, 그 법칙성은 단지 행위 속의 객관과 관련해서만 성립한다(객관은 실제로 자연에 속하므로 자연과 마찬가지로 <u>법칙적이어야 한다</u>. 따라서 이 같은 행위의 객관적 법칙성을 자유를 통해 산출하려는 것은 부질없는 일이다. 그 법칙성은 완전히 기계적으로, 말하자면 저절로 산출되니까 말이다). 그러나 저 통일은 다른 규정, 즉 무법칙성 곧 자유와 법칙성의 공존을 설명하지 않는다. 다시 말해 우리는 전적으로 자유에 독립적으로 자기 고유의 법칙성을 통해 산출할 것을 산출하는 저 <u>객관과 자유롭게 규정하는 놈</u> 사이의 조화가 무엇을 통하여 이루어지는지 아직 모른다.†

현 단계의 반성에서 다음의 둘이 서로 맞은편에 발생한다. ― 한편으로 이성 자체(절대적 객관, 모든 이성들에게 공통된 놈)가 발생하며, 다른 한편으로 자유롭게 규정하는 놈, 즉 단적인 주관이 발생한다. 역사의 객관적 법칙성은 이성 자체를 통하여 단번에 최종적으로 예정된다. 그러나 객관과 자유롭게 규정하는 놈은 서로 완전히 독립적이며 각각 오직 자기에게만 의존한다. ― 그렇다면 객관적 예정, 그리고 자유를 통해 가능한 무한이 서로를 소진한다는 것, 따라서 저 객관이 현실적으로 모든 자유로운 행위 전체에게 절대적 종합이라는 것을 나는 어떻게 확신할까? 자유는 절대적이고 객관을 통해 전혀 규정될 수 없는데도 자유와 객관의 지속적 일치는 무엇을 통해 확보될까? 만일 객관이 항상 규정되는 놈이라면, 무엇을 통하여 객관은 자유 자체 속에 놓일 수 없는 놈 즉 법칙성을 오직 자의로 표출되는 자유에 객관적으로 추가하도록 규정될까? 이와 같은 객관(법칙성)과 규정하는 놈(자유) 사이의 예정조화는 이 둘 위에 있는 더 높은 무언가를 통해서만 생각 가능하다. 따라서 그 무언가는 이성도 아니고 자유롭지도 않으며 오히려 이성적인 놈과 자유로운 놈의 공동 원천일 것이다.

그런데 그 더 높은 무언가는 다름 아니라 절대적 주관과 절대적 객관 사이의, 의식 있는 놈과 의식 없는 놈 사이의 동일성의 근거이다. 자유로운 행위에서 주관과 객관은 나타남을 위하여 분리된다. 따라서 그 더 높은 놈 자체는 주관일 수도 없고 객관일 수도 없으며, 또한 주관인 동시에 객관일 수도 없고, 오히려 절대적 동일성absolute Identität일 수밖에 없다. 절대적 동일성 속에는 어떤 이중성도 없다. 그런데 모든 의식됨의 조건은 이중성이므로, 절대적 동일성은 결코 의식에 도달할 수 없다. 이 영원히 의식되지 않는 놈, 마치 정신들의 나라에 빛나는 영원한 태양처럼 † 자기 자신의 청명淸明한 빛으로 자기를 숨기는 놈, 자신은 결코 객체가 되지 않지만 모든 자유로운 행위에 자신의 동일성을 도장 찍는 놈은 모든 이성들에게 동일하다. 그놈은 보이지 않는 뿌리이며, 모든 이성들은 그 뿌리의 역량들이다. 또한 그놈은 우리 속에서 자기를 규정하는 주관과, 객관 혹은 직관하는 놈을 영원히 매개하는 놈이며 자유 속 법칙성과 객관의 법칙성 속 자유의 근거이다.

그런데 다음을 쉽게 통찰할 수 있다. 이미 의식의 첫 번째 활동에서 분리되는(이 분리를 통해 유한의 체계 전체가 산출된다) 저 절대–동일〔절대적 동일성〕das Absolut-Identische에 대해서는 도무지 어떤 술어도 있을 수 없다. 왜냐하면 절대–동일은 절대–단순das Absolut-Einfache이고, 이성적인 놈이나 자유로운 놈에서 끌어낼 수 있을 만한 어떤 술어도 아니기 때문이다. 따라서 절대–동일은 결코 앎의 객체일 수 없고, 오로지 행위에서 영원한 전제하기의 객체, 즉 믿음의 객체일 수만 있다.

그런데 저 절대das Absolute〔절대–동일〕는 개체의 자유로운 행위에서 객관과 주관 사이의 조화에 대한 진정한 근거일 뿐 아니라 유 전체의 행위에서도 그러하므로, 우리는 이 영원하고 변함없는 동일성의 흔적을 역사 속에서 미지의 손이 짜는 직물로서, 자유로운 자의의 놀이를 두루 꿰뚫는 법칙성에서 가장 쉽게 발견할 것이다.

그런데 우리의 반성을 오로지 모든 행위 속에 있는 의식 없는 놈 혹은 객관으로 돌리면, 우리는 모든 자유로운 행위들을(따라서 역사 전체도) 단적으로 예정된 것으로 간주해야 한다. 이때 그 예정은 의식 있는 앞선 결정을 통해서가 아니라 전적으로 맹목적인 앞선 결정을 통하여 이루어지며, 그 앞선 결정은 운명이라는 불명료한 개념을 통해 표현된다. 이것이 숙명론Fatalismus의 체계이다. 반면에 반성을 주관으로, 자의적으로 규정하는 놈으로 돌리면, 우리에게 절대적 무법칙성의 체계가 발생한다. 그것은 진정한 의미의 비非종교Irreligion와 무신론의 체계이며, 모든 실행과 행위에 법칙과 필연성이 없다는 주장이다. 그러나 이성적인 놈과 자유 사이 조화의 공통 근거인 저 절대에 이르기까지 반성이 상승하면,† 우리에게 섭리의 체계, 즉 유일하게 참된 의미의 종교가 발생한다. 272 [435-437]

그런데 도처에서 오직 자기만을 드러낼 수 있는 저 절대가 역사 속에서 현실적으로 완전하게 자기를 드러냈다면, 혹은 언젠가 드러낸다면, 자유의 나타남은 파멸을 맞을 것이다. 이 완전한 드러남은 자유로운 행위가 예정과 완벽하게 일치할 때 일어날 것이다. 그러나 언젠가 그런 일치가 존재한다면, 다시 말해 절대적 종합이 언젠가 완전하게 전개된다면, 우리는 역사의 진행 속에서 자유를 통해 일어난 모든 일이 이 전체 속에서 법칙적이었으며 모든 행위들은 비록 자유로운 것처럼 보였지만 실은 바로 이 전체를 산출하기 위해 필연적이었음을 통찰하게 될 것이다. 그러나 의식 있는 활동성과 의식 없는 활동성 사이의 맞섬은 필연적으로 무한한 맞섬이다. 만일 그 맞섬이 언젠가 거둬진다면, 오로지 유일하게 그 맞섬에서 비롯되는 자유의 나타남도 거둬질 것이다. 그러므로 우리는 절대적 종합이(경험적인 용어로 표현하자면, 섭리의 계획이) 완전히 전개되는 때를 생각할 수 없다.

우리가 역사를 하나의 연극Schauspiel으로 생각하고, 그 연극에 참여하는 모든 각자가 완전히 자유롭게 자기 생각대로 제 역할을 한다고 생각한다면, 이 혼란스러운 연극의 이성적 전개는 오직 다음을 통해서만 생각할 수 있다. 즉, 모든 사람 안에서 시를 쓰는 하나의 정신이 있어야 하며, 개별 배우들은 그 시인의 한낱 파편들일 뿐이어야 하고, 그 시인은 결국 무언가 이성적인 것이 현실적으로 산출되도록 전체의 객관적 결과를 모든 개인들의 자유로운 놀이와 조화를 이루도록 미리 정립해야 한다. 그런데 만약 그 시인이 자신의 드라마에 독립적이라면, 우리는 단지 그 시인이 지은 바를 실행하는 배우들에 불과할 것이다. 반면에 그 시인이 우리에 독립적이지 않고 오히려 자기를 드러내며 오직 우리의 자유의 놀이를 통해 점진적으로 자기를 공개한다면, 그리하여 이 자유가 없으면 그 시인 역시 없을지도 모른다면, 우리는 전체를 함께 짓는 공동 시인들이며, 우리가 하는 특수한 역할들을 스스로 고안한 자들이다. † ― 그러므로 자유와 객관(법칙성) 사이 조화의 최후 근거는, 자유의 나타남이 존립하려면,

결코 완전하게 객관적으로 될 수 없다. — 절대das Absolute는 저 개별 이성을 통하여 행위한다. 다시 말해 개별 이성의 행위는, 자유롭지도 않고 부자유롭지도 않으며 오히려 자유로운 동시에 부자유로운 한에서, 즉 <u>절대-자유롭</u>고 바로 그렇기 때문에 또한 필연적인 한에서, <u>그 자체로</u> 절대적이다. 그러나 이성이 절대적 상태, 즉 아무 구분도 없는 일반적 동일성의 바깥으로 나와 자기를 의식하면(자기를 구분하면) (이 일은 이성의 행위가 객관적으로 됨을 통하여, 객관세계로 이행함을 통하여 일어난다) 이성의 행위 속에서 자유와 필연이 분리된다. 그러면 이성의 행위는 오직 내적인 현상으로서만 자유롭고, 따라서 우리도 그러하다. 우리의 자유의 나타남 혹은 우리의 자유는 객관세계로 이행하는 한에서 다른 모든 사건들과 마찬가지로 자연법칙에 종속됨에도 불구하고, 우리는 여전히 우리가 내적으로 자유롭다고 믿는다.

지금까지의 논으로부터 어떤 역사관이 유일하게 참된가에 대한 대답이 저절로 나온다. 전체로서의 역사는 진행하며 점차 자기를 공개하는 절대의 드러남이다. 그러므로 섭리의 흔적 혹은 신 자체가 눈에 띄는 개별 자리를 역사 속에서 지적하는 것은 결코 불가능하다. 왜냐하면 만일 존재가 객관세계 속에 자기를 펼쳐 놓는 놈이라면, 신은 결단코 존재하지 않기 때문이다. <u>만일 신이 존재한다면, 우리는 존재하지 않을 것이다</u>. 그러나 신은 지속적으로 자기를 <u>드러낸다</u>offenbart. 인간은 자신의 역사를 통해 신의 현존재를 점진적으로 증명한다. 그 증명은 <u>오직</u> 역사 전체를 통해서만 완성될 수 있다. 무엇보다 중요한 것은 저 선택지들을 깨닫는 것이다. 신이 존재한다면, 즉 객관세계가 신의 완전한 표현이라면, 다시 말해 객관세계가 자유와 의식 없음의 완전한 일치의 표현이라면, 존재할 수 있는 것은 오직 그 일치뿐이다. 그러나 객관세계는 그 일치가 아니다. 아니, 혹시 객관세계는 현실적으로 신의 완전한 드러남일까? — 만일 자유의 나타남이 필연적으로 무한하다면, 절대적 종합의 완전한 전개도 무한하며, 역사는 저 절대의 영원히 완결되지 않는 드러남이다. 절대는 의식을 위하여, † 따라서 나타남을 위하여, 의식 있음과 의식 없음으로, 자유로운 놈과 직관하는 놈으로 분리되지만, 절대가 깃든 접근 불가능한 빛 속에서 절대 자체는 자유로운 놈과 직관하는 놈 사이의 영원한 동일성이요 그 둘의 조화의 영원한 근거다.

저 드러남의 세 기期를, 따라서 역사의 세 기를 상정할 수 있다. 구분의 기준은 서로 맞선 두 놈인 운명과 섭리이다. 그리고 자연은 그 둘 사이에서 하나의 다른 하나로의 이행을 일으킨다.

1기는 아직 운명이 지배하는 시기이다. 운명은 완전히 맹목적인 힘으로서 무의식적이며 냉혹하게 가장 위대한 것과 훌륭한 것조차도 파괴한다. 비극적 시기라고 부를 수 있는 이 역사의 시기에 고대세계의 경이로움과 찬란함이 몰락했고, 기억조차 거의 남지 않았으며 오직 유적에 입각해서만 그 위대함을 추론할 수 있는 저 큰 나라들이 무너졌으며, 가장 고귀한 인간성이 몰락했다. 그 인간성은 이제껏 만개한 것 가운데 가장 고귀하며, 그 인간성이 지상에 다시 출현하는 것은 영원한 바람일 뿐이다.

역사의 2기는 1기에 운명으로서, 즉 완전히 맹목적인 힘으로서 나타난 놈이 자기를 자연으로서 현시하고, 1기를 지배한 어두운 법칙이 적어도 공개적인 자연법칙으로 탈바꿈하여 나타나 자유와 전혀 거리낌 없는 자의를 자연계획에 봉사하도록 강제하고, 따라서 역사 속에 적어도 기계적 법칙성이 점차 도입되는 시기이다. 이 시기는 위대한 로마 공화국의 확장에서부터 시작된 것으로 보인다. 그때부터 전혀 거리낌 없는 자의가 일반적 정복욕과 지배욕으로 표출되면서 처음으로 민족들을 일반적으로 결합했고, 그때까지 단지 개별 민족들에 분리되어 보존된 풍습과 법과 예술과 학문이 서로 접촉했으며, 민족들은 심지어 그들의 의지에 반하여 자연계획에 봉사하게 되었다. 그 자연계획은 완전히 전개될 때 일반적인 민족연합과 보편 국가를 산출하게 되어 있다.† 그러므로 이 시기에 일어난 모든 사건들은 한낱 자연사건으로 간주할 수 있다. 로마 제국의 몰락은 비극적 측면이나 도덕적 측면을 갖지 않으며, 오히려 자연법칙에 따라 필연적이었으며, 진정한 의미에서 오로지 자연에 바쳐진 공물이었다.

역사의 3기는 앞선 시기에 운명과 자연으로 나타난 놈이 섭리로서 전개되고, 한낱 운명이나 자연의 작용으로 보였던 것이 이미 불완전한 방식으로 자기를 드러내는 섭리의 시초였음이 명백해지는 시기일 것이다.

우리는 언제 이 시기가 시작될지 말할 수 없다. 그러나 이 시기가 오면, 신도 있게 될 것이다.

F. 과제: 어떻게 나가 주관과 객관 사이의 근원적 조화를 의식할 수 있는지 설명하라

### 해결1

1. 모든 행위하기는 오로지 자유와 필연의 근원적 통일을 통해서만 파악할 수 있다.¹* 이에 대한 증명은 이러하다. 모든 각각의 행위하기는, 개체의 행위하기이건 유 전체의 행위하기이건 간에, 행위하기로서는 자유롭다고 생각되어야 하지만, 객관적 결과로서는 자연법칙 아래에 있다고 생각되어야 한다. 그러므로 주관적으로, 내적 현상으로 볼 때 우리는 행위하지만, 객관적으로 우리는 결코 행위하지 않는다. 오히려 말하자면 다른 놈이 우리를 통해 행위한다.

2. 그런데 나를 통해 행위하는 이 객관적인 놈은 다시 나²*여야 한다. 그런데 나는 단지 의식 있는 놈인 반면, 저 다른 놈은 의식 없는 놈이다. 따라서 나의 행위 속에 있는 의식 없는 놈은 의식 있는 놈과 동일해야 한다. † 그런데 이

---

1* 모든 행위의 절대적 전제는 자유와 필연의 근원적 통일이다[번호와 *가 붙은 각주들은 셸링의 자필원고(이하 필사본)에 있는 수정이나 보완 사항이며 원서의 편집자들이 삽입한 것이다].

2* 자유로운 놈.

동일성은 자유로운 행위 자체에서는 입증되지 않는다. 왜냐하면 그 동일성은 자유로운 행위를 위하여(저 객관의 객관되기 때문에)[3*]거둬지기 때문이다. 따라서 저 동일성은 이 객관되기의 저편에서[4*] 입증되어야 할 것이다. 그러나 자유로운 행위하기에서 우리에 독립적이게 되고 객관이 되는 놈은 현상의 이편에서 직관하기이고, 따라서 저 동일성은 직관하기에서 입증되어야 할 것이다.

그러나 그 동일성은 직관하기에서도 입증되지 않는다. 왜냐하면 직관하기는 단적으로 주관적이어서 도무지 객관적이지 않거나, 아니면[5*] 객관으로 될 경우 그 객관되기를 위하여 직관하기에서 저 동일성이 거둬지기 때문이다. 그러므로 저 동일성은 오직 직관하기의 산물들에서 입증되어야 할 것이다.

저 동일성은 두 번째 서열Ordnung의 객관에서 입증될 수 없다. 왜냐하면 그 객관은 오직 그 동일성의 거둠을 통해서만, 또한 무한한 분리를 통해서만 생겨나기 때문이다. 이 객관은 달리 설명될 수 없고 오로지 자유로운 행위하기에서 나타남을 위하여 분리되는 놈이 근원적으로 조화를 이루도록 정립된 놈이라고 상정함을 통해서만 설명될 수 있다. 그런데 이 동일한 놈은 먼저 나 자신에게 증명되어야 하며, 그놈은 역사의 설명근거이므로 다시금 역사에 입각하여 증명될 수 없다.

그러므로 저 동일성은 오직 첫 번째 서열의 객관에서만 입증될 수 있다.

우리는 객관세계가 이성의 완전히 맹목적인 메커니즘을 통해 발생한다고 설명했다. 그런데 의식을 근본특성으로 지닌 자연에서 그런 메커니즘이 어떻게 가능한지는, 그 메커니즘이 애초에 이미 자유롭고 의식 있는 활동성을 통

---

3* 필사본에는 이 괄호가 삭제되어 있음.
4* 자유로운 행위하기의 저편에서, 나에게 의식 없는 놈이 객관적인 놈으로서 맞은편에 등장하는 그런 지점의 저편에서.
5* 행위하기에서.

해 규정되지 않는다면, 파악하기 어렵다. 또한 어떻게 우리의 목적들이 언젠가 외부세계에서 의식 있고 자유로운 활동성을 통해 실현되는 것이 가능한지 역시,† 세계가 의식 있는 행위하기의 객체이기 이전에 이미 의식 없는 활동성과 의식 있는 활동성의 저 근원적 동일성 때문에 그런 행의하기에 대한 수용성을 가지지 않는다면 파악할 수 없을 것이다.

그런데 모든 의식 있는 활동성은 합목적적이다. 그러므로 의식 있는 활동성과 의식 없는 활동성의 일치는 오직 <u>합목적적으로 산출되지 않았으나 합목적적인</u> 그런 산물에서만 입증될 수 있다. 자연은 그런 산물이어야 한다. 이것은 모든 목적론의 원리이며, 우리에게 주어진 문제에 대한 해결은 오로지 목적론에서 찾을 수 있다.6*

---

6* 그리고 그런 산물인 한에서 자연은 우리에게 다음의 질문에 대한 첫 번째 대답이다. 행위하기의 가능성을 위해 요청된 필연과 자유의 절대적 조화가 어떻게 그리고 무엇을 통하여 다시 우리 자신에게 객관적으로 될 수 있는가 하는 질문에 대한 대답 말이다.

# 5부
# 초월적 관념론의 근본문장들에 따른 목적론의 주요 문장들

†  278 [445-446]

　　자유의 나타남은, 단지 나타남을 위하여 의식 있는 활동성과 의식 없는 활동성으로 분리된 <u>하나의 동일한 활동성을 통해서만</u>⁷* 파악 가능하다. 이 점이 확실한 만큼 확실하게⁸* 자유 없이 산출된 놈으로서 자연은 목적에 맞게 산출되지 않았으나 합목적적인 산물로, 다시 말해 비록 맹목적 메커니즘의 작품이지만 의식을 가지고 산출된 것처럼 보이는 산물로 나타나야 한다.

　　1. <u>자연은⁹* 합목적적인 산물로 나타나야 한다</u>. 이에 대한 초월철학적 증명¹⁰*은 의식 없는 활동성과 의식 있는 활동성의 필연적 조화에 입각하여 이루어진다. 또 경험에 입각한 증명은 초월철학에 걸맞지 않다. 그러므로 우리는 곧바로 다음과 같은 두 번째 문장으로 넘어간다.

　　2. <u>자연은¹¹*생산의 측면에서 합목적적이지 않다</u>. 다시 말해 비록 자연은 합목적적 산물의 모든 특징들을 지녔지만, 그럼에도 그 기원에서 합목적적이지

---

7* 나타남을 위하여 의식 있는 활동성과 의식 없는 활동성으로 분리된 하나의 절대적 조화를 통해서만.

8* 이 분리의 저편에 놓이며 또한.

9* a).

10* 사변적이고 근원적인 증명.

11* b).

않으며, 자연을 합목적적 생산에 입각하여 설명하려는 노력을 통하여 자연의 특징, 그리고 자연을 자연으로 만드는 바로 그놈이 거둬진다. 자연의 고유한 특징은 자연이 그 메커니즘에서, 그 메커니즘은 맹목적일 따름이지만, 또한 합목적적이라는 점에서 비롯된다. 그 메커니즘을 거둔다면, 자연 자체를 거두는 것이다. 예컨대 유기적 자연을 둘러싼 마법 전체, 초월적 관념론의 도움으로 비로소 완전히 꿰뚫을 수 있는 그 마법 전체는, † 자연이 맹목적 자연력들의 산물임에도 불구하고 철두철미하게 합목적적이라는 모순에서 비롯된다. 그런데 목적론적 설명방식은 초월철학의[12*] 근본문장들을 통해 선행적으로 연역되는 바로 이 모순을 거둔다.[13*]

칸트는 이렇게 말한다. 자연의 합목적적 형태들은, 자연의 암호문을 해독하면 우리 속 자유의 나타남을 얻을 것이라는 점을 우리에게 형상적으로 말해 준다. 자연산물 속에는 자유로운 행위에서 나타남을 위하여 분리된 것이 아직 함께 있다. 모든 각각의 식물은 전적으로 그것의 당위대로 존재한다. 식물에서 자유로운 놈은 필연적이고 필연적인 놈은 자유롭다. 인간은 영원한 파편이다. 인간의 행위는 필연적이어서 자유롭지 않거나, 아니면 자유로워서 필연적이지 않고 법칙적이지 않다. 요컨대 외부세계에서 통일된 자유와 필연의 완전한 나타남을 나에게 제공하는 것은 오로지 유기적 자연[14*]뿐이다. 이 점은 이미 이론철학에서 생산들의 열 속에서 유기적 자연이 차지한 자리로부터 추론할 수 있었다. 우리가 도출했듯이 유기적 자연 자체는 이미 객관으로 된 생산하기이고 그런 한에서 자유로운 행위하기에 맞닿아 있지만, 그럼에도 생산하기에 대한 의

---

12* 관념론의.

13* 왜냐하면 이 설명방식에서 자연은 산출의 의도가 강조되는 의미에서 합목적적인 놈으로 서술되기 때문이다. 그러나 자연의 진정한 합목적성은, 어떤 의도도 없고 어떤 목적도 없는 곳에서 최고의 합목적성이 나타난다는 점에 있다.

14* 개별 자연, 혹은 절대적으로 유기적인 놈인 자연 전체.

식 없는 직관하기이고 그런 한에서 그 자신도 또한 맹목적인 생산하기이다.

동일한 산물이 맹목적 산물인 동시에 합목적적이라는 이 모순은 초월적 관념론 이외의 체계에서는 단적으로 설명 불가능하다. 왜냐하면 다른 모든 체계는 산물들의 합목적성을 부정하거나 아니면 산출의 메커니즘을 부정하여 바로 저 공존을 거둘 수밖에 없기 때문이다.† 두 가지 선택지가 가능할 것이다. 280 [447-449] 우선 물질이 저절로 합목적적 산물들로 형성된다고 상정할 수 있을 것이다. 이렇게 하면 적어도 어떻게 물질과 목적 개념이 산물에서 서로 침투하는지 파악할 수 있게 된다. 이는 물질에 절대적 실재성을 부여하는 입장이거나 혹은 아닐 것이다. 먼저 물질에 절대적 실재성을 부여하는 입장이라면, 이는 물활론 Hylozoismus이다. 물활론은 물질 자체를 이성적인 놈으로 간주하는 한에서 부조리한 체계이다. 혹은 물질에 절대적 실재성을 부여하는 입장이 아니라면, 물질은 단지 이성적인 놈의 직관방식으로 생각되어야 하고, 그렇다면 목적 개념과 객체는 사실상 물질에서가 아니라 그 이성적인 놈의 직관에서 서로 침투할 것이다. 이렇게 되면 물활론은 다시 초월적 관념론으로 환원된다. 또는 두 번째 선택지로, 물질은 절대적으로 활동성이 없다고 간주하고, 산물의 합목적성은 물질 바깥의 이성을 통해 산출된다고 상정할 수 있을 것이다. 이런 입장에서는 합목적성의 개념이 산물 자체에 선행해야 하고, 따라서 어떻게 그 개념과 객체가 무한히 서로 침투하는지, 간단히 말해서 어떻게 산물이 제작산물이 아니라 자연산물인지 파악할 수 없다. 제작산물과 자연산물의 구분은, 제작산물에서는 합목적성 개념이 단지 객체의 표면에 도장 찍히는 반면 자연산물에서는 객체 자체 속으로 이행하여 객체에서 전혀 떼어낼 수 없다는 점에서 비롯된다. 목적 개념과 객체의 이러한 절대적 동일성은 의식 있는 활동성과 의식 없는 활동성이 통일되어 일으키는 생산에 입각해서만 설명할 수 있다. 그런데 그런 생산은 오직 이성에서만 가능하다. 이때 어떻게 창조적인 이성이 자기 자신에게 세계를 제시할 수 있는지는 충분히 파악할 수 있지만, 어떻게 자기 바깥의 다른 이성들에게 그럴 수 있는지는 파악할 수 없다. 그러므로 우리는 이 대목에서 다시 한번 초월적 관념론으로 되이끌린다.

전체에서 또한 개별 산물들에서 자연의 합목적성은 오로지, 그 안에 개념의 개념과 객체 자체가 근원적으로 또한 분리 불가능하게 통일되어 있는 그런 직관에 입각해서만 파악 가능하다. 왜냐하면 그럴 경우 생산은 의식되기 위해 자유와 부자유로 분리되는 원리를 통해 이미 규정되었으므로, 산물은 합목적인 놈으로 나타나야 하지만,† 다른 한편으로 목적 개념은 생산에 선행하는 놈으로 생각될 수 없다. 왜냐하면 저 직관에서 목적 개념과 생산은 구분 불가능하기 때문이다. 그런데 모든 목적론적 설명방식들, 다시 말해 목적 개념 즉 의식 있는 활동성에 대응하는 놈을 객체 즉 의식 없는 활동성에 대응하는 놈에 앞세우는 설명방식들은 사실 모든 참된 자연설명을 거두며, 그렇기 때문에 완전한 앎에 해를 끼친다. 이 점은 지금까지의 논의에 입각하여 명백하므로 더 이상의 설명은 필요치 않다. 예를 들어 설명할 필요조차 없다.

### 해결2

자연의 맹목적이며 기계적인 합목적성은 나에게 의식 있는 활동성과 의식 없는 활동성의 근원적 동일성을 보여 준다. 그러나[15*] 그 동일성의 최종 근거가 나 자신 안에 있다는 점은 보여 주지는 않는다. 초월철학자는 그 동일성의[16*] 원리가 우리 속에 있는 최후의 원리[17*]라는 것을 안다. 그 원리는 이미 자기의식의 첫 번째 활동에서 분리되며, 의식 전체와 의식의 모든 규정들은 그 원리 위

---

15* 그럼에도.

16* 이 조화의.

17* 영혼 그 자체, 영혼의 본질 Wesen.

에 얹혀 있지만, 나 자신은 그 원리를 보지 못한다. 그런데 [초월철학적] 학문 전체의 과제는 어떻게 주관과 객관의 조화의 최종 근거가 나 자신에게 객관적이게 되는가를 설명하는 것이었다.

따라서 이성 자체 속에서 다음과 같은 직관이 발견되어야 한다. 그 직관을 통하여 나는 하나의 동일한 현상에서 자기에게[자기가 보기에] 의식적인 동시에 무의식적이어야 한다. 그런 직관을 통하여 비로소 우리는 이성을 말하자면 완전히 이성 바깥으로 꺼내며, 따라서 그런 직관을 통하여 비로소† 초월철학의 문제 전체[18]*(주관과 객관의 일치를 설명하는 문제)가 해결된다.

이 직관은, 의식 있는 활동성과 의식 없는 활동성이 하나의 동일한 직관에서 객관적으로 되어야 한다는 규정에서 이미, 우리가 실천철학에서 도출할 수 있었던 직관[19]*과 구분된다. 그 직관에서 이성은 내적 직관과 관련해서만 의식이 있었고, 외적 직관과 관련해서는 의식이 없었다.

또 여기에서 요청된 직관은 나가 하나의 동일한 직관에서 자기에게 의식되는 동시에 의식되지 않아야 한다는 두 번째 규정을 통하여 우리가 자연산물들에서 확보한 직관과 구분된다. 이 [자연산물에 대한] 직관에서 우리는 물론 저 동일성을 인식하지만, 그 동일성의 원리가 나 자신 안에 놓인다는 것은 인식하지 못한다. 모든 조직은 저 근원적 동일성의 모노그램(결합문자)[20]*이다. 그러나 나가 이 반영에서 자기를 인식하려면, 나는 이미 단박에 저 동일성에서 자기를 인식했어야 한다.

이제 우리가 할 일은 단지 지금 도출된 직관의 특징들을 분석하는 것뿐이다. 그리하여 그 직관 자체를 발견해야 한다. 미리 판단하자면, 그 직관은 다

---

18* 최고 문제.
19* 자유로운 행위에서 직관하기.
20* 꼬인 필적.

름 아니라 예술직관Kunstanschauung일 수밖에 없다.

# 6부
## 철학의 일반적 기관에 대한 연역, 혹은 초월적 관념론의 근본문장들에 따른 예술철학의 주요 문장들

† 

## § 1. 무릇 예술산물에 대한 연역

　　방금 요청된 직관은 자유의 나타남과 자연산물에 대한 직관에 분리된 채 현존하는 놈을 통합해야 한다. 즉 <u>나 속의 의식 있는 놈과 의식 없는 놈의 동일성</u>, 그리고 <u>이 동일성에 대한 의식</u>을 통합해야 한다. 따라서 이 직관의 산물은 한편으로 자연산물에, 다른 한편으로 자유산물에 맞닿아야 할 것이며 이 둘의 특징들을 자기 안에 통합해야 할 것이다. 직관의 산물을 알면 직관 자체도 알 수 있다. 그러므로 이 직관을 도출하려면 단지 그 산물만 도출하면 된다.

　　그 산물은 자유산물과 마찬가지로 의식을 가지고 산출된 놈일 것이며, 자연산물과 마찬가지로 의식 없이 산출된 놈일 것이다. 요컨대 첫 번째 측면에서 그 산물은 유기적 자연산물의 역逆Umgekehrte일 것이다. 유기적 산물에서 의식 없는 (맹목적인) 활동성이 의식 있는 활동성으로서 반영된다면, 반대로 지금 거론되는 산물에서는 의식 있는 활동성이 의식 없는 (객관적인) 활동성으로서 반영될 것이다. 혹은 유기적 산물이 의식 없는 활동성을 의식 있는 활동성을 통해 규정된 놈으로서 반영한다면, 역으로 여기에서 도출되는 산물은 의식 있는 활동성을 의식 없는 활동성을 통해 규정된 놈으로서 반영할 것이다. 간단히 말해서 자연은 의식 없는 놈에서 시작하여 의식 있는 놈으로 끝난다. 자연의 생산은 합목적이지 않지만, 자연의 산물은 합목적적이다. 반면에 여기에서 거론되는 활동성에서 나는 의식을 가지고 (주관적으로) 시작하고 의식 없는 놈에서 혹은 객관적으로 끝나야 한다. 나는 생산의 측면에서 의식적이고 산물의 측면에서 무의식적이어야 한다.

어떻게 그런 직관을, 그 속에서 무의식적 활동성이 의식적 활동성을 통해 의식적 활동성과 완전히 동일해질 만큼 철저히 작용하는 그런 직관을 초월철학적으로 설명할 수 있을까? † — 우선 그 활동성이 의식적 활동성이어야 한다는 점에 주목하자. 그런데 의식을 가지고서 무언가 객관적인 것을 산출한다는 것은 단적으로 불가능하다. 그럼에도 여기에서 요구되는 것은 바로 그 불가능한 일이다. 오직 의식 없이 발생하는 놈만이 객관적이다. 따라서 저 직관 속의 진정한 객관 역시 의식 없이 추가될 수 있어야 한다. 이 대목에서 우리는 이미 자유로운 행위와 관련하여 이루어진 증명들에 호소할 수 있다. 즉, 자유로운 행위에서 객관은 자유에 독립적인 무언가를 통해 추가된다는 증명들에 말이다. 다만 지금 다른 점은 이것이다.[21*] 자유로운 행위하기에서 그 두 활동성〔의식 있는 활동성과 의식 없는 활동성〕의 동일성은 거둬져야 한다. 행위가 자유롭게 나타나려면 그래야만 하니까 말이다[22*] 또한[23*] 자유로운 행위에서 그 두 활동성은 결코 절대적으로 동일해질 수 없고, 그 때문에 자유로운 행위하기의 객체는 필연적으로 무한한 놈, 결코 완전히 실현되지 않는 놈이다. 만약 그 객체가 완전히 실현된다면, 의식 있는 활동성과 객관적 활동성이 하나로 통합될 테니까, 다시 말해 자유의 나타남이 그칠 테니까 말이다. 그런데 자유를 통해서는 단적으로 불가능했던 일이 지금 요청된 행위하기를 통해서는 가능해야 하며,

---

[21*] a).

[22*] 반면에 여기에서는 의식 속에서 의식의 부정 없이 그 둘이 하나로 나타나야 한다.

그 대가로 이 행위하기는 자유로운 행위하기이기를 그쳐야 한다. 이 행위하기에서 자유와 필연은 절대적으로 통일되어야 한다. 이때 이 생산[이 행위하기]은 의식을 동반하고 일어나야 하는데, 이는 그 둘[24]*이 분리되어 있지 않다면 불가능하다. 그러므로 여기에 명백한 모순이 있다.[25]* 의식 있는 활동성과 의식 없는 활동성은 유기적 산물에서와 마찬가지로 [지금 거론되는] 이 산물에서도 절대적으로 하나이어야 하지만, 다른 방식으로 하나이어야 한다. 이번에는 그 둘이 나 자신에게 하나이어야 한다. 그러나 이는 나가 생산을 의식하지 않는다면 불가능하다.† 하지만 나가 생산을 의식하면, 저 두 활동성은 분리되어야 한다. 285 [455-456] 왜냐하면 그 분리는 생산이 의식되기 위한 필수조건이기 때문이다. 요컨대 그 두 활동성은 하나이어야 한다. 그렇지 않다면 동일성이 없을 것이다. 또한 그 두 활동성은 분리되어야 한다. 그렇지 않다면 동일성은 있어도 나에게 동일성은 없을 것이다. 이 모순을 어떻게 해결할 수 있을까?

  두 활동성은 생산의 나타남, 생산의 객체되기를 위하여 분리되어야 한다. 이는 자유로운 행위에서 두 활동성이 직관의 객체되기를 위하여 분리되어야 하는 것과 마찬가지다. 그러나 여기에서 두 활동성은 자유로운 행위에서처럼 무한히 분리될 수 없다. 왜냐하면 만일 두 활동성이 무한히 분리된다면 객관은 결코 저 동일성의 완전한 표현이 아닐 것이기 때문이다.[26]* 두 활동성의 동일성은 단지 의식을 위하여 거둬져야 하지만, 생산은 의식 없음에서 마무리되어야 한다. 따라서 두 활동성이 하나로 통합되는 지점이 있어야 하고, 그 지점에서 생산은 자유로운 생산으로 나타나기를 그쳐야 한다.[27]*

---

24* 그 두 활동성.

25* 나는[셸링은] 그 모순을 다시 한번 서술할 것이다.

26* 자유로운 행위에게 무한 전진 속에 놓였던 그 동일성이 지금의 산출에서는 현재에 있어야 한다. 유한 속에서 현실적이고 객관적이게 되어야 한다.

생산에서 그 지점이 도달되면, 생산하기는 절대적으로 그쳐야 하고, 생산하는 놈으로서는 더 생산하기가 불가능해야 한다. 왜냐하면 모든 생산하기의 조건은 의식 있는 활동성과 의식 없는 활동성의 맞섬인데, 그 지점에서는 이 두 활동성이 절대적으로 합치할 것이고, 따라서 이성 속에 있는 모든 다툼이 거둬지고 모든 모순이 통일될 것이기 때문이다.[28*]

따라서 마지막에 이성은 산물에 표현된 동일성을 자기 안에 그 근거가 놓인 동일성으로서 완전히 인정하게 될 것이다. 다시 말해 자기를 완전하게 직관하게 될 것이다.†[29*] 그런데 저 동일성 속에는 자유로운 자기직관의 경향이 있었다. 그 경향은 이성을 근원적으로 양분했다. 그러므로 저 직관에 동반되는 느낌은 무한한 만족의 느낌일 것이다. 모든 생산 충동은 산물의 완성과 함께 멈추고, 모든 모순은 거둬지고, 모든 수수께끼는 해결된다. 그런데 생산은 자유에서, 즉 두 활동성의 무한한 맞섬에서 출발했으므로, 이성은 생산이 끝나는 지점인 두 활동성의 절대적 통일을 자유에 귀속시킬 수 없을 것이다. 산물의 완성과 동시에 모든 자유의 나타남이 사라지니까 말이다. 이성은 저 통일을 통하여 놀라움überrascht을 느낄 것이며 자신이 축복 받았다고beglückt 느낄 것이다. 다시 말해 이성은 저 통일을 더 높은 자연이 자발적으로 내린 은혜로 간주할 것이며, 그 더 높은 자연이 이성을 통해 불가능한 것을 가능하게 만들었다고 여길 것이다.

이때 객관적 활동성과 의식적 활동성을 예기치 않게 조화시키는 그 미지의 놈은 다름 아니라 의식 있는 놈과 의식 없는 놈 사이의 예정조화에 대한 일

---

27* 거기에서 자유로운 활동성은 온전히 객관으로, 필연으로 이행한다. 따라서 생산은 처음에 자유로운 반면, 산물은 자유로운 활동성과 필연적인 활동성의 절대적 동일성으로서 나타난다.

28* 필사본에는 이 문단이 삭제되어 있음.

29* 이성 자체는 생산하는 놈인데, 또한 동시에 이성은 이 동일성을 자기로부터 완전히 떼어냈다. 그 동일성은 이성에게 완전히 객관적으로 되었다. 즉, 이성은 자기에게 완전히 객관적으로 되었다.

반적 근거를 지닌 저 절대³⁰*이다. 그러므로 산물에 반영된 저 절대는 이성에게 자기 위에 있는 놈으로서, 의식과 의도를 가지고 시작된 것에 의도하지 않은 것을 심지어 자유에 맞서 추가하는 놈으로서 나타날 것이다.

　　이 변함없이 동일한 놈, 어떤 의식에도 들어올 수 없고 단지 산물에서 되비치는 놈과 생산자 사이의 관계는 운명과 행위자 사이의 관계와 같다. 다시 말해 그 변함없이 동일한 놈은 자유의 부분 작품에 완성된 것 혹은 객관적인 것을 덧붙이는 어두운 미지의 힘이다. 운명이라고 불리는 놈이 우리의 자유로운 행위를 통하여, 우리의 의지를 거슬러, 표상되지 않은 목적들을 실현하는 힘인 것처럼,† 자유의 기여 없이 또한 어느 정도 자유에 맞서 (저 생산에서 통일되어 287 [457-459] 있는 놈은 자유에서 영원히 자기로부터 달아난다) 의식에 객관을 추가하는 그 파악 불가능한 놈은 천재Genie라는 어두운 개념으로 지칭된다.

　　결론적으로 요청된 산물은 다름 아니라 천재산물Genieprodukt³¹*이다. 혹은 천재는 오직 예술에서만 가능하므로, 예술산물Kunstprodukt이다.

　　이로써 연역은 완료되었고, 이제 우리가 할 일은 우선 완전한 분석을 통해 미적 생산이 우리가 요청한 생산의 모든 특징들을 가짐을 보여 주는 것이다.

　　모든 미적 생산은 활동성들의 맞섬에서 비롯된다. 이 점은 모든 예술가들의 말에서 이미 정당하게 추론할 수 있다. 그들은 자신들이 비자의적으로 작품의 산출로 이끌린다고, 작품의 생산을 통해 단지 자신들의 자연〔본성〕의 거역할 수 없는 충동을 만족시킨다고 말한다. 모든 각각의 충동이 어떤 모순에서 나오고 그 모순이 정립되면 자유로운 활동성이 비자의적으로 된다면, 예술가의 충동도 그런 내적 모순의 느낌에서 나와야 한다. 그런데 이〔예술가의 충동을 일으키는〕 모순은 사람 전체와 그의 모든 힘들이 움직이게 만든다. 따라서 의심의

---

30* 근원자아Urselbst.

31* 천재의 산물.

여지없이 이 모순은 사람 속의 최후의 보루를, 사람의 현존재³²* 전체의 뿌리를 건드리는 모순이다. 이는 마치 최고의 의미에서 예술가인 드문 사람들 속에서, 모든 현존재를 떠받치는 저 변함없이 동일한 놈이 껍질을 벗고 자기가 사물들에 의해 단박에 건드려지는 것과 똑같이 또한 단박에 모든 것에 역으로 작용하는 셈이다. 그러므로 자유로운 행위하기에서 의식 있는 놈과 의식 없는 놈 사이의 모순만이 예술가의 충동을 움직일 수 있고, † 우리의 무한한 추구를 만족시키고 우리 속의 최후 최종 모순을 해결하는 것은 오직 예술의 몫일 수 있다.

  미적 생산은 해결할 수 없을 듯한 모순의 느낌에서 출발하고, 모든 예술가와 그들의 감동을 공유하는 모든 이들이 고백하듯이 무한한 조화의 느낌에서 끝난다. 완성에 동반되는 이 느낌은 격정Rührung이기도 하다. 이 점은 이미 다음에서 증명된다. 예술가는 자신의 예술작품에서 이루어진 완전한 모순 해결을 바라보면서, 그 공을 자신에게³³* 돌리지 않고 자신의 자연이 자발적으로 내린 은혜에 돌린다.³⁴* 그의 자연은 냉혹하게 그를 자기와의 모순에 빠뜨렸듯이, 자비롭게 이 모순의 고통을 그에게서 제거한다. 예술가가 비자의적으로 또한 심지어 내적으로 저항하면서 생산으로 이끌리는 것과 마찬가지로(그래서 옛사람들은 "신들림pati Deum" 등을 운운했고, 무릇 낯선 입김에 고무된다는 생각들이 나왔다) 객관은 그의 생산에 말하자면 그의 기여 없이, 즉 단지 객관적으로 덧붙는다. 운명적인 사람이 스스로 의지하거나 의도하는 바를 실행하지 못하고 오히려 그를 지배하는 파악 불가능한 운명을 통해 그가 실행해야 하는 바를 실행하는 것과 마찬가지로, 예술가는 제아무리 의도적이라 할지라도 그의 산출 속에 있는 진정한 객관과 관련해서는 어떤 힘의 작용 아래 놓이는 것처럼 보인

---

32* 참된 사람 자체.

33* 자신에게만.

34* 즉, 의식 없는 활동성과 의식 있는 활동성의 합치에 돌린다.

다. 그 힘은 그를 다른 모든 사람들로부터 구별하고, 그가 스스로 완전히 통찰하지 못하는 것들을, 무한한 뜻을 지닌 것들을 발설하고 표현하도록 강제한다. 서로에게서 달아나는 저 두 활동성의 절대적 합치를 더 이상 설명하는 것은 이제 단적으로 불가능하다. 오히려 그 합치는 한낱 현상이다. † 이 현상은 비록35* 파악 불가능하지만, 그럼에도 부정할 수 없다. 그러므로 예술은 유일하고 영원하게 존재하는 드러남Offenbarung〔계시〕이며, 단 한 번 만이라도 현존한다면 우리로 하여금 저 가장 높은 놈의 절대적 실재성을 확신하도록 만들어야 마땅한 기적이다.

더 나아가 예술은 서로 완전히 별개인 두 활동성을 통해 완성된다. 따라서 천재는 한 활동성도 아니고 다른 활동성도 아니며, 두 활동성 위에 있는 놈이다. 우리가 그 두 활동성 중 하나에서, 즉 의식 있는 활동성에서, 보통 예술이라고 불리지만 단지 예술의 한 부분인 놈〔기교〕을, 즉 의식과 숙고와 반성을 동반하고 실행되며 가르치고 배울 수 있고 전승과 스스로의 연습을 통해 도달할 수 있는 놈을 추구해야 한다면, 다른 한편으로 예술에 함께 개입하는 의식 없는 활동성에서는 배울 수 없는 놈, 연습 등을 통해 도달할 수 없는 놈, 오히려 오직 자연의 자유로운 은혜를 통해 타고날 수만 있는 놈, 우리가 예술 속에서 한마디로 포에지Poesie라고 부를 수 있는 놈을 추구해야 한다.

이로부터 다음이 자명하다. 언급한 두 요소 가운데 어느 것이 우선하는가 하는 질문은 전혀 무용하다. 왜냐하면 두 요소 각각은 다른 요소가 없으면 가치가 없고, 오로지 두 요소가 함께 최고의 것을 산출하기 때문이다. 연습을 통해 도달할 수 없으며 우리와 함께 태어나는 요소는 일반적으로 더 위대하게 간주되지만, 신들은 그 근원적인 힘의 발휘를 인간의 정직한 노력과 근면과 숙고에 확고히 연계하였기에 타고난 포에지조차도 기교Kunst가 없으면 말하자면

---

35* 한낱 반성의 관점에서는.

단지 죽은 산물만 산출한다. 그런 산물은 어떤 인간적 지성에게도 기쁨을 줄 수 없으며 그 안에서 작용하는 완전히 맹목적인 힘을 통하여 모든 판단과 직관을 밀쳐 낸다. 오히려 기교 없는 포에지보다 포에지 없는 기교가 무언가 이루어 내리라고 기대할 수 있다. 그 이유는 부분적으로 사람이 자연적으로 아무 포에지도 없기는 쉽지 않은 반면, 어떤 기교도 없는 사람은 많기 때문이며,† 또한 부분적으로 위대한 거장들의 이념을 지속적으로 공부하면 근원적인 객관적 힘의 결여를 어느 정도 보충할 수 있기 때문이다. 물론 그렇게 하더라도 고작 포에지의 허울Schein이 발생할 수 있겠지만 말이다. 포에지의 허울은 참된 예술가가 아무리 꼼꼼하게 작업한다 하더라도 비자의적으로 자신의 작품에 집어넣는 설명할 수 없는 깊이, 예술가 자신을 비롯한 어느 누구도 완전히 꿰뚫을 수 없는 그 깊이에 대비되는 피상성과 그밖에 여러 특징들에서 쉽게 참된 포에지와 구별된다. 그 여러 특징들은 예컨대 한낱 기계적인 솜씨에 큰 가치를 둔다는 점, 포에지의 허울이 움직일 터전이 되는 형상이 빈곤하다는 점 등이다.

하지만 이제 다음이 자명하다. 포에지와 기교가 각각 독자적으로 완성된 놈을 산출할 수 없는 것과 마찬가지로, 포에지와 기교가 [뒤섞인 물과 기름처럼] 분리되어 있어도 완성된 놈을 산출할 수 없다.³⁶* 또한 다음이 자명하다. 포에지와 기교의 동일성은 근원적일 수만 있고 자유를 통해서는 단적으로 불가능하고 도달할 수 없으므로, 완성된 놈은 오로지 천재를 통해서만 가능하다. 따라서 미학에게 천재는 철학에게 나와 같다. 다시 말해 미학에게 천재는 최고인 놈이며 절대적으로 실재적인 놈이며, 모든 객관의 원인이지만 그 자신은 결코 객관화되지 않는 놈이다.

---

36* 주석: 포에지와 기교 가운데 어느 것도 다른 것에 우선하지 않는다. 예술작품에서 반사되는 것은 오직 그 둘의 다르지 않음Indifferenz이다.

## §2. 예술산물의 특징

1. 예술작품은 우리에게 의식 있는 활동성과 의식 없는 활동성의 동일성을 반사한다. 그런데 이 두 활동성의 맞섬은 무한한 맞섬이며 전혀 자유의 기여 없이 거둬진다. 따라서 예술작품의 근본특징은 <u>의식 없는 무한</u>이다. 예술가는 작품에서 그가 명백한 의도를 가지고 집어넣은 것 외에 말하자면 본능적으로 무한을 표현하는 것처럼 보인다. 어떤 유한한 지성도 그 무한을 완전히 전개할 수 없다. 이를 명확히 설명하기 위해 한 예만 들자면 그리스 신화를 이야기할 수 있다.† 그리스 신화가 무한한 감성Sinn과 모든 이념들에 대한 상징을 포괄한다는 점은 부인할 수 없다. 또한 그리스 신화가 모든 것을 <u>하나의 커다란 전체</u>로 통일하는 조화와 창작에서 철두철미한 의도를 상정할 수 없게 만드는 그런 민족에게서 그런 방식으로 발생했다는 점도 부인할 수 없다. 모든 참된 예술작품이 그러하다. 참된 예술작품 속에는 무한이 들어 있고 무한한 해석이 가능한 것처럼 보이지만, 그럼에도 그 무한이 예술가 자신 속에 있었는지 아니면 단지 예술작품에만 있는지에 대하여 말할 수 있는 사람은 아무도 없다. 반면에 예술작품의 특징을 가진 것처럼 꾸밀 뿐인 산물에서는 의도와 규칙이 표면에 있고 매우 한정적이며 제한적이게 나타나므로, 그 산물은 그저 예술가의 의식 있는 활동성의 충실한 복제품에 불과하며 전적으로 반성의 객체일 뿐, 직관되는 놈 속에서 자신을 심화하기를 사랑하고 오직 무한에만 머물 수 있는 그런 직관의 객체는 아니다.

2. 모든 각각의 미적 생산은 무한한 모순에 대한 느낌에서 나온다. 따라서 예술산물의 완성에 동반되는 느낌 역시 무한한 만족의 느낌이어야 하며, 이 느낌은 다시 예술작품 자체로 이행해야 한다. 그러므로 예술작품의 외적인 표현은 머무름과 고요한 크기의 표현이다. 설령 최고로 긴장된 고통이나 기쁨을 표현해야 하는 작품이라 해도 말이다.

3. 모든 각각의 미적 생산은 모든 자유로운 생산하기에서 분리되어 있는 두 활동성 사이의 그 자체로 무한한 분리에서 나온다. 그런데 이 두 활동성은 예술산물에서 통일된 놈으로 표현되어야 한다. 그러므로 예술산물을 통하여 무한이 유한하게 표현되어야 한다. 아름다움이란 그렇게 유한하게 표현된 무한이다. 그러므로 위의 두 특징을 종합한, 예술작품의 근본특징은 아름다움이며, 아름다움이 없으면 예술작품도 없다. 물론 숭고한erhaben 예술작품은 있을 수 있겠고, 아름다움과 숭고함은 어떤 측면에서 서로 맞선다. † 다시 말해 어떤 자연 광경은 아름다우면서도 숭고하지 않을 수 있고, 거꾸로 숭고하면서도 아름답지 않을 수 있다. 그러나 아름다움과 숭고함의 맞섬은 단지 객체와 관련해서 일어나는 맞섬일 뿐, 직관의 주체와 관련해서 일어나는 맞섬이 아니다. 왜냐하면 아름다운 예술작품과 숭고한 예술작품의 차이는 단지 다음에서 비롯되기 때문이다. 무한한 모순이 객체 자체에서 거둬질 때 아름다움이 있는 반면, 그 모순이 객체 자체에서 거둬지지 않고 오히려 높이 격상되어 직관에서 비자의적으로 거둬질 때 숭고함이 있다. 이때 직관에서 모순의 거둬짐은 객체에서 모순의 거둬짐과 다를 바 없다.[37]* 또한 다음을 매우 쉽게 보여 줄 수 있다. 숭고함과 아름다움은 동일한 모순에서 비롯된다. 어떤 객체가 숭고하다고 불릴 때는 항상 의식 있는 활동성이 수용할 수 없는 크기가 의식 없는 활동성을 통해 수용되며 따라서 나는 자신과의 싸움에 빠진다. 그 싸움은 오직 미적 직관에서만 끝날 수 있고, 미적 직관은 두 활동성을 예기치 않게 조화시킨다. 다만 숭고한 객체의 경우에는, 그 직관이 예술가가 아니라 직관하는 주체 자신에게 놓이며 완전히 비자의적이다. 왜냐하면 숭고한 것은 (단지 모험적인Abenteuerlich 것도 상상력에

---

[37]* 숭고한 예술작품들이 있고, 숭고함은 아름다움에 맞서는 경향이 있는 게 사실이다. 그러나 아름다움과 숭고함 사이에 참된 객관적 맞섬은 존재하지 않는다. 참되고 절대적인 것은 항상 또한 숭고하며, 숭고한 것은(참으로 숭고하다면) 또한 아름답다.

게 모순을 제시하지만 그 모순을 푸는 것은 식은 죽 먹기다. 그런 모험적인 것과 전혀 다르게) 마음Gemüt의 모든 힘들을 움직여 이성적인 현존 전체를 위협하는 모순을 해결하도록 만들기 때문이다.

이로써 예술작품의 특징들이 도출되었고, 또한 동시에 예술작품과 다른 모든 산물들 사이의 차이가 드러났다.

예술산물과 유기적 자연산물 사이의 주요 차이는 다음과 같다.† 293 [466-468]

a) 유기적인 놈은 미적 생산이, 분리 이후에 그 분리에도 불구하고 통일된 것으로 표현하는 바를 아직 분리되지 않은 채로 표현한다. b) 유기적 생산은 의식에서 나오지 않으며 따라서 무한한 모순에서 나오지 않는다.[38]* 반면에 무한한 모순은 미적 생산의 조건이다. 따라서 유기적 자연산물은[39]* 필연적으로 <u>아름다운</u> 것은 아니다. 만일 자연산물이 아름답다면, 그 아름다움의 조건이 자연 속에 현존한다고 생각할 수 없으므로, 그 아름다움은 단적으로 우연적인 놈으로 나타날 것이다. 이로부터 무릇 아름다움이 아니라 특정하게 <u>자연의 아름다움</u>인 한에서의 자연의 아름다움Naturschönheit에 대한 매우 독특한 관심이 설명된다. 따라서 자연에 대한 모방과 관련하여 무엇을 예술의 원리로 삼아야 하는지 자명하게 알 수 있다. 한낱 우연히 아름다운 자연이 예술에게 규칙을 제공하는 것은 결코 아니다. 오히려 완전한 예술이 산출하는 바가 자연의 아름다움에 대한 판정의 원리이며 규범이다.

미적 산물이 보통의 제작산물과 어떻게 다른가는 쉽게 설명할 수 있다. 모든 미적 산출은 그 원리에서 절대적으로 자유로운 산출이다. 왜냐하면 예술가는 물론 모순을 통해 그 산출로 이끌리지만, 오직 자신의 고유한 자연의 가장 높은 곳에 놓인 모순을 통해서만 그 산출로 이끌릴 수 있기 때문이다. 반면에

---

[38]* a).

[39]* 삽입: 아름다움이 철저히 무한한 싸움의 해결이라면.

다른 모든 산출은 생산하는 당사자의 외부에 놓인 모순을 통해 유발되고 따라서 자기 바깥에 목적을 지닌다[40]* 이렇게 외적인 목적에 대하여 독립적이라는 점에서 예술의 신성함과 순수함이 나온다. 예술은 한낱 감각쾌락에 불과한 모든 것들과의 유사성을 저만치 떨어내 버리기에 충분할 만큼 신성하고 순수하다. 예술에게 감각쾌락을 요구하는 것은 야만의 고유한 특징이다. 또한 예술은 유용한 모든 것들과의 유사성도 저만치 떨어내 버린다. 예술에게 유용성을 요구하는 것은 인간 정신의 최고 노력을 경제적 발명에[41]* 쏟아 붓는 시대에나 있을 수 있는 일이다.† 더 나아가 예술은 도덕에 속하는 모든 것과의 유사성도 떨쳐 버리며, 심지어 자기이익을 좇지 않는다는 점에서 예술에 가장 가깝게 닿아있는 학문조차도 항상 자기 바깥의 목적을 향하기 때문에, 또한 궁극적으로 가장 높은 것(예술)을 위한 수단이기 때문에 저만치 떨어 버린다.

특히 예술과 학문의 관계에 대해서 언급하자면, 예술과 학문은 그 경향이 서로 매우 맞선다. 예술이 항상 그랬던 것처럼 만일 학문이 언젠가 자신의 과제 전체를 해결한다면, 학문과 예술은 하나로 통합되어야 할 것이다. 이는 학문과 예술의 방향이 완전히 맞서 있다는 것에 대한 증명이다. 사실 학문은 그 최고 기능에서 예술과 똑같은 과제를 지닌다. 그러나 그 과제를 해결하는 방식 때문에, 학문에게 그 과제는 무한한 과제이다. 따라서 예술은 학문의 모범이며, 학문은 예술이 있는 곳에 비로소 도달해야 한다고 말할 수 있다. 이로부터 왜 그리고 어째서 학문에는 천재가 없는지도 설명할 수 있다. 그것은 학문적 과제를 천재적으로 해결하는 것이 불가능하기 때문이 아니라, 오히려 천재를 통해 해결할 수 있는 과제를 기계적으로도 해결할 수 있기 때문이다. 그런 해결의 한 예인 뉴턴의 중력체계는 천재적인 고안일 수 있었고, 그것을 최초로 고안한 케

---

[40]* 다른 모든 산출에서는 객관으로의 절대적 이행이 일어난다.

[41]* 빵에.

플러에서는 실제로 천재적이었지만, 또한 마찬가지로 뉴턴을 통해 이루어진 것처럼 완전히 과학주의적인szientifisch 고안일 수도 있었다. 예술이 산출하는 것만이 유일하게 오직 천재를 통해 가능하다. 왜냐하면 예술이 해결한 모든 각각의 과제 속에는 무한한 모순이 통일되어 있기 때문이다. 학문이 산출하는 것은 천재를 통해 산출될 수 있지만, 반드시 천재를 통해 산출되는 것은 아니다. 따라서 천재는 학문에서 문제적이며problematisch 그렇게 문제적인 놈으로 남는다. 다시 말해 그것이 어디에 없는지는 항상 규정적으로 말할 수 있지만, 그것이 어디에 있는지는 결코 말할 수 없다. 학문에서 천재를 추론할 수 있게 해 주는 단서들은 극소수에 불과하다.† (천재를 추론해야 한다는 점 자체가 이미 학문의 고유한 사정을 드러낸다.) 예컨대 천재는 전체가(그러니까 체계가) 부분적으로 조립을 통해 발생하는 곳에는 확실히 없다. 오히려 전체의 이념이 개별 부분들에 선행하는 곳에서 천재를 전제해야 할 것이다. 그런 곳에서는 전체의 이념이 오직 개별 부분들에서 자기를 전개함을 통해서만 명확해질 수 있고, 거꾸로 개별 부분들은 오직 전체의 이념을 통해서만 가능하다. 따라서 오직 천재의 활동을 통해서만, 즉 의식 있는 활동성과 의식 없는 활동성의 예기치 못한 합치를 통해서만 가능한 모순이 있는 것처럼 보인다. 학문에서 천재를 추측할 수 있게 해 주는 또 다른 근거로, 어떤 사람이 (그가 살았던 시대나 그의 다른 발언들에 입각하여 판단할 때) 자기가 그 의미를 완전히 통달할 수 없었던 것들을 말하고 주장한 경우, 그러니까 그가 외견상 의식을 가지고 발언한 듯하지만 실은 의식 없이 말한 경우를 들 수 있을 것이다. 하지만 이 추측 근거 역시 매우 기만적일 수 있다는 점은 여러 방법으로 매우 쉽게 증명할 수 있다.

절대적이며 다른 어떤 것을 통해서도 해결할 수 없는 모순이 천재를 통하여 해결된다는 점에서, 천재는 재능이나 솜씨에 불과한 다른 모든 것들과 구별된다. 모든 생산에서, 심지어 가장 평범하고 일상적인 생산에서도 의식 있는 활동성과 의식 없는 활동성이 함께 작용한다. 그러나 이 두 활동성의 무한한 맞섬을 조건으로 가진 생산만이 미적 생산이며 <u>오직</u> 천재를 통해서만 가능한 생산이다.

## §3. 귀결들

지금까지 우리는 예술산물의 본질과 특징을 현재의 탐구를 위해 필요한 만큼 완전하게 도출했다. 따라서 이제 남은 일은 예술철학이 무릇 철학의 체계 전체와 어떤 관계를 맺고 있는지 제시하는 것뿐이다.†

1. 철학 전체는 하나의 원리에서 나오며, 하나의 원리에서 나와야 한다. 이때 그 하나의 원리는 절대적으로 동일한 놈으로서 단적으로 비객관적이다. 그런데 어떻게 이 절대적 비객관을 의식으로 불러내고 이해할 수 있을까? 그 비객관이 철학 전체를 이해하기 위한 조건이라면, 이는 필수적인 일인데 말이다. 그것을 개념을 통해 파악하거나 표현할 수 없다는 점은 증명할 필요조차 없다. 따라서 남는 가능성은, 그 비객관이 단박 직관 속에 제시되는 것뿐이다. 그런데 그런 단박 직관 역시 파악 불가능한 것처럼 보이고, 그 직관의 객체는 단적으로 비객관적인 놈이어야 하므로, 심지어 그 자체로 모순적인 것처럼 보인다. 그럼에도 절대적으로 동일한 놈을, 그 자체로 주관도 객관도 아닌 놈을 객체로 갖는 그런 직관이 존재한다면, 또 이성적 직관일 수밖에 없는 이 직관과 관련하여 사람들이 단박 경험에 호소한다면, 만일 이 직관에 일반적이며 모든 사람에 의해 인정된 객관성이 없다면, 무엇을 통하여 이 직관이 다시 객관적으로 될 수 있겠는가? 즉, 이 직관이 한낱 주관적 착각에서 비롯되지 않는다는 점을 어떻게 의심할 수 없게 정립할 수 있겠는가? 이때 일반적으로 인정되며 어떤 식으로도 부인할 수 없는 그 이성적 직관의 객관성은 바로 예술이다. 미적 직관은 객관적으로 된 이성적 직관이다.[42]* 예술작품은 달리 무엇을 통해서도 반사되지 않는 놈, 저 절대적으로 동일한 놈, 나 속에서조차 이미 분리되어 있

는 놈을 나에게 반사한다.† 요컨대 철학자가 이미 의식의 첫 번째 활동에서 분리되도록 놔두는 그놈 — 달리 어떤 직관으로도 접근할 수 없는 그놈이 예술의 기적을 통해 예술산물에서 되비친다.

더 나아가 철학의 첫 번째 원리와 철학이 출발점으로 삼는 첫 번째 직관뿐 아니라, 철학이 도출하는 메커니즘 전체, 철학 자체가 근거로 삼는 메커니즘 전체가 미적 생산을 통해 비로소 객관적으로 된다.

철학은 맞선 활동성들의 무한한 양분Entzweiung에서 나온다.⁴³* 그런데 모든 각각의 미적 생산도 동일한 양분에서 비롯되며, 그 양분은 모든 각각의 개별 예술 표현을 통해 완전히 거둬진다.⁴⁴* 철학자는 어떤 기적적인 능력을 통해 생산적 직관에서 무한한 맞섬이 거둬진다고 주장했다. 그 기적적인 능력은 무엇일까? 우리는 그 [거둬짐의] 메커니즘을 아직까지 완전히 파악할 수 없었다. 왜냐하면 그 메커니즘을 완전히 밝혀 낼 수 있는 것은 오로지 예술 능력뿐이기 때문이다. 저 생산적 능력은, 예술이 불가능을, 즉 무한한 맞섬을 유한한 산물 안에서 거두는 것을 성취하게 해 주는 능력과 동일하다. 그 능력은 시작詩作 능력Dichtungsvermögen이며, 첫 번째 역량의 시작 능력은 근원적 직관이다.⁴⁵* 또한 거꾸로, 우리는 가장 높은 역량에서 되풀이되는 생산적 직관만을 시작 능력

---

42* 철학 전체는 절대적 원리로서 또한 동시에 단적으로 동일한 놈인 그런 원리에서 나오고, 그런 원리에서 나와야 한다. 절대적으로 단순한 놈, 동일한 놈은 서술을 통하여, 무릇 개념을 통하여 파악하거나 전달할 수 없다. 그런 놈은 직관될 수만 있는데, 이때의 직관은 모든 철학의 기관이다. — 그런데 이 직관은 감각적 직관이 아니라 이성적 직관이며 객관이나 주관을 대상으로 갖는 게 아니라 절대적으로 동일한 놈, 그 자체로 주관도 객관도 아닌 놈을 대상으로 갖는다. 따라서 이 직관은 한낱 내적인 직관이며, 자기에게 다시 객관적으로 될 수 없다. 이 직관은 오로지 두 번째 직관을 통해 객관적으로 될 수 있으며, 이 두 번째 직관은 미적 직관이다.

43* 철학은 이전에 서로 맞서지 않았던 활동성들의 분리에서 모든 생산이 나오게 만든다.

44* 필사본에는 "그 양분은 … 거둬진다"가 삭제되어 있음.

이라고 부른다. 언급한 두 역량에서 활동하는 놈은 동일한 놈이다. 그 유일한 놈을 통해 우리는 모순적인 것을 생각하고 통합할 수 있다. ─ 그놈은 상상력이다.† 그러므로 우리에게 의식의 저편에서 현실적 세계로 나타나고 의식의 이편에서 이념적 세계 즉 예술세계로 나타나는 것은 동일한 활동성의 산물이다. 이렇게 다른 면에서는 발생의 조건이 완전히 동일한데도, 한 세계의 기원은 의식의 저편에, 다른 세계의 기원은 의식의 이편에 놓인다. 바로 이 점이 두 세계 사이의 영원하며 결코 거둘 수 없는 차이이다.

  동일한 근원적 맞섬으로부터 현실세계와 예술세계가 유래한다. 예술세계는 현실세계와 마찬가지로 하나의 커다란 전체로 생각되어야 한다. 모든 개별 산물에서 예술세계는 단지 하나의 무한을 표현한다. 그러나 의식의 저편에 있는 저 맞섬은, 무한이 객관세계 전체를 통해서만 표현되고 개별 객체를 통해서는 결코 표현되지 않는 한에서만, 무한하다. 반면에 예술에게 저 맞섬은 <u>모든 각각의 개별 객체</u>와 관련하여 무한한 맞섬이며, 모든 각각의 개별 예술산물은 그 무한을 표현한다. 미적 생산이 자유에서 나오고, 의식 있는 활동성과 의식 없는 활동성의 저 맞섬이 자유에게 절대적 맞섬이라면, 진정한 의미에서는 오직 <u>하나의</u> 절대적 예술작품만 존재한다. 절대적 예술작품은 매우 다양한 사례로 현존할 수 있지만 그럼에도 오직 <u>하나</u>이다. 비록 그 하나가 근원적인 모양으로는 아직 현존하지 않는다 하더라도 말이다. 이런 견해를 채택하면 예술작품이라는 술어를 후하게 부여할 수 없을 테지만, 이는 문제가 되지 않는다. 무한을 단박에 또는 적어도 반영으로 표현하지 않는 놈은 결코 예술작품이 아니다. 예컨대 그 본성상 단지 개별과 주관을 표현하는 시를 예술작품으로 칭할 것인

---

45* 객체를 발생시키는 저 생산적 능력은 예술의 대상을 발생시키는 능력과 동일하다. 다만 다른 점은, 그 활동성이 객체의 발생에서는 흐려져(제한되어) 있는 반면, 여기에서는 순수하고 제한되어 있지 않다는 것이다. 첫 번째 역량에서 직관된 시작 능력은 유한하고 현실적인 사물

가? 그렇게 한다면 우리는 단지 순간적인 감각과 현재의 인상만을 담은 모든 각각의 경구(풍자시, Epigramm)에 예술작품이라는 명칭을 부여해야 할 것이다. 하지만 그런 형태의 시작에 능통한 거장들은 오직 그들의 작품들 전체를 통하여 객관성을 산출하려 했으며 그 작품들을 무한한 삶 전체를 표현하고 다양한 거울을 통해 되비치기 위한 수단으로만 사용했다. †

299 [475-476]

    2. 미적 직관이 객관적으로 된 초월적[46*] 직관일 따름이라면, 다음이 자명하다. 예술은 철학의 유일하게 참되며 영원한 기관인 동시에 자료Dokument이다. 유일한 기관이자 자료인 예술은 항상 끊임없이 새롭게 철학이 외적으로 표현할 수 없는 것을, 즉 행위와 생산 속의 의식 없는 놈과 그놈의 의식 있는 놈과의 근원적 동일성을 증명한다. 그러므로 예술은 철학자에게 가장 높은 놈이다. 왜냐하면 예술은 철학자에게 말하자면 가장 성스러운 곳을 열어 주기 때문이다. 자연과 역사에서 분리되어 있는 것, 삶과 행위와 생각에서 영원히 서로 달아날 수밖에 없는 것이 그 가장 성스러운 곳에서 영원하고 근원적인 통일 속에서 마치 불꽃 속에서처럼 타오른다. 철학자가 인위적으로 만든 자연관은 예술에게 근원적이며 자연스러운 관점이다. 우리가 자연이라고 부르는 것은 비밀스럽고 경이로운 문자로 쓰여 닫혀 있는 시이다. 하지만 수수께끼를 풀 수 있다면, 우리는 그 시에서 정신의 오디세이아를 알아보게 될 것이다. 경이롭게 홀려 자기 자신을 추구하면서 자기로부터 달아나는 정신의 오디세이아를 말이다. 우리가 의도한 환상의 땅이 반투명한 안개를 관통하여 번득이듯이, 의미Sinn는 말을 관통하듯이 감각세계를 관통하여 번득인다. 모든 각각의 위대한 그림은, 말하자면 현실세계와 이상세계를 나누는 보이지 않는 칸막이가 거둬짐을 통하여 발생하며, 현실세계를 통해서는 불완전하게만 가물거리는 환상세계의 지역들과 모습들이 완전하게 드러나게 해 주는 구멍일 따름이다. 철학자에게와 달

---

[46*] 필사본에는 "이성적"으로 수정되어있음

리 예술가에게 자연은 끊임없는 제한 속에서만 나타나는 이상적인 세계, 혹은 예술가 자신의 바깥이 아니라 안에 현존하는 세계의 불완전한 반영이 더 이상 아니다.

그런데 철학과 예술이 서로 맞섬에도 불구하고 이렇게 친족관계를 맺고 있는 것은 어째서일까?† 이 질문은 앞에서 이미 충분히 대답되었다.

그러므로 우리는 다음의 언급으로 논의를 마무리하려 한다. ― 체계는 자신의 출발점으로 되돌아왔을 때 완성된다. 우리의 체계가 바로 그러하다. 주관과 객관의 모든 조화에 대한 근원적 근거는, 그 근거의 근원적 동일성에서는 오직 이성적 직관을 통해서만 표현될 수 있었다. 그 근거는 예술작품을 통하여 완전히 주관 밖으로 나와 온전히 객관적으로 되었다. 우리는 우리의 객체인 나를 우리가 철학하기 시작했을 때 섰던 지점까지 점차 이끌었다.

그런데 철학자가 단지 주관적으로 표현할 수 있는 것을 일반적 타당성을 가지고 객관적으로 만드는 데 성공할 수 있는 놈이 오직 예술뿐이라면, 다음을 기대할 수 있다. 학문의 유년기에 포에지로부터 태어나 양육된 철학과 철학을 통해 완전함에 접근한 모든 학문들은 완성 이후, 마치 개별 하천들처럼 그들이 떠난 일반적인 포에지의 바다로 다시 흘러든다. 학문이 포에지로 회귀할 때 거칠 중간항이 무엇인지는 일반적으로 어렵지 않게 말할 수 있다. 왜냐하면 오늘날 해소할 수 없을 것처럼 보이는 이 분리가 일어나기 이전에 신화Mythologie가 그런 중간항으로서 이미 현존했기 때문이다.* 그러나 개별 시인의 창작이 아니라 마치 단 한 명의 시인처럼 표상하는 인류의 창작일 수 있는 새로운 신화가 어떻게 발생할 수 있을까? 이 문제에 대한 해결은 미래 세계의 운명과 이후 역사의 진행에 의해 이루어지기를 기대할 수밖에 없다.†

---

* 이 생각에 대한 더 나아간 논의는 이미 여러 해 전에 완성된 〈신화에 대하여über Mythologie〉라는 논문에 들어 있다. 이 논문은 빠른 시일 안에 출판될 것이다.

## 체계 전체에 대한 일반 주석

여기까지 우리의 행보를 주의 깊게 따라온 독자가 전체의 구조를 다시 한 번 숙고한다면, 의심의 여지없이 다음을 알게 될 것이다.

체계 전체는 양 극단 사이에 놓인다. 한쪽 극단은 이성적 직관이며, 다른 쪽 극단은 미적 직관이다. 철학자에게 이성적 직관은 철학자의 객체에게 미적 직관과 같다. 이성적 직관은 단지 정신이 철학할 때 취하는 특수한 방향을 위해서만 필수적이기 때문에, 보통의 의식에 전혀 들어오지 않는다. 반면에 미적 직관은 다름 아니라 일반적으로 타당한 혹은 객관적으로 된 이성적 직관이기 때문에 모든 각각의 의식에 적어도 들어올 수 있다. 이로부터 철학으로서의 철학은 결코 일반적으로 타당해질 수 없다는 것과 왜 그러한지를 깨달을 수 있다. 절대적 객관성이 주어진 유일한 놈은 예술이다. 이렇게 말할 수 있다. 예술에서 객관성을 앗으면, 예술은 예술이기를 그치고 철학이 되며, 철학에 객관성을 주면, 철학은 철학이기를 그치고 예술이 된다. ― 철학은 가장 높은 곳에 도달하지만, 말하자면 인간의 한 부분만 거기까지 데려간다. 예술은 있는 그대로의 인간 전체를 거기까지, 즉 가장 높은 놈에 대한 인식까지 데려간다. 예술과 철학의 영원한 차이와 예술의 기적은 여기에서 비롯된다.

더 나아가 초월철학 전체의 구조는 오로지 첫 번째이며 가장 단순한 자기의식에서의 자기직관부터 가장 높은 미적 직관에서의 자기직관까지 계속되는 자기직관의 역량 높이기에서 비롯된다.

철학의 객체가 자기의식의 건물 전체를 산출하기 위해 거치는 역량들은 다음과 같다.†

저 절대적으로 동일한 놈이 최초로 분리되는 자기의식 활동은 다름 아니라 무릇 자기직관 활동이다. 따라서 이 활동을 통해서는 아직 아무 규정된 놈도 나 속에 정립될 수 없다. 왜냐하면 바로 이 활동을 통하여 비로소 모든 무릇 규정성이 정립되기 때문이다. 이 첫 번째 활동에서 저 동일한 놈은 처음으로 주체인 동시에 객체로, 다시 말해 무릇 나로 된다. ― 나 자신에게는 그렇게 되지 않지만, 철학하는 반성에게는 그렇게 된다.

― 이 활동을 도외시할 때, 말하자면 이 활동 이전에, 그 동일한 놈이 무엇인가는 전혀 제기할 수 없는 질문이다. 왜냐하면 그 동일한 놈은 오로지 자기의식을 통하여 자기를 드러낼 수 있는 놈이며 자기의식 활동과 도무지 분리될 수 없는 놈이기 때문이다. ―

두 번째 자기직관은 나가 나의 활동성의 객관에 정립된 저 규정성을 직관하는 활동이며 감각에서 일어난다. 이 직관에서 나는 자기에게 객체이다. 반면에 위에서 나는 철학자에게만 객체이며 주체였다.

세 번째 자기직관에서 나는 감각하는 놈으로서 자기에게 객체로 된다. 다시 말해 이제껏 나에서 주관이었던 놈이 객관으로 넘어간다. 요컨대 이제 나에 있는 모든 것은 객관적이다. 다시 말해 나는 온전히 객관적이며, 객관적인 놈으로서 주체인 동시에 객체이다.

따라서 이 의식 단계로부터 남을 수 있는 것은 의식의 발생 후에 절대-객관Absolut-Objektive으로 발견되는 놈(외부세계)밖에 없다. ― 이미 역량이 높아졌으며 따라서 생산적인 이 직관 속에는 객관적 활동성과 주관적 활동성 외에 (이 활동성들은 여기에서 둘 다 객관적이다) 세 번째 활동성이 더 들어 있다. 그 세 번째 활동성은 진정한 의미에서 직관하는 활동성, 혹은 관념적 활동성이다. 이 관념적 활동성은 나중에 의식 있는 활동성으로 등장하게 된다. 그러나 이 세 번째 [관념적] 활동성은 단지 저 두 활동성으로 이루어진 세 번째 활동성이기 때문에 그것들로부터 분리될 수도 없고 그것들에 맞설 수도 없다. ― 요컨대 이 직관 속에는 의식 있는 활동성이 이미 함께 몰입해 있다. 달리 말하자면, 이 직관에서 의식 없는 객관은 의식 있는 활동성을 통해 규정된다. † 다만 의식 있는 활동성이 의식 있는 활동성으로서 구분되지 않을 뿐이다.

그다음 [네 번째] 직관은 나가 자기를 생산하는 놈으로서 직관하는 활동이다. 그런데 현재 나는 한낱 객관적이므로, 이 직관 역시 한낱 객관적이다. 다시 말해 이 직관 역시 의식이 없다. 물론 이 직관 속에는 저 직관하면서 또한 관념적인 활동성, 앞선 직관 속에 몰입해 있던 활동성을 객체로 갖는 관념적 활동성이 있다. 따라서 여기에서 직관하는 활동성은 두 번째 역량의 관념적 활동성, 즉 합목적적 활동성이다. 그러나 이 합목적적 활동성은 의식 없이 합목적적인 활동성이다. 따라서 이 직관으로부터 의식에 남는 놈은 합목적적인 놈으로 나타나지만 합목적적으로 산출된 산물로 나타나지 않는다. 그런 놈은 조직이다.

이 네 수준을 거쳐 나는 이성으로 완성된다. 명백히 알 수 있듯이, 이 지점까지는 자연과 나가 완전히 걸음을 같이한다. 따라서 의심의 여지없이 자연에 부족한 것은 저 모든 직관들이 나에 대하여 갖는 의미를 자연에 대해서도 갖게 만들 마지막 놈뿐이다. 그러나 이 마지막 놈이 무엇인지는 더 나중에 밝혀질 것이다.

나가 계속해서 한낱 객관적이라면, 물론 자기직관은 무한히 역량을 높일 수 있겠지만, 이를 통해서는 단지 자연 속 산물들의 열이 길어지기만 할 뿐, 의식은 결코 발생하지 않을 것이다. 의식은 오로지 나 속의 저 한낱 객관이 나 자신에게 객관적으로 됨을 통해서만 가능하다. 그러나 이 객관되기의 근거는 나 속에 놓일 수 없다. 왜냐하면 나는 저 한낱 객관과 절대적으로 동일하기 때문이다. 따라서 그 근거는 지속적인 제한을 통해 점차 이성으로, 더 나아가 개체로 한정되는 나 바깥에 놓일 수밖에 없다. 그런데 개체 바깥에, 다시 말해 개체에 독립적으로 있는 놈은 이성 자체뿐이다. 그러나 (도출된 메커니즘에 따라) 이성 자체는 존재한다면 자기를 개체로 한정해야 한다. 따라서 우리가 개체 바깥에서 찾는 그 근거는 다른 개체에 있을 수밖에 없다. †

절대-객관은 오직 다른 이성존재들의 작용을 통하여 나 자신에게 객체로 될 수 있다. 그런데 이 다른 이성존재들 속에는 그 작용의 의도가 이미 들어 있어야 한다. 그러므로 자연 속에서 자유는 항상 이미 전제되며(자연은 자유를 산출하지 못한다) 자유가 첫 번째 놈으로서 이미 있지 않다면 자유는 발생할 수 없다. 이 대목에서 다음이 명백해진다. 자연은 이 지점까지 완전히 이성과 같고 이성과 함께 동일한 역량들을 거쳤지만, 만일 자유가 있다면(자유가 있다는 것은 이론적으로 증명되지 않는다) 자유는 자연 위에 (자연보다 앞서) 있어야 한다.

그러므로 이 지점에서부터 행위들의 새로운 서열이 시작된다. 그 행위들은 자연을 통해서는 불가능하다. 오히려 그 행위들은 자연을 뒤로 떨쳐 버린다.

절대-객관, 혹은 직관하기의 법칙성이 나 자신에게 객체로 된다. 그런데 직관하기는 의지하기를 통해서만 직관하는 놈에게 객체가 된다. 의지하기에서 객관은 직관하기 자체 혹은 자연의 순수한 법칙성이며, 주관은 그 법칙성 자체로 향한 관념적 활동성이고, 이 일〔의지하기〕을 일으키는 활동은 절대적 의지활동이다.

절대적 의지활동 역시 나에게 객체로 된다. 자세히 설명하자면, 객관, 곧 의지하기에서 외부로 향한 놈이 자연충동으로서 나에게 객체로 되고, 주관, 곧 의지하기에서 법칙성 자체로 향한 놈이 절대의지로서 즉 정언명령으로서 나에게 객체로 됨을 통하여 절대적 의지활동이 나에게 객체로 된다. 그런데 이 객체 되기는 다시, 위의 객관과 주관 위에 있는 활동성이 없으면 불가능하다. 이 활동성은 자의, 곧 의식을 가지고서 자유로운 활동성이다.

이 의식적으로 자유로운 활동성은 행위하기에서 객관적 활동성에 맞선다. 객관적 활동성과 하나가 되어야 마땅함에도 불구하고 말이다. 만일 이 의식적으로 자유로운 활동성이 객관적 활동성과의 근원적 동일성 속에서 직관된다면(이런 직관은 자유를 통해서는 단적으로 불가능하다) 마침내 자기직관의 최고 역량이 발생한다. 이 최고 역량은, 이미 의식의 조건들 너머에 있으며 오히려 처음부터 자신을 창조schaffen하는 의식 자체이므로, 만일 존재한다면, 단적

## 6부  철학의 일반적 기관에 대한 연역, 혹은 초월적 관념론의 근본문장들에 따른 예술철학의 주요 문장들

으로 우연적인 놈으로 나타날 수밖에 없다. † 자기직관의 최고 역량 속에 있는 305 [485-486] 이 단적으로 우연적인 놈은 천재의 이념을 통해 표현되는 그놈이다.

      이것들은 변함없으며 모든 앎에게 확정되어있는 자기의식의 역사의 단계들이다. 이 단계들은 경험에서 연속적인 서열로 표현된다. 그 서열은 단순한 재료에서부터 조직까지 (의식 없이 생산하는 자연은 조직을 통하여 자기에게로 회귀한다) 거기에서부터 이성과 자의를 거쳐, 예술에서 이루어지는 자유와 필연의 가장 높은 통일까지 진행되고 제시될 수 있다.

# 주석

1) 본문 7쪽. 셸링은 철학의 진면목이 자기의식의 역사 Geschichte des Selbstbewußtseins라고 단언한다. 철학은 결국 '자기관계를 과정으로서 서술하는 일'이라는 말로 넓혀서 이해해볼 수 있을 것이다. 실제로 이 책은 처음부터 끝까지 '나'로 일컬어지는 자기관계를 점점 더 복잡해지는 과정으로서 서술한다. 그 과정 속에서 이론철학과 실천철학과 예술철학의 모든 주제들이 다뤄진다.

2) 본문 9쪽. 적어도 옮긴이가 아는 한 철학책에 전례가 없음에도 불구하고 이 번역서는 '놈'이라는 표현을 사용했다. 정확히 말해서 '술어+놈'인데, 이는 독일어에서 (1) '중성정관사+술어' 혹은 뜬금없이 단독으로 나오는 (2) '분사형 술어'를 번역한 것이다. 이를테면 (1) '동일한 놈'은 'das Identische', '직관하는 놈'은 'das Anschauende'이며 (2) '제한되는 놈으로서 나'는 'Ich als begrenzt', '감각하는 놈으로서 나'는 'Ich als empfindend'이다. 철학자들에게는 사족일지 모르나 차분한 설명을 원하는 독자들을 위해 이렇게 '놈'을 선택한 연유를 처음부터 설명하겠다.

'어떠한 무엇'이나 '뭐하는 무엇'은 숱하게 등장하는 표현이다. 형식만 추려서 얘기하면 '형용사+이름'과 '동사+이름'인데, 한 예로 '푸른 소나무'와 '자라나는 소나무'라는 표현을 들 수 있겠다. 옮긴이는 이 두 표현을 뭉뚱그려 '술어+이름'으로 칭하려 한다. 그러니까 형용사와 동사 사이에 근본적인 차이를 두지 않겠다는 말이다. 이렇게 하는 데에는 물론 철학적인 의도가 있다. 간단히 말해서 '푸르다'나 '자라나다'나 근본적으로는 주체의 활동이라는 생각이 깔려있다. 소나무의 푸름과 소나무의 자라남은 둘 다 소나무의 활동이지 않은가? 동의하건 안 하건, 지금은 옮긴이가 말하는 '술어'가 형용사와 동사를 아우른다는 것만 알아 두면 된다.

문제는 우리가 '술어+이름'에 들어있는 '이름'을 가능한 한 최고로 일반화하려 할 때 생긴다. '푸른 소나무'보다 일반적인 '푸른 침엽수'로 이행하기는 쉽다. 그러나 '푸른 침엽수'에서 '푸른 나무', '푸른 식물', '푸른 생물' 등으로 몇 단계 더 일반화를 거치면 '이름'이 궁해지기 시작한다. '푸른 생물' 다음은 무엇일까? 더 나아가 일반화를 극단으로 몰아가서, '이름'으로 그 어떤 것도 특칭하지 않으면서 '술어+이름'을 이야기하려면 어떻게 해야 할까? 철학을 하려면 그런 이름이 반드시 필요하다. 아무 생각도 덧붙이지 않으면서 정신의 눈으로 가리키기만 하려 할 때, 우리는 어떤 이름을 써야 할까? 가장 일반적인 이름은 무엇일까?

여러 후보자를 댈 수 있을 것이다. 먼저 '술어+무엇'이라는 표현도 충분히 가능하다. '푸른 무엇', '자라나는 무엇'처럼 말이다. 둘째로 '술어+것'이라는 표현이 있으며, 이 표현은 현재의 철학적 언어사용에서 가장 일반적으로 선호되고 있다. '푸른 것', '자라나는 것', '생각하는 것', '펼쳐진(연장된) 것' 등. 실제로 옮긴이도 이 책을 번역하면서 처음에는 '것'을 썼다.

'것' 만 가지고서 번역을 해내려 애썼다. 그러나 우리말의 생리가 필자를 '놈' 의 사용으로 이끌었다.

'것' 은 참 유연한 말이며, 그래서 문제를 일으킨다. 간단히 말해 우리말에서 '술어+것' 은 '술어+무엇' 을 뜻하지 않을 때가 오히려 더 많은 듯하다. 때때로 '어떠한 것' 과 '뭐하는 것' 은 '어떠함(어떠하기)' 과 '뭐함(뭐하기)' 으로 읽게 되지 '어떠한 무엇' 과 '뭐하는 무엇' 으로 읽게 되지 않는다. '것' 이 이름으로서의 구실을 맥없이 잃어버리는 형국이다. 한 예로 '생각하는 것' 은 정말 '생각하는 무엇' 으로만 읽히는가? 다음 문장들에 있는 '술어+것' 을 보라. "내가 그대를 생각하는 것은 어리석은 일이다." "내가 사는 것이 사는 것이 아니야." "하늘이 푸른 것은 빛의 산란 때문이다." "나고 죽는 것은 하늘이 정한 이치다." "창밖으로 낙엽이 지는 것이 보인다." 더 많은 예를 들 필요는 없을 것이다. 이런 '술어 + 것' 들은 당연히 '어떠함' 이나 '뭐함' 으로 읽어야 한다. '생각하는 것' 은 어떤 때는 '생각하는 무엇' 을 뜻하고, 다른 때는 '생각함' 을 뜻한다. 이로써 '것' 에 모호함이 있다는 데까지는 설명되었다.

이렇게 묻고 싶은 분들도 있을 것이다. 하지만 우리는 얼마든지 '생각하는 것' 이 '생각하는 무엇' 으로 쓰인 경우와 '생각함' 으로 쓰인 경우를 구별할 수 있지 않은가? 방금 위에서 했듯이 말이다. 옮긴이도 그렇다고 인정한다. '것' 이 대여섯 개나 등장하는 복잡한 문장이라 할지라도 뜯어보고 또 뜯어보면 위의 두 용례를 구별하여 문장을 해독할 수 있을 것이다. 그러나 그러려면, 위조지폐를 찾아낼 때 드는 것 이상의 공을 들여야 한다. 아무리 전문가라 할지라도 '생각하는 것' 만 보고 이것이 '생각함' 인지 아니면 '생각하는 무엇' 인지 알아낼 길은 없다. 만일 대안이 있다면, 굳이 힘들여 '것' 을 고집할 일은 아니다. '생각하는 무엇' 으로만 읽히는 표현이 있다면, 그것을 쓰면 된다.

앞에서 우리는 정신의 눈으로 가리킬 수 있는 모든 것을 가장 일반적으로 이르는 이름의 후보자로 '무엇' 과 '것' 을 지목했지만, 다른 후보자들도 있다. 옮긴이가 선택한 후보자는 '놈' 이다. '술어+놈' 의 의미는 명확하다. '술어+것' 에 동반된 모호함을 전혀 발견할 수 없다. '생각하는 놈' 은 생각하기의 주체를 가리키며, 그 주체에 대하여 다른 어떤 규정도 덧붙이지 않으면서 오직 생각하기의 주체로서만 가리킨다. 이렇게 '놈' 은 활동의 주체를 오직 활동의 주체로서만 가리킬 때 쓰는 이름이다. 대여섯 행, 심지어 예닐곱 행에 달하는 복잡한 문장에 '것' 이 스무 번쯤 등장할 때, 그 중 상당수를 '놈' 으로 교체하면, 문장을 훨씬 더 쉽게 이해할 수 있다. 이 책에 수백 번 쓰인 '놈' 을 읽어 보고 나서 그것들을 다 '것' 으로 교체해서 읽어 보면, 독자 스스로 확인할 수 있을 것이다. 이로써 '놈' 이 명확한 의미를 지녔고 요긴하게 쓰일 수 있다는 것이 설명되었다.

마지막으로 놈의 사용이 바람직하다는 최종적인 판단은 철학에서 비롯된다. 저 위에서 형용사와 동사 사이에 근본적인 차이를 두지 않겠다고 하면서 옮긴이는 '푸름' 이건 '자라남' 이건 다 주체의 활동이 아니냐고 질문을 던졌다. 사실 이 문제는 독일관념론의 핵심을 건드린다. 독일관념론자의 눈에는 모든 술어의 내용이, 다시 말해 '있음(존재)' 과 '무엇임(본질)' 과 '어떠함(속성)' 과 '어찌함(행동)' 이 죄다 주체의 활동이다. 그런 주체를 가리키려면 어떤 이름을 써야 하겠는가? '놈' 이 제격 아닌가? 옮긴이가 '생각하는 무엇' 이라는 훌륭한 대안을 버리고

'생각하는 놈'으로 낙점한 까닭이 여기에 있다. 세상 만물, 오만 잡것들을 다 '놈'으로 보자는 것이 독일관념론의 기본적인 제안이다. 옮긴이의 번역어 선택은 최종적으로 그 정신에 의거하여 내려졌다.

끝으로 세부적인 사항이지만 모두에 옮긴이가 제시한 '술어+놈'의 두 번째 용례에 대하여 언급할 필요가 있다. 셸링은 'Ich als empfindend'라고 썼지 'Ich als das empfindende'라고 쓰지 않았으므로, 엄밀히 하려면 '감각함으로서 나'라고 번역해야 옳을 것이다. 셸링은 감각함과 나가 따로 있다는 어감을 최대한 줄이고자 했고, 그래서 정관사 'das' 마저도 너무 무겁다고 느꼈음에 틀림없다. 하지만 다른 한편으로 '감각함'과 '나'가 완전히 융합하는 것 또한 그의 뜻은 아니다. 요컨대 '나'는 '감각함'으로부터 반드시 거리를 두어야하지만 그렇다고 해서 어딘가 다른 곳에 고정되어서는 안 된다. 이 절박한 사태가 'Ich als empfindend'라는 절묘한 표현을 낳았다. 이 절묘한 표현을 '감각하는 놈으로서 나'로 구겨버린 것은 옮긴이의 부족함 때문이다. 부족함을 느낀다고 해서 곧바로 부족함을 극복할 수 있는 것은 아니다.

언어의 선택과 사용은 모든 각자의 고유한 권리이다. 독일관념자라면 반드시 '놈'을 써야 하는 것도 아니고, 예컨대 영미경험론자라고 해서 '놈'을 못쓸 이유도 없다. 옮긴이가 보기에 언어는 우리에게 최후의 발판이지만, 그 발판이 어디까지나 방편이라는 점을 부정할 수는 없다. '놈'이라는 상스런 단어의 사용이 일으킬지도 모를 불쾌감을 염려하여 한마디 덧붙인다. 상스런 말이 우리를 더 높은 곳으로 이끈다면, 상스런 말을 써야 마땅하다. 그것이 철학자의 도리다. 지금은 납득되지 않을 수도 있으나, 이 책에 수백 번 등장하는 '놈'들을 보면서 독자 스스로 생각해 보시길 바란다.

3) 본문 12쪽. 초월철학은 'Transzendental-Philosophie'의 번역이다. 일부 학자들은 이 독일어를 '선험철학'으로 옮긴다. 어느 번역어를 선택할 것인가에 대한 논쟁은 마치 제사상에 대추를 더 오른쪽에 놓아야 하는지 아니면 감을 더 오른쪽에 놓아야 하는지에 대한 논쟁처럼 비생산적이기 십상이라서 피해야 할 것이나, 생산적일 수도 있을 만한 제안은 던져도 좋을 것이다.

일반적인 맥락에서 'transzendental'이 '초월적'을 의미한다는 것에는 이견이 있을 수 없다. 그런데 얄궂게도 거의 고유명사화한 'Transzendental-Philosophie'의 원조 칸트는 'transzendental'을 독특한 의미로 썼다. 그러면서 자신의 언어사용이 독특하다는 것을 잘 알았기 때문에 자상하게 설명했다. 그에게 'transzendental'이라는 술어는 '경험의 가능 조건에 관한'이라는 의미라고 말이다. 일부 학자들이 선호하는 '선험철학'이라는 번역어는 분명 이 뜻풀이에 의거할 것이다. 요컨대 꽤 오래전에 'transzendental'을 '선험적'으로 정착시킨 선배 철학자들은 아주 자상한 번역을 한 셈이다. 칸트의 'Transzendental-Philosophie'를 직역하여 "초월철학"이라고 부른다면 의미적으로 칸트의 뜻에 반하여 혼란만 더 가중시킬 테니 그의 뜻에 맞게 '선험철학'이라고 번역하자, 하고 그들은 생각했을 것이다.

모든 맞춤형 번역의 기저에는 그런 세심한 배려가 있는 것 같다. 독일어나 철학에 접근할 수 있는 인구가 극히 드물었던 시절에는 그게 옳았을 수도 있다. 생각해 보라. 'transzendental'도 모르고 'a priori'도 모르고 '초월적'도 모르고 '선험적'도 모르는 사람들에게 "원래 transzendental은 초월적이라는 뜻인데, 특이하게 칸트는 a priori 즉 선험적이라는 뜻으로 썼습니다. 그러므로 Trnaszendental-Philosophie를 선험철학으로 번역하겠습니다."라고 설명한다면, 누가 알아먹겠는가! 그냥 "칸트의 철학은 선험철학입니다."하고 단박에 가르치는 게 옳았을 수 있다.

그러나 지금은 이 땅의 평균적인 지식인도 'transzendental'고 'a priori'와 '초월적'과 '선험적'을 함께 생각할 능력을 갖췄다. 이제는 위의 장황한 설명을 충분히 알아먹고도 남는다. 그렇다면 'transzendental'을 '초월적'이라는 원래 위치에 갖다놓아도 되지 않을까? 칸트의 철학을 칸트처럼 '초월철학'이라고 부르고 칸트처럼 위의 설명을 덧붙인다면, 옛 선배들이 우려한 혼란은 일어나지 않을 것이다.

더 나아가 "왜 칸트는 무리해서 그런 독특한 언어 사용을 강행했을까?"라는 매우 생산적인 질문도 유도할 수 있을 것이다. 혹시 칸트는, 경험의 가능 조건을 향한 도약은 또 하나의 초월이며, 그 새로운 초월로 과거에 논의된 모든 초월적 주제들을 다룰 수 있다는 말을 하고 싶었던 게 아닐까? 이런 식으로 생각을 펼친다면, 성 토마스의 초월과 칸트의 초월을 비교하려는 욕구도 생기고 심지어 우리의 초월에 대해서도 이야기하고 싶은 장한 마음도 들 수 있을 것이다. 물론 의도하지 않았겠지만, 자상한 선배들의 맞춤형 번역인 '선험철학'은 이 모든 흥미로운 가능성들을 원천적으로 봉쇄한다.

'선험철학'으로 부르든 '초월철학'으로 부르든, 중요한 것은 흥미로운 가능성들을 열어 나가는 마음가짐이다. 이 책에서 셸링은 당연히 칸트를 염두에 두고서 '초월적'이라는 말을 쓰는데 당연히 칸트와 또 다르게 쓴다. 옮긴이는 당연히 이 시대의 사람답게 셸링 맞춤형 번역을 하지 않겠다.

4) 본문 12쪽. 이 문장에서 보듯이, 이 책에 쓰인 '나'는 결코 화자 자신을 가리키는 1인칭 대명사가 아니다. 그러니까 셸링을 가리키는 단어가 아니다. 그렇다면 도대체 무엇을 가리키는 단어일까?

이 질문에 대한 대답을 찾는 과정, 혹은 그 대답이 펼쳐지는 과정이 이 책 전체다. 다시 말해 그 대답은 이 책을 다 읽고 다시 읽고 또 읽어야 겨우 윤곽이 보일 것이다. 그러나 독자를 안내하기 위하여 잠정적인 대답을 제시하기는 아주 쉽다. 그냥 평소에 쓰는 '나'라는 말의 뜻 그대로이다. 즉, 자기를 '나'라고 부르는 모든 각자가 일단 이 책의 '나'이다.

우리는 '나'를 특정한 아무개로 환원하지 않은 채로 얼마든지 이해하고 소통할 수 있고, 일상에서도 가끔 그렇게 한다. 특히 불교문화의 세례를 받은 우리에게 '나를 찾아가는 길', '참 나를 만나고 싶다', '나는 너다', '나는 없다' 따위의 표현은 전혀 낯설지 않다. 이런 '나'를 보고, '나가 도대체 누구야? 홍길동이야, 허균이야?' 하고 물을 사람은 없을 것이다. 이 책의 '나'도 그렇게 쓰인다. 극히 드물게 '나'가 셸링을 가리킬 때가 있는데, 그럴 때는 '나가〔셸링이〕', '나는〔셸링은〕' 등으로 보충 번역하여 혼란을 막았다.

철학은 경이로움을 느끼는 것에서 시작된다고 한다. 그렇다면 무엇에 가장 크게 경이로움을 느끼는가에 따라서 철학의 색조가 달라질 수 있을 것이다. 최초의 철학은 아마 세계의 질서, 순환, 법칙성 따위에 가장 큰 경이로움을 느꼈을 것이다. 반면에 독일관념론에게 가장 경이로운 대상은 바로 '나'이다. 범위를 조금 넓힌다면, 적어도 데카르트 이후 우리를 철학으로 이끄는 환하면서 또한 동시에 어두운 빛은 '나'가 뿜어내는 경이로움이다.

5) 본문 12쪽. 이 책의 '—' 표는 악보에서 쉼표와 같은 구실을 한다. 논리적인 맥락이 달라질 때 주로 등장하며 잠깐 쉬었다가 읽으라는 뜻으로 이해하면 된다.

6) 본문 12쪽. 독일어 Aufheben은 특히 헤겔철학과 관련하여 전통적으로 '지양'으로 번역되었다. 그러나 이미 다른 책(테리 핀카드 지음, 전대호, 태경섭 옮김, 《헤겔, 영원한 철학의 거장》, 이제이북스, 2006)에서 밝힌 바 있듯이, 옮긴이는 '거두다'라는 더 친근한 번역어를 선호한다. 거둔다는 말은 더 이상 그냥 놔두지 않는다는 부정적인 의미와 보듬어 보존한다는 긍정적인 의미를 동시에 갖고 있으며, 이 점은 헤겔이 설명하는 Aufheben의 의미 및 특장점과 거의 일치한다. 독일어 사전(Duden Deutsches Universal Wörterbuch', 2. Aufl, Mannheim u. a., 1989)의 'aufheben' 항목을 보면, 다음의 두 용례가 나온다. 'Das Kind war bei seinen Pflegeeltern gut aufgehoben." "einen Haftbefehl aufheben(für ungültig erklären)" aufheben을 '거두다'로 옮기면서 번역하면 이러하다. "그 아이는 양부모(의 손)에 잘 거둬져 있었다." "체포명령을 거두다(무효로 선언하다)." 이보다 더 적확한 번역은 찾기 어려울 것이다.

하지만 aufheben의 이중의미를 강조하는 것은 헤겔이므로 셸링의 aufheben은 또 다르게 번역해야하지 않을까 고민할 수도 있을 것이다. aufheben을 '지양'으로 번역한다면 실제로 문제가 될 수 있다. 왜냐하면 '지양'은 전적으로 헤겔철학을 받아내기 위해 만든 맞춤형 번역어이기 때문이다. 반면에 '거두다'는 다르다. 자생 언어이므로 셸링의 aufheben도 충분히 받을 만한 융통성을 가지고 있다. aufheben이나 '거두다'나 마찬가지로 위의 두 가지 뜻 중 하나로 써도 합법적이다. 실제로 이 책에서 셸링은 헤겔과 달리 '거두다'에 긍정적인 의미를 거의 부여하지 않는 것으로 보인다. 똑같은 '거두다'를 놓고 셸링과 헤겔 사이에 미묘한 시각의 차이가 나타나는 것이다.

7) 본문 12쪽. '단박에'는 부사 unmittelbar의 번역이다. 명사 Unmittelbarkeit는 '단박'으로 옮겼다. 문제는 형용사로 쓰인 unmittelbar인데, 이 경우에는 어쩔 수 없이 그냥 '단박'을 사용하여 예컨대 '단박 앎unmittelbares Wissen'과 같은 어색한 표현을 만들었다. '무매개적'이라는 전통적인 번역을 거부한 것에 대한 변론은 이러하다.

unmittelbar의 가장 중요한 성격은 '일차성'이다. 말 그대로 '아무 매개 없이 가장 먼저'를 뜻하는 말이다. 그런데 이 말을 '무매개적'으로 번역할 경우, 헤겔이 잘 지적한 규정된 부정 bestimmte Negation의 원리가 자동으로 개입하여, '매개적'을 거쳐서 '무매개적'을 생각하게 될 위험이 있다. 이 점은 독일어 unmittelbar도 마찬가지이긴 하다. 실제로 이 표현도 자기의 모양새(부정 접두어 un-)가 자기의 의미('가장 일차적으로'라는 의미)를 반박하는 경향이 있다. 반면에 우리말 '단박에'는 어떠한가? 진정으로 어떤 매개도 없음을 unmittelbar보다 더 잘 표현하지 않는가? 옮긴이는 이 우리말 표현이 독일어 unmittelbar보다 오히려 더 낫다고 판단했다.

8) 본문 58쪽. 헤겔철학과 관련하여 널리 알려졌으며 전통적으로 '즉자대자적'으로 번역된 악명 높은 표현으로 'an und für sich'가 있다. 이 표현에 대한 설명과 번역어에 대한 변론은 필수

적이라고 판단된다. 본문의 문장을 보면, '제한됨'의 앞뒤로 '독자적으로 고찰한'과 '그 자체'가 덧붙어 뭔가 난해한 구조물을 형성했다. 이 번역어를 설명하려면 꽤 긴 여정을 거쳐야 한다. 쉬운 단계부터 시작하여 차근차근 접근하기로 하자. 우선 'an X'를 생각해보자. 옮긴이가 아는 한, 독일어 an의 기본 기능은 위치를 말해주는 것이다. 구체적으로 an은 어느 위치에 '붙어 있음'을 뜻한다. 예컨대 'A an X'는 'X에 붙어있는 A'를 의미한다. 반면에 an의 반대말인 ab은 떠남이나 분리의 의미를 갖는다. 예컨대 'A ab X'는 'X를 떠난 A' 또는 'X를 떠나는 A'를 의미한다. 이제 X의 자리에 A 자신이 들어간 'A an sich'를 생각해보자. 방금 설명한 바에 따라 이 표현은 '자기에게 붙어있는 A', '제 자리에 머무는 A', 다시말해 '그 자체로 (있는) A' 혹은 'A 그 자체'를 의미한다.

두번째로 'für X', 구체적으로 'A für X'를 생각해보자. 이 책에도 이런 표현이 숱하게 나오지만, 이렇게 쓰인 für 기능은 관점 혹은 관계를 말해주는 것이다. 다시 말해 'A für X'는 'X의 관점에서 A' 혹은 'X와의 관계 하에서 A'를 의미한다. 이제 X를 A 자신으로 대체하면 'A für sich'를 얻을 수 있다. 이 표현은 간단히 '자기의 관점에서 A' 혹은 '자기와의 관계 하에서 A'를 의미한다. '자기의 관점에서'가 '자기가 보기에'나 '자기에게'와 근본적으로 같은 뜻이라는 점은 따로 설명하지 않겠다.

'an und für sich'로 넘어가기에 앞서 'A an X für Y'라는 예비단계를 거치자. 이 표현이 X에 붙어 있으며 Y가 보기에 A'를 뜻한다는 것은 자명하다. 이제 X와 Y를 둘 다 A 자신으로 대체하면 우리의 최종 목표에 도달한다. 'A an und für sich'는 무슨 뜻일까? '제 자리에 머물러 있으며 자기가 보기에 A'라는 뜻이다. 관점과 위치를 모두 A 자신으로 놓았을 때의 A라는 뜻이다.

이제 본문의 구절 'Begrenztheit an und für sich'를 공략할 준비가 되었다. 방금 설명한 대로 이 구절에 대한 번역은 '제 자리에 머물러 있으며 자기가 보기에 제한됨'이어야 할 것이며, 이 낯설고도 낯선 표현의 의미는 '제한됨의 자리에 머물러 있으며 제한됨의 관점에서 고찰한 제한됨'이어야 할 것이다. 옮긴이는 이런 표현들도 고려해 보았으나, '제한됨'이 제 자리나 자기의 관점을 갖는 것을 좀체 허용하지 않는 우리말의 한계를 참작하지 않을 수 없었다. 앞에서 설명했듯이 'an sich' 즉 '제 자리에 머물러 있는'은 비교적 양호하게 '그 자체'로 처리할 수 있었지만, 'für sich'가 큰 문제였다. 철학자라면 '제한됨의 관점에서 제한됨'을 생각 못 할 것도 없겠지만, 솔직히 옮긴이 자신의 관점에서조차 낯선 표현을 독자에게 강요할 수는 없었다. 결국 타협안은 '독자적으로 고찰한'이었다. 실제로 이 가지막 표현은 흔히 'für sich'에 대한 적확한 번역어로 여겨진다. 'für sich'가 자기관계 혹은 자기관점을 강조함으로써 외부의 관점을 허용하지 않으며 외부와의 관계를 끊어낸다는 의미, 즉 '독자적'이라는 의미를 지니기 때문이다. 그러나 위 타협안은 결코 적확한 번역어가 아니다. 관점을 완전히 배제할 수도 없고, 그렇다고 제한됨 자신의 관점을 허용할 수도 없어서 은근슬쩍 외부 이성의 관점('고찰한')을 동원하기 때문이다. 아무튼 옮긴이의 타협안은 '독자적으로 고찰한 제한됨 그 자체'로 결정되었다.

공교롭게도 이 책에 처음 나온 'an und für sich'가 특히 고약하게 '규정됨'과 함께 쓰인 바람에 설명이 길어졌다. '내ch'와 함께 쓰인 'Ich an und für sich'라면 어떨까? 우리말에서도 문제없이 위치와 관점을 나에게 넘겨주어 '그 자체로 자기에게 나'라는 쉬운 번역이 가능하다. 요컨대 'X an und für sich'의 의미를 잘 옮긴 번역어는 일반적으로 '그 자체로 자기에게 X'이지만 때로는 차선책으로 '독자적으로 고찰한 X 그 자체'를 채택할 수 있다.

9) 본문 62쪽. 원문에는 '(dd에 따라서)'로 되어있으나 이는 편집 오류로 보인다. 의미를 따져서 '(f)의 β)에 따라서)'로 옮겼다.

10) 본문 71쪽. 주석 8) 참조.

11) 본문 78쪽. 지금까지의 논의는 나의 지위와 근본 구조에 대한 포괄적인 설명이었다. 따라서 나중에 더 자세히 나올 내용들이 사뭇 난해하게 축약되어 있었다. 그러나 이제부터는 어느 정도 구체성을 지닌 이야기가 단계적으로 펼쳐진다. 이를테면 각론인 셈인데, 익숙한 철학적 개념들이 등장하여 이정표 구실을 해주기 때문에 더 풍부하고 이해하기 쉽게 느껴질 것이다. 이제 시작되는 자기의식의 역사는 A부터 F까지의 과제들(과제 C는 없다)을 제기하고 해결하는 가운데 여러 시대들을 거치면서 324쪽까지 계속된다. 그 다음의 자투리는 이 역사 전체에 대한 요약이다.

12) 본문 108쪽. '역량'은 'Potenz'의 번역이다. 본문에서 보듯이 동일한 놈이 여러 역량을 가질 수 있다. 예컨대 직관하기에는 첫 번째 역량의 직관하기가 있는가 하면, 두 번째 역량, 세 번째 역량의 직관하기 등도 있다. 'Potenz'는 수학에서도 쓰이는 용어이다. 그 경우에는 거듭제곱의 지수를 의미한다. 예컨대 2의 1제곱은, 독일어에서 '2의 첫 번째 역량'으로 표현한다. 마찬가지로 2의 5제곱은 2의 다섯 번째 역량이다. 이런 수학적 용법에서와 마찬가지로 셸링이 말하는 역량도 세 번째, 네 번째 … 등으로 올라갈수록 강력해진다. 직관하기는 역량이 높아질수록 더 복잡하고 풍부해진다. 이런 의미에서 역량의 상승은 진화와 유사한 면이 있다.

13) 본문 114쪽. 원서의 편집자들은 이 소제목을 '해결1 : 생산적 직관의 연역'으로 수정했지만, 필자는 그 수정을 수용하지 않았다. '해결'은 '과제'와 짝을 이뤄야 한다고 생각하기 때문이다. 지금 우리는 여전히 92쪽에서 제기된 과제B를 해결하고 나서 다음 과제로 이행하는 중이다. 그 이행 과정에서 물질 등을 연역하는 성과를 거두게 될 것이다.

## 옮긴이의 말 | 나의 오디세이아

### 1. 자유에 걸맞은 세계

> "이 철학의 처음이자 끝은 자유이다. 자유는 절대로 보여 줄 수 없으며 오로지 자기 자신을 통해 자기를 증명한다."(50쪽)*

이렇게 선언하는 철학은 이른바 객관적 지식이 삶을 인도하는 지금 이 마당에 공허하게 울리는 꽹과리 소리에 불과하지 않을까 하는 회의가 늘 함께했다. 번역을 결정할 때도 그랬고, 번역하는 중에 처음엔 작은 호수인 줄 알았던 셸링이 점점 더 깊고 넓어지는 것을 느끼면서 더욱더 그랬다. 절경도 보고 무풍지대에 붙박이기도 하고 폭풍에 휩쓸리기도 하면서 용케 바다를 건넌 후 한바탕 노래를 부르고 싶은 지금도 그렇다. 오로지 자기를 통해 자기를 증명하는 자유, 그 자유로 종신終身하는 철학, 그 철학을 역량 부족을 무릅쓰고 감히 교향곡을 대금 독주곡으로 편곡하듯이 옮긴 나, 이 심각한 외톨이들에게 누가 귀를 기울일까?

사람들의 행동을 치밀하게 예측하고 계산하여 발 빠르게 대처하는 시대는 말한다. 너는 네가 자유롭게 행동하는 줄 알지만, 그것은 착각이다. 누구도 통계의 굴레를 벗어나지 못한다. 과학이 일러주는 객관적인 사실들을 직시하라. 너는 생존을 위해 프로그램된 기계다. 찬양해야 할 것은 오히려 우리의 동물적 욕구, 기계적 충동이다. 이런 말에 길든 사람들은 자유를 초석으로 삼아 자유에 걸맞은 세계관을 구성하려는 노력을 어떻게 생각할까? 몽상으로 치부

---

* 괄호 안의 숫자는 이 책의 쪽수를 가리킨다. 이하 동일.

할 것 같다. 이른바 낭만주의자들, 질풍노도의 시기를 지나는 풋내기들의 화려한 꿈으로 여길 것 같다. 좀 더 우호적인 이들조차도 그런 자유의 세계관이 일관되게 완성될 가능성에 대해서는 단호히 고개를 저을 것이다. 자연법칙의 필연성이 지배하는 이 세계에 어떻게 감히 도전장을 던진단 말인가?

그렇다, 동의한다. 만일 이 철학이 물이 거꾸로 흐를 자유와 불이 얼음을 얼릴 자유를 이야기한다면, 만일 이 철학이 인간을 동물의 하나로, 고통을 피하고 쾌락을 좇는 충동의 기계로 볼 가능성을 봉쇄한다면, 무릇 공동의 경험을 무시한 채 외곬의 논리와 요란하고 모호한 전문용어로 무장하고서 그렇게 한다면, 이 철학에 등을 돌려야 마땅하다. 그러나 사람들이 '관념론', '이상주의' '초월철학' 따위의 이름을 들으면서 흔히 그런 입장들을 떠올리는 것은 이 철학에 대한 심각한 모독이다. 셸링은 자유를 말하기 위해 필연을 부정하는 그런 바보가 아니다. 그는 자연법칙의 필연성과 인간의 자유가 서로를 위한 조건이라고 말한다. 물론 이해하기 어려운 말이지만, 이해하기 어려운 실체 대신에 쉬운 허수아비를 만들어 놓고 신나게 비판하는 것은 누구에게도 도움이 되지 않는 행동이다. 이해하기 어려울 때는 이해하기 어렵다고 고백하고 도움을 청하는 것이 옳다.

셸링이 스스로 말하듯이, 자유와 필연의 맞섬을 극복하는 것은 이 철학의 최고 문제이다(282쪽). 이 철학은 자유와 필연의 근원적 통일을 소통 가능한 형태로 펼쳐 제시하는 것을 과제로 삼는다. 누구나 이런 의심이 들 만하다. '과연 셸링이 이 엄청난 과제를 깔끔하게 해결했을까?' 속단은 어느 쪽으로 내려지든 해롭다. 나는 그의 해결에서 많은 것을 배웠지만, 위 질문에 대한 대답은 여전히 열어 놓으려 한다. 셸링이 단언하지 않는가, 자유는 오로지 스스로 자기를 증명한다고. 그렇다면 나의 자유는 오로지 나 스스로 나에게 증명할 길밖에 없다.

아무튼 셸링의 해결은 무엇일까? 이 질문에 대한 대답은 당연히 이 책 전체, 더 나아가 셸링의 철학과 삶 전체이지만, 무릇 철학 요약하기의 위험과 해악을 무릅쓰고 감히 내가 셸링을 대신하여 말한다면, 그 대답은 이러하다. 자유와 필연의 근원적 통일은 항상 이미 나 속에 이루어져 있다. 나는 뭉뚱그려 '항상 이미'라고 했으나, 셸링은 그 통일의 여러 단계들을 제시한다. 그 통일을 전제해야만 가능한 현상들을 조목조목 짚어 가는 것이다. 우리가 보는 유기적 자연, 우리가 보는 행위하는 우리, 우리가 보는 역사, 우리가 보는 예술작품 등이 그런 현상이다. 그런데 이 모든 현상들의 원천은 궁극적으로 '나', 곧 동일성 속의 근원적 이중성 혹은 이중성 속의 근원적 동일성이다(46, 47쪽). 그러므로 나의 뭉뚱그림은 부당하지 않다. 셸링의 전략은 모든 논의에서 '항상 이미' 전제되는 이 '동일성 속의 근원적 이중성'이라는 오묘한 구조를 단계적으로 점점 더 복잡한 수준까지 펼쳐 보여 주는 것이다. 다시 말해 '나'를 펼쳐 보여 주는 것이다. 결국 그가 전하려 하는 '항상 이미 나다'라는 메시지는 어느 조사祖師의 가르침 못지않은 울림을 지닌 것 같다. 그렇다, 문제는 항상 이미 나다.

## 2. 그물에 걸리지 않는 나

칸트가 《순수이성비판》에서 초월적 연역의 모두에 '나는 생각한다'라는 문장으로 지적한 나는 모든 논의에 마치 그림자처럼 드리워 관점을 제공하지만 그 자체로는 어두컴컴하기 짝이 없는 초점이다. 그는 그 '나'를 파고들지 않았다. 아마 공허한 쳇바퀴 돌리기를 우려했을 것이다. 실제로 나 아닌 놈들을 전부 도외시하고서 나에만 집중한다면, 아무것도 얻을 수 없는 게 당연하다. 심지어 그런 치우친 집중은 진정한 나를 추구하는 움직임조차도 아니다. 그러므로 칸트의 전략적 판단은 대단한 지혜의 반영이다. 깨뜨리기 어렵고 깨뜨려도 얻을 것이 없는 성城은 우회하는 게 옳다.

칸트는 우회한다. 그리하여 적어도 그의 이론철학의 전반부에서 '나'는 마치 세상을 대면하고 있는 인식 기계처럼 다뤄진다. 그 '나'는 세상을 보고 있을 뿐, 자기를 보지 않는다. 대신에 철학자 곧 칸트가 어떻게 그 '나'가 세상을 인식하는지 서술함으로써, 간접적으로 그 '나'를 서술한다. 멋진 전략이 아닐 수 없다. '나'의 세계 인식에 초점을 맞춰 나와 세계를 한꺼번에 그물에 가두다니!

그러나 그 그물에 걸리지 않은 '나'가 있다. 바로 철학자 칸트 자신, 나를 대면하고 있는 '나'는 걸리지 않았다. 거꾸로 말하자면, 칸트는 우회의 전략을 구사한다고 했지만 결국 그의 행마는 '나'로 돌진한 것과 다름없다. 생각해보라, 칸트는 남들의 인식체계를 서술했는가? 결코 아니다. 그는 그 자신의 인식체계를 서술했다. 『순수이성비판』은 이성이 이성 자신에게 가하는 비판을 의미한다. 따라서 세계를 인식하는 '나'는 결국 칸트 자신이어야 마땅하고, 그렇다면 그 '나'는 (칸트로서) 이미 ('나'로서의) 자기를 대면하고 있다. 그런데도 칸트는 짐짓 이 엄연한 사실을 모르는 것처럼, 나를 대면하고 있는 '나'에 대해서는 침묵한다. 정작 자기 자신은 '나를 대면하고 있는 나'로서 활동하면서도 말이다.

시정의 장삼이사가 다 알듯이, 애당초 '나'는 자기를 '나'라고 부르는 모든 각자이다. 다시 말해 자기와 관계함(자기관계)은 '나'의 본질이다. 칸트가 '나'로서 자기를 대면하는 것은 너무나 당연한 일이다. 오히려 그가 서술하는 '나'가 자기를 대면하지 않는 게 이상한 일이다. 그리하여 칸트의 철학이 적어도 미완성이라고 여기는 철학자들이 등장하게 된다. 그들은 이렇게 판단한다. 철학자가 '나를 대면하고 있는 나'이듯이, 철학자가 그리는 '나'도 '나를 대면하고 있는 나'이어야 마땅하다. 칸트 이후의 철학은 '나'를 어두컴컴한 초점으로 놔두지 않아야 한다. 자기관계로서의 '나', 자기의식으로서의 나를 향해 돌진하자!

칸트에 이어 등장한 이른바 독일관념론자 피히테와 셸링, 헤겔은 지독스럽게 '나'에 천착한다. 그런데 그들에게 '나'는 인식론자들이 말하는 '나'처럼 인식의 주체가 아니라, '나를 대면하고 있는 나', 셸링의 표현을 빌리면 "주체-객체"(68쪽)이다. 그들의 '나'는 주관의 끊임없는 "자기객체되기Sich-selbst-Objekt-Werden"(18쪽)이다. 만일 누가 내게 이 책에서 가장 중요한 말이 무어냐고 묻는다면, 나는 "자기객체되기"라고 대답할 것이다.

'나'가 자기에게 객체로 된다는 것, 뒤집어 말하면 '나'가 자기를 객관화한다는 것은 누구나 아는 사실이다. 자기를 '나'라고 부르는 모든 각자가 그렇게 한다. 허균도 하고, 홍길동도 하고, 홍길동이 찍어 내리는 탐관오리도 하고, 홍길동이 구제하려는 백성도 한다. "나야 뭐 농사꾼이지요", "나는 상것들과 다른 고귀한 양반이다", "나는 이상적인 나라를 세우기로 작정한 놈이오", "나는 나의 모든 생각을 '홍길동전'으로 밝혔소" … 이런 식으로 자기와 남들에게 말할 때 우리는 무엇을 하는가? 무릇 나는 자기객체되기이다.

그러나 다른 한편으로, 이 세상에 사는 '나'가 단박에 완벽한 자기객체되기에 도달할 수 없다는 점 또한 분명하다. 그 이유는 이론적으로 다음과 같다. 객체를 논할 때 주체가 시야에서 벗어나는 것과 마찬가지로, 주체-객체를 논할 때도 그렇게 논하는 더 높은 주체는 시야에서 벗어나기 마련이다. 한 단계의 논의에는 그 논의를 이끌지만 그 논의에서 다뤄지지 않는 '나'가 반드시 참여하고, 그 '나'는 다음 단계에 논의되어야 한다. 그러므로 매 단계는 필연적으로 더 복잡한 다음 단계를 부르고, '나'에 대한 논의 즉 이론적인 '자기객체되기'는 끝없이 계속된다. 이것이 셸링이 말하는 "자기의식의 역사"(7쪽) 곧 철학이다.

현실에서도 무릇 자기객체되기의 불완전성은 도처에서 확연히 드러난다. 흔히 사람들이 자기와 동일시하는 객체인 자기의 몸은 한 순간도 쉬지 않고 늙어 가고 언젠가 죽는다. 어떤 '나'가 그런 몸에 머물며 만족하겠는가? 가끔 사람들은 세파에 굴하지 않고 지조를 지킨 선비를 이야기하지만, 지금은 '지주중류砥柱中流'라고 쓰인 비碑만 덧없이 부스러져 가는 돌덩이로서 덩그러니 남아 있다. 길재吉再의 지조가 오래 남는다는 것은, 또 다른 '나'들 속에서 살아나고 죽기를 되풀이하면서 남는다는 것이지 그런 돌덩이로서 남는다는 게 아니다. 추측컨대 모든 예술가는 자신의 평생과 맞바꿔도 좋은 걸작을 매번 추구한다. 그러나 광장에 나와 그런 걸작을 만들었다고 외치는 예술가는 필시 애송이다. 확실히 우리는 완벽한 자기객체되기를 추구한다. 그러나 그에 못지않게 확실히 우리는 어떤 객체에도 머물지 못한다. 셸링이 "끊임없는 자기객체되기"(18쪽)를 이야기하는 까닭이다.

　'나'는 끊임없이 그물을 짜서 '나'를 객체로 가두려 하지만, '나'는 끊임없이 그 그물을 벗어난다. 이 오묘한 상황을 셸링은 걸출한 독일 낭만주의 시인들의 경탄을 샀던 천재답게 "경이롭게 홀려 자기 자신을 추구하면서 자기로부터 달아나는 정신의 오디세이아"라고 표현한다(299쪽). 이 책이, 그의 철학 전체가, 심지어 자연이 그런 오디세이아라고 한다. 셸링은 실로 엄청난 그물을 짠 모양이다. 그물에 걸리지 않는 '나'의 오디세이아가 오롯이 담긴 그물을 말이다. 셸링을 평가하고 비판하려면, 최소한 셸링의 수준이 되어야 한다. 그러므로 이 책을 번역한 나는 비판이나 평가를 시도할 마음이 전혀 없다. 그러나 적어도 다음은 확실하다. 셸링에게서 배워 새삼 확인한 바, 나의 오디세이아는 아직 진행 중이고, 나에게 나는 여태 그물에 걸리지 않았다.

## 3. 관자재觀自在

이 책에 거듭 등장하는 독특한 생각의 패턴으로부터 중요한 교훈을 얻을 수 있다고 판단하여 몇 마디 보탠다. 그 패턴은 헤겔 식 '변증법Dialektik'의 씨앗으로 볼 수 있기 때문에 특히 전문적인 철학자들에게 흥미로울 것이다. 셸링은 하나와 다른 하나를 맞세우고, 그 사이에 떠도는 제3자로 초점을 옮기기를 계속한다. 그 제3자는 앞선 둘의 맞섬을 통일하는데, 그 통일은 또다시 새로운 맞섬을 낳는다. 셸링의 설명을 보라.

'맞선 두 항 A와 B(주체와 객체)는 행위 x를 통하여 통일되지만, x는 새로운 맞섬인 C와 D(감각하는 놈과 감각되는 놈)이다. 따라서 x 자체가 다시 객체로 된다. x는 오로지 새로운 행위 z를 통해서만 설명할 수 있고, 아마 z는 다시 맞섬을 품고 있을 것이다. 이런 식으로 계속 진행될 것이다.' (81쪽)

흔히 사람들이 주목하는 것은 이렇게 진행되는 맞섬이 결국 언제 어디에서 끝나는가이다. 그래서 헤겔은 '절대정신'에서 끝난다고 했고, 셸링은 '천재'에서 끝난다고 했다는 식의 이야기가 떠돈다. 그러나 '절대정신'에서 또는 '천재'에서 이 맞섬의 진행 패턴 외에 또 무엇을 볼 수 있는지 의문이다. 중요한 것은 이 진행이 쳇바퀴 돌리기가 아니라는 점이다. 이 진행을 제대로 본다면, 언제 끝나느냐는 물음 따위는 떠오르지 않을 것이다. 굳이 그렇게 묻는다면, 매 단계에 끝난다고 대답할 수도 있다.

셸링과 헤겔이 보여 주는 맞섬들의 진행에서 얻어야 할 참된 교훈은 두루 살펴 생각하기일 것이다. 그들은 A를 이야기하기 위해 반드시 –A를 함께 이야기해야 한다고 가르친다. 흔히 사람들은 소위 그다음의 '종합'에 거대한 기대를 걸지만, 위의 인용문을 보라. 그 종합의 산물은 다시 B와 –B이다. 종합의 산물이 아니라 종합으로서의 종합을 원하신다면, 그것은 다름 아니라 A를 생각하면서 또한 동시에 –A를 생각하는 정신, 다시 말해 두루 살피는 정신이다. 세계에 대하여 이야기하면서 이야기하는 '나'를 빠뜨리지 말라는 것, 주제를 이야기하면서 배경과 관점을 빠뜨리지 말라는 것, 끝을 이야기하면서 과정을 빠뜨리지 말라는 것, 나의 입장을 이야기하면서 너의 입장을 빠뜨리지 말라는 것, 이것이 이른바 '변증법'의 참된 교훈일 것이다.

'관자재觀自在'란 속박이나 장애가 없이 본다는 뜻이다. A를 보되, A에 얽매이지 않고 -A까지 본다는 뜻이라고 한다. 色을 보면서 또한 동시에 空을, 나를 보면서 또한 동시에 너를 본다는 뜻이라고 한다. 한마디로 두루 살핀다는 뜻이다. 이른바 '변증법'과 무릇 보살들의 '관자재'는 그리 다르지 않게 느껴진다.

## 4. 바람에 날아가

개인적으로 가장 인상에 남은 구절은 이것이다.

> "개별을 통해서는 결코 완성될 수 없고 오직 類를 통해서만 완성될 수 있는 그런 이상을 지닌 놈들에게만 역사가 존재한다." (277쪽)

번역자로서 나는 역사를 지닌 놈인 것 같다. 구체적으로 한국사를 지닌 놈인 것 같다. 이 땅에서 공부의 길에 나선 장한 '나'들에게 부족하나마 보탬이 되는 게 바람이다. 바람 속에서 처음이자 마지막인 질문을 되새긴다. '나'는 무엇일까?

> 친구야, 그 대답은 말이야
> 바람에 날아가
> 대답은 바람에 날아가.

무자년 봄, 살구골에서
전대호.

| 주요 번역어 일람

a priori : 선험적.
Abdruck : 판박이.
das Absolute : 절대자, 절대적인 놈, 절대.
das Absolut-Identische : 절대–동일.
Abstraktion : 추상.
Abstraktum : 추상물.
Affektion : 건드림, 겪음.
affizieren : 건드리다.
Akt : 활동.
das Akzidentelle, Akzidens : 딸린 놈.
Allheit : 모두임.
an sich : 그 자체(로).
X an und für sich : 그 자체로 자기에게 (있는) X, 독자적으로 고찰한 X 그 자체.
anerkennen : 인정하다.
Anstoß : 충격.
Äußerung : 표출.
Antithesis : 반정립, 맞세움.
aufheben : 거두다.
auflösen : 풀어헤치다, 해소하다.
Ausdruck : 표현.

Autonomie : 자율.
bedingt : 제약된.
Befriedigung : 만족.
beglückt : 축복 받은.
begrenzen : 제한하다.
das Beharrende : 버티는 놈.
Beschaffenheit : 성질.
bestimmen : 규정하다, 특정하다.
beziehen : 관련짓다.
bilden : 형성하다.
Charakter : 특성, 성품.
Darstellung : 표현.
Dasein : 현존재.
Dichtungsvermögen : 시작 능력.
Dokument : 자료.
Eindruck : 인상, 누름.
Einheit(양 범주로서) : 하나임.
einschränken : 한정하다.
empfinden : 감각하다.
Entgegensetzung : 맞세움.
Entschluß : 결단.
entwerfen : 구상하다.
Entzweiung : 양분.
Epoche : 시대.
erhaben : 숭고한.

Erscheinung : 나타남, 현상.

erschöpfen : 소진하다.

etwas : 어떤 것.

Existenz : 현존.

expandieren : 팽창하다, 확장하다.

Extensität : 외연.

Faktum : 사실.

Fatalismus : 숙명론.

Fatum : 숙명.

Föderation : 연방.

Folgesatz : 귀결.

Forderung : 요구.

Form : 형식, 형상, 형태.

Freiheitsakt : 자유 활동.

für sich : 자기에게.

Fürwahrhalten : 참으로 여김.

Gattung : 유, 속.

Gegensatz : 맞섬.

gegenwärtig : 지금 있는, 현전하는.

gemein : 보통.

Gemeinschaftliche : 연합.

Gemüt : 마음.

Genie : 천재.

Geschicklichkeit : 솜씨.

Gesetzmäßigkeit : 법칙성.

Glückseligkeit : 행복.
Grenze : 한계.
Grund : 근거, 기반, 근본.
Grundsatz : 근본문장.
Gut : 선.
handeln : 행위하다.
hervorbringen : 산출하다.
hypostasieren : 실체화하다.
Ich : 나.
ideal : 이념적, 이상적, 이상(Ideal).
idealisieren : 이상화하다.
Ideal-Realismus : 관념-실재론.
Idee : 이념.
ideell : 관념적인.
Impuls : 충격.
Inbegriff : 총체.
Indifferenz : 중립, 차이 없음, 다르지 않음.
Individualität : 개체성.
intellektuelle Anschauung : 이성적 직관.
das Intelligente : 이성적인 놈.
Intelligenz : 이성.
Intensität : 강도.
Jenseits : 저편.
Koexistenz : 공존.
Konsequenz : 귀결.

Kreislinie : 순환선.

Kunst : 예술, 제작, 기교.

Kunstanschauung : 예술직관.

Künstler : 제작자, 예술가.

Kunstprodukt : 예술산물.

Kunstprodukt : 제작산물, 제작물.

Lehrsatz : 명제.

Leib : 몸.

Leiden : 겪음.

Limitation : 한정.

Maß : 정도.

material : 물질적인, 실질적인.

Materie : 물질.

mechanisch : 기계적인.

mit begriffen sein : 함께 몰입해 있다.

Mittelglied : 중간항.

Modifikation : 변용.

Moment : 단계.

Moral-Philosophie : 도덕철학.

Mythologie : 신화.

Natur : 자연, 본성.

Naturschönheit : 자연의 아름다움.

das Negative : 부정적인 놈.

Nichthandeln : 행위안하기.

Nicht-Ich : 나 아닌 놈.

Nichtkönnen : 할수없음.
das Nicht-Objektive : 비객관.
Nichts : 무.
Nichtsetzen : 부정립하기.
Objekt : 객체.
das Objektive : 객관.
Offenbarung : 드러남, 계시.
Oranisation : 조직, 조직화.
Ordnung : 서열.
organisch : 유기적, 조직적.
Organismus : 유기체
Organon, Organ : 기관.
Passivität : 수동성.
Poesie : 포에지.
das Positive : 긍정적인 놈.
Postulat : 요청.
Potenz : 역량.
Potenzieren : 역량 올리기(높이기).
prästabilierte Harmonie : 예정조화.
Prinzip : 원리.
produzieren : 생산하다.
progressive : 전진하는.
Rang : 지위.
Raumgröße : 공간 크기.
realisieren : 실현하다.

Rechtsgesetz : 옳음법칙, 법.
Rechtsverfassung : 법제도.
reell : 실재적인.
reflektieren : 반성하다, 반사하다.
reflex : 반영.
Reich : 나라.
Reihe : 열.
repräsentieren : 재현하다, 표상하다.
Ruhe : 머무름.
Rührung : 격정.
Schauspiel : 연극.
Schein : 허울.
Schema : 도식.
Schematismus : 도식 작용.
Schranke : 차단.
schweben : 떠돌다.
Sein : 존재.
Selbstgefühl : 자아감.
selbstlos : 자아 없는.
Sich-Objekt-Werden : 자기객체되기.
Sittengesetz : 윤리법칙.
Sittlichkeit : 윤리.
Sollen : 당위, 마땅함.
Sollizitation : 꼬드김.
Spiel : 놀이.

Stoff : 재료.

streben : 추구하다.

Stufenfloge : 서열, 위계.

das Subjektive : 주관.

Subkekt : 주체.

das Substantielle : 실체적인놈.

Substrat : 바탕.

Sukzession : 잇따름.

szientifisch : 과학주의적인.

Talent : 재능.

Tat : 실행.

Tätigkeit : 활동성.

Totalität : 총체.

transzendent : 초재적.

transzendental : 초월적.

Trieb : 충동.

Triplizität : 삼중성.

Tun : 하기.

überhaupt : 무릇.

das Umgekehrte : 역.

unbedingt : 무제약적인.

das Unbewußte : 의식 없는 놈, 무의식적인 놈.

Undurchdringlichkeit : 비관통성.

Urbild : 원본.

Urselbst : 근원자아.

Ursprache : 근원언어.

Vernunft : 이성.

Vernunftreich : 이성의 나라.

Vernunftwesen : 이성존재.

verschieden : 별개인.

Verstand : 지성.

Vielheit : 여럿임.

vorhanden : 현전하는.

Vorsehung : 섭리.

Wechsel : 번갈이.

werden : 되다.

Wiederkehr : 되풀이.

Willensakt : 의지 활동.

Willensfreiheit : 의지의 자유.

Willkür : 자의.

wirken : 작용하다, 초래하다.

wirklich : 현실적으로, 정말로.

Wissenschaftslehre : 학문론.

Wollen : 의지하기.

Zugleichsein : 동시존재.

zurücktreiben : 되이끌다.

zurückziehen : 되끌다.

zusammengesetzt : 합성된.

Zusammenhang : 관련.

zusammentreffen, zusammenstimmen : 합치하다.

zusammenziehen : 수축하다, 움츠러들다.

Zweckmäßigkeit : 합목적성.

# 찾아보기

가능성 197
   가능성들의 나라Reich 233
가장 완전한 관념론 109
갈바니즘Galvanismus 131
감각Empfindung 78, 86
   감각의 가능성 86
   감각적 개체 144
   감각하기Empfinden 84
감수성Sensibilität 178
개념 40, 109, 188, 193
   개념으로서의 개념 18
   개념의 개념Begriff des Begriffs 240
개별 국가 274
개체성Individualität 48, 165
객관과 주관의 구분 256
객관세계를 비추는 파괴 불가능한 거울들 243
객관적으로 된 이성적 직관 320
객체로 된 절대적 자유활동 264
거두다aufheben 12
   거두기 95
   거두는 88
   거두었어야 12
   거둬진 자유 50
건드림Affektion 84
격정Rührung 312
겪음Leiden 145
결단Entschluß 242
경험론 93, 104, 143
경험적 인식 210

계시Offenbarung 110
고립된 이성존재 244
고정된 시간 151
공간 124, 149, 150, 159
공동 신인들 290
공동 원본Urbild 230
공동 직관 230
공존Koexistenz 158
과거 89, 148, 169
과학즈의적인szientifisch 319
관계범주들의 연역 159
관념 213
   관념론 63, 111
   관념론 비판 167
   관념-실재론Ideal-Realismus 63
광선 112
교육 237
굳어진 잇따름 175
규정된 제한성bestimmte Begrenztheit 90
규정하기Bestimmen 96
균형Gleichgewicht 79
그 자체와 한탄 나타남의 구분 256
그리스 신화 315
근본문장Grundsatz 33
근본선입견 16
근원언어Ursprache 192
근원적 감각 79
   근원적 감각의 단계 92
근원적 범주 196

근원적 소질 212
근원적 자유활동Freiheitsakt 218
근원적이며 절대적인 의지활동 261
기계적 법칙성 292
기교 313
기하학 45, 195, 201
나 개념 40
　나 바깥의 직관 242
　나 아닌 놈Nicht-Ich 57, 84
　나 자체Ich an sich 104
　나=나 46, 53
　나는 생각한다 41
　나는 순수한 자기규정하기 자체를 의지해야 마땅하다 261
　나는 있다 41, 53
　나의 수동성Passivität은 나의 자유를 위하여 필수적이다 235
내감 142
내적 직관 141
누름Eindruck 110
느낌 247
단계Moment 7, 75
당위Sollen 228
데카르트 108
도덕적 세계질서 285
도덕철학 217
도식 190, 192
　도식작용Schematismus 190, 198
독단론 30, 57, 103, 110
독단론
동물계 174
동일성 문장 38
동일성 속의 근원적 이중성 46
두 번째 자연 222, 271

두 번째 한정성 166
딸린 놈das Akzidentelle 84, 140, 155
떠돌다schweben 70
라이프니츠 54, 134, 175, 213
라인홀트 44
로마 공화국 292
로마 제국의 몰락 292
로크 213
말브랑슈 212
맞세움 57
모나드 54, 57
모두Allheit 197
모든 국가들의 연방 275
목적론 21
　목적론의 원리 295
　목적의 개념 240
몸Leib 258
무릇 자기의식 48
무릇 제한성Begrenztheit überhaupt 90
무신론 289
무의식적 활동성 282
무한 248
　무한과 유한 사이에서 떠도는 활동성 245
　무한을 제한하기 248
　무한한 됨unendliches Werden 59
　무한한 만족 315
　무한한 생산하기Produzieren 50
　무한한 조화의 느낌 312
무Nichts 159
물리학 118
　물리학 실험 210
물질Materie 79
　물질의 세 차원 127
　물질의 연역 122

## 찾아보기

물활론Hylozoismus 301
미래 169
미적 생산 311
미적 직관 325
미적인 활동성 22
바탕Substrat 79
반란 274
반성 136, 187
　반성의 관점 137
버클리 213
버티는 놈das Beharrende 155
범주 154
　범주들의 메커니즘 196, 199, 201
법제도Rechtsverfassung 271
법질서 272
법학Rechtslehre 271
변신론 272
병 180
보기Sehen 112
보편적 의심 47
보편적인 백성들의 아레오파고스 회의 275
부정성Netation 204
비非종교 289
비관통성Undurchdringlichkeit 212
비극적 시기 292
비극적 예술 283
빛 175, 176
사물의 이차적인 속성들 250
사물자체 98, 103, 107, 112, 114, 140, 143
삼권분립제도 274
삼단추론Syllogismus 110
상상력Einbildungskraft 245, 322
상호작용 154, 157, 197
생명의 연역 176

생산적 직관 79, 112
생산적 직관하기 108
생산하기 97, 98
서열Stufenfolge 7
선Gut 270
선천적 개념 211
선험적 개념과 후험적 개념의 구분 209
선험적 인식 210
섭리Vorsehung 272, 282
세 번째 제한성 171
세계시민적 제도의 점진적 발생 280
세계의 객관성 243
소피스트들의 궤변 200
수 203
수면상태 188
수축력 124
수학 118
　수학적 범주 196
숙명론Fatalismus 289
순수 강도Intensität 148
순수 시간 149
순수 외연 148
순수 의식 41
순수한 법칙성Gesetzmäßigkeit 261
순수한 자기규정하기 자체 261
숨은 필연 282, 286
숭고함 316
시각 174
시간 75, 124, 148, 150
시간열 76
시대Epcche 7
시작詩作능력Dichtungsvermögen 321
시Poesie 22
식물 174

신적인 감각 175
신화Mythologie 278, 324
실재론 63
실재성 204
실천철학 20
실체 155, 249
실현하기realisierend 221
아름다움 316
아리스토텔레스주의자 212
아무것도 쓰이지 않은 서판 212
앎의 최고원리 28
양분Entzweiung 321
양상 범주 197
언어의 메커니즘 191
예술철학 320
여럿임Vielheit 203
역량올리기Potenzieren 132
역량Potenz 7
역사 276, 277
   역사서술Historie 279
   역사의 개념 276
   역사의 세 기 292
   역사의 시작과 끝 278
   역사의 여신 278
   역사의 초월적 필연성 280
   역사철학 278
역학적 범주 196
연극 290
연속성 법칙 170
영원한 됨Werden 50
영원한 신조信條 281
예술과 학문의 관계 318
예술세계 322
예술직관Kunstanschauung 304

예술철학 22
예정조화 181, 225, 267, 288
예정조화설 54
옳음법칙Rechtsgesetz〔법〕 271
외감 142
외적 직관 141
요구Forderung 228
요청Postulat 45, 50
운명 282
원자론적 물리학 135
원죄Sündenfall 278
유기적 물리학 178
유기적 자연 172
유기적 자연론의 원리 177
유기적 자연의 위계 176
유기체 153, 173, 179
   유기체〔몸〕 179
유물론Materialismus 87
유類Gattung의 성격을 가진 존재들 277
유한하게 표현된 무한 316
윤리법칙Sittengesetz 261
   윤리법칙과 자연충동의 맞섬 263
윤리Sittlichkeit 270
의무가 명하는 대로 행위할 용기 283
의식 없음das Bewußtlose 282
의지의 자유Willensfreiheit 266
의지하기Wollen 218
의지하기 이전의 의지하기 227
이기적 충동 270
이념Idee 246
이론과 역사 277
이론철학과 실천철학의 공통원리 220
이론철학과 실천철학의 구분 54
이론철학과 실천철학의 종합점 혹은 전환점

239
이상화하기idealisierend 221
이상화하는 나와 실현하는 나의 이중성 221
이상Ideal 246
이성Intelligenz 12, 108, 114
   어떻게 이성들이 서로에게 무릇 영향을 끼칠 수 있는가? 229
   어떻게 이성에 다른 이성이 작용을 미치는가? 226
   이성 바깥의 이성 226
   이성 자체(절대적 객관, 모든 이성들에게 공통된 놈) 288
   이성의 나라Vernunftreich 278
   이성의 이율배반 246
   이성적 직관의 객관성 320
      이성적 직관intellektuelle Anschauung 43
   이성존재Vernunftwesen 75
인간학 48
인과관계 153
   인과관계의 연역 153
인력〔수축력〕 125
인류의 무한 완성가능성 280
인상 93
인정하는anerkennen 39, 100
입법 권력 274
잇따름Sukzession 153
   잇따름 열 167
자기객체되기Sich-selbst-Objekt-Werden 18
자기규정 217
자기의식 29, 39, 67, 77
자기의식의 역사 78
자기磁氣Magnetismus 13, 128

자기직관의 역량 높이기 325
자아감Selbstgefühl 148
자연 12
자연과학 13, 30, 81
   자연과학의 형이상학적 토대Metaphysische Anfangsgründe der Naturwissenschaft 126
자연법칙 258, 292
자연사Naturgeschichte 276
자연의 아름다움 317
자연의 이념 160
자연의 합목적성 302
자연철학 14
자연충동 258
자유 50, 207
   자유로운 도방 75
   자유로운 반성하기 183
   자유로운 자기규정의 근거 224
   자유를 위한 자연법칙 271
   자유에 맞선 필연 282
   자유에 앞선 자유로운 행위안하기 227
   자유와 법칙성의 공존 287
   자유와 필연의 통일 281
   자유의 놀이 275, 286
자율Autonomie 220
자의Willkür 77, 264
재능Talent 236
재료Stoff 79
전기 130
절대das Absolute〔절대-동일〕 289
   절대-동일〔절대적 동일성〕das Absolut-Identische 289
   절대적 동일성 288
절대적 반정립〔맞세움〕으로부터 절대적 종합

## 360 초월적 관념론 체계

으로의 전진 73
절대적 선입견 17
절대적 예술작품 322
절대적 의지의 드러남 265
절대적 의지활동 187
절대적 이성과 유한한 이성을 구분함 163
절대적 자유 75
절대적 자유의 나타남 259
절대적 종합 67, 68, 72, 167, 286
절대적으로 동일한 놈das absolut Identische 9
절대적인 놈 287
정립Setzen 83
정신의 오디세이아 323
정언명령 261
제2의 자연 286
제3의 한정성 177
제작산물Kunstprodukt 153, 240
  제작산물과 자연산물의 구분 301
조직Oranisation 173, 174
종합 문장 38
주관에서 객관으로의 이행 254
주체-객체Subjekt-Objekt 47, 68
죽음 180
중력 14, 126
지성Verstand 109, 154
지속적인 의식의 조건 237
직관 193, 194
  직관 범주 202
  직관이 관점 137
  직관하기를 직관하기 108
  직관하는 활동성과 실천하는 활동성은 하나이다 221
직선 45, 201

진보의 척도 281
질의 범주 204
질Qualitäten 78
차단Schranke 49
참된 의미의 종교 289
참으로 여김Fürwahrhalten 16
채워진 공간 151
척력[팽창력] 125
천재Genie 236, 311
  천재산물 311
첫 번째 한정성 166
청각 174
초월적 관념론에 대한 반론 88
초월적 도식 201
  초월적 도식작용 198
초월적 자유의 문제 265
초월적 추상 198, 205, 207
초월철학 15
  초월철학의 최고 문제 282
초재적transzendent 169
촉각 174
추구Streben 71, 119
추상Abstraktion 188
  추상개념 195
충격Anstoß 110
충동Trieb 232, 247
칸트 48, 126, 137, 143, 266, 268, 300
  칸트의 범주표 160
킬마이어 175
판단Urteil 189
팽창력Expansionskraft 122
포에지Poesie 313
  포에지의 허울 314
피히테 44, 285

필연성 197
하나임 203
학문론Wissenschaftslehre 33, 53
한계Grenze 82, 95
한정Limitation 197
할수없음Nichtkönnen 147
합목적적인 산물 299
행복Glückseligkeit 263, 269
행위안하기Nichthandeln 224
행위하기는 단지 직관하기의 현상 256
   어떻게 객관적으로 직관하기인 놈이 나타남
   을 위하여 행위하기로 탈바꿈하는가? 255
행정 권력 274
허울Schein 42, 109
헴스터후이스 134
현상〔나타남〕117
현실성 197
현재의 느낌Gefühl der Gegenwart 148
형성Bilden 114
형성충동Bildungstrieb 178
화학적 과정 130
활동성 49
흥분성Irritabilität 178

A =A 34, 36, 39
A =B 37